汉·译·工·商·管·理·经·典·教·材

（第三辑）

The Business Environment

企业环境

（第四版）

Lan Worthington, Chris Britton

[英] 伊恩·沃辛顿　克里斯·布里顿　著

徐　磊　洪晓丽　译

经济管理出版社

ECONOMY & MANAGEMENT PUBLISHING HOUSE

汉·译·工·商·管·理·经·典·教·材

北京市版权局著作权合同登记：图字：01-2004—0348号

图书在版编目（CIP）数据

企业环境（第四版）/(英)沃辛顿，(英)布里顿著；徐磊，洪晓丽译.—北京：经济管理出版社，2011.5
ISBN 978-7-5096-1436-5

Ⅰ.①企…　Ⅱ.①沃…　②布…　③徐…　④洪…
Ⅲ.①企业环境　Ⅳ.①F270-05

中国版本图书馆CIP数据核字(2011)第090160号

出 版 发 行：**经济管理出版社**
北京市海淀区北蜂窝8号中雅大厦11层
电话：(010)51915602　邮编：100038
印刷：北京九州迅驰传媒文化有限公司　　　经销：新华书店
选题策划：杨世伟　　　　　　责任编辑：宋云玲 纪新伟
技术编辑：晓　成　　　　　　责任校对：静　心
880mm×1230mm/16　　　　　　26.5印张　618千字
2011年6月第2版　　　　　　2011年6月第1次印刷
定价：58.00元
书号：ISBN 978-7-5096-1436-5

献给我们爱的 Lindsey、 Tom、 Georgina、 Rachael、 Philip、 Nick 和 Megan

目 录 提 要

第五部分 前沿问题

目 录

第一部分 引言

第二部分 环境

第三部分 企业

第四部分 市场

作者及主要参与人员

作者

Lan Worthington, BA(Hons)，博士，De Montfort 大学，莱斯特商学院战略管理系的首席讲师，主要研究企业环境和绿色企业。到目前为止已经在英国和美国发表多篇文章，并参与有关经济学书籍的编写。

Chris Britton, BA(Hons)，博士，De Montfort 大学，莱斯特商学院战略管理系的首席讲师，其教学和研究领域涉及产业经济学和劳动力市场，到目前为止已经有几本著作出版问世，包括作为《经济学家》的合作者。最近又与 Lan Worthington 和 Andy Rees 合作共同撰写了一本企业经济学。

其他参与人员

Diane Belfitt, BA (Hons)，获福利法证书，在很多法律研究所从事过法律授课工作，包括莱斯特 Polytechnic，莱斯特大学以及莱斯特·查理凯利学院。同时她也通过了多种认证考试。

Zena Cumberpatch, BA(Hons)，MSc，北艾普敦 Nene 学院的首席讲师，其研究领域涉及教学战略以及性别问题；同时也在这方面做过很多论文报告，目前正进行该领域的博士研究工作。

Martyn Kendrick, BA(Hons)，英国特许保险学会资深院士(FCII)，英国特许保险师，De Montfort 大学，莱斯特商学院战略管理系首席讲师，其研究领域涉及企业道德领域、公司责任和电子商务等。

Dean Paton, BA(Hons)，博士，获教育研究生证书(PGCE)，De Montfort 大学，莱斯特商学院战略管理系首席讲师，其研究领域涉及小型公司和企业内部的环境政策问题，同时也发表和出版了相关的论文和著作。

第一版前言

对商学学习的兴趣从未像现在这样高涨；例如，在过去 10 年里，英国各大学以及科研院所里的商学院学生人数大幅增加，同时越来越多的学位水平或低学位水平课程将商学作为重要的（经常是占主导地位的）元素。相应地，针对企业各个方面的书籍和期刊也纷纷问世——涉及管理原则和实践、组织理论、战略管理、营销、人力资源管理、企业经济学以及会计和金融，等等。这些发展受到广泛的欢迎，丰富了企业领域方面的知识，但同时也反映出很多学者在从事这方面研究时只关注企业内部因素的变化发展，而忽视了外界环境对企业行为的影响。本书则试图在对企业内外部环境的关注程度方面寻求一个平衡点。

首先我们要说明的是，本书的主旨是对企业进行研究，而不是为企业而开展的研究——这本书针对的是广大的商学院学生，而不是为企业家写的，当然我们也希望企业家们能从本书中寻求到有用的内容和信息。在从事这一研究的同时，我们意识到多年来的各研究机构的商学院教学经历已经将我们的看法基本界定出来，此外还有我们的兴趣和专门研究领域。因此我们在研究主题的选择和研究材料的安排方面可能与企业环境方面的老师的授课流程不太一致。为此我们将大多数研究机构的商学课程和 HND 课程的主要方面都纳入我们的研究范围内，在此基础上我们还将目前商学院课程中逐渐受到重视的话题（例如公司责任）也纳入到我们的研究范围内。除此之外，在使用英国范围内资源信息的基础上，我们还使用欧盟和世界范围内的资源信息——虽然有些信息的获取已得到允诺，但不一定能传输到我们这里！

本书的每一章中都遵循一个共同的格式，包括目标、案例研究、复习题和作业，以及进一步阅读的指南。在十六章（第 4 版是第十七章）中，我们列出了本书所用的数据和信息来源，并提倡学生们能够使用这些信息资源，尤其是一些优质的报纸和期刊，因为这其中包括了大量的信息和对企业环境变化的相关分析。

在开展这一研究的过程中，我们受到了来自多家机构的帮助，借此机会谨向他们致以诚挚的谢意。它们包括英国贸工部、英国环境署、内阁办公室、垄断和兼并委员会、欧洲委员会、欧洲信息中心（莱斯特城市委员会）、社区企业（或英国企业商会）以及英国工业联合会。

同时我们还要向莱斯特商学院的一些学生和工作人员表示我们的谢意，感谢他们不辞辛劳地为我们搜集大量信息，帮助我们形成多年来酝酿的观点。我们尤其要感谢 Gary Cook、Andy Rees、Derrick Ball 教授、John Coyne 教授和 De Montfort 大学图书馆的全体工作人员的帮助和鼓励。特别感谢 Janice Cox 在艰苦的条件下打印了手稿的大部分内容——她没有一句怨言，而且圆满地完成了工作。

我们还要感谢 Pitman 出版社的 Penelope Woolf 博士对我们工作的帮助、支持和鼓励，她给予我们足够的信任，再次特别表示感谢。

在此我们要向我们的家人表示歉意，因为这项工作让我们牺牲了与他们相聚的机会，忽视了对他们的关心和照顾，有时我们还经常对他们大发脾气。尽管如此，他们还是给予我们尽可能多的帮助、支持和爱护。因为有大家才有这本书的问世！

第二版前言

第一版的反映非常好，因此我们倍受鼓舞。在这一版中，我们对大量的案例和数据进行了及时的更新，并在此基础上增加了一些新的信息和新的案例研究。本次版本我们在每一章节中都以小案例的形式进行内容补充，以强调文章内容的某些特殊方面。同时我们仍将对我们的同事和学生们表示感谢，感谢他们对我们的工作一如既往的支持和鼓励，还要感谢很多机构组织，感谢他们提供的大量材料。尤其要感谢 Pitman 出版社的 Beth Barber 的支持和指导。

第三版前言

本版我们仍保持原有的格式，当然也作了一些变动，主要集中在第三章和第十五章。第三章中补充了一种政治环境的新的通用观点，以便作国际比较分析；第十五章则是对公司社会责任作了更加详细的分析，除此之外，我们还对案例、数据、图表和表格作了进一步的更新工作，并补充了很多新的案例研究，以及反映近期企业环境发展的小案例。

我们仍旧要感谢我们的同事和学生，感谢他们对我们工作的鼓励和支持，还要感谢 De Montfort 大学图书馆的 Jo Webb、Bharat、Rebecca.Coleman、Michael.Edwards 和 Nikos.Karaoularis 等工作人员，他们在本书的第十六章方面给予我们大量的帮助和建议。此外尤其要感谢 Pearson Education 出版社的 Magda.Robson 和 Sadie.McClelland，感谢他们的帮助和支持。非常高兴和他们共事。

第四版前言

在写第四版的过程中，我们收到很多评论家的反馈意见，使我们能够在以前的格式上进一步进行内容架构，除了对一些案例和数据进行更新外，我们还增加了一个关于技术的新章节（第十五章），还对其他章节进行了必要的内容补充，增加了大量的新闻、典型案例研究和小案例，其中一些案例是受到国际方面的普遍关注的。除此之外，在每章中还添加了关键词、重点总结以及大量的网页链接，以帮助学生们进行深入研究。在本书的结尾，附有一个术语表，列出了所有的关键词及其定义解释。

我们仍然要向前几版提及的人员致以真诚的谢意，尤其要向 De Montfort 大学图书馆的Jo.Webb 和 Carol.Keddie 表示感谢，同时还要向 Pearson Education 整个团队表示感谢，他们搜集本书的所有版本，以此来指导和帮助我们的再版工作。此外我们还要对

4

我们的同事和学生多年来对我们工作的鼓励和支持表示特别的感谢。

Lan Worthington

Chris Britton

2002 年 11 月

因为某些原因，我们未能提及到所有的借用材料的所有人的名单，但我们仍感谢任何对我们有帮助的信息资源的提供者。

指导手册

第二章 企业组织：内部环境

伊恩·沃辛顿和乔娜·坎伯佩奇

企业组织研究的系统论方法强调的是公司内部与外部环境的互动。企业内部环境的主要方面包括组织结构、功能和追求特定组织目标的方法。如果想保持成功的经营，企业需要持续关注组织不同影响因素间的平衡和适应新的外部情形的要求。这一责任根本上应由组织的管理层担当，管理层肩负着整合人力、技术、结构和环境的任务。

目标
- 概述组织和管理的多种方法，特别注意系统方法。
- 仔细考察企业组织可选择的组织结构。
- 讨论公司职能管理的主要方面。
- 阐明公司内外环境的相互作用。

关键词

官僚机构	控股公司	组织图表
古典组织理论	人际关系方法	利润中心
权变方法	人力资源管理	项目组
事业部制结构	管理	再造
精简规模	市场营销	科学管理
正式组织	市场营销概念	子系统
职能组织	营销组合	系统方法
职能专业化	矩阵结构	X 理论和 Y 理论
需求层次	产品决定型组织	Z 理论
虚拟组织		

引言

企业组织的内部特征已受到组织和管理学家的相当重视，大量的教材专门从事这方面的研究，在下面的讨论中，我们主要集中分析组织内的三个方面，它们直接关系着企业组织的研究；了解组织的方法、组织结构和企业的主要职能。通过查阅这个领域的大量专业书籍（一些书在本章结尾将提到）可进一步洞察这三个方面和管理及组织行为。

"管理"的观念是贯穿在每一个小节的主题，它有着各种各样的定义。在本文中，管理一方面可被看作是管理组织的个人（例如企业家、资源管理者、协调者、领导、激励者、组织者）扮演的一系列角色，另一方面也可被视为使组织达到目标的过程。但不同看待看成是组织的一个职能，而不是一个控制元素，其任务是使组织识别并实现自身目标，适应变化。管理者需要公司能满足它当前企业需要的设计得最好的方案，统一影响组织的不同因素——包括人力、技术、系统和环境，并准备在环境发生

学习目标 以学完每一章后预期的学习结果突出该章的核心内容，帮助学生把握学习重点以及评价学习进度。

■ 欧洲议会

欧洲议会是通过直接选举产生的，由 626 名成员（MEPs）组成的机构，每个成员国的代表人数大体上是与其人口数成正比的。例如，英国有 87 名议员，每 5 年由英国公民选出，采用的系统是 1999 年 6 月欧洲选举时引进的地区名单比例代表制。因为比例系统下的投票增大了小政党获得代表权的机会，欧洲议会的议员代表多种多样的政党，他们加入了相近的政治集团。例如，图 3.5 显示了 1999 年 6 月选举前夕大致所属的政治集团的欧洲议会议员的数量。

> 网页链接 获取欧洲议会的信息可登录 www.europarl.eu.int

议会组织有意偏向多国家的团体，这一事实强调确定所属政党类别的重要性，议会对政治团体的认可使该团体拥有任职、筹资、在委员会中列席代表以及影响辩论和立法的权利。为了在问题或政策建议被议会或其中一个委员会审查前确定集团的态度，集团通常会在每次会议前一星期内连续几天开会，讨论问题并统一路线。像在国会中一样，政治集团的态度对欧洲议会的讨论和决定有着深远影响，在委员会议和欧洲议会正式会议期间皆是如此。然而，鉴于政治集团的数量和没有一个集团能占绝对多数的事实——不像在国民议会——一个政党如果想在欧洲议会里实现既定目标，就必须建立一个支持它的联盟。能够理解的是——也许是不可避免的——欧洲议会的决定总是包含着个人和集团间的妥协，最终结果总是大多数"可以接受"的行动路线。

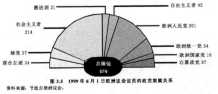

图 3.5 1999 年 6 月 1 日欧洲议会议员的政党隶属关系
资料来源：节选自欧洲议会。

关于欧洲议会的作用和运行方法，本质上它是国家议会的反映，其诸多细节工作由专家委员会处理，专家委员大多在布鲁塞尔开会，并出具相关报告，向议会全体会议提供建议，而议会全体会议通常是在斯特拉斯伯格举行的。欧洲议会的每个委员会由广泛代表了政党集团的永久性委员会的主席及妇女本身是富有影响力的人物。除了对法律草案仔细审查和修正外，委员会讨论问题（例如妇女权利、保护消费者权益和就业）、质询官员，举行公共听证会。在听证会上，专家和特别组织的代表援引证据，对

何使用有缺陷产品而遭受人身伤害或财产损失的人提供损害赔偿（包括有缺陷的物体，种植谷物，船，飞机和汽车。自然是由原告负举证责任，证明损害是由所称的缺陷造成的。不管是财产损失还是人身伤害或死亡，任何人都可主张自己权利。在后面这种情况下，亲戚或朋友可以起诉，而且依照美国的经验，如证实责任就可获得数目可观的赔偿。就财产而言，损害的财产必须是私人财产而不是商品和商业财产，损害额必须超过 275 英镑时才考虑请求赔偿。

法案意在使有缺陷商品的生产商承担责任，同时，责任也延伸到任何在商品上贴有姓名或区别性标志的人，通过姓名或标志就可以认出这个人是产品制造商（例如超市自己品牌的标签）。类似地，从欧盟以外进口产品的厂商也要对进口商品的所有缺陷负责，如一些为生产过程供应元部件的公司，他们常常逃避责任，将责任推给其供应商，而该供应商声称无法找出自己的供应商。为了避免这种情况的发生，立法提供了相关的补救措施。根据法案，任何不能或不愿确认进口公司或前一供应商的供应商，自己制造的损害负责。

在法案第 4 节，企图避免诉讼责任的公司有一些辩护理由，尤其是：
- 被告并没有供应涉案产品。
- 产品并非在商业过程中制造或供应（例如学校集市中出卖的商品）。
- 在产品配送时缺陷并不存在。
- 在产品由一些组件构成的场合，缺陷是成品的缺陷，或是由于遵守成品制造商发出的指示造成的。
- 缺陷可归结为遵守现行法律的要求。
- 供应产品时科学技术知识的状况不足以先进到辨认出缺陷。

其中最后一条——所谓的科技发展风险辩护——最具争议性，因为它主要适用于新药品和新技术产品等，而使用这些产品隐含的效果可能经过很多年都不会显现出来。正如近期案件所表明的，面对因使用某些产品而吃尽苦头的索偿者的损害补偿请求，制造商通常会决定庭外解决，不愿为他们的行为承担法律责任。

> 网页链接 公平贸易办公室(OFT)的年度报告上都有消费者保护事项的有用评注，包括行为准则和公平贸易办公室的权力，查询相关信息可登录 www.oft.gov.uk

行为准则

除法律提供的保障外，当与消费者打交道的组织属于在一套行为准则下运行的某一同业公会（例如英国旅行社联合会）时，消费者可获得进一步的安全标准。本质上，行为准则代表着同业工会努力对自身成员实行自律的措施，它们确定消费者期望得到的服务标准，鼓励得到肯定的企业行为。另外，行为准则一定载明如何处理客户投诉。很多同业公会都提供低成本或无费用的仲裁服务，以帮助在正式法律程序外解决争议。

尽管行为准则自身没有法律强制力，却通常被视为规范企业组织与顾客之间关系的有用机制，相应地受到公平贸易办公室的支持。该办公室经常对同业工会的准则内容提出建议，企业也常常认为它们有用，尤其是如果通过建立自我规范系统，企业能够避免

关键词 在每章开始的地方列出，在文中首次出现时以加粗的字体表示，使学生能快速地找到信息。全书的词汇表在本书的最后。

链接 突出相关网页，同时不断提及网站 www.booksites.net/worthing. 的方便学生直接学入研究。

尽可能地采用数字和图表，以阐述观念，提供辅助学习手段，方便记忆。

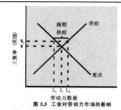

图 5.5 工会对劳动力市场的影响

动力过剩而受到批评。

图 5.5 也说明了反对最低工资观点的理由（见关于最低工资的小案例）。尽管这个论点看起来似乎有足够的说服力，但事实并不是如此简单。市场存在的其他不完善之处使得市场不像人们所预期的那样顺利地运转，从而导致失业的出现。在一些行业里最低工资只有一两个雇主会对市场产生重大的影响。有关最低工资的争论也更复杂，且集中在更广泛的经济和社会事务上。一些其他因素可能会阻止人们轻松自在地更换工作，例如，如果人们受地理或职业限制就不可能轻易地改变工作。

小案例 最低工资

1999 年 4 月，英国政府引入了最低工资制度，2002 年 10 月 22 以上工人的最低工资是每小时 4.20 英镑，18 至 21 岁之间的工人最低工资是每小时 3.50 英镑。据估计，这一制度将影响到 130 万人。

支持和反对最低工资的争论有哪些呢？

1.它将造成失业——用图 5.5 可说明这一点。市场出清的工资率是每小时 W 英镑，如果制定的最低工资高于这个水平（W_1 英镑），就将造成劳动力剩余即失业，最低工资是引入市场的价格刚性，它阻止了市场出清。

但图 5.5 并未涉及某一特定最低工资所引起的效应。对有些职业来说，每小时 4.20 英镑的最低工资低于市场出清水平 W 英镑，因而对劳动力市场不会构成任何影响，因而说最低工资只会影响到工资低的职业，其产生的实际效应取决于图 5.5 所示的需求曲线的形状——也可能有其他因素影响最低工资的作用，例如需求弹性。如果原先工资低的人的工资水平有所增长，他们的支付能力更大，因此对商品和服务的需求将会上升。对劳动力的需求是派生需求，其需求也将相应地上升，因此会用完所有超额供给的劳动力。2002 年的一项研究发现，引入最低工资对就业水平并没有产生明显的负面影响。

2.规定最低工资的制度将增加雇主的成本，而雇主又会以提高价格的方式将提高的成本转嫁到消费者的身上。据估计，3.60 英镑的最低工资水平（最初引入时的水

案例研究的复杂程度各不相同，旨在将各种各样的组织的实际生活情形与该章的理论相联系

- 由于过去半个世纪出现的贸易和投资壁垒的削减。每天有超过 150 亿美元的外汇交换，国际贸易额占了世界总产出的 1/3，以前受保护的市场，像苏联集团，已经开放迎接竞争。
- 通讯和信息技术的爆炸性发展。公司不仅通过不同部分的信息传递促进生产的全球化，而且使这种观念和信仰在全世界传播。所谓的"全球文化"似乎使同一的趋势在世界许多地方的不同国家同时出现。交通技术的发展，比如直升飞机，也使世界变得更小。

全球化已经表明公司面临着日益复杂的环境，例如，要占领的新市场，将要面对增加了的海外竞争，了解必要的外汇市场工作方式和熟悉不同国家存在的差异。尽管说了这么多关于全球化的问题，但世界仍存在着丰富的多样性——不同的国家有不同的文化、政治和法律体系。进行全球化的生产和市场营销需要懂得这些东西。

纲要

本章考察了英国和整个欧洲的行业规模结构，考察了组织发展的动力和方法，以及支撑这些增长的资金来源。考虑了小公司的作用以及跨国公司的作用。虽然许多行业由大公司占主导，但由于多种原因，好像出现了从增长向分散化过程转移的趋势。结果是小公司方兴未艾，公司间的合作水平有所增长。

重点总结

- 公司的规模结构在行业内部、国家内部和国家之间有巨大差异。
- 公司可能通过有机成长实现内在增长或通过兼并和接管实现外部增长。
- 增长的动力很多，包括增大市场份额，实现规模经济效益，分散风险。
- 增长的资金可来源于内部的再投资或外部的银行、资本市场和货币市场。
- 组织的发展受到多种限制，例如规模经济。
- 英国和欧洲的兼并活动水平遵循周期性模式，与经济条件相关。
- 小公司是产出和就业的重要提供者，其重要性随着时间的推移而增加。
- 许多因素影响了小公司部门的增长，包括行业模式的改变、需求的变化、技术变革、转包增多的趋势和政府政策。
- 在企业规模另一端，跨国集团通过它们的活动对世界产出和就业产生了巨大的冲击。

案例研究 海关公司

正如本章指出的，某一行业的公司规模取决于许多因素。为什么在服务行业小公司占主导地位？为了解释这个问题，产品和生产过程的自然属性是重要的。服务具有区别于商品的下列特性，这些特性对相关的行业结构有潜在的影响：

- 无形性，服务是无形的，而商品是有形的，这意味着在购买服务之前试用某种服务是有困难的。
- 不可分离性。服务的生产和消费往往是不可分离的，而商品先生产出来，接

重点总结是帮助学生复习的有用手段

对企业非常友好，但在英国情况却并非如此，对于企业来说它是整个欧洲中最难用而且也最复杂的国家。外国公司都公开表明了与英国交易比与其他国家困难得多，这主要是因为英国的官僚程序及其企业调控措施的僵化。欧盟官员指出，对于外国公司来说，英国在税收形式、就业调控和产品统一规则（product conformity rules）三方面的问题相当严重——在过去几十年里 CBI 和其他代表性组织因为过多干预而负担很大成本，当时就已经遭受了批评，而在这之后对干预的批评就接连不断。

然而对于英国来说，并不总是不好的。2002 年毕马威在西方七国集团的不同城市进行的竞争性选择研究（The competitive Alternatives study）发现，奥地利和荷兰都认为在九个工业国家中与英国的交易成本是低的，位居第二（见 www.competitivealternatives.com），该项研究调查了企业的一系列成本——尤其是劳动力成本和税负——研究发现，世界范围内英国的企业成本仅次于加拿大，位居第二；但在欧洲范围内却是位居第一。这些事实和数据都有力地表明英国在劳动力成本方面具有较强的竞争力；其制造业的劳动力成本比德国低 12.5%，比欧洲大陆其他国家低 20%。许多企业凭借该项调查来确定其最佳的投资场所，因而从英国的数据来看，其在吸引外来投资的活动中具有竞争优势（见上文小案例）。

案例研究问题

1.企业常常抱怨政府对其干预过多，而大臣们却宣称其总是从企业的利益出发来进行决策的，你应如何解释这两个方面的差别？

2.相对成本在多大程度上对确定内向投资决策来说是一个关键的因素？

复习和讨论题

1.为什么政府要对经济运行中的自由市场进行干预？
2.解释市场失灵与政府区域政策需求之间的联系。
3.为什么地方当局和其他机构相比有更多的干预主义者？
4.为什么近几年来部门间相互合作来处理社会和经济问题变得非常流行？

作业

1.你受雇于一家地方当局的宣传和促销小组，将某地改造成适合工商业发展是你工作的一部分。你的任务是设计出这样的传单——传递到潜在的顾客手中——它展示了该地的区域优势以及援助形式。

2.你是当地商会的主席，地方当局写给你一份信，信中提到让内城变成无车区，同时要求你提供地方企业的反应。你的任务是为下一次的商会会议写一份简短的报告，列出这种计划对地方企业社区的利弊，同时指明商会应如何让政治圈知晓其观点。

复习和讨论题向学生和老师提供学习课堂讲座和课外实践的机会同时网站上的更多的问题有助于他们评估自己的学生过程

除能获得课文之外，还可能获得完整：容易使用在线深入内容，包括 40 个小时互动学习和评估材料，寻找更多信息可登录：
www.booksites.net/cms_uk_book/busmang/0273641838.htm

《企业环境》(第四版，Lan Worthington 和 Chris Britton 著) 的相关网站 www.booksites.net/worthington，从中能找到有价值的教学资料，包括：

对于学生来说：

■ 学习资料,有助于提高学习效果

■ 每章的学习目标

■ 有助于检测理解程度的判断题

■ 其他网站的相关链接

■ 在网站内搜索特定信息的工具

对于老师来说：

■ 一个安全和通行口令保护的教师资源网站

■ 一个可下载的指导手册

■ 可下载教师授课时使用的幻灯片

■ 很多附有答案的习题

■ 一种爱尔兰改编本，包括:

——补充了很多附有问题和答案的文章

——网址链接

此外：本网站定期更新，有一个课程提纲管理者，并附有通过电子邮件发布结果的功能。

第一章　企业组织：外部环境

伊恩·沃辛顿

企业组织各有不同，但都具有一个共同特征：将投入转为产出。这种转变过程是在外部因素影响公司及其活动的背景下发生的。外部环境复杂、不稳定，构成因素之间相互影响，但要对企业活动作任何有意义的分析，都不能忽略企业的外部环境。

目　标
- 了解企业活动的基本特征。
- 将企业组织作为一个与环境互动的系统加以描述。
- 认识外部环境影响企业活动的范围和复杂性。
- 概述企业环境研究的内在主题。

关键词

环境变化	即时（运营）环境	产出
外部环境	投入	PESTLE 分析
总体（背景）环境	开放系统	转换系统

引　言

企业活动是人类生存之根本和普遍的特征，然而我们对"企业"的概念却难以下一个相当精确的定义。词典上的定义倾向于把它描述成与买卖或商贸有关，或是营利性组织机构。很明显，这些定义都没有超出大众接受的"企业"观点。但这样一个狭隘的观点排除了政府及其特种机构的大部分工作，以及非营利性组织的活动。在这些机构更多地运用企业方法、技巧、态度和目标的大气候下，这种观点就会难以维持，下文采用的企业和企业活动的广义观点，是考察企业环境的焦点。

企业组织和环境

■ 企业活动模型

大多数企业活动是在组织环境中开展的，粗略地考察一下企业界情况，我们就能揭示出涉及其中的大量不同的组织机构，从小的单一产品或服务的地方供应商到在全球范围生产和交易的拥有亿万资金的跨国公司，范围广泛。鉴于组织机构复杂各异，大多数企业界的考察者倾向于依据他们的大小、产品和／或市场类型、融资方法、经营规模、法律地位等将他们细分。例如，尼桑的特征是世界市场上从事跨国汽车生产及分销贸易的经营机构，而一个地方建筑商则被视为在有限市场上经营的地方性小机构，营业额相对较小。

 关于尼桑的更多的信息可登录 www.nissanmotors.com
英国尼桑公司的网址是 www.nissanco.uk

尽管这样区分合乎常规，提供了很多信息，但他们可能掩盖了这样一个事实，即所有企业组织最终都从事同一基本活动，也就是将投入（资源）转变为产出（商品或服务）。这一过程如图 1.1 所示。

本质上所有组织都要获得资源——包括劳动力、经营场地、技术、资金、原材料——然后将这些资源转变为顾客需要的商品或服务。尽管资源的类型、数量和组合依每个组织的需要而变化，也可能随着时间的推移而变化，但上面所描述的这一简单过程是所有形式的企业组织所共有的，是用于研究企业活动及企业活动的环境的非常有用的起点。

第二章、第五章和第十五章详细地分析了企业资源和有助于投入转变为产出的组织的内部设置。在此，只需简单理解公司是转换系统，并认识到在生产和销售产出时，大部分组织都希望获得足够的收入，以维持并添置资源，如此才能使他们生产出更多的产

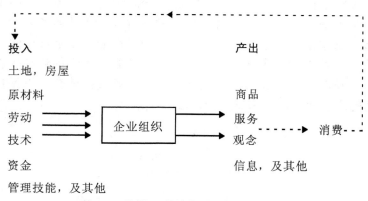

图 1.1 作为一个转换系统的企业组织

出，由产出创造更多的投入。简单地说，投入和产出相互创造对方，而且一个组织的产出可能正是另一组织的投入，像生产基本设备、提供基本材料、信息或咨询的公司就是这样。企业组织之间的相互联系正是企业活动复杂、统一本质的一个例子。它突出了这一事实：任何单一企业组织的兴衰都一定与另外一个或多个组织的兴衰相联系——文章中多处引用的例子清楚地说明了这一点。

■ 处于环境中的公司

上文所述企业活动的简单模型是以系统管理方法为基础的（见第二章），这一方法的一个好处在于它强调了组织是由外部世界难以分割的、相互联系的部分组成的实体——也即系统论术语中的"外部环境"。外部环境是由众多因素组成的——经济的、人口的、社会的、政治的、法律的、技术的，等等——它们通过各种途径影响着企业活动，不仅影响了转换过程本身，而且也影响了资源的获取过程、产出的创造和消费过程。图1.2说明了处于环境中的公司的概念。

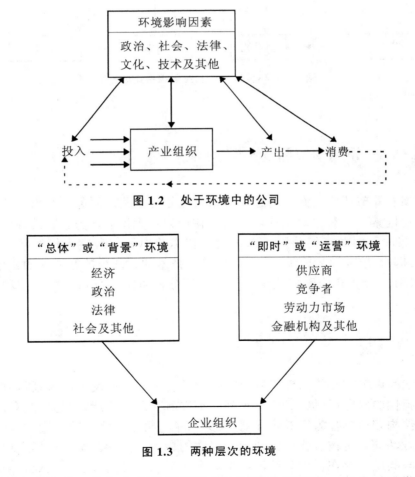

图 1.2　处于环境中的公司

图 1.3　两种层次的环境

在考察企业环境时，我们有必要将其区分为两种外部因素：对公司日常运营产生直接影响的外部因素和倾向于影响企业总体的外部因素。图1.3作了这一区分。

对大多数企业而言，即时或运营环境包括供应商、竞争者、劳动力市场、金融机构和顾客，也可能包括贸易组织、行业工会，还可能包括母公司。总体或背景环境由宏观环境因素组成，例如，经济、政治、社会文化、技术和法律因素。这些影响不仅来源于地方和全国范围，而且来源于国际的和跨越国界的发展，从而会影响很多种类的企业。

这种分析也可以扩展到企业组织活动的不同职能区域，例如，市场营销、人事、生产或融资，如图1.4所示。这种分析至少在两个方面可被认为是有用的：第一，它强调了外部因素对公司内具体活动的影响，也就突出了内外环境交接的重要性；第二，通过对交接的重视，强调了这一现实：企业组织常能对内部活动和程序施加某种程度的控制，但常难以(如果存在可能性)控制它们运营于其中的外部环境。

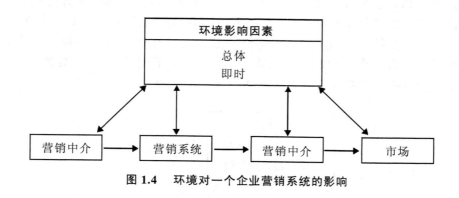

图1.4　环境对一个企业营销系统的影响

总体或背景环境

上文提到的外部环境因素，构成本书剩余部分的主题，但再次突出一些影响企业活动的主要环境因素，以获得对企业环境的总体认识不无裨益，为了和总体与即时环境的区分保持一致，下面对它们分别予以讨论。在本节中我们考察人们经常提到的"PES-TLE"因素(即政治的、经济的、社会文化的、技术的、法律的和道德的影响)。"PES-TLE"(或"PEST")分析作为管理战略步骤的一部分，可用于分析公司当前和未来的环境(见第十七章)。

■ 政治环境

政治环境的许多方面的因素明显影响企业活动。大到涉及政治体系本质、政治制度和程序等概括性的问题(见第三章)，小到关于政府介入经济活动(见第四章)，和政府企图影响市场结构和市场行为等具体问题(见第八章、第十二章、第十四章)，政府直接和间接影响企业活动，可被看作国家或地方层次的最大的企业。鉴于市场全球化倾向和国际贸易组织与集团的存在，国际政治经济对企业活动的影响代表了企业环境的一个重要特征。另一个重要特征是大众的影响，也包括在环保政策、公司责任等领域的政治主张。

■ 经 济 环 境

对于政治环境与经济环境的区分，其实类似于对法律环境的区分，它们都略显得武断。如上所示，政府在国家和地方经济中扮演着重要的角色（见第四章、第十章），其活动影响着需求和供给两个方面（见第十一章）。但是，一些与企业活动相关的经济环境的其他方面也值得考虑，包括不同结构的公司和市场（见第七、八、九、十二章）以及经济理论和实践的比较（例如第十一、十二、十三章）。

> **小案例　不再搁置的汽车**
>
> 欧洲委员会提议 2002 年 9 月以后，改变新汽车在欧洲销售的方法（见第十四章案例研究），从而为一些积极进取的企业提供了更多的商机，也引起了人们的广泛兴趣。比利时连锁超市克鲁特公司已经表示有意向市场推出一批数量有限的新汽车，以低于比利时特许经销商 25% 的定价出售（比利时是欧洲买车最便宜的国家之一）。公司计划在价格低于比利时的南欧购进汽车，然后通过限定数量的商店转卖，如果实验成功，克鲁特公司不久势必会将此方案推广到其他商店，并且也可能会推广到其他车型。其他公司可能会迅速效仿，从而为大型的欧洲连锁超市在获利丰厚的汽车市场分一块蛋糕铺平了道路，使他们在供应传统产品的同时又增添了一个新品种。

■ 社 会 文 化 环 境

需求和供给两者都受社会和文化因素的影响，例如，文化因素可以影响生产或出售的成品的类型、销售市场、销售价格和各种其他变量。人是组织中最重要的资源，也是商品和服务市场的根本组成部分。相应地，像人口变化一样，社会文化的影响和发展也对企业运营产生重大作用（第五章）。

■ 技 术 环 境

对于企业组织来说，技术既是投入，也是产出，同时也是影响企业组织的环境因素。技术和创新的投资常被视为企业成功的关键，一直被用来解释不同国家的相对竞争力的不同（第五章）。它也是市场经济中企业组织内部结构长足进步的原因。

■ 法 律 环 境

企业是在法律的框架里活动的，法律对企业存在的各个方面都产生着显著的影响。法律经常管制的事务之一是组织的地位（第七章），组织与顾客和供应商的关系以及某些内在的程序和活动（第六章）。法律也可能影响市场结构和行为（第十二章）。既然法律来自政府（包括超越国界的政府机构），来自法庭的裁判，了解一下相关的机构和过程，是值得的。

■ 道 德 环 境

道德的权衡越来越对企业行为产生重要影响，尤其是大的形象好的公司。一个明显的体现就是要求企业以对社会更加负责的方式行事，并考虑到他们对人、社区以及自然环境可能产生的影响（第十六章）。

即时或运营环境

■ 资源和资源市场

组织对资源的需要使它在很大程度上依赖于那些资源供应商，有些供应商是在结构相当稳定的市场上运行的（例如见第五章）。资源市场运营的某些方面，或者甚至于单个供应商的行为，能从根本上影响企业组织的成功，及其构建内部程序和步骤的方式。相应地，供应商的成功经常与顾客的决定或（和）兴衰紧密联系，一些组织寻求通过从海外购买资源在价格、质量或运输上占取优势。但这样的决定会产生一定程度的不稳定性，尤其是在实行自由汇率而不是固定汇率的地方（第十三章）。组织在国内市场寻求资源时，也可能面对同等的不稳定和变化。这是多种因素变动的结果，如技术变革、政府干预或公众舆论（如环保问题）。

■ 顾 客

顾客对所有组织都是极其重要的，识别并满足顾客要求的能力，被视为组织生存和发展的关键之一。政治家没有忽略这一点，他们正越来越多地采用商业技巧赢取选民支持。这种顾客至上的思想——资源被分配到生产出满足顾客需要的生产中——是市场经济的中心线条（第四章），也是近年来盛行的思想体系的一部分，了解影响个人和市场需求的诸多因素，以及公司如何组织起来满足需求，是越来越以市场为导向的企业生死攸关的组成部分。

■ 竞 争 者

竞争——直接的和间接的——是众多公司运营背景的一个重要组成部分，也是对企业产出和投入都有影响的一个因素。不管来自国内组织或国外公司（第十三章），竞争的结果在宏观和微观两个层次都很显著。从许多发达工业经济变化着的结构可以看出它的影响。公司如何应对竞争挑战（例如第八章），政府有关反竞争行为的态度，当然是商务院校的学生应关注的领域。

分析企业环境

对像企业环境这样包罗万象的主题,有数量众多的组织资料的方法。一个显而易见的解决方案是仔细考察上述各种因素,分章节讨论每一个环境因素及其对企业组织的影响。这一方案有很多地方值得推荐——绝不仅仅是因为它很简单——下面采用的方法建立在将环境影响分组为四个主要领域的基础上,相信这将有助于突出企业界的关键方面,特别是背景、企业及其市场,以及关系着企业家和整个社会的重大事件。

小案例 利瓦伊·斯特劳斯公司:如何走出困境?

利瓦伊·斯特劳斯公司是基地设在美国旧金山的一家私人公司,20 世纪后半叶的大部分时间,它传统的蓝色铆钉 501 斜纹粗棉布牛仔裤——最初由淘金者和牛仔们穿用——是世界上最受人们喜爱的裤子。作为全球品牌,501 几乎举世无双,牛仔影星詹姆斯·迪安、玛莉莲·梦露和马龙·布兰多是它的狂热追随者,它的形象总是一种叛逆者穿着的性感的年轻的产品,这使得 501 在世界各年龄层的人中流行起来。

作为美国本土保留生产基地的最后几个大制衣公司之一,无论从象征意义还是经济意义来说利瓦伊·斯特劳斯公司对美国经济的发展做出了重大贡献。1999 年 2 月它宣布即将关闭北美一半的工厂,估计约有 6000 人会失业(占其工人总数的 1/3)。这又一次打击了因面临海外竞争而处于滑坡状态的制衣行业。加之前年该公司裁员 7500 人,新的过剩劳动力对利瓦伊公司所在的美国以及加拿大地区产生了巨大冲击。

利瓦伊公司命运的转折很好地说明了企业环境的演变过程,以及它们是如何影响企业组织的,尤其当公司不能认识到外部环境情况的变化并做出正确反应时更是如此。在这一个案中问题似乎在该公司没有及时认识到时尚品位的变化。事实上,它似乎想当然地认为,市场就是这样大而忘记了顾客需求的重要性。很多顾客正转向其他替代品,像野战裤、货运裤、工装裤。对于那些仍然忠情于牛仔的顾客而言,来自日本的产品和品牌,像汤姆·希尔菲格的竞争,进一步侵蚀了利瓦伊公司先前的统治地位。例如 1997 年,利瓦伊公司销售额下降了 4%,而 1998 年这一数字达到了 13%。

报纸上一些思考栏目曾在当时建议利瓦伊公司为应对竞争而将生产设施移至海外,进而降低成本。

 网页链接 关于利瓦伊·斯特劳斯公司的信息,可登录 www.levistrauss.com

第二部分将考察企业活动的政治、经济和法律背景,除了要仔细考察政治与经济体系、机构和过程对企业行为的影响外,还重点聚焦宏观经济环境和影响组织的主要资源因素,特别是劳动力、技术和原材料。法律系统和法律在一些关键的企业活动领域的影响也是关注的首要问题,它与第三部分相联系。

在第三部分中,我们会集中阐述处于中心地位的三个结构方面:法律结构、规模结构和工业结构。在法律结构这一章,我们仔细考察了公司运营的法律定义的不同所带来的影响,思考由法律和其他影响造成的企业目标的可能差异,进而分析规模差别对于组织(例如融资渠道、规模经济)审视规模或(和)经营方向的变化的影响是怎样发生的,包括政府在帮助小企业发展和成长中的作用,经济构成因素变化的后果之一就是对整体的工商结构产生影响——这个话题有助于突出国际竞争对许多发达工业的经济结构的冲击。鉴于政府在经济中扮演了关键角色,我们本部分结尾考察了政府对企业活动的介入,尤其是政府对全国或地方层次经济需求及供给的影响。

第四部分的目标是通过仔细考察定价、市场结构和外贸等方面的问题比较理论和实践。价格原理的分析表明了经济学家的理论模型能够解释实际生活中的企业运营的程度。同样地,通过对市场结构基本模型的分析可能了解竞争对公司行为的影响,体会价格和非价格决定在市场运营中的意义。

接下来的部分我们还进一步考察了外部市场以及政府在影响市场结构和运营中担负的角色,我们在国际市场一章中将会对贸易的理论基础和海外市场的实际拓展情况进行简要的分析,尤其关注近期机构设立和资金融通的发展状况(例如单一的欧元市场)。本部分结尾还研究了政府干预市场的理论基础,再次审视政府在三个领域的行为,即私有化和撤消管制、竞争政策以及劳动力市场的运营。

最后在第五部分将研究目前热门话题的三个重要方面,其中一个——公司在自然环境方面担负的责任——引发了关于企业活动道德层面的根本性问题,是企业界作家和评论家常忽视的一个话题。另一个是关于技术的话题,详细考察了新技术对组织和市场发展的冲击,以及日益重要的“电子商务”问题。

本部分结尾的一章——也适合在全书的结尾——强调了组织要继续对企业环境的变化进行监控,考察了大量的用于环境分析的框架。为使环境有意义,企业需设法拥有大量信息,大部分信息能从发表的材料上得到,包括政府资料。一些商学院学生和企业组织能获得几种主要信息,包括统计信息和其他形式的信息。本章最后部分将对此予以考察。

主 题

本书中贯穿了大量主题思想,因此我们有必要在此处强调一下。

■ 与环境的互动

企业组织被视为开放的系统,与环境处在不断的互动过程中,环境的变化能导致投入、转变过程以及产出三个方面的变化,这些变化又会进一步改变组织环境。内部环境与外部环境是相互联系又相互依赖的,它们并非相互独立的实体。

■ 环境变量之间的互动

除内部环境与外部环境的互动之外，影响企业组织的各种外部环境因素也经常是相互关联的。例如，利率的变化会影响消费者信心，而这将对企业活动产生重大影响。政府影响需求水平的企图会使情况更加恶化，而这可能导致总体经济条件的变化从而给企业造成更多麻烦。这些因素的综合效应会使环境急剧动荡，结果使经营管理者犹豫不定。不能应对这些变化带来的挑战（或者机遇），可能意味着组织的倒闭，或者说最起码是潜在业绩的显著下降。

■ 环境的复杂性

上文考察过的环境因素仅仅是所有组织面临的一些潜在变量，外部影响因素的数量和种类几乎是无限的，任何一种研究都不能奢望考察全部因素。对商学院学生和管理者的要求是认识到外部环境的复杂性，更加重视组织当前面对的相关的和紧迫的影响因素，而不是企图考虑到所有可能的偶发事件。

■ 环境的不稳定性和变化

环境变化的倾向使组织外部环境进一步复杂化，这种不稳定性在某些领域（如技术）、某些市场或某些类型的工业或组织中十分普遍。如上所示，极其不稳定的环境给组织（或其下属单位）带来了不确定性，使决策更加困难（见案例研究：对系统的一次打击）。

■ 环境的独特性

上面评述中暗含着每个组织在某种程度上有其独特的运行环境，而且环境将以独特的方式影响它。因此，尽管有可能概括外部环境对企业的冲击，但有必要认识到独特性的存在，有时要考虑普遍规律的例外。

■ 不同空间层次的分析

外部影响因素发生在不同空间的层次上——地方的、区域的、全国的、跨国的、国际的。现今即使有企业能理直气壮地宣称它们不会受到其即时市场以外的因素的影响，但这样的企业也是极其少的。

■ 双向影响

最后一点也非常重要，即认识到组织和环境之间的影响是双向流动的。外部环境影响企业，相应地企业也影响环境。这是民主社会国家中人们普遍接受的商业特征，它们都是在以市场为基础的经济体系中运行的。我们将在第三章、第四章考察民主思想、民主与市场经济的相互关系。

纲　要

在投入转变为产出的过程中,企业组织在多层面的环境中运行,环境与企业组织的活动相互影响。环境总是复杂的、不稳定的,由两种不同的影响因素组成,即总体环境因素和即时环境因素,它们在不同的空间层次上运行。了解环境及其对企业运营的影响,对研究和开展企业活动是至关重要的。

重点总结

- ■ 企业活动本质上关注将投入转换成以消费为目的的产出。
- ■ 所有企业组织都是在外部环境中运行的,外部环境影响着它们的运营和决策。
- ■ 环境影响由运营性的影响和总体性的影响共同构成。
- ■ 企业的运营环境关注顾客、供应商、借款人和竞争者等因素。
- ■ 企业的总体环境集中考虑众所周知的 PESTLE 因素。
- ■ 在分析公司外部环境时,应注意到不同环境变量的相互作用、环境的复杂性、不稳定性和变化以及空间层次的影响。
- ■ 尽管所有公司都受所处的环境的影响,有时它们以自己的活动和行为积极地塑造着环境。

案例研究　对系统的一次打击

通常企业(或行业、部门)外部环境的大部分改变,相对来说是可以预见的,这有助于企业规划。例如,一些经济指数发出衰退(复苏)开始的信号之后,衰退(复苏)才出现。这为企业活动提供了时间,不仅能考虑到它们将如何受到经济变化的影响,而且能考虑采取什么步骤使其对组织的潜在威胁最小化(或机会最大化)。但是,有时候企业环境急剧变化难以预料,公司面临迅速恶化的贸易条件,常常没有合适的应急方案。

这样的情况出现在 2001 年 9 月 11 日星期二,对世贸中心和美国国防部的恐怖袭击通过全球经济系统,迅速将冲击波扩散开来,吞没了世界各国大批公司和行业。危机最直接、最明显的表现可见于航空业,主要航空线路运营者突然发现,人们不愿意坐飞机。它们的市场因竞争加剧和经济衰退,本就处于困境中,此刻更是雪上加霜。在美国,联合航空、三角航空和大陆航空公司宣布数以万计的裁员,英国航空、维珍航空和加拿大航空公司也紧随其后。欧洲的瑞士航空和比利时国家航空公司(Saneba)进入破产接管,其他运营商也发出信号进入紧缩开支时期(见第十二章案例研究)。

航空业缩减的间接结果也冲击了两个相关行业:飞机制造业和旅游业。同样表现出需求下降和不可避免的失业。空中客车、波音、麦道纷纷裁员,像劳斯莱斯等供应商们、旅游及相关行业如饭店、饮食、出租等都出现了更多的失业。例如，迪斯尼公司立即感到美洲和欧洲主题公园参观人数减少所带来的冲击。无数其他的组织和度假地很快经历了恐怖袭击余波后海外游客减少的恶果（见第九章案例研究）。

一些观察家当时暗示了有些企业一定借机削减劳动力，但很少有人怀疑这次袭击会显著冲击经济、人道和心理。幸运的是，对系统的类似打击数量少、间隔长，即使发生了，一些公司也会发现它们提供了出人意料的商机。

案例研究问题

1. 你能想到在你的国家发生的无法预测的对经济产生严重的负面影响的大事件有哪些？

2. 你能想到任何从 9·11 事件中获得商业利益的企业吗？

 有许多 **9·11** 事件及其余波的评论，可尝试登录 GOOGLE 网站，键入 "September11 and Business"。也有一个材料档案馆可供登录：September-ber11.archive.org

复习和讨论题

1. 在何种意义上，我们能将一个大学或学院描述成一家企业组织？你如何去描述它的"投入"和"产出"的特征？

2. 从大量优质的报纸中选取例子，说明外部环境影响企业组织的方式。

3. 举例说明企业组织影响所处外部环境的方式。

4. 关于小案例，你认为利瓦伊公司将生产移到国外会在多大程度上有助于解决它的困难？

作业

1. 假设你在一个管理咨询公司接受培训，作为入门培训的一部分，现要求你选择一个组织来收集文件信息。文件不仅包括组织结构信息和产品信息，而且包括近年来影响组织运营的主要外部因素。

2. 选择一家公司或一个行业进行 PESTLE 分析，指出在即将到来的 5～10 年内，公司可能面临的主要环境影响。

第二章 企业组织：内部环境

伊恩·沃辛顿和齐娜·坎伯佩奇

　　企业组织研究的系统论方法强调的是公司内部与外部环境的互动。企业内部环境的主要方面包括组织结构、功能和追求特定组织目标的方法。如果想保持成功的经营，企业需要持续关注组织不同影响因素间的平衡和适应新的外部情形的要求。这一责任根本上应由组织的管理层担当，管理层肩负着整合人力、技术、结构和环境的任务。

目　标
- 概述组织和管理的多种方法，特别注意系统方法。
- 仔细考察企业组织可选择的组织结构。
- 讨论公司职能管理的主要方面。
- 阐明公司内外环境的相互作用。

关键词

官僚机构	控股公司	组织图表
古典组织理论	人际关系方法	利润中心
权变方法	人力资源管理	项目组
事业部制结构	管理	再造
精简规模	市场营销	科学管理
正式机构	市场营销概念	子系统
职能组织	营销组合	系统方法
职能专业化	矩阵结构	X 理论和 Y 理论
需求层次	产品决定型组织	Z 理论
虚拟组织		

引 言

　　企业组织的内部特征已受到组织和管理学家的相当重视，大量的教材专门从事这方面的研究，在下面的讨论中，我们主要集中分析组织内的三个方面，它们直接关系着企业环境的研究：了解组织的方法、组织结构和企业的主要职能。通过查阅这个领域内的大量专业书籍（一些书在本章结尾将提到）可进一步洞察这三个方面和管理及组织行为。

　　"管理"的观念是贯穿在每一个内部环境的分析过程中的主题，它有着各种各样的定义。在本文中，管理一方面可被看作是管理组织的个人（例如企业家、资源管理者、协调者、领导、激励者、组织者）扮演的一系列角色；另一方面也可被视为是使组织达到目标的过程。但本质上是将管理看成是组织的一个职能，而不是一个控制元素，其任务是使组织识别并实现自身目标，适应变化。管理者需要以能满足当前企业需要的设计得最好的方法，统一影响组织的不同因素——包括人力、技术、系统和环境，并准备在环境发出改变的指令时实施改革。

 财经时报提供很多关于管理思想的有用材料，可登录 www.business-minds.com/goto/mastering

组织和管理的方法

一些原则是构成管理过程的基础，简要地查看一下组织理论可以洞察这些被感知的重要原则。这些理论或者方法——有些可追溯到 19 世纪晚期——代表了实际管理者和学者们的观点，比如决定组织效果的因素、工作环境中个人和群体所受的影响。广义地说，这些方法能被细分为三个主要类型：古典方法、人际关系方法和系统方法。由于三者中最后一个包含了第一章中的模型，为此我们将对这一观点给予特别关注。

■ 古典方法

企业组织和管理的古典方法大体上从 20 世纪上半叶开始，与泰勒、法约尔、厄威克、布雷齐等作家的著作联系在一起。从本质上说，古典学者们基本上把组织看成正式结构，建立这种结构是为了在管理的指导下达到一些特定的目标。通过确认一套在设计组织结构时指导管理者的原则，古典管理理论的支持者们相信组织能够更有效地实现它们的目标。例如，法约尔确认了十四条原则，包括劳动分工、等级链、集中化、命令一致，这些原则在韦伯的"官僚机构"观点中也能找到。类似地，厄威克的原则强调组织结构和运营的各个方面，例如专业化、合作、权威、责任和控制跨度等。这些基本上被当成好的管理实践的准则。

在古典方法内，两个重要的子群经常受到特殊关注，即科学管理和官僚机构。前者是和泰勒的开创性工作相联系的，他认为，科学方法能被运用到工作设计上去，以提高生产率。对泰勒来说，发现实现某一特定任务的最好方法的关键就是对工作进行系统性分析（例如运用某种研究技巧），这也是个人生产率实现极大增长的最好方法，因为个人将得到更多的资金回报。在泰勒看来，管理者负有制定科学方法的责任，工人在管理层的控制和指导下工作，为所有相关当事人谋取共同的福利。

第二个子群是官僚机构，在马克斯·韦伯（1864～1920）的著作中进行了详细描述，他对权力结构的研究突出了组织运营中职位和规则的重要性。根据韦伯的说法，官僚机构——由于在其规则和程序、能力的特定范围、职位的层次结构、任人唯贤、高水平的专业化和客观性——较其他形式的组织拥有一定的优势，这也解释了为什么越来越多的企业在结构上都是官僚化的。从韦伯的著作第一次以英文发表距今的 80 年间，官僚机构始终是全世界众多企业的重要特征，并明显与逐渐增大的组织规模和复杂性连在一起。尽管对韦伯的研究有许多有益的批判，但很难想像到如果不像韦伯所说的那样去做，结果会是什么样。

■ 人际关系方法

古典方法主要关注结构和正式的组织，而人际关系方法强调工作中人的重要性和社会心理因素在塑造组织行为中的影响。人际关系理论家关注的首要问题是个人动机、领导方法、交流、团体动力，强调正式结构中存在非正式关系模式的意义。影响人类行为的因素相应地被描述成提高组织效率的关键性因素，从而在决定组织策略时将人的管理提升到首要位置。

这一领域的早期工作与埃尔顿·梅奥（1880～1949）和著名的霍桑试验联系在一起（1924～1932 年西方电器公司进行了霍桑试验）。试验基本上表明，工作中的个人是非正式的（即非官方的）和正式的团体的成员，团体影响是解释个人行为的根本因素。像马斯洛、麦格雷戈、阿吉里斯、利克特、赫茨伯格等人后来的著作继续强调人的因素在决定组织效果的重要性，但他们更倾向于采用心理学的方法，如马斯洛的需求层次理论和麦格雷戈的 X 理论与 Y 理论。马斯洛的中心主题是个人力求满足特定组合的需求，最基本的生理需求（如吃饭、睡觉、性）经安全、爱、尊重到自我实现（自我奋斗），每一低层次的需求满足后人的需求会沿着梯形结构的系统向上发展（见图 2.1）。对麦格雷戈来说，工作中的个人被管理层视为或者懒惰的（X 理论），或者致力于组织目标积极承受责任（Y 理论）的，结果这些观点为从强制型到支持型的管理风格提供了理论基础。

麦格雷戈对管理风格的关注反映在后来的研究中，包括大内教授的 Z 理论。根据大内的理论，日本制造业成功的一个关键因素在于人的管理方法。Z 理论组织为工人提供长期（终身）雇用制，允许他们参与决策，拥有培训、发展、升迁的机会以及一些其他的益处，使工人对组织抱有积极态度。对大内来说，组织效果的关键在于将日本式的 Z 理论环境按照西方的要求加以发展。

图 2.1　需求层次

■ 系 统 方 法

新近的组织和管理方法通过把组织看成是与环境互动的社会技术系统，有助于统一前期对结构、人和技术的研究。这种方法在 20 世纪 60 年代开始盛行。根据这种方法，组织被视为人、任务和技术的复杂系统，它们是包罗甚广的大环境的一部分，与大环境互动（见第 1 章）。大环境经常上下波动，有时波动也会很剧烈（例如包括急速、经常不可预知的变化）。组织要生存和繁荣，适应环境要求被视为一个必要条件，是管理过程的中心。

关于系统方法的本质在第一章已进行了描述，但在此重述是必要的。组织（包括商业组织）是开放系统，在将投入转变为产出时与环境互动。投入包括人、资金、材料和信息，由组织存在和运营的环境提供。产出包括如商品和服务、信息、经营思想和废物等项目，它们被投入到环境中，供最终的或中间的使用者消费，在某些情况下代表着其他组织的投入。

系统总是由一些子系统组成，转换或转变过程通过子系统发生。例如，企业组织通常有生产、市场营销、会计、人力资源管理等活动子系统。每一个子系统又可能由更小的子系统集合在一起组成（例如销售、质量控制、培训）。正如作为系统的组织与环境相互作用一样，子系统与其组成元素之间也是相互作用的。对后者来说，子系统之间的界限通常被称为"界面"。

尽管不必讨论系统方法的明显的复杂性，但要强调的是，目前最现代化的组织观大量借鉴了这一领域的研究成果，它们尤其关注人、技术、结构和环境的相互作用以及管理在指导组织活动实现既定目标中的关键性作用。从广义上说，管理可以被视为是组织总体内部的一个决定性的子系统，担负着其他子系统的协调工作，确保内外关系的有效管理，系统的任何一部分发生变化都会引起其他部分的变化，需要管理层做出反应，给组织及其子系统以暗示。这些变化或者是组织与环境关系变化的原因，或者是结果，要求管理者适应新情况避免组织效率的降低。

鉴于组织及其运行环境的复杂本质，一些著作者都建议采取一种组织设计和管理的"权变方法"（例如，劳伦斯和洛尔施、伍德沃德、佩罗、伯恩斯和斯托克）。从本质上讲，这种方法认为不存在一种最适应所有情形的单一形式的组织，最合适的组织结构和管理系统依赖于每个组织情形的偶发特点（例如规模、技术、环境）。在某些情况下，官僚机构可能就是最好的运行方式，而在另外一些情况下更松散的、但机动化的方法可能会更有效。简单地说，组织的设计和管理问题应依据相关的情境变量选择最好的组合形式。这可能意味着不同的结构和风格在一个组织内部共存。

组织结构

最简单的企业形式是一个人从事所有工作，承担所有职责的企业。除此之外，企业组织存在着劳动分工的特征，即让雇员在既定的岗位上专门担任其角色，并追求企业的目标结果，个人与角色之间的关系模式构成了所谓的"组织结构"，代表了企业实现目标和开展工作的手段。它也提供发生交流、运用管理过程的框架。

建立组织的正式结构的责任在于管理层，有多种方案可供选择。不论选择哪种形式，基本要求是选出最能维持企业成功运行的结构，使一些重要目标能够实现。通过这种结构，组织应能够：

■ 实现资源利用的效率；

- 提供监控组织绩效的机会；
- 确保实现个人责任制；
- 保证企业不同部门的协调；
- 提供有效和高效的组织交流手段；
- 创造工作满意感，包括成长机会；
- 适应由内外发展带来的环境变化。

一句话，结构本身不是目的，而是达到目的的手段，它应合理地反映出现行环境下组织的实际需要，并考虑组织在将来的要求。

小案例　德意志银行的变化

2002 年 1 月 17 日，《金融时报》刊载了一篇报道：欧洲最大的银行之一，德意志银行，已准备宣布调整管理结构。这一改变将包含一项动议：由德国传统的以共识为基础的董事会模式，向美国等国家的执行管理方式转变。据《金融时报》说，银行即将上任的老板约瑟夫·阿肯曼，意欲创造一个新的强有力的执行委员会来经营银行，而且让一个总执行全面控制银行战略。执行委员会将召集银行的两个分部的全球产品总经理会议，由阿肯曼亲自主持。阿肯曼也将担任精简的管理董事会的主席，根据国家法律，管理董事会保持对企业事务拥有最终决定权，并对银行决策负集体责任。

 可以从下列网址登录德意志银行的网站 www.deutsche-bank.com

结构的本质是个人之间的劳动分工和个人之间创造的正式的组织关系，这些关系不仅反映在个人的职责说明中，而且反映在总体的组织图表中，该表决定了角色关系的正式模式、角色之间的互动以及担任这些角色的个人。个人权力关系可分为线性的、职员性的、功能性的和边际性的，不同类型被定义的责任形式不同。如下所示：

- 线性关系出现在权力在结构中从上级到下属竖直往下传递（例如，经理—区域领导—职员）时。
- 职员性关系发生在高层人物任命助理性职员时，该助理一般对其他职员不行使权力，而只是高层人物权力的延伸。
- 功能性关系是在专业人士（或顾问）和直线经理及其下属之间的关系（例如，当专家为整个组织提供一项共同服务，却无权支配服务使用者时）。人事或数据处理职能可能是这样一种创造功能性关系的职能（注意专业人士与他们自己下属也是直线关系）。
- 边际关系跨组织存在，尤其存在于不同部门区域内占据同等职位的个人之间（例如，委员会的委员、部门首脑、区域领导）。

关于劳动分工和组织活动的分组，有多种实现方法。包括：

- 以功能或主要目的来划分，特别是与部门结构相联系时。
- 以产品或服务划分，负责一个具体产品或服务的个人归为一组。

- 以地点划分，以地理位置为标准。
- 以一般流程划分(例如，具体技巧或操作方法)。
- 以客户群体划分(例如，儿童、残疾人、老人)。

在一些组织内，以某一种具体分组为主导，有一些组织内多种类型并存，每一种都各有长短。下面将集中讨论五种主要的对商业组织的活动进行分组的方法。学生应尽量找出在他们自己的教育机构中存在的结构类型，以及选择这些类型的结构背后的逻辑性(如果存在逻辑性)。

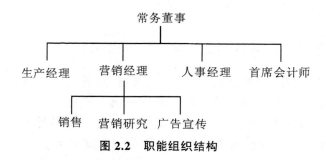

图 2.2　职能组织结构

■ 职 能 性 组 织

图 2.2 显示了按职能进行组织的方法。如名称所示，在这种结构中，活动以共同的目的或职能进行分类。例如，所有的市场营销活动都归为一种共同的职能，以营销部门内为典型。类似地，像生产、财务、人事和研发这些活动领域都有自身特定的区域或部门，负责这类功能所需的所有任务。

除了其明显的简洁性外，职能性组织结构让个人以专业和技术专长为基础组合起来，为个人提供一条公认的升迁和职业发展道路，也有利于他们所提供的职能的发展。不利的是职能专长，尤其是以部门划分的职能专长，可能滋生局部利益，有损于整个组织的利益，尤其当资源在职能部门之间分配不公造成职能之间竞争时。这种结构形式最适合单一产品的企业，当组织实行产品或市场多样化时，就不太适合了。在这种情况下，企业组织倾向于从产品专业化或企业事业部化中获利。

■ 以产品或服务划分的组织

在此情况下，工作划分和活动分组完全由提供的产品或服务决定(见图 2.3)。负责组织特定部分产出的部门可能在不同的职能区域都有自己的专家(如营销、财务、人事)。这种结构类型的一个优势是它允许组织提供品种多样的产品，例如在国家健康服务医院可获得不同的服务(如妇产科、整形外科、老年科等)。它主要的缺点是企业内部不同单元或部分过于自治而造成危险，甚至将会牺牲到组织内的其他部门的利益。这时就在管理层面前呈现出协调和控制上的问题了。

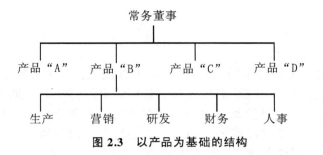

图 2.3　以产品为基础的结构

■ 事业部制结构

当公司实施产品或市场多元化时——经常是合并或接管的结果——需要一个结构来协调和控制组织的不同部分，这个结构可能就是事业部制（或多事业部制）公司。

当一个组织分立成几个自治的业务单元时，就形成了事业部结构，每个单元作为一个利润中心运作。事业部的划分可能以产品、市场或两者的组合为基础，每个单元都倾向于沿着职能或产品线运行，但一些关键的职能（如财务、人事、公司计划等）常常由公司总部集中提供（见图 2.4）。

多事业部公司的最主要的好处就在于，它允许多种经营的组织的每一个部分在生产和推广产品时半独立运行，允许每个事业部设计适合当地市场情况的产品——这是跨国经营的公司的首要因素。但事业部利润中心和负责构建全球战略的中央单元的双重存在，可能引发相当可观的紧张冲突，尤其是当中央的需求和目标似乎与地方层次的运作冲突时，或当总部强加事业部经理们认为不合理的负担时（例如分担中央开支）。

同样的争论在控股公司也存在，尽管控股公司是一种较松散地管理多部门组织的结构（英国和日本公司青睐这种形式）。按控股公司形式设置的组织的不同部分（通常是公司）由一个母公司协调和控制，母公司可能仅仅是一个为控制其他贸易公司而建立的财务实体（如朗路公司）。控股公司通过收购，使产品或市场高度多样化并与各公司的成长相联系。它们也是经营跨国公司的通常做法。

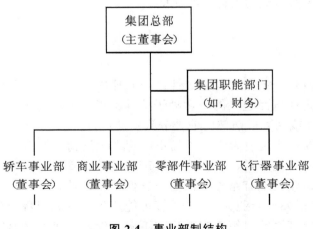

图 2.4　事业部制结构

■ 矩 阵 结 构

矩阵是将专门职能(如通过部门)和以产品、工程或项目为中心的结构结合起来(见图2.5)的安排。结果是生成双向流动的权力和责任网络(或矩阵)。在职能部门中权力流向是垂直向下的,由上级向下级流动,为部门或单位的个人创造出一定程度的稳定性和确定性。同时,作为工程组或产品组的一员,个人通常对同级的项目经理负责,项目经理的责任是监督工程项目顺利完成,而有些工程项目可能期限很短。

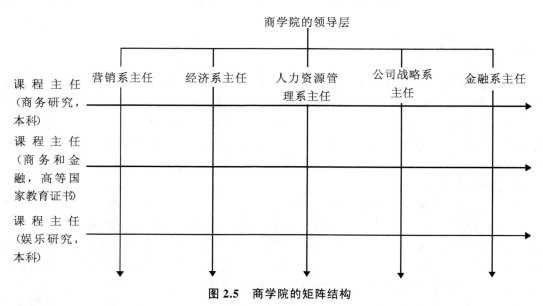

图2.5 商学院的矩阵结构

矩阵结构的优势很多,最显著的是灵活性,员工发展机会多,对工程或项目有更强的主人翁感,以顾客为导向,信息和专业技能的协调一致。同时存在员工忠诚冲突,权力线不确定等方面的局限性。一个组织按矩阵结构设置,工程或项目领导也不知道自己对各职能部门的员工有多大权限,这种情况并不罕见。职能经理们也不知道从他们直接影响范围之外的工程中撤出他们的合作或支持。

■ 项 目 组

矩阵尽管灵活,但有一定程度的稳定性;与此形成对比的是项目组本质上是一种临时结构,是为完成特定任务而建立的,常处于非常不稳定的环境中。一旦任务完成,项目组就解散了,其成员或回到以前部门或被分到新的项目中。

项目组时下流行以专业技能为中心,而不以管理阶层为中心开展工作,与客户紧密联系,在高科技公司、建筑公司、一些服务性产业尤其是管理咨询和广告业,这成为普遍的形式。他们并不是取代现有结构,而是与它们并行不悖,一个项目使用企业各部门的人员(某些场合也包括外部专业人才)。尽管可能产生后勤和日程上的问题,也可能造成资源重复浪费,但它可协助组织适应变化和不确定性,提供按顾客特殊需求生产的产品。当目标和任务被清晰划定时，当客户对渴望的产出要求明确时，当小组成员是精选出时，项目小组总是最有效的。

小案例 **荷兰皇家壳牌公司**

1995 年 3 月，英荷合作经营的跨国石油巨头，荷兰皇家壳牌公司，宣布意欲对长期受人推崇的矩阵组织进行大刀阔斧的改革(例如，可参考 1995 年 3 月 30 日的《金融时报》)。由于历史的原因，壳牌公司形成了以地理位置为基础划分不同经营公司的结构。经营公司有执行人员代表全国或区域单元、业务部门(或分部)和财务等职能领域。在这一三维矩阵里，强权人物能够影响组织的区域政策，因而要求一个相当规模的官僚机构像警察一样监督矩阵结构并协调结构不同部分的决策。

面对日益加剧的全球竞争以及股东不断要求提升公司业绩的压力，壳牌公司决定进行结构重组，解决冗员和官僚问题，通过构建全球经营帝国来消除区域主义。它的计划包括五个主要的业务领域，覆盖公司的所有活动(如，勘探和生产、精炼和营销等)，每一个运营公司都根据其活动与这五个部分的相关性向其任何一个汇报并接受其战略目标。一个新的业务委员会系统负责不同组织内部的战略和投资决策，尽管其执行权力仍属于运营公司。壳牌公司希望通过这种安排保持对当地市场需求的敏感度。这是组织传统信条的一部分。

在旨在提升公司业绩的又一举措中，壳牌公司随后暗示要进行更多的重组(例如，可参考 1998 年 12 月 15 日《卫报》)。在 21 世纪的重组蓝图中包括了附加的流水线型管理结构；从以委员会为基础的决策系统转向以美国首席执行官为基础的系统。

 网页链接 荷兰皇家壳牌公司的网址是 **www.Shell.com**

虚拟组织

如上所示，传统的组织结构是为使投入便于转变为产出而设计的。当企业环境不断变化时，组织内部、组织与组织之间的关系需变得更加灵活，这种需要促进了电信业的发展，以及动态中介/代理网络的建立，其中包括核心组织(中介)将大量子任务外包给代理商(例如，制造、分销)。对更大灵活性的需求部分是由市场驱动的，部分是由对成本的考虑驱动的，这一变化的过程是由信息技术的相对快速的发展促进的，这样说很公平(例如，见第十五章)。当前引起管理和组织作家们兴趣的一个领域是虚拟组织的概念，认为它是组织灵活性的最终形式(进一步讨论可见第八章)。

本质上说虚拟组织或企业标志着由本质上是自由职业者的个人或企业组成的极端松散的网络，生产面向顾客的特定产品。没有任何永久的结构或等级，这种所谓的公司能不断改变自身形式，而不论时空界限，总是没有边缘，由于信息系统的联结，它的投入、产出和雇员都越来越隐蔽化。考虑到现代的通讯手段，一个完全以电讯为依托的组织是可以存在的。它经营专业技能和信息交易，没有实在的物质形式，这与传统的公司形成对比。传统的观念认为公司是将基本的经济投入（例如土地、劳动力、资本）转变成有形的产出或服务，从而增加价值的组织形式。

关于虚拟组织的有用文章可在下列网址找到：
www.comp.Lancs.ac.uk/sociolog/VSOC/virtual
virtualsociety.sbs.ox.uk/projects/hughes
www.stratege.com.au/virtual–organisation

结构改变

内部变化是现代企业组织的一个重要特征，为保持竞争力，满足股东要求，公司必须在运行的环境变化时找到重构组织的方法。解决途径很多，从组织结构形式的部分或大规模转变到缩减公司的总体规模和形式（例如，精简机构），或企业流程的彻底改设（例如，再造工程）。

企业再造工程通常具有彻底变革公司运行方式的重大意义，而精简机构的本质是使之更"精练"、更"适合"，希望对市场反应更灵活。对某些公司来说这无异于借自然损耗和裁员来缩减劳动人口规模，对另外一些公司而言是"抽层"，抽掉管理层的一层或几层，从而有效地减少了组织等级，帮助其减少单位生产成本。

最系统的和长期的精简机构可以被视作改变文化的一种手段。通过它鼓励公司员工拥有不断进步和创新的理念，接受结构改变是事物永久的和自然的状态这一理念。根据这一方法重新培训、重新学习技术成了实施选定战略和打造组织以满足变化着的环境的要求的重要的工具。然而危险在于公司可能太注重组织重组，把它当作所有问题的解药，而困难的真正原因可能在市场。在这种情况下裁员不大可能赋予无吸引力的产品以吸引力，也不大可能会鼓舞组织内的士气。

职能管理方面

大多数组织结构反映了一定程度的职能专业化。个人在生产、财务、营销、人事、研究开发等部门或单位或领域担任某些角色。组织内部的职能区域和分配到区域的个人对组织转变投入为产出的过程至关重要。管理这些职能及职能之间的关系是成功经营、能够应付外界变化要求的关键因素。

可用一个简单的例子阐明内部职能的相互依赖性。提供商品和服务以满足市场需求经常涉及研究开发，研究开发必须有资金的投入，资金常来源于资本市场或组织的自身资源。研究开发像其他职能一样，也需要招聘合格的员工，招聘是人事部门的责任。如果研究开发部门产生了营销部门也能推向市场的好主意，那么生产部门将被要求生产出数量合适，规格正确的产品，时间是市场正需要产品的时候，这不仅依靠生产部门内部的日程安排程序，也依靠采购部门按时供应正确的原料，依靠合适的质量控制和工作监控系统，依靠提供常规服务操作的机器，依靠成品的包装、发送、运输和数不清的其他工作。所有活动都为同样的目的而开展。

所有这些要求同时实现的程度不仅取决于内部因素（许多内部因素可以控制），还取决于大量的外部因素影响（大多数外部因素总是在组织的控制之外），为阐明内外环境的相互作用，下面就简要讨论两个关键的职能管理领域——市场营销和人力资源管理，对组织内其他职能的考察会有非常相似的发现。

■ 人力资源管理

人是最重要的组织资源，没有人组织将不能存在或运转，所有企业如果想高效地使用人力资源，并追求它们的目标，就要有用人计划，需要管理他们的雇员。在现代化和前瞻性的组织里，这意味着一种管理人力资源的极为积极的方法。它超越了传统的人事管理的范围，包括诸多系统的建立：计划、监控、评估、培训、开发，将组织的内部需要和市场的外部需求统一起来。这样的方法与人力资源管理观念相联系。

像其他领域的管理一样，人力资源管理包含多种多样的活动，牵涉到制定和贯彻适宜的组织方针，提供监测、评价和改变的机会，运用资源实现组织目的。"人的管理"的主要方面包括：

- ■ 人员的招聘和选拔；
- ■ 工作条件；
- ■ 培训和职业发展；
- ■ 工作评估；
- ■ 雇员关系；
- ■ 用人计划；
- ■ 有关的雇佣法。

在大部分情况下（如果不是所有情况），这些主要受内外两种因素的影响（例如，公司规模、管理风格以及竞争环境、经济和政治的发展变化），有些影响会随时间推移或因组织不同而改变。

组织内部的人力资源管理活动能以各种形式出现，复杂程度也不相同，一些很小的公司，可能设计一些不十分明确的人力资源管理职能，他们首先关注的是雇佣和辞退，工酬和其他工作条件问题，却没有员工评估、职业发展及工作丰富化的内容。与此相反，大型公司可能有专门的人力资源管理或人事部门，经常是沿着不同的职能线组织起来，负责组织内部人事政策的制定和实施。这种集权不仅产生了规模效益，而且跨部门实现了一定程度的标准化和一致性。为给灵活性留有余地，集权系统常和一定的分权结合，分权允许有单一部门或区域在某些问题发挥影响力，例如人员招聘和选拔、工作条件、培训和职业发展。

为说明人力资源管理的各方面如何被外部因素影响，现选取其中一个职能——人员招聘和选拔为例。人员招聘和选拔要确保在合适的地点和时间拥有数量充足、质量合格的员工以满足各层次对用工的需要。为实现此目标，在人员招聘和筛选开始之前，组织需考虑很多因素，包括劳动力需求的可能变化，使用新技术和周转劳动力的必要性。这些方面反过来又受多种因素的限制，例如产品需求的变化、新技术的采用、社会、经济和人口的变化。其中有些是战略设计者所无法预料的。

一旦招聘和选拔工作准备就绪，更多的因素会影响这一过程，其中一些来自外部环境。例如，在起草工作细则时，通常需注意当地劳动力市场的变化，包括掌握技术可获得性，其他雇员的竞争，可比性工作或组织的工资率，以及社会人口倾向。如果需要的合格劳动力的供应不足，组织可能发现不得不提高工资和工作条件，仅仅是为了吸引足够的求职者来填补空缺。同样地，在设计时尚化的广告，起草发送给潜在求职者的材料时，如果公司不想触犯法律，就需要充分重视当前立法领域的要求，例如机会均等、非性别歧视和劳动保护等。

企业在招聘和选拔员工时可能需考虑的其他外部因素包括：
- 不同广告媒体的相对成本和效果；
- 和员工输送单位的现存关系（例如，职业中心、学校、学院、大学）；
- 对当地社区的承诺；
- 与员工组织的关系（例如工会、员工联合会）；
- 在当地培训和教育机构为员工提供培训和发展的机会。

理想状态下也应重视工作场地技术将来可能的变化，以招聘到适当技术的员工，或者相对容易能继续使用的员工，将变化对组织造成的干扰和费用降到最低限度。

■市场营销功能

人力资源管理的流程很好地阐明了公司内外环境的相互作用。一个更好的例子可通过考察公司的市场营销活动获得。市场营销活动首先指向（尽管不是独占性地指向）组织的外界情况。

像"管理"一词一样，"市场营销"的定义多种多样，从科特勒的通过交换过程满足人类需求的活动这样一个本质上是经济概念的定义，到偏重于管理的与特许营销协会之类的机构相联系的定义，范围极广。贯穿这许多定义的一个共同的主线是下面的理念：市场营销关注以企业盈利的方式满足顾客的需求。因此，市场营销战略管理通常被刻画为一个过程，该过程确保市场提供的机会与在市场运行的组织的能力和资源之间保持良好的适应状态。

 有关特许营销协会的信息可登录 www.cim.co.uk

营销被认为是组织中的整合职能——连接顾客的需求和公司的不同职能领域——这一概念是现代营销定义的中心，是"市场营销概念"的核心。这种观点认为顾客对组织的作用最重要，任何企业最重要的管理工作首先是确认顾客的需求，然后确保企业为适应这些需求而运营，并获得利润。尽管并不是所有的组织都适用这一观点，但被普遍认可的是：成功的企业多数是顾客导向的，而非以产品或销售为导向。同样地，事实证明，采用以顾客为中心的方式的必要性不仅适用于私人部门的贸易组织，也越来越适用于公共部门的企业和一些为其他目的而设立的非营利的企业(例如慈善机构、政党、工会等)。

从顾客的角度看，市场营销可被视为由一系列活动组成，而不只是生产产品及销售的简单活动。这些活动包括：

■ 确认顾客需求(例如通过市场调研)。

■ 设计不同的"供应品"以满足不同类型顾客的需求(例如通过市场细分)。

■ 选择适应特定市场的产品、价格促销技术和分销渠道(例如设计"市场组合"策略)。

■ 制定市场和产品计划。

■ 确定品牌名称、包装类型和与顾客交流的方法。

■ 创建市场信息系统。

上面已经指明，公司在实施这些活动时，接触到广泛的外部环境影响，这些影响有直接的，也有间接的。外部市场营销环境对公司是否有能力发展并维护与顾客的成功交易有着根本影响，因此也就影响着其盈利能力和生存机会。

为阐明企业的市场营销努力如何被外部因素影响，下面简要的讨论将重点关注"市场营销组合"关键要素之一——定价。市场营销组合是企业组织用来影响购买者反应的一系列可控变量，即产品、价格、促销、地点——4P。在所有的组合要素中，价格是惟一能产生收入的，其他三个都造成开支，因此，价格是公司营业额和盈利能力的首要决定因素，能对产品需求产生相当大的影响，并频繁影响对竞争者的产品需求(见第 11 章)。

 在"企业开放学习档案"可找到市场营销组合的有用讨论，网址是 **sol.brunel.ac.uk/~jarvis/bola/marketing/mix.html**

公司有定价目标，他们总是倾向于根据产品在生命周期不同阶段的变化来确定价格，将这些较广义的问题搁置一边，可以说价格决定受许多因素的影响。在这诸多因素之中，生产成本、竞争者的价格和顾客的价格敏感度可能是最重要的。

在以成本为基础的定价机制中，这发生在当公司把价格与买入或生产的成本联系起来，加上边际利润或"加成"而算出最后售价时。小企业倾向采用这种定价方法(例如建筑商、小杂货店等)，他们的成本较易估算，对顾客的反应的重视较小，更重视从投入努力上获得充分回报。这种定价形式的本质是公司的很多成本受外部组织影响——包括材料、部件、能源供应商——因而价格会随着投入价格的变化而变化。只有大型组织或共同经营的小企业群体，通常能够对投入的价格施加影响，但即使这样，企业也不能控制所有成本。

采用在本质上是以成本为基础的定价方法的组织有时会受到竞争者的价格的影响，尤其是市场上存在相当激烈的竞争及在产品同质的买方市场明显的地方(例如萧条时期的建筑商)。然而以竞争确定价格也可见于只有少数大公司运行的市场，扩大或保持市场份额的需要产生了几乎相同的价格，也产生了市场领导企业之间激烈的非价格竞争(见第 12 章)。例如，在英国，一家大的跨海峡渡航运营商通常会以和它的竞争者同样的价格提供服务，但额外给顾客一些利益(例如船上娱乐)而不是改变价格以示区别。在这种情况下，市场的外部需求而不是成本构成了影响公司决策的首要因素，市场条件的变化（例如，实际的或潜在的新企业的进入、竞争者价格的变化、经济衰退）将反映在价格变化上。

市场因素影响价格决定的思想也适用于这样的场合，即当公司按照顾客对产品要价的实际或预期的反应程度来确定价格——在经济学上称为需求价格弹性（见第 11 章）。在这种情况下，顾客而不是公司竞争者是影响价格决定的主要因素，尽管两者通常是相互联系的，因为顾客在有选择的市场中对于价格变动显得更敏感。当依据收入、年龄或地点等因素的差异对市场进行明确细分时，顾客通常会对一个产品产生级别不同的价格敏感度。在这些情况下，公司通常根据细分他们所服务的市场来确定相应的价格，这个过程就是所谓的"价格歧视"，正像公交公司推出的学生票价一样。

上述讨论是非常简化的，我们并没有考虑到组织产品组合（例如不同车型）中其他产品的定价等因素，但它却清晰地显示了公司营销组合中的一种所谓可控制变量是如何受到一系列公司不可控的外界因素影响的。同样的论证也适用于市场营销职能的其他因素。学生们通过考察外部环境如何影响促销、分销或市场调研等市场营销活动，可以增加他们对内部／外部交接的理解。

纲　要

企业组织内部层面形成了一个广泛的研究领域，商学院的学生对此投入了大量时间。在寻求阐明公司的内部组织如何被外部环境影响时，重点被放在企业内部运营中一些选定的方面。其中，结构和职能可以视为是内外环境交接的一种很好的例证。通过采取系统方法进行组织分析，更能深刻领会这种交接的存在。

重点总结

- 管理是企业组织内部环境的一个关键方面。
- 组织和管理理论基本分为三类：古典理论、人际关系方法和系统方法。
- 组织的系统观点把企业组织描述成在投入转变成产出时与外部环境互动的开放系统。
- 组织外部环境影响企业的所有方面，包括企业结构、职能和流程。
- 企业组织为完成自身任务，可以组织成多种结构形式，包括以职能、产品／服务、事业部、矩阵形式或由项目组等形式。每种形式各有长短。
- 结构变化是大型现代组织常有的特征。
- 组织内部不同的业务职能如市场营销、生产、人力资源管理、采购等受到两种不同类型外部因素的影响：总体性的和运营性的。
- 考察市场营销和人力资源管理职能能够显示出大量外部影响因素的重要性，它们影响着组织的日常工作领域。
- 对组织内部其他职能领域的调查会展现相似的情景。

案例研究　构建全球公司

如本章所述,为追求目标开展活动,所有组织实际上都采用了某种组织结构形式。一个传统的组织方法是以职能或目的将个人分组,使用部门结构分配个人到专业领域(例如市场营销,人力资源管理等)。另一个方法是以产品或服务将活动分组,每一个产品组通常负责提供自身需要的职能。第三种方法是以矩阵结构将前两种结合起来,责任和职权纵向和横向流动,这是大学商学院较青睐的组织方法。

经营遍及全球的公司一般是怎样组织自己的结构呢?

伦敦商学院国际战略管理系的副教授朱利安·伯金肖在2000年11月的《金融时报》上撰文,指出了全球公司的四种基本结构:

- 国际分部——在这种安排下,公司建立一个独立的分部处理本国以外的企业事务。典型的国际分部关注关税和贸易问题、外国代理商/合作伙伴以及海外销售的其他方面。分部通常不生产任何东西,它仅负责国际销售。在国际销售额有限的中型公司里常能发现这种结构安排。

- 全球产品分部——以产品为基础的结构,经理负责在全球范围内的产品线。根据产品(或服务)将公司分成不同的业务部门,通常由各自的董事长监督。这是一些全球性的大公司如英国石油公司,西门子和3M等青睐的结构。

- 地域分部——以地理位置为基础的结构,主要的权力在国家(如德国)或地区(如欧洲)经理手中,他/她负责本地理区域内不同产品的供应。

- 全球矩阵——如名称所示,这是上述两种结构的混合。在全球矩阵里,每个企业经理向两个上司报告,一个上司负责全球产品,一个负责国家/地区产品。正如我们在本书的前一版本指出的,全球矩阵结构既时尚又不时尚。例如,福特公司在20世纪90年代后期采用了矩阵结构,而其他一些全球公司或是将矩阵变成流水线或是取消矩阵结构(例如壳牌公司、英国石油公司、IBM公司)。

正如伯金肖教授指出的,最终没有完美的结构,组织倾向于随时间推移,根据变化的环境、时尚、高级执行官的需求和强势的人物的癖好改变结构。这种观察同样可运用于对大学和传统商业的分析。

案例研究问题

1. 伯金肖教授的文章指出了全球企业的利弊,他的主要论点是什么?
2. 你认为什么可能成为全球性公司决定组织结构的关键因素?

复习和讨论题

1. 在构建组织的系统方法中,经常考虑"反馈"。"反馈"这一词的意思是什么?反馈如何影响投入转变为产出的过程?

2. 公司的内部结构应受到管理或公司服务的市场等因素的影响吗?两者是不相

容的吗？

    3.考察公司外部环境影响下列职能之一的方式：财务、生产或研究开发。

    4.描述你熟悉的一个组织的结构（例如，通过受雇或工作经历），表明组织为什么以那种方式构建。存在组织可采用的其他结构形式吗？

作 业

    1.作为商务研究课程的学生，你决定和一些同事经营一个小企业，以获得一些商业界的实践经验，同时也挣得足够收入使你念完大学，你的想法包括在学校里甚至可能更大市场上印制并销售顾客定制的 T 恤衫。设计一个你感到会帮你实现目标的组织结构，表明你选择这一结构的理论基础和个体之间关系的正式模式。

    2.三四个人自由组合成一组，辨认一个采用官僚结构的组织出具一份报告表明：

    （a）组织的结构、管理和运营的特征中最适合官僚理念的内容；

    （b）这些特征对组织运行的实际影响后果，举例证实你的论述。

第二部分 环境

第三章 政治环境

伊恩·沃辛顿

政治活动普遍存在，以各种方式影响着企业。对政治体系、机构和程序的理解使人能透视企业决策和企业环境的复杂性，鉴于市场的日益全球化，政治环境中既有国际成分又有国内成分，两者紧密相关，深入了解政治环境的主要方面和对企业组织的影响对商学院的学生和企业管理者都是至关重要的。

目 标
- 洞察企业运营的政治背景。
- 深入了解政治价值与组织企业活动的相关性。
- 在不同空间层次上考察主要的政治机构和程序。
- 认识到企业组织能影响政治环境，也受政治环境影响。

关键词

专制主义	欧洲理事会	议会	规则
后座议员	欧洲法院	议会制政府	代议制政府
官僚	欧洲议会	全民投票	国务委员
内阁	联邦政府系统	政治责任	权力分立
相互制衡机制	得票最多获胜体系	行政执行	主权
公务员	政府	政党	最高法院
联合政府	政府部门	政治主权	单一制政府
宪法	众议院	政治	欧洲委员会
内阁委员会	上议院	总统制政府	下议院
决策	司法	压力集团	全民公决
民主	立法机构	首相	选举体系
直接(纯粹)民主	游说	职业说客	大臣
总董事长	宣言	比例代表制	建议和提议
指令	欧洲议会议员	有效多数投票	

引　言

　　20 世纪 80 年代末，经过一段时间的艰苦谈判，英国政府和德国、意大利和西班牙政府达成一份合作协议：开发制造一种欧洲战斗机，预定于 90 年代末投入使用。这份协议要求各方共同出资进行科研开发，受到了英国航空业的欢迎，他们的供应商也喜不自禁。在国防开支受到限制的这段时间，他们为即将拥有大宗订单的前景而欣喜。对类似 GEC Ferranti、英国航空公司、劳斯—劳伊斯公司和史密斯工业公司的企业而言，合作企业提供了未来获利的良好前景和保持技术领先的机会。对这些公司所处的社区来说，在经济发展越来越不确定的这段时间内，合作企业有望维持就业水平甚至可能创造新的就业机会。

　　后来（1992 年）有迹象表明，德国政府将退出合作企业，因为开支增大和军事威胁减小，这使整个英国航空业受到了巨大冲击，并且产生了恶化参与政府关系的威胁。英、意、西班牙政府希望继续推进这个项目。最后，妥协达成了，参与国同意继续研究开发更低廉的飞机，即众所周知的 2000 年欧洲战斗机。考虑到德国的统一问题，德国政府保留在将来某个时间作最后决定的权利。1997 年底，四国政府在经过数年的政治矛盾和耽搁之后最终签署了继续生产的协议，到 2002 年首批飞机运行时，合同所用金额已高达几十亿英镑。

　　这个简单的例子说明了企业活动既可在国内开展又可跨国界，经常直接或间接地牵涉到政府。因此，企业机构所在国和／或贸易所在国的政治和经济安排，能从根本上影响企业的运营，甚至在一定程度上决定企业是否愿意，有时甚至是否能够进行贸易活动。企业组织运行的政治经济背景以及这一背景的哲学基础正是本章和下章的焦点。

　　作为详细分析政治环境的序言，有必要对政治变化和不确定性及其对企业活动的影响作一些总体观察。

　　第一，一个国家政治体系的本质——包括政府机构——能反映潜在的社会价值和哲学观，这些都有助于确定政府决策过程（包括资源配置的决策）。因此，尽管政府可能不断更替，但作为政府决策基础的价值却总是比较持久的，结果争论通常围绕着手段展开（例如收入渠道），而不是围绕着"目标"（例如控制通货膨胀）。尽管这给企业环境增加了一定程度的稳定性，但也不能认为这种稳定性是理所当然的，正如东欧巨变已表明的那样。总之，企业政治环境是动态环境，包含着连续性因素，也包含变化因素。学生、企业活动的参与者如果想更清晰地透视企业决策的背景，都需要始终意识到这一领域的发展动态。

　　第二，政治环境变化也来源于国家的机构设置。例如，民主国家倾向于举行有规律的选举，提供不同的备选政策的竞争政党，及压力集团系统共同产生了一定程度的不连续性，使对未来的预测更不确定。对于一个企业组织来说，这种不确定性不仅创造了机会，也产生了一定的风险，是影响决策的重要因素，而且，考虑到对风险（或机会）的预测也常反映在国家金融或其他市场的态势上，这又是一个有时对组织的未来前景至关重要的变量。对很多企业组织来说，采取措施使机会最大化（或风险最小化）将最终决定企业组织是短期经营失败还是长期存在。

　　第三，强调政治影响不局限于国界线内是重要的——国际和跨国集团如西方七国集团、欧盟、世贸组织的日益重要性强调了这一点（所有这些组织将在下面讨论到）。这些外部政治经济影响构成政府机构决策环境的一部分，它们对国内政策和企业活动的冲击常常是根本性的。不分析它们的角色和影响，所有关于企业环境的讨论都是不完整的，特别是在形成国际政治和经济关系方面。

第四，政治因素对企业影响的确切程度因企业组织类型不同而有差异。在全球范围内经营的跨国公司更关注海外政局稳定等问题，而在地方市场上运行的小公司首要考虑的是当地市场状况。就是说，即使是地方性的小企业，也无疑在某些场合直接或间接地受到世界其他地区的政治发展的影响——比如小企业是分包商，由于供应中断或外国订货取消而受到牵连。总之，尽管可以广泛地概括全球（或国内）政治发展对个体组织的影响，每个实例在时间空间上有一定的独特性，企业观察家如果想避免过于简单和经验主义的双重危险，在分析政治影响时需要谨慎小心，广纳贤言。

第五，应当认识到企业组织对政治环境的变化不只是消极反应的。它们也发挥作用，塑造着它们运营所处的政治背景，并通常以认为有利于自身需要的方式影响政府的决策者。民主的特点之一就是个人和团体有权利追求对政府的影响。企业组织——单个的或集体的——几个世纪以来在这一领域都很积极，低估它们对政府政策的冲击或者对塑造西欧和其他任何地方的资本主义国家价值观的影响将是一个错误。

政治体系

■ 政治活动的本质

所有社会生活在某些时候都要求在可选择的行动路线间做出决定。父母可能不赞同孩子穿某种衣服，在外待得过晚、头发留得太长。学生可能就某一问题的特殊视角或什么时间交作业质疑讲师。公司的董事会成员可能在未来投资或多样化经营及新工厂的地点等问题上观点各异。在所有这些情况下，都需要找到某种解决方法，即使最后的决定是什么也不做。在观点出现冲突问题上，为寻找解决方法而必经的过程就是政治活动的本质。

总之，政治与有助于确定冲突如何蕴含、改变、延续和解决的流程密切相关，因此可被看作是普遍存在的社会生活。因此个人常常谈起"办公室政治"、"董事会政治"或者父母在家庭不和中扮演的"调解角色"。然而对大多数人来说，"政治"这个术语总是与国家层次的活动相联的。冲突的解决常牵涉到一大群人，甚至可能牵涉到其他国家的民众。这个层次的政治活动显然与提到的其他社会情境大为不同，而且鉴于现代国家的规模和复杂性，需要解决的问题是尖锐的、长期的。解决这些问题倾向于被认为是，至少部分是政府的职能。

政府管理过程关系着权力的追逐和行使——做出决策的权力，这些决策将在多个层次上影响众多百姓的生活，无论在地方、地区、国家甚至是在国际层次。政府也可能寻求一些机构的帮助，这些机构一般正式合法地使用权力，不论这些机构是内阁、议会、理事会、委员会，还是国会。权力的追逐和行使是任何社会都存在的持久特征，政府则通常是过渡性的。一些人或群体组成政府，在特定时期负责管理国家，包括为社会利益制定法律。政府怎样行使权力，政府赖以建立的意识形态基础是什么，都有助于表明政治体系的本质和解决冲突的可能途径。

■ 极权主义的政治体系

广义上说，政治体系可能被看成横跨两个极端：一个是极权主义的，另一个是民主主义。极权主义的政治体系的特征是通过树立权威强制执行准则、规章和命令来解决冲突。权威可能是一个人（例如，一位君主或其他强权人物）或一组人（例如，一个政党或军事集团），他们可能通过不同的方式（例如承袭、选举或军变）取得政权。一旦当权，个人或群体总是限制他人在决策过程中的参与程度，甚至完全垄断决策过程，不允许反对者出现的程度。哪里出现了这种情况，哪里的社会就被描述成"极权主义的"，纳粹德国和斯大林时期的俄国也许是最好的例子。

■ 民主政治体系

与此相对照，民主的政治体系存在这样的假定，即只要采用理性的方式讨论解决有关各方的可能冲突，所有的参与者都应自觉自愿接受最后的解决方案，即使他们存有分歧。在一种极端状态下，协商可能牵涉到所有个人。他们——至少在理论上——对最后的结果拥有同等的影响（例如全民公决或全民投票）。然而，鉴于现代国家的规模和复杂性，"纯粹"或"直接"的民主的例子是很少的，不可避免的情况是冲突的民主解决是通过政治代表和责任体系间接地实现的。在这个体系下，个人的愿望和观点有自己确立的权威代表（例如政府）。权威通常由人民选举，定期通过一系列机制对人民负责，包括固定和自由的选举（见图3.1）。当然，其中隐含的一个要求是，民众能够改变权威并选举另外的人或群体代表他们。因而个人或群体独占政治权力的现象，只有在人民表示同意时才会出现。

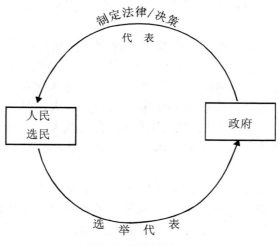

图3.1 代议制民主

民主国家的政府

■ 民主的制度和过程

民主的含义远远超过民众的政府或普选制，政府的民主管理意味着存在一系列复杂的制度和过程安排，人民的意愿通过它们清晰地表达出来，并得以执行。在不同国家，具体的制度设置有差异，但公认民主的国家一定存在一个政治体系，由四个普遍的相互关联的要素组成：选举制、政党制、代表大会制和表述不同群体的利益的制度。民主大厦这些主要建筑材料的一般特征在下面将会谈到。某个国家（如英联邦）或跨国界（如欧盟）的民主体系如何运行的资料可在本章附录中找到。我们鼓励非英国的读者用他们本国的政治设置来替换附录中描述的内容。

■ 选举制度

如上所示，在代议制民主体系下，选举制将人民（选民）和政府连在一起。正是通过选举，国家公民定期选择行使决策权力的人物，而决策权最终将影响个人生活。总之，选举是代议制政府系统必不可少的成分。也就是说，选举存在于特定的国家的事实并不能充分保证这个国家的民主是大众认同的民主。

为了以被公认为民主的方式运行，一国的选举制需显示许多特征，以表明每个公民的意愿——如通过投票箱表达的——合理反映在对政府的选择中。这些特征包括：

- ■ 基于成人选举权的普选机制（例如每 4～5 年）；
- ■ 言论、行动、集会自由等基本权利；
- ■ 不受恐吓和没有非法选举操纵；
- ■ 不记名投票；
- ■ 媒体自由。

在这些条件不具备或不能充分运行的地方，人们就会怀疑选举结果也许不是人民意愿的真实反映，换句话说，投票需要一套法律规范，保证选出的部分（如果不能选出全部）政府是自由和公正的。

民主的选举制不仅要透明，而且必须保证大多数人的意愿——按投票数上表达的——反映在最终结果上。在得票最多者获胜的选举制度下（例如英国当前大部分选举），简单的多数就能确保胜利，结果一些候选人可能以少于半数的选票落选。实行"比例选举制"的地方（例如欧洲许多国家），当没有绝对获胜者时，选票要重新分配，造成最后的结果只能说较接近地代表了选民意愿。本书篇幅有限，不能详尽探讨不同选举制度的错综复杂，但值得注意的是，一国使用的投票体系对当选上任的政府有着重要影响。总体上说，"相对多数"或"得票最多获胜"的投票制的结果通常是多数政府。一个政党主导决策机关，能够相对容易地摆脱在野党的束缚，追求其立法方案。比较而言，实行比例代表制度产生的政府常由不同政党联合组成，一些政党可能与联合政府内最大党的观点截然不同。实际上，联合政府主要是协商、劝说和妥协的产物，这些在大多数机构设置中都存在，包括企业界在内。

■ 政党制

尽管一党制国家可能存在民主政府，但人们通常认为民主意味着在选举投票时可选择不同的候选人。候选人当然代表不同的政党，可以说给一特定的候选人投票在一定程度上就等于给他或她代表的政党投票，这个政党最终希望组成政府。

政党在选举时竞争职位，很明显，它们的存在是组织代议民主制的很方便的(有时会引起质疑)手段。因而民主国家里政党制度普及，相对而言，在所有空间层次上很少有候选人参加选举而不带政党的标签。政党不仅帮助选出在这些选举中参与竞争的大部分候选人，而且在选举运动之前、选举期间及选举之后常常提供支持(例如资金支持)，并组织志愿者队伍(大部分是不付工资的)开展工作使候选人竞选成功，同时提供候选人执政办公的政策平台。此活动一般是全国性政党的职责，也有一些在地区和地方层次上开展，常常是候选人代表的选区(即某一地理区域)。因为在现代民主国家，组织、制定政策和资金对政党的运行和成功至关重要，政党结构倾向于变得复杂、官僚化、多层次并越来越专业。像在其他类型的组织框架里一样，它们也提供一个内部协调场所。在这里，不同性格、观点和抱负的个人企图使政党只朝某一特定方向前进，从而出现大量的内部斗争。

从选举者的角度来看，政党制的首要好处之一是它提供了选择政治领袖的方法，如果该政党执政，他们可能沿袭选举者选择的政策。考虑到政党通常都有可识别的政治立场，在竞选时会发布一些声明(或宣言)概括他们的政治主张，所以，通过政党标签(例如民主党、共和党、社会主义政党、保守党、自由党等)描述候选人，能使选举者选出最能代表他们观点的候选人。因此，尽管选举者不可能赞同政党竞选所提出的每一个单独的政策或立法建议，但至少在投票时他或她能表示出倾向于选择那种途径组成政府。从那种程度上说，经民主选举组成政府的政党确立立法方案，与选民的意愿之间有某种和谐，尽管有些场合政府票数少于 50%。

有必要记住政党标签并不总是标明单个候选人的政策或立法倾向的良好导向。因为一国某地区标榜为"民主党人"或"自由党人"的候选人与其他选区有相同头衔的人在一系列问题上的观点可能截然不同。以政党术语辨认候选人如果能带给投票人什么东西，那就是宽泛地标明了个人信奉的潜在价值和信仰。实践中的政党注定成为 (有时是脆弱) 集团和个人的联合，个人在政党的旗帜下代表一定范围的观念和偏好。

■ 代 表 大 会

如前所述，民主政府的关键特征之一是存在代议制决策团体。国家公民选出一群人代表他们制定重要决策。上市公司的股东选举董事指导公司的组织，代表他们的利益。同样地，投票人在选举时选择代表他们意愿的人，任职于政府不同的决策机构和施政机构(见下文)。尽管并不是选民选出的任何人都成为制定关键决策小组的成员(政府或政治执行官)，但正常情况下他们个人在决策过程中都承担某种角色，而且通常有机会审视政府部门的政策及其提出的立法建议，并投票表决。选民定期有权利对现任决策者的表现发表意见，在必要时替换他们。这一事实保证了一定程度的政治责任感，是民主政府制度的中心信条。

正如两个多世纪政治理论表明的，"代表"这一概念至少有两个意义：决策者可能在字面意义上代表成员的观点。在政府里或向政府清楚表达出这些观点，或者他们仅仅在被多数选民选出的意义上代表他们，代表一个地理区域。实践中受单个决策的个人偏好和来自一国、一地区以及一区域盛行的政治文化的影响，这两种解释可在不同时间运用。例如，在全国性政党相对软弱的政府体系里，个人在选举中的成功极大依赖对与显要人物的政策（例如在美国）一致的政策的支持，"代表"倾向于被视为字面意义的"代表"，支持当地的观点和偏好。与此相对，在政党体系强大，个人依靠所附属政党获胜的地方（例如在英国），被选举的代表通常在政治意义上忠实于党，即使有些场合会与多数成员的意见冲突。

在现代民主国家，代议决策的模型在所有空间层次上运行。例如在欧洲，选民不仅选择自己的国家政府，而且在当地和地区层次上挑选决策制定者，许多欧洲公民也能选举欧洲机构（例如欧洲议会——见附录 3.3）。这种安排的后果之一是经国家选举上台的一个或多个政党可能与地方、地区和跨国执政的政党不同。在出现这种情况的地方，代表不同地理区域的决策者发生冲突就在所难免，导致了决策制定和政策实施等问题，存在打乱政府施政方案的潜在威胁。

在这种背景下，区分"联邦制"和"单一制"政府是有用的。在前一体制下，统治权（例如：合法决策权）在两级政府之间划分（例如全国性政府和当地政府），每级都有独立的权力。这些权力有成文制定，由法庭负责解释。在美国，教育在州政府（国家下级）的手中，而国防和外交事务则是联邦政府（国家级）的责任。在德国，类似的联邦政府对外交、国际政策和环保有专有司法权，而州控制教育和警察等部门。

与此相对，在单一制政府体系下，最终权力属于国家政府。中央统治权力机构下放给下级政府的任何权力最终都能被撤消，包括下级政府的生存权。在这种安排下——尤其是在宪法上有明确记录的地方——国家级政府掌握生存的权力，在某事件或政策上与下级政府有争议时通常期望它的观点得以推行。也就是说，民主国家里不同层次的决策者，在不同政府体系下，总体上通过协调、讨价还价、相互妥协来解决冲突，而不是通过行使权力和权威，尽管有些场合可以使用。这种倾向在一定程度上解释了为什么在民主体系的政府里，被选政府的政策和立法方案总是缓慢推出，而不是一蹴而就的。

小案例　对环境采取行动

市场通常不考虑经济行为的外部成本和利益，这是政府常提出的干预经济的一个主要理由（见第十章）。因此，尽管政府总体上愿意让市场决定大多数经济抉择，有些情形下政府感到还是适宜运用立法、规章和财政干预等影响个人和组织的日常决策。环境日益成为这样一个政府活动的领域。

菲利普·威兰在 2002 年 2 月 2 日的卫报上报道说意大利伦巴底地区的总督正在计划禁止销售新的以汽油柴油为动力的轿车，这是其减轻长期居高不下的空气污染的宏伟计划的一部分。伦巴底地区许多大的乡镇和城市的居民长期受空气污染之苦。尽管许多意大利城市周末禁止使用轿车，同时还对工作日的轿车使用也做了一些限制，但意大利某些地区的空气污染仍经常达到警戒线。伦巴底是欧洲工业重地之一，那里的问题极其严重，因此地方当局才有此反应。

本质上说，该总督的计划是对汽车制造商的挑战，要求他们从 2005 年起设计出可供选择的"绿色"交通工具引进市场。这个动议——据说在欧洲是第一次——是希望提高公民的环境意识，这种意识是加尼福利亚的市民已有的，加利福尼亚州政府计划到 2000 年为止，让 10%的汽车以氢气为动力。考虑到当地居民和国家政府对这项建议的极大支持，伦巴底总督坚信该计划是可行的，并将成为该地区解决环境污染的多层战略的关键部分。早期迹象表明，一些大的汽车制造商包括菲亚特、宝马和雪铁龙都积极支持这种观点。

■表述不同群体的利益的制度

选举和政党制为在政府里代表个人意见提供了一个途径，另一选择是通过压力集团的活动。像相互竞争的政党一样，压力集团的存在通常被认为是政府民主体系一个重要指标，对民主国家的多数公民来说，参加压力集团被视为比通过政党体系影响政府的更有效的途径。

政党通过正式竞争政府职位寻求影响，压力集团则寻求用其他方式影响政府，尽管这种区分日渐模糊。本质上，压力集团（或游说议员的团体）是见解相同的人群的集合体，他们自主联合起来，企图影响政府的思维和行动，代表其成员的利益。作为社会某一群体利益的代表，压力集团提供了一个工具，使集体的和非党派的政治主张能通过它在决策圈中反映出来。这样可以说他们在民主体制的政府中起着安全阀的作用。

传统上，在压力集团文化中，倾向于区分两种集团，代表"某人"的和"代表某物"的。前者常常指"利益集团"或"保护集团"，包括代表社会特定阶层的集团，例如工会或职业性的联合会。后者常被称为"事业集团"或"问题集团"，例如，绿色和平协会，国际赦免组织和各种动物权利保护集团。当然，在实践中清晰地区分是很难的。有些利益集团，比如工会，常常与特定的事业关联，而且可能发起活动，与其他集团一道，坚决支持或强烈反对有关问题。

 大多数压力集团有网站，上面包含有用信息。例如访问绿色和平组织可登录 www.greenpeace.org

从政府的观念来看，表达不同群体利益的结构的存在被认为有助于提高政策的效率和代表性。压力集团不仅提供政府日常活动所需要的特定领域的详细信息（没有这些信息，很难进行理性决策），而且执行了民主体系中一些重要职能，包括：

■ 帮助维护少数群体的利益；
■ 帮助贯彻政府政策和立法；
■ 提供两次选举之间管理者与被管理者交流和协商的连续性。

例如，在一国进行医疗服务改革的成功，依靠的是医疗界的各项配套设施和代表广大享受医疗服务职工的组织的支持。同样地，政府经济政策的有效性，及其对企业社团的后续影响，至少在部分上受到各种利益团体的反应的调节，这些利益集团代表着大雇主、中小企业、工人、金融企业，企业家个人和消费者等（见第十章）。

在民主体系中，政府和压力集团的相对依赖性体现在事先咨询的实践中，这是当选政府在制定政策和立法过程中积极征求利益各方的意见的一种安排。咨询可以是"正式的"（例如，一个集团在顾问或执行机构有代表人选或被邀请对提案发表意见），也可以是"非正式的"（例如，政府和团体代表举行不记录的会议），或者是二者的混合。咨询活动也可能会牵涉一个集团去雇佣专业游说人员——通常是一些前政府工作人员或官僚，他们熟悉政府的决策结构，并能接触到关键的决策制定者。这些集团经常进行咨询活动，政府非常乐意接受他们的意见，如此一来，他们可能获取"内部人士身份"，甚至被纳入正式的决策过程之中——这是备受重视的体现，这些都反映了政府在决定具体"行为或不行为"路线之前向压力集团咨询是在他们的法定权限范围之内的。相比之下，"外部集团"常发现很难将他们的声音传递到决策圈内，因而被迫采取其他直接行动以扩大自己主张的宣传范围，希望通过公众的同情和支持来获取影响力。

关于"内部集团"和"外部集团"的讨论表明，压力集团可以采用多种方法吸引民众支持他们的事业或维护自身成员的利益，从而争取更多的好处。这些方法涉及范围广，从直接游说政府官员到游行、罢工、破坏和吸引媒体以及公众注意力的各种示威活动，尽管这些活动也常常产生很多负面效果。另外，一些规模较大或资源较为丰富的集团会雇佣专家，提出政策意见和／或建立自己的研究机构，从而提供有用信息来巩固他们的事业（例如绿色和平组织）。

对于不同的问题，不同集团采用什么方法、企图影响何处都是各不相同的，这不仅反映出集团地位和资源的区别，还反映出有关政策团体内决策结构的不同。例如，在美国，直接游说国会议员是压力集团常用的战术，因为政党系统相对软弱，而且个人竞选的命运总是和选区内关键性集团的观点紧密相联。与此相对，在英国，政党风纪的压力、政府执行机构的支配地位、资深公务员的影响力等都表明，直接诉诸于政府关键角色的方法比在选区层次运作以求政治影响的方法更有效。

在此强调一点，民主体系下的决策可能是地方性的、全国性的、跨国的或国际性的，通常要求各级政府间和／或不同机构和政府部门的合作，尤其是在决策形成与实施阶段。相应地，压力集团也频繁活动在政府机构交界面和从地方到全球的整个空间层次运作水平上（见小案例：超国家游说）。考虑到既得利益可能会影响到大量压力点，集团就倾向于采取阻止或限制政府行动的方法而不会去规劝决策人。从这种程度上说，将民主国家中的政策形成和实施描述成"可能的艺术"而不是"渴求的科学"会更为妥当。

政府的三种机构或职能

从广义上讲，政府管理过程主要包括三个方面的行为：决策、政策实施和在冲突时做出裁决。在接下来的内容中，我们会从国家运行水平上依次讨论三个机构或职能。如果有必要，我们还将在其他空间水平上进行类似的讨论。

■ 立法职能

正如我们已经看到的，政府管理大致就是制定影响大众生活的决策。这些决策的生效需要制定新法或改变旧法来实现，以致决策施加的个人和／或集团能觉察到政府的愿望和要求。在民主政府体系里，制定法律的正式权力（如立法）被赋予于立法实体（立法机构），其成员全部或部分由人民选举。如前所述，通过普选选取代表人民的决策机构的过程是政府民主管理的主要特征。

暂时撇开政府相对的立法和执行权不说，绝大多数（如果不是全部）民主国家的立法机构及其立法职能都有很多共同特征，具体如下：

- 　*两院制立法机构*，即一个立法机构有两个议院：上议院和下议院，每个议院在立法进程中都被赋予明确的权力和作用。在大多数国家中，每个议院由独立选举产生的代表组成，因而可能会由同一政党或不同政党或联合政党主导，这要视选举结果而定。一个立法提案要被接受必须经两个议院的同意，它是民主体制政府里很多常见的制衡措施中的一种（见下文）。

- 　*多阶段立法程序*，包括立法提案的起草、讨论、研究、必要的修正、进一步磋商和研究从而最终可能被一个或两个立法院接受或反对。对一次立法提案总则的争论一般会涉及每个议院的所有成员，但对提案的细节讨论则仅限于在小范围的团体或委员会内展开。

- 　*执行导向程序*，即大部分主要立法提案来自于政府的执行部门。在总统制政府里（例如美国），首席执行官（总统）通常由人民独立选举出来，而不是立法程序的一部分（也就是说存在"分权"）。在议会制政府里（例如英国），执行机构的成员可能也是立法机构的成员，因此有权控制立法程序。

- 　*普通代表提出立法动议的机会*，即，允许立法会议的普通成员提议制定新法或改变现行法律。实际上，这种机会通常十分有限，而且其成功在很大程度上要依赖政府执行机构的积极反应。

- 　*批评和弹劾政府*，有时甚至迫使政府下台（例如通过谴责）的机会——这是民主体制政府中的一项关键职能，因为它要求决策者维护自己的提案，解释其行动的逻辑性，并对可能产生的任何失误负责。在这种情况下，反对党则在立法机构里扮演一个非常重要的角色，他们通过媒体宣传攻击政府，向广大民众传达其他观点。此外，在民主政体中，专家和常务委员会对立法程序和政府执行部门日常工作的监督也是非常普遍的。

- 　*控制财务*，即批准或否决政府在政策和立法方案实施时所要求的经费。从理论上说，这是一种强大的权力，因为任何政府都必须有资金才能运行。而在实践中，立法机构否决向民选政府提供资金的权力与其说是实在的，不如说是表面的，必要时，政府的执行部门与立法部门会达成妥协。

从上面的论述显然可以看出，立法是一个复杂而耗时的过程，为立法机构内外的个人和集团（例如压力集团）提供了很多机会，以拖延和扰乱法案的通过。尽管没有政府能保证所有的立法目标都能实现，但民主社会里一种文化期待是：只要可能，民选政府在选举前所作的承诺将会在最早的时机实现。在现任政府面临立法会议不妥协或外界利益集团敌视的情况下，他们若能获取相关立法支持便能实施有效管理，而这种期待则为此种看法提供了一个有力的论据。

　　对政府官员的游说是民主国家政治程序的关键且常见的特征。为寻求对政府决策的影响，压力集团（或游说者）倾向于盯住政府中那些对官方思维和行动构成最大影响的部分。在超国家（或各国政府间）基础上制定决策的情况下，很多既得利益集团都积极筹备建立游说决策者的机构。

　　代表欧洲企业组织的集团对欧盟政府的游说就是一个很好的例子。正值欧盟机构改革和市场自由化步履维艰之时，2001年欧洲企业家圆桌会议（ERT）、欧洲贸工部议会联合会和欧洲银行联盟分别出具报告，督促成员国政府进一步采取行动实现这一目标——2000年3月里斯本会议确定的——到2010年使欧盟经济最具竞争力。ERT，代表着45家以欧洲为基地发展而来的企业巨头的利益，旨在使欧盟内部决策过程更加清晰、增强决策过程的可预测性，并提高决策程序的民主性，包括更广泛地使用特定多数投票机制和更多的政策协调。与此相对，欧洲银行联盟和商会则强调弹性劳动力市场的必要性，以此作为提高欧盟经济增长潜力和扩大就业的过程的一部分。

　　在一份关于产品和资本市场运作的独立报告（2001年12月）中，欧洲委会员对里斯本会议后企业界对改革速度的关注做出反应。报告指出，企业的启动成本仍然过高，并警告说市场一体化进程正在放慢，其中以服务业最为突出。根据该委员会预测，仅消除越境服务贸易的障碍就可使欧洲的GDP增长1%～4%。

■ 执行职能

　　政府管理不仅是制定决策，还要确保这些决策生效，从而实现政府目标。而贯彻政府决策则是政府执行部门的责任。

　　在现代国家里，"执行者"一词是指由个体组成相当小的集团，他们被选出来制定政策，监督政策的实施；其中一些人主持政府工作，另一些人则是职业管理人和顾问，尽管后者中有些是政府任命的。他们共同构成了纷繁的政治和行政结构的一部分，在这一结构框架下开展政府的必要工作并确保决策制定者和实施者最终能对自己的行为负责。

　　政治执行官负责执行职能中决策方面的活动，他们（全部或部分）由全民投票选举产生，人数不多。在总统体制下，首席执行官或总统通常是单独选举产生的，在规定的任期内是国家名义上和政治上的首领。他／她随后任命不同部门／部／局的领导者，再由他们负责制定或／和实施政府政策。总统和部门领导通常不会参与立法会议，当然有时也有例外（例如美国的副总统）。

　　与此相对，在议会制下，国家首领和政府领导是分开的，前者通常是礼节上的，是由总统（例如德国、印度）或君主（例如英国、日本）来实施。政府领导（例如首相），虽然在形式上是由国家首领任命，实际上却是公选的政治家，他一定是在大选中获胜的政党的领袖或至少是被认为有能力组成政府的人，当然也可能是在与其他政党结盟中获胜的政党的领袖。政府领导一旦受命，就推选任命不同政府部门／部的领导人，进而构成集体决策机构的一部分(例如内阁),而这一决策机构则对由执行委员会和下级委员会(例如内阁委员会)系统提出的政策议案加以审核。这些机构领导人和政府领导一样,不仅是国家执行机器的一部分,也是立法会成员,两者既"单独"又"集体"地对政府的立法机构负责。

政府政策的日常管理大部分是由非选举产生的官员执行的 (有时指公务员或官员),他们大多是在国家官僚系统内复杂的官僚组织中从事工作。除了贯彻公共政策之外,政府官员向部长们就不同的政策选择以及具体行动的政治和行政方面提供建议。这必然导致他们在政府政策形成中发挥潜在的重要角色,而且这一角色有非常明显的改善,这又归功于过去一段时间内的实践活动,也即赋予政府官员在特殊政策的细节决策方面和 / 或如何管理政策方面上很大程度的判断力。

政府执行机构的政客一般是短暂性人物——来去全依赖于政府领导或选民的一时兴致——大多数 (如果不是全部)官员是长期的,职业雇员在公共管理的漫长职业生涯里任职呈现出不同的政治面貌和偏好。不管什么政府当权,人们都希望官员以非党派(如"中立")的方式工作,为政治领袖提供建议,监督政策的实施。简言之,他们忠诚于当权的管理层,这一原则有利于政府的平稳过渡,确保大选造成的剧烈动荡不会打乱企业活动,使企业活动"一如既往"。

■ 司 法 职 能

政府管理不仅要制定和实施法律,也要确保法律的应用和生效;后者的角色在本质上属于政府的第三只手臂,也即司法和法院系统。像政治机构一样,法律结构和程序,在一定程度上是国家特有的,根据包括历史、文化和政治在内的诸多影响因素的变动而变动。例如,一些国家有相对统一的法律体制,另一些以联邦制为基础的国家常常有并列法系,根据联邦和省法律审判,最高法院在两院出现争议时负责仲裁。有些国家的部分法官可能直接或间接由民众选举产生,而另一些国家则可能由政府任命和 / 或由法官同事共同选择。商学院学生应该熟悉本国的法制体系(见第六章,内有英格兰和威尔士法律体系的信息)。在本节中,我们将简要考察与民主概念相联的司法职能。

在极权政府体系下,司法实质上就是统治阶级精英分子的仆从(如"政党")。而在民主体系下,一个广为接受的原则就是,司法职能应与政府另外两个机构分离,以保护公民不受制于强大国家政权的统治,这种公正、独立的司法概念,肆意向政府挑战,评论它的决策,堪称民主政府体系的标志之一;也是分权信条的进一步体现。

在实践中,在民主政治进程中的司法独立性和角色的观念,逐渐成为争论的主题,尤其在高级司法官员的任命好似政治家手中的玩物的国家(例如美国最高法院的法官由总统经参议院同意后提名),或在拥有司法权力的个人也能担任行政和立法角色的国家(例如英国的总理大臣和内政部长)。同样地,法院究竟在多大程度拥有评论民选政府决策的法律效力方面存在很多问题。例如在美国,假如一项法律与最高法院对宪法的解释冲突,最高法院始终有权宣告该法无效。与此相对,在英国,议会的最高立法权以及成文宪法典的缺乏,促使司法朝着努力解释政府建构者的意图的方向前进,任何不受政府欢迎的立法决定都可由立法机构撤销。也就是说,人们将注意到一个有趣的事实,近年来英国司法部门越来越多地对行政管理决策进行品论,尤其是部长们做出的决策。

另外也产生了很多其他问题，如在现代民主国家政府内不同职能部门的完全分权还差多远（例如对行政法庭／审判员席日益增加的利用），严格区分制定规则和裁判规则究竟有无意义。当然，美国最高法院过去的一些判决（例如在民权领域）表明，法庭在重大政策事件上形成的决策是有影响力的，也暗示着司法容易受自身价值或全体社会压力的影响。总之，在当代法制体系下，司法裁决离政治领域不远的说法似乎是公正的；按理说我们应该使完全分权和独立的司法这一神话永垂不朽，因为这是许多现存政治体系稳定的必要方面。

民主体系中的制衡

从上面的分析中显然可得出，民主就意味着存在制约和平衡体系，以此来控制政府行动和限制政府对公民日常生活的影响。对国家政府行为的限制可分为两大类型：政治的和社会的／经济的。

政治制衡首先来自三个主要渊源：

■ 权力的分散——尤其是政府的三个职能部门掌握在不同人手中，决策需要所有部门意见一致的观念；

■ 两院立法机构——立法必须被两个议院通过，受反对党的审查和修正；

■ 权力按地理区域的分割——不管是设置为联邦政府还是权力下放到区域和／或当地权力机关。超国家主义是进一步的发展。

政治制衡的意义并不一定在于这些措施在民主国家都以最完备的形式存在，而是在于——不管实践上多么不完善——它们的存在争取了宝贵的反省和延迟决策的时间，鼓励咨询、磋商和达成共识：是以民主方式解决冲突的本质。

社会的和经济的制衡观念指的是政府和代理机构的活动所面临的源自非政府结构和程序的存在性的抵触压力，这些非政府的结构和程序影响着个人生活并最终限制了政府的影响范围。这其中包括了私人企业组织、行业联合会、促进会、教会和其他团体，它们有助于形成我们的经济、社会和道德环境。在后面的章节中，我们将会看到民主国家的大部分经济决策并不是由政府制定的，而是由市场系统下相互作用的个人和私人组织（例如企业）做出的，这也是对公共部门的自由活动的一种制衡，构成民主政府的根本特征之一。

政策制定过程的模型

考察政治环境之后，我们来简要讨论一下民主体系里的政府决策过程。第一章介绍的企业在环境中的基本模型是一个有用的分析工具（见图3.2）。像企业一样，政府将投入转化为产出，他们也同样面临着环境的限制。像其他组织一样，政府要使用资源，尤其像土地、劳动力、资本、资金和技术，此外所有政府在做出政策选择时都面临着政治需求和支持。

如上所述，政治需求——包括直接或间接影响企业活动的——通过多种机制转变成行动，包括选举制、政党活动、压力集团影响和政治沟通；因此，政府总是急于指出选举胜利就意味着拥有了制定和实施政策的授权书。政治体系的支持是那些风俗、传统、规则、假设和情感，它们是政治集团和其组成部分的存在基础，因而给现任政府的存在和活动提供了充足的法律依据。在民主体系中，对民主原则的信仰以及在信仰基础上产生的信条和实践，被视为政府和其代理机构活动的中心。

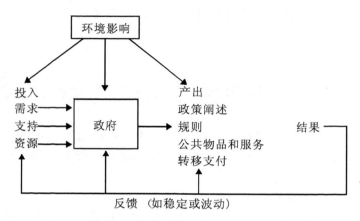

图 3.2 政府及其环境

政治体系的产出的差别很大，从公共产品和服务（例如保健）——主要通过税收筹集款项——到规则、规章（例如立法、行政程序、指令）和转移支付（例如当政府提供国家福利时，它充当资源再分配者）。总之，政府产出的本质、范围和程度不仅使政府成为国家最大的单一"企业组织"，而且还影响其他企业组织的运行和决策环境。

就政府决策而言，它是一个十分复杂的过程，在实践中它不仅仅只是重复演示模型中的事件顺序。政府当然需要"手段"（投入）来达到"目标"（产出），但政府体系通常仅在经过复杂、多变且不断发展的程序之后才有产出。这一程序牵涉范围广，涉及个人、团体和机构，而且非常困惑的是决策过程中政策的不断变化性，进而分析起来也更加困难。一种可能的解决方法是区分政策的早期发展（提出）和之后的"制定"和"实施"，以期在每一阶段找出可辨认的"政治集团"。但实际上这种方法也带有一定程度的猜测和主观臆断，至少是因为难以准确区分政策制定的不同阶段和识别每一个阶级个人和团体的影响。

尽管存在很多困难，我们仍应该知道决策结构以及影响着政府行为的潜在价值和信仰，这一点对于商学院学生和企业都非常重要，尤其是他们都非常重视（以及可能"影响"）政治环境的话。总之，对政治体系、机构和程序的研究有助于洞察政府决策的过程和原因、在形成决策的过程中什么人是重要的、影响因素怎样作用于决策过程。正如越来越多的个人和团体认识到的，这类知识构成了有价值的组织才能，在某些场合下它比生产过程的其他投入更重要。

纲 要

影响企业活动的法律和政策由政治家和政府官员制定，他们在不同空间层次运行这些法律和政策。在英国，中央和地方政府的决策是通过复杂的讨论和协商后形成的，涉及很多正式和非正式机构，包括政党和压力集团，此外还牵涉国际和跨国机构。这一过程构成民主制定决策的一部分，为个人和集团影响政府制定和实施政策和法律思路提供了契机，商学院学生和管理者应该全面了解政治环境，从而能深入领会政治环境是影响公司运行的关键因素之一。

重点总结

- 政治是一种影响各种类型和规模的企业的全面性活动。
- 它出现在从地方到全球的多种空间层次上。
- 政治体系、结构和程序反映潜在的社会价值和哲学观，这些影响了重大决策的制定方式。
- 在任何民主政府体系里，主要的政治制度一般包括选举制、政党制、代议制决策会议和表达不同群体利益的制度。
- 政府的三个主要职能是立法、行政和司法。
- 尽管国家不同，政治制度、实践和程序有差异，但民主政府的典型表现都是代议制民主体系和政治的、社会的和经济的制衡，它们限制着政府的活动。
- 民主体系里的制衡包括压力集团的活动，各压力集团寻求各种手段以影响政府行为，因而其在政策制定和实施中扮演着至关重要的角色。
- 企业组织和它们的代表集团是民主社会里极其重要的压力集团，构成了政府及其代理机构运营的外部环境的重要部分。

附录 3.1　英国政府现行的民主政治体系

就英国而言，图 3.3 显示了民主政府体系的四个相互联系的要素。

通过定期选举系统，英国公民(选民)投票选举参与竞争的政党候选人(或者选举北爱尔兰、苏格兰或威尔士托管议会的成员)，进而组建国家政府。在国家选举中胜出的候选人成为国会议员(MPs)，拥有最多国会议员的政党受君主邀请组成政府，个人在政府中被委以特殊的责任，并被分配到特定领域工作。政府的工作受国会监督（见下文），国会在两次选举之间充当人民的代表，借此提供一种公共责任的度量。同样地，在两次选举之

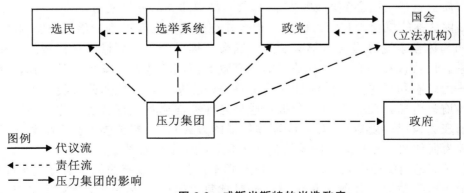

图 3.3　威斯米斯特的当选政府

间或选举中，个人可自由寻求途径以影响政府，他们可通过加入压力集团或其他类型的组织（例如政党），或向选举代表转达自己的意见。媒体是自由的，因此，它能仔细审查政府绩效，告知公众有关政治动态的信息。

 要获得苏格兰国会和威尔士和北爱尔兰议会信息，可登录：www.scottish.parliament.uk；www.wales.gov-uk；www.ni-assembly.gov.uk

■ 国家政府的立法职能

如上所示，直接选举产生的立法会——负责制定法律的——人民代表是民主政府体系的重要组成部分。在英国，这项职能整体上说由国会行使，目前国会由非选举产生的上议院（贵族院）和选举产生的下议院（平民院）组成。下议院的议员（目前有 659 人）是 18 岁以上的公民的大多数通过普选制选举产生的。的确，贵族仍保留一些重要的权力，包括推迟政府立法权等，但上议院现在正在改革，将来可能会吸纳选举产生的议员，但不管怎样，下议院仍然是英国立法会最重要的组成部分，尤其下议院包含行政执行的关键人物，有首相和大部分内阁成员。鉴于此，下面我们将集中讨论下议院的角色。

 英国国会的网址有：www.explore.parliament.uk/；www.parliament.uk/

就政治代表和政治责任而言，能通过多种途径实现。首先，国会成员由选民直接选举产生，议员的主要职责之一是在两次大选之间代表选民，他们定期举行会议，会上个人（包括商人和妇女）可以和代表一起讨论问题和意见。除此之外，议员们在国会上还要就选区问题发表自己的见解，对部长们提问要求他们回答，并对政府议案对选区造成的任何潜在影响进行彻底检查，其中也包括对当地选民中的关键集团的影响（例如地方企业）。不用说，有些情况下被选举人的意见可能和他（她）的选区的意见相左，尤其与那些投票给反对党候选人的选民的意见相左，但不能因此而否定了英国议会民主制下的代议理念。议员主要由选民选出，代表选区，因而他们成为选区和当权政府之间直接联系的链条。政府本质上就是由国会的多数党内的高层人员中的一部分组成的。

国会也提供这样的机会，它让人民代表检查并在必要的场合批判和质询政府的决策。除像提问时间和休会争论等国会内部机制外，国会还提供一个由后排议员组成的"精英委员会"体系。后排议员的首要职责是仔细审查政府部门和其他代理机构的工作，而这些委员会——由政府和反对党后排议员共同主持——能够询问部长和公务员、调取部门文件、核查政府外专家，而且在向国会报告成果之前参与调查执行官的工作。通过在政府和民众面前表达自己的观点（尤其是以媒体传播的方式），"精英委员会"检查了政府活动，因而成为促使政府在执政期间始终向选民负责的一条保证线。

另一个意义深远的保证则来自反对党。反对党不仅代表着政府的另一个可能性选择，也是检查和批评现任政府工作的一种手段，反对党角色的根本点在于反对党议员能公开政府决策并通过多种方式提供备选方案，他们或借助政党广播系统，或者改良文学、或者进行国会争论、或者通过大众媒体传播等。像这样对问题和政策自由公开的讨论是民主的一个必要条件，构成了进行国民政治教育的重要因素。即使在政府成员占绝大多数的地方——目前就是这种状况——反对党的作用依然是民主必不可少的构成部分，进而对不受限制的政府活动进行规制。

现在我们转向研究立法机构的角色，很显然英国国会是立法机构，它将正式权力授予多数党。通过让多数党有效地对立法过程、国会日程、信息流动和成员投票等进行控制，政府能确保其立法提案不仅比国会提得早，而且几乎一定被通过，即使是在政府方案的制定过程中出现过一些耽搁。议员个人提议立法的机会（例如通过个体成员的议案）很少，如果想通过国会不同阶段的审查，最终还要依靠政府的支持（或不情愿的默许）。不足为奇的是，政府对立法过程有效的压制导致一些评论家对"选举专制"的评价言论，进而怀疑政府决策的真正民主度，尤其现代政府一般由不及半数的选民选举产生。

■ 政府的执行机构

使法律和政策生效通常是执行人员的职责。在英国，这种职责由各种机构和办事处实施，它们构成政府机器的一部分，包括内阁、政府部门、地方政府、国有企业和大量其他的非部门公共机构或半自治性的国家政府代理机构（通常称为"quangos"）。在下面的讨论中，我们将首先关注中央层次上的重要机构，因为它们对英国决策过程有着根本影响。而对其他代理机构的讨论，我们将安排在本章后面几节中进行。

 想获得非部门公共机构（NDPBs）的信息可登录 www.cabinet–office.gov.uk/guango/index/whatis；也可登录 www.cabinet–office.gov.uk/quango/homepage

在英国政府体系中，行政执行的核心是以首相为首的内阁。鉴于英国没有拥有实际政治权力的民选国家首领，因而内阁的作用至关重要。英国首相不仅担任诸多显要的政治角色——包括占统治地位政党的领袖、政府首脑和内阁首脑——而且还执掌一系列政治大权，包括：

- ■ 选择内阁成员的权力；
- ■ 选择非内阁部长的权力；
- ■ 提升、降级或解除部长职位的权力；
- ■ 任命内阁委员会主席团人员的权力；
- ■ 授予某些职位和头衔的权力；
- ■ 决定五年执政期间大选的日期。

尽管首相拥有的这些权力和责任并不是无所不能的，但政府机构的掌权者在决策过程中扮演着关键性角色，并且很多决策依赖于个人如何阐释这个角色，依赖于他们的个性，依赖于他们执行决策时所面临的限制（"真实的"和"假想的"）。正如前保守党首相撒切尔夫人（1979～1990）指出的（她为此付出了代价），保持首相的职位不仅依靠选民，而且依靠本届政府执政期间始终得到国会同僚的支持和信任。

如前所示，首相作为内阁首脑，在英国中央政府里主持高级部长委员会（拥有指挥全局的力量）或者主持管理董事会，内阁是由首相任命的约 25～30 个部长组成的，各部部长领导各自部门的工作（或执行一些其他重要职能），而内阁则负责指导和协调整个行政机器的工作。其职能包括：

- 决定政府政策的性质和方向，包括公共开支、经济政策、国防、外交关系、工业政策等等；
- 监督和协调政府行政管理；
- 仲裁部长或部门间可能出现的争议；
- 讨论、决定并一般性指导政府的立法计划，包括与企业有关的法律。

当然，这些工作的大部分是通过委员会和下级委员会实施的。委员会和下级委员会由首相（包括主席）挑选的个人组成，并有一个强有力的小秘书处作后盾，由秘书长（公务员）主持秘书处工作。委员会体制使问题和政策在提交内阁充分考虑之前能被详尽地讨论，除此之外，该体制还允许非内阁成员（包括非内阁部门和公务员）参加他们感兴趣的讨论。这样，委员会体制有助于建构政府部门间的交流和协调机制，担当起年轻部长的训练场地，他们中有很多都将获得完全的内阁职责。表 3.1 给出了 2002 年精选内阁委员会名单。

表 3.1 **2002 年精选内阁委员会名单**

委员会名称	指定地位
经济事务、生产率和竞争力委员会	EAPC
就业小组委员会	EAPC（E）
环境委员会	ENV
电子民主委员会	MISC17
立法程序委员会	LP
公共服务和公共支出集团	PSX
科学政策委员会	SCI
国内事务委员会	DA
国民与区域委员会	CNR
电子服务传输小组委员会	PSX（E）

资料来源：内阁办公室。

中央政府的许多日常工作都是在一个庞大而复杂的行政结构中开展的，也即所谓的政府部门——一个精选的名单见表 3.2。大多数政府部门由内阁部长（通常叫做国务秘书）领导，包括内阁外（例如国务大臣，国会下级内务大臣）其他各部部长，并由首相来任命各部部长，这些部长共同组成行政机构。国务秘书作为部门首脑，对工作承担最终责任，并通过前面提及的各种机制向国会负责。此外，人们期望他或她在整个政府政策内精选内阁委员会名单——在政府整体政策范围内——在内阁（例如预算规模和用途）、国会（例如通过立法实现）和外界（例如通过媒体）代表各部门利益。大部分工作都被委托给国务大臣，他们对部门工作的特定领域承担责任并依次将一些职责委任给部门的下级部长。这样的安排不仅确保部门责任的不同方面不会被遗漏，而且给受命担任部长职位和积极进取的年轻议员提供了宝贵的经验和训练机会。

每个政府部门都有自己的网站，目前一些有用的网址包括：
www.dfes.gov.uk （教育和技能部）
www.defra.gov.uk （环境、食品和乡村事务部）
www.dtlr.gov.uk （运输、地方政府和区域部）
www.hm-treasury.gov.uk （财政部）
www.dti.gov.uk （贸工部）

部长的工作受到政府永久性职员的协助，也即所谓的公务员，他们中很多人在政府机器里度过了大部分生涯，因此非常熟悉政府机器如何运转和怎样操作以期实现特定目标。部长是政客，但公务员却是管理者，不管其自身的政治观点和偏好如何，他们都必须完成执行现任政府政策的任务。因而，不足为奇的是，高层公务员作为部长制定和实行政策的关键建议者，能极大地影响政府政策和立法的性质和状况——英国的一档流行的电视节目"是的，部长"报道了这一现象，当政府正在考虑一个项目或立法方案时，试图影响政府的个人或团体频繁地把高层部门官员作为"目标"，希望在政策过程中获得影响力。

表 3.2	2002 年重要政府部门
内阁办公室	
HM 财政部	
外交部	
内政部	
环境、食品和乡村事务部	
教育和技能部	
国防部	
卫生部	
工作和养老金部	
贸易和工业部	
文化、传媒和运动部	
运输、地方政府和区域部门	

当然，现代高层公务员的潜在影响力提高了，因为政府工作范围扩大，工作更加复杂，而且政府部长负有宽泛的部门和非部门的责任（例如作为选区议员）。部长在很大程度上将依靠公务员获得信息、提供建议，公务员在部长领导下，通常被委托从事政府所有内部工作，包括增补些立法细节。另外，不同部门之间的政策协调需要高层官员之间的经常性会晤，类似于小组委员的会议。因为官员会晤有利于为部长后期讨论打下基础并提供简要文件，这使得公务员能影响到事件的过程，尤其是在高级官员已经认同了一个特定的路线或政策选项的情况下。

对高级公务员的影响、行动的保密性以及其不愿变动等方面的指责导致进行了一些调查，研究怎样才能提高其工作效率和工作方法。1979 年，新的保守党政府任命马克斯·斯宾塞公司的德里克·雷纳将私人部门的管理方法引入公共服务。其后继者，英国化学工业公司的罗宾·伊伯斯继续推动这项工作，并出具一份报告叫《下一步》（1988 年）。这份报告使许多公共服务职责"分离出来"，并归入"执行机构"。执行机构在部长领导下半独立运作，有自己的预算和行动目标，虽然形式上仍然是公共服务的一部分，但在工资、财务和职员等问题上已经有很高的独立性。20 世纪 90 年代初，约翰·梅吉领导下的政府引入了"市场检测"，即将每个部门和代理机构的一部分工作推向市场，接受投标竞争。当前又有人力图推动公务员服务进一步现代化，以此作为彻底修整政府机器的一部分。

应该注意到，尽管公共服务的影响非常普遍，但它并不是政府获得政策建议的惟一来源，除传统的官僚渠道，部长们还常常向特设的机构寻求政策选择的指导意见。有些政策来源是永久性的（或相对永久性的），这包括本届和上届政府组建的多种顾问机构，它们的设立旨在协助特定职能领域里的政策制定和实施工作（例如艺术委员会）。而有些政策来源则是暂时性的，它们常常是由政府专门组建的，进行特定问题研究并在解散前报告他们的成果（例如公共调查，皇家委员会）。这些建议渠道的组建并不能迫使政府去遵循他们的建议，但是他们却是真正官方机器外的信息、思想和建议的非常有益的来源。其成员代表广大交叉群体的利益（包括特定压力集团的代表，工业家、工会会员、议员、学者和其他的社会"大好人物"），因而有助于扩大咨询范围，加快民主进程。

上一代的人都已经看到政府越来越求助于特别顾问和政策规划单位，以此帮助政府开发政策。这些顾问是由部长（包括首相）任命的，他们常常来自非行政事务部门、政策规划单位和／或研究单位等，是在政府机器运作范围内形成的个人集团，旨在向政策制定者和管理者提供广泛的政策和计划建议。政策规划单位通常是由一群年轻有为的个体组成，他们来自多学科多行业（包括统计学家、社会学家、经济学家和宏观管理者），这一单位是信息和建议的宝贵资源，为中央和地方政府层次的政策制定者提供了支持他们自己的政策判断的详细的研究和分析资料。

"焦点集团"是政策渠道又一重要发展，它受到越来越广泛的应用，这种集团由个人公民组成，政府在立法和／或执行前常向他们征询意见。通过收集受政府政策影响的个人意见，现任政府希望能在诸多领域提高政策质量，包括公共服务的提供，在公共服务领域，政府有一个项目旨在提供 24 小时的服务并（最终）完成服务渠道的电子化。有些人认为公民会议或焦点集团不过是政府采用的小伎俩，而另一些人却认为它们的使用使政府形式更现代化、更民主和更有公共责任感，并扩大了政府的信息渠道。

 关于焦点集团的有用讨论请登录 www.soc.surrey.ac.uk/sru/SRU19

■ 政府的司法机构

政府的第三只手，即司法系统——由法官和法庭组成——尽管事实上司法系统的领袖——大法官，既是政府的成员又是上议院的议员，主持上议院会议，实际上它与国会和政府是正式分离且相互独立的。本质上司法就是使议会通过的法律生效，使政府在法规和普通法规定的职权范围内按司法解释行动。自从 1973 年以来，司法机关也负责解释欧盟法律，鉴于法律系统的复杂性及其和企业界的关系，对政府工作的这一方面进行详细考察是十分重要的，具体见第六章。

■ 附　言

英国和其他任何地方一样，"变化"和"连续性"都是政治体制的特征。除了前面提到的一些发展外(例如上议院的改革，选举新的苏格兰国会、威尔士议会和北爱尔兰议会，公共服务的改革提议)，有人提议要引进新的投票系统(例如，见 1998 年杰肯斯报告)，改革政府政策的制定和传输体系 (例如，见 1998 年威尔逊报告)，并考虑英国的区域议会。新的区域议会选举和欧洲选举(1999 年 6 月)就采用了不同的比例代表制，同时伦敦在 2000 年进行了市长选举(见下文)。这些发展对企业环境有着非常清晰的影响。

附录 3.2　国家级以下政府：英国地方当局

国家和国家级以下的民主政府的形式多种多样，除中央政府部门和公共设施在地方设立的分支外，许多国家还有司法管辖地方代理机构、地方性特命权力机构(例如在健康服务领域)以及联邦制或单一制以下的地区和(或)当地政府系统。一般看来，政治权力的分散是有益的，因为这使得政策的制定和实施更接近民众，而且据说它还提供了对地方需求和希望更敏感的决策。相应地，问题也随之而来。权力分散引发了中央集权体系中地方当局的自治权大小的问题，近来的历史表明，在世界许多地方它成为矛盾和争论的不竭源泉。

在整个英国内部，政治权力下放为两个主要级别：地区性的和地方性的。苏格兰、威尔士和北爱尔兰现在都有自己直接选举的议会，各议会拥有的委托权力的层次各不相同，例如苏格兰议会在 2000 年真正掌管了苏格兰办公室，主要负责教育、健康和交通，并有权在苏格兰征收最高达每英镑三便士的所得税。与此相对，威尔士议会没有财政权，但能在下放行政执行职能的地方行使二等立法权。北爱尔兰的议会在先前由北爱尔兰部门管理的领域内享有立法权。英国有可能推行新的地区议会，但计划目前正在讨论之中(见 2002 年 5 月 10 日《卫报》)。

地方性政府——本节关注的中心——具有相当长的历史渊源，始终是英国立党民主系统的关键性因素，是地方和全国经济运行的主要参与者。鉴于其对企业环境的冲击很大，因而我们给予特别关注。

作为地方管理的一种形式，地方政府有一些明显特征。首先，它涉及到当地民众的自治和自享，地方当局在本地区适用全国性法律时表现出足够的谨慎。另外，地方决策者(议员)被推选出来监督多种目标政权机构，其资金主要来自地方收入，尽管近些年来中央政府的出资比例有所上升。总之，每个地方当局都构成一个微型的政治和管理体系：他们各自都有政府机构和程序——包括选举体系、立法机构(议会)、被任命的官员(地方政府职员)、政党活动以及个人和集团间就当地社区的资源分配和价值推崇方面存在的冲突。

图 3.4 显示了中央政府和地方政府的基本运作上的这种平行。地方选区的选民(例如区、县、大都市街区)定期选举政党候选人，代表的政党大多与全国性政党相同，获胜的候选人被推选出来在协商机构(地方议会)代表选区利益。该机构的高层人物任职于不同

的委员会和小组委员会，地方议会的首席政党在委员会体系内占大多数，而且大多数决策传统上先在委员会里制定，然后才被（或者经）全体地方议会批准（或否决）。自从通过"地方政府法案"（2000 年）以来，地方议会就已经获准可以采用三种广义组织类型中的一种，它们都提供单独的执行机构。这三种类型是：（1）直接选举产生的市长和市长选择产生的内阁；（2）或者由地方议会选举的或由议长任命的内阁；（3）直接选举产生的市长和议会董事。

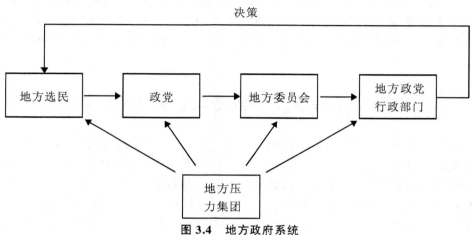

图 3.4　地方政府系统

　　大体上说，高层议员是不同地方当局部门和代理机构（例如建房、社会服务和教育部门等）的领导者，这些部门和机构负责向地方社区提供这些服务项目，但它们必须是国家法律允许的或者在一些情况下（例如体育中心）法律没有明令禁止的服务项目。大部分工作由地方官员进行，他们接受地方当局的任命、管理地方事务并向议员提供政策建议，可以说地方政府官员就相当于国家公务员，对地方决策的制定和实施施加了相当大的影响。因为这一原因，他们也常常成为地方压力集团的目标，地方压力集团在政治活动过程的所有层次和阶段上活动，企图影响地方决策。

　　当前英国地方政府的结构如表 3.3 所示。在英格兰的大都市以外的地区，很多郡县都有一个双重的郡议会和县议会机构，前者提供较大项目的服务（例如教育和社会服务），而后者则负责一系列其他服务（例如住房、休闲、废品收集和地方计划）。在其他地方（例如埃义、克里夫兰、享伯赛德、怀特岛），新的"单一制政权"或者接管了以前县、区议会的职能，或者与它们并驾齐驱共同成为通用的政权机构（例如莱斯特、约克）。在大都市地区（包括伦敦），单一层次的区议会（或伦敦行政区议会）仍然保持不变（见下文）。

　　1994 年立法之后，威尔士和苏格兰的双重结构被废除，取而代之的是单一层次、通用的单一制政权，它继承了先前地方议会的大多数职能。在北爱尔兰，单一层次的区议会体制仍保留着，尽管政权仍负有提供服务的有限责任。

表 3.3	2002 年度英国地方政府结构	
	地方当局类型	
英格兰	威尔士和苏格兰	北爱尔兰
非大都市地区 郡议会 区议会 单一议会 （外加联合安排） 大都市地区 大都市区议会 （外加联合委员会） 伦敦 伦敦区议会 （外加伦敦区组织 和联合委员会）	所有大陆地区 单一议会（外加三个岛议会，包 括奥克尼、昔法兰和西部列屿）	从北爱尔兰政府目标出发，共有 26 个区议会， 但其权力有限（如垃圾回收和提供娱乐设施）

　　像中央政府一样，英国地方政府也面临着改革压力，近年来它们也已出现了一些重要的发展。

■ 伦敦在 2000 年选举产生第一个行政市长以及一个流水线型的议会（25 人）负责控制预算和人员委任。大伦敦政权的议会经比例代表制选举产生，负责主要战略事务。例如交通、经济发展、计划和环境。

■ 地方服务配送中，"最大价值"方法取代了强制性竞争投标。

■ 要求地方议会考虑改革决策过程以及研究可选择的模式（也可见 1998 年白皮书"与民众接触的现代地方政府"）。一些地方议会也执行了这些变革措施。

　　如前所述，政治体系中的这些变化对企业与政府之间的关系有很多影响。

附录 3.3　超国家政府：欧盟

　　影响企业活动的决策和法律不仅在国家和国家级以下层次上被制定出来，也越来越多地出现在超国家的层次上。西欧的情况最为明显，而且欧盟的影响也颇为深远。作为世界主要经济区域政治环境中非常重要的一部分，我们应该给予欧盟特别关注，尤其是因为他做出的决定在地区及全球范围产生了各种后果——不仅影响成员国的公司，也直接和间接地影响与成员国有贸易往来的企业和政府。在下面的分析中，我们将关注欧盟的政治机构及其在决策过程中的相对重要性，而关于欧盟在国际市场上的经济意义，我们将在第十三章加以阐述。

欧盟的官方网址叫"Europa"，可登录 www.europa.eu.int。此网址可连接其他很多有用的网站，登录欧盟机构的网站可点击 www.europa.eu.int/addresses/institutions/websites

■ 欧 洲 议 会

欧洲议会是通过直接选举产生的，由 626 名成员（MEPs）组成的机构，每个成员国的代表人数大体上是与其人口数成正比的。例如，英国有 87 名议员，每 5 年由英国公民选出，采用的系统是 1999 年 6 月欧洲选举时引进的地区名单比例代表制。因为比例系统下的投票增大了小政党获得代表权的机会，欧洲议会的议员代表多种多样的政党，他们加入了相近的政治集团。例如，图 3.5 显示了 1999 年 6 月选举前夕按大致所属的政党分组的欧洲议会议员的数量。

 获取欧洲议会的信息可登录 www.europarl.eu.int

议会组织有意偏向多国家的团体，这一事实强调确定所属政党类别的重要性，议会对政治团体的认可使该团体拥有任职、筹资、在委员会中列席代表以及影响辩论和立法的权利。为了在问题或政策建议被议会或其中一个委员会审查前确定集团的态度，集团通常会在每次会议前一星期内连续几天开会，讨论问题并统一路线。像在国会中一样，政治集团的态度对欧洲议会的讨论和决定有着深远影响，在委员会会议和欧洲议会正式会议期间皆是如此。然而，鉴于政治集团的数量和没有一个集团能占绝对多数的事实——不像在国民议会—— 一个政党如果想在欧洲议会里实现既定目标，就必须建立一个支持它的联盟。能够理解的是——也许是不可避免的——欧洲议会的决定总是包含着个人和集团间的妥协，最终结果总是大多数"可以接受"的行动路线。

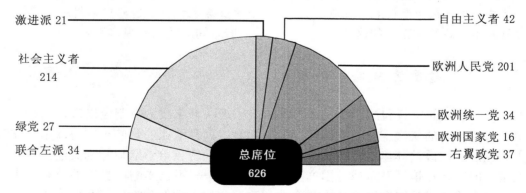

图 3.5　1999 年 6 月 1 日欧洲议会议员的政党隶属关系

资料来源：节选自欧洲议会。

关于欧洲议会的作用和运行方法，本质上它是国家议会的反映，其诸多细节工作由专家委员会处理，专家委员大多在布鲁塞尔开会，并出具相关报告，向议会全体会议提供建议，而议会全体会议通常是在斯特拉斯伯格举行的。欧洲议会的每个委员会成员广泛代表了政党集团的实力，永久性委员会的主席及妇女本身就是富有影响力的人物。除了对法律草案仔细审查和修正外，委员会讨论问题（例如妇女权利、保护消费者权益和就业）、质询官员，举行公共听证会。在听证会上，专家和特别组织的代表援引证据，对欧盟关心的问题提出自己的看法和意见。正如国家议会的情形一样，全体会议辩论和抉择开始前，委员会的详细讨论给欧洲议会提供了职责履行的有效途径，而且也成为检查理事会和执行委会员工作的一个重要机制。

关于欧洲议会的职能，主要分成四个领域：

1. *立法*。大多数提案在被部长理事会采用前需要经欧洲议会的正式批准（见下文）。

2. *预算*。欧洲议会和部长理事会共同充当欧盟的"预算机构"，可拒绝理事会的预算草案，有权修改"非义务"项目的开支提议，能质询执行委员会对预算的管理情况并要求审计庭进行调查。

3. *监督*。欧洲议会监督执行委员会的工作，它有权动用谴责票解散执行委员会，并采用多种机制对委员会的工作进行检查。根据 1992 年慕尼黑条约，它有权在任命新执行委员会时受到咨询，并能否决任命。民主监督权力已被扩展到欧盟的其他机构，其中包括部长理事会。

4. *动议*。这包括在重要的地区和国际事务上进行辩论，以及要求改变现存的政策和立法。欧洲议会也必须批准希望加入欧盟的国家的申请。

在立法领域内，权力传统上属于部长理事会和执行委员会，议会的作用大多是批准呈递的建议。但根据单一欧洲法案（1986 年）、慕尼黑条约（1992 年）和阿姆斯特丹条约（1997 年），情况有所变化，欧洲议会通过建立"赞同"和"共同合作"和"共同决策"的新程序使得其地位得到巩固。因此：

- 在某些领域欧洲议会必须对法律投绝对多数赞成票，才能确保法律的通过（例如，外交条约、添加成员条约、共同农业政策）。

- 在特定领域欧洲议会对议案有第二解读权利，只有部长理事会的全体一致决定才能推翻它对议案的否决（例如，单一市场法、跨欧网络）。

- 第二解读之后，如果理事会和议会没能达成协议，欧洲议会可以使用绝对多数投票，否决某些立法（例如教育和培训、健康、消费者保护）。

阿姆斯特丹条约将共同决定程序扩展到所有能实行特定多数投票的领域中。

■ 部 长 理 事 会

部长理事会——欧盟的最终决策机构——由 15 个成员国各自推荐一名部长组成。由于讨论的问题不同，参加理事会的人经常发生变动（例如农业问题由来自每个国家的多名农业部长商讨）。理事会的会议主要在布鲁塞尔举行，由担任主席国的部长主持，主席国每六个月轮换一次（例如西班牙和丹麦在 2002 年是主席国），与部长会议一起举行的还有官员的例行会议（理事会工作组），以及成员国永久性代表委员会会议（COREPER），它的任务是为高层官员频繁会晤所制定的欧盟决策协调好立场。另外，理事会也接受同样设在布鲁塞尔的一个总秘书处提供的服务，总秘书处约由 2000 人组成。

 欧洲部长理事会的网址是 ue.eu.int

从本质上说，部长理事会的职责是制定重大政策，并对大多由执行委员提出的立法议案做出反应。欧盟重大决策一般需要理事会全体同意，但逐渐地很多决策（尤其是在阿姆斯特丹条约之后）正以特定多数投票通过。法国、德国、意大利和英国目前各有 10 票，西班牙 8 票，比利时、希腊、荷兰和葡萄牙各有 5 票，奥地利和瑞士各有 4 票，丹麦、芬兰和爱尔兰各 3 票，卢森堡 2 票，一项方案要以特定多数通过就需要 62 票（总票数是 87 票）。在欧盟扩张的准备工作中，根据尼斯条约（2000 年）理事会票数的权重将在 2005 年 1 月有所改变，同时该条约还确定了现有成员国和扩张后新成员国在欧洲议会中各自的议员人数。

条约规定"动议权"归执行委员会所有，但最终决策权实质上归理事会，理事会在向欧洲议会和其他团体（见下文）咨询后，可采用执行委员会起草的议案，或修改、拒绝，或根本不予表决。议案一经采用，部长理事会的决定就具有法律强制力，成为规章、指令、决定或建议和意见。规章直接适用于所有成员国，不必经过各国议会证实就有法律的约束力。指令定下必须完成的目标，但让各成员国去阐释并写进国家立法。决定对指向的国家、公司或个人具有约束力量。而建议和意见则没有约束力，它们只是用来阐明发布机构的观点。

在慕尼黑条约中，理事会颁布法律的权力——即使欧洲议会不同意——有所削弱。在特定的政策领域里，联合批准对于法律的颁布非常必要，如果议会和理事会在协商后未能达成协议，议会议员就能行使有效否决权。而且，在慕尼黑条约之后，还设立了地区委员会，它在涉及欧洲地区事务上向执行委员会和理事会提供相关建议——这一发展有助于确保整个欧洲地区发出更强有力的声音。也就是说，仍旧是理事会负责在欧盟范围内确定总体政策，并由执行委员会来决定法律法规的具体应用或修改立法细节以适应环境变化。从这个程度上来说——考虑到执行委员会的其他职责——就像在国家层次的情形一样，对于欧盟决策的最终影响至少应该进行质疑。

■ 欧 盟 理 事 会

部长理事会内的"专门"委员会的工作（例如农业、财经、就业和社会事务）应该与总事务理事会相协调，总事务理事会由 15 个成员国的外交部长组成，并负责准备每年两至三次的欧盟理事会会议，而会议的参加者多是成员国政府首脑、外交部长以及执行委员会主席。欧盟理事会的工作难免要引起广大媒体的注意，在主席国的主持下，欧盟理事会负责对影响欧盟的重大事件进行商讨，以及向部长理事会提供政策建议。正如 1991 年 12 月慕尼黑会议所表明的，政府首脑的"高峰会"对欧盟及其机构的发展产生了深远的影响。

 欧盟理事会的网址是 ue.eu.int/en/info/eurocouncil/index

■ 欧 盟 执 行 委 员 会

欧盟执行委员会的总部设在布鲁塞尔和卢森堡，它是欧盟的官僚机构，目前由各个政府选派的 20 名委员组成(最大的 5 个成员国各派 2 名委员,其他国家各 1 名),并有一支从各成员国抽取出来的、总计 16000 名公务员组成的办公队伍。执行委员会由主席领导,组成多个署,每个署由一名委员负责本署的工作,执行委员会的作用基本上是动议者、监督者和执行者。具体来说,它的任务有:

1. 保护欧盟条约,确保欧盟的规则和原则得到遵循。

2. 向部长理事会提出政策和立法建议以供讨论,一旦合适,立即对其进行采用或修正。

3. 执行欧盟政策和监督政策的日常运行,包括管理占欧盟预算大部分的基金(例如 EAGGF, ERDF, ECSC)。

 要获得欧盟执行委员会的更多信息,可登录其网站 europa.eu.int

在执行职责的过程中,委员行为是围绕欧盟整体利益进行的,因而不可能接受任何成员国政府或任何机构的指令(罗马条约第 15 条)。而且,每个委员负责在职责范围内形成提议,但最后的决定则要整体做出,这项工作要接受欧盟议会的监督。正如前面提及的,议会是惟一能够迫使委员会全体辞职的机构;有趣的是,议会对单个委员没有这方面的权力,尽管任命执行委员会主席和其他委员需要议会签字同意。

执行委员会的诸多不容置疑的权力和影响源于其在立法过程中的中心参与地位。理事会和议会研究的建议最初都是由执行委员会起草的,并且最先要和经济和社会委员会(代表雇主、工会、农民和消费者等人的利益)以及其他顾问机构进行协商。同时欧盟条约明确授予执行委员会制定规章、发布指令、做出决策、提供建议和表达观点,以及执行根据理事会决策或条约款项制定的政策等诸多权力。因此,尽管欧盟的立法权一般属于理事会,执行委员会也能立法,从而实施早先制定的理事会规章,尤其是在涉及到技术或常规事务时——这种情况与各国政府的做法相似。

执行委员会还拥有涉及特殊部门(例如煤和钢铁)或欧盟工作的特定方面(例如预算、国际契约)的权力,这有助于提高其影响力,巩固了其作为欧盟"驱动力"的地位。因此,寻求影响欧盟决策过程的压力集团将执行委员会也视为重要目标,将其放到与议会和部长理事会相同的位置上,现在看来这一点不难理解。毫无疑问,三大机构之间近期的和已列入议案的变革行为不仅会影响到立法过程,而且还会影响到欧盟环境下的游说活动。

■ 欧 洲 法 院

欧洲法院位于卢森堡,由 15 个法官和 8 个大律师组成。15 个法官任期 6 年,其任命必须经成员国的同意,法院的作用有:

1. 应成员国法院请求,判决一国对欧盟法条的解释合法。

2. 应欧盟机构、政府或个人请求,撤销执行委员会、理事会或国家政府采用的任何与现存条约矛盾的措施。

法院也可应邀就欧盟提议与第三国政府签订的协约发表意见,意见有约束力。

欧洲法院的工作有三个方面尤其值得注意：

1．成员国政府以及个人都可到法院起诉。法院的判决和解释适用于欧盟机构、成员国政府、国家法院和公民个人等。对不遵守者，法院有一套支持性惩罚体系。

2．欧盟法优于国家法，欧洲法院对欧盟法律事务的裁决是终局裁决，对成员国有约束力。

3．法院倾向于遵守一个原则，即欧盟条约的解释应有一定程度的灵活性，可以将正在变化的条件和环境考虑进来。这允许共同体在没有具体条约规定的领域立法，例如反对污染领域。

 网页链接 欧洲法院的网站可登录 **europa.eu.int /cj /index**，也可尝试登录 **www.curia.eu.int**

■ 当前的发展

一些国家目前正努力加入欧盟从而成为完全成员国，1998 年底欧盟开始与六个潜在成员国(波兰、匈牙利、爱沙尼亚、捷克共和国、斯洛文尼亚和塞浦路斯)进行谈判，最终可能会使欧盟成员国由 15 国增至 26 国，欧盟边境也将延伸到黑海(见第十三章的案例研究)。据称，由于成员数量增长，机构改革势在必行，要求决策过程逐步实现流水作业。这一进程在尼斯条约(2000 年)后已经启动。

案例研究 措手不及

我们在研究小案例 ("对环境采取行动")时，能观察到地方政府是如何着手解决"市场失灵"问题的。同样的情况也体现在国家、超越国家的和国际间的层次上，尤其体现在跨边界问题上，例如环境污染和恶化问题，这一问题的产生原因非常复杂而且很难解决(可参见第十六章)。在制定类似领域的政府提案时，相关部门需考虑怎样去执行新政策或法律，还要考虑变化因素给相关集团和个人带来的影响。未能考虑到执行过程的不同层面可能就会给政府和公民带来很多问题(常常处于进退两难的境地)。

英国的 "冰箱山" 问题就清楚地表明了这一点，作为欧盟的一个成员国，英国促成一个新的欧盟规章的形成：禁止氯化氟泡沫倾倒在海边陆地的传统做法，因为这样做会引起氯化氟散逸到大气中的危险，随即氯化氟会对臭氧层造成危害。2002 年 1 月 1 日新规章生效后，将不想要的冰箱和冷柜放到大的金属碾压机碾压后再抛弃在海边陆地就构成非法行为。相反，它们必须在特殊封闭的车间内被碾压，促使液体的氯化氟燃尽。

环境部认为新的规章只适用于工业冰箱和冷柜，因此迟迟没有建立一套处理废弃设备的系统。而这一问题日渐严重，尤其是政府方面，他们未能确保在规章生效之时将特殊封闭的再循环车间安置到位，这就意味着成千上万的剩余的冰箱和冷柜开始在全国仓库和飞机棚内堆积起来(或被非法抛在路边)，没有办法处理。英国的商店和供应商从 2001 年 11 月开始就已经停止免费搬运旧式设备，结果地方政府不得不要求中央政府的资金支持，以解决日益突出的库存问题，直至合适的处理方法出台。

对规章的误解绝不是英国一国（例如，只有德国、荷兰和瑞士在 2002 年 1 月 1 日前将新的封闭车间准备到位），但这却在英国政治圈内引起了连环反应。英国已组建一个任务小组来着手解决这一迫在眉睫的"冰箱山"问题。最终计划是将废弃的设备送到新的再循环车间，车间由有执照的企业经营，它们积极从全国各地收集和储存冷柜，做好一切准备工作以等待新设备安置到位。考虑到新规章产生的商机，一些观察家认为该项服务市场的供给方面可能最终因有执照运营商的不断产生而趋于饱和，正如在荷兰发生的事例。在目前写这段文字的情况下，对政府来说，市场饱和比没有仪器去解决问题的难堪要小得多——在新的回收规章制度生效之前，这种难堪的局面很容易在报废汽车和废弃的电气电子设备上重演。

案例研究问题

1. 为什么欧盟内处理氯化氟问题的诸多行动都是超国家层次的，而不是简单地由单个政府解决？

2. 新的氯化氟规章对欧盟成员国的企业来说是威胁还是机遇？

复习和讨论题

1. 你认为本国政府的变化在多大程度上影响着企业团体？

2. 许多高层公务员在退休后到大公司担任董事。为什么公司热衷于招聘这些退休的官员？

3. 欧盟的扩张在多大程度上可能有利于英国的企业？

4. 企业组织在与自身利益有关的问题上寻求何种方法来影响中央政府决策者？

（例如公司盈利征税水平或利率水平）

作 业

1. 你在一家代表中小企业利益的集团里（例如商会）做科研助手，使用目前的资料来源（例如英特网，声明等）起草一份报告，其中强调政府对现在中小企业部门的政策。

2. 假设你受雇作为一个政治说客，对水土保持问题感兴趣。当地一个水土保持团体因担心政府计划在该地区村庄周围修建旁道而求助于你。政府的修路计划会严重损坏一个特殊科学兴趣遗址（SSSI），该团体决定反对这一计划，你的任务是为该团体起草一份"行动计划"，推荐采用何种形式的压力集团活动，采用什么步骤以及使用哪些潜在影响渠道。

第四章 宏观经济环境

　　企业组织的运行形成经济环境，同时又受到经济环境的影响。在市场经济中，这一环境组成的变量是动态的、交互的以及流动的。在经济中扮演不同角色的政府会对这些变量产生一定的影响。作为宏观经济至关重要的一个组成部分，政府通过对收入的流动施加显著程度的影响，从而影响公共和私人部门产出的水平和方式。其他关键性的影响因素则包括国家的金融机构和国际经济组织以及国家所属或签约的集团。

目 标
- 比较不同的经济体系和及其潜在的原则，讨论由中央计划经济向市场经济的过渡问题。
- 考察市场经济中的收入、产出和开支的流动，解释经济活动水平和方式的变化。
- 分析政府在宏观经济中的角色，包括政府的宏观经济政策和政策目标。
- 研究金融机构的角色。
- 概述开放的市场经济中影响企业环境的主要国际经济机构和组织。

关键词

加速器效应	经济稀缺性	利率	实际利率
总货币需求	经济学	漏损	实际国民收入
国际收支平衡表	汇率	宏观经济分析	衰退
资本市场	出厂价	宏观经济环境	零售价格指数(RPI)
资本主义经济	金融中介	微观经济分析	国家银行
中央银行	财政政策	货币总量	股票交易所
中央计划经济	自由市场经济	货币政策	结构性失业
收入循环流模式	充分就业	货币市场	技术性失业
消费者主权	西方七国集团	货币存量	潜在通货膨胀率
挤出	政府支出	乘数效应	工资/价格通货膨胀螺旋
周期性失业	国内生产总值	国债	撤出
限制工业化	显著通货膨胀	机会成本	实物流
直接控制	收入流	公共部门	注入
间接税	净借款(PSNB)	直接税	经济增长
通货膨胀	真实成本		

引　言

　　1992 年 9 月，在经过外汇交易市场一段持续动荡之后，英国政府决定将英镑从当时称为欧洲货币体系(EMS)外币交换机制(ERM)中撤出。其结果导致英镑对一些货币，尤其是对德国马克的比价不断下跌。大规模的抛售英镑投机迫使英镑贬值到远远低于 ERM 先前同意的"底价"水平。解除 ERM 的束缚后，英国政府宣布了一系列降低利率的措施，努力振兴当时正处在大规模衰退中英国经济。调低利率和英镑贬值形成了比较有利的出口条件，因而受到大多数正在努力寻求顾客的英国企业的欢迎。与此同时，一些学术和企业领域的权威评论家警告说，进口价格上升以及自由汇率所造成的不确定性在将来可能会引起通货膨胀率的升高。尤其是企业的领导者们呼吁政府表明意图，并在涉及通货膨胀、经济衰退和 ERM 成员身份的问题上提供未来经济政策的清晰导向。大约 10 年后，英国在货币问题上仍保持一定的独立性，一直拒绝在欧盟的第一轮货币联盟中采用"欧元"（见第十三章）。

设计这个简单例子是为了说明企业活动和企业活动所根植的广阔经济背景之间的紧密关系。看任何一份品质优良的报纸，你都可以发现上面有多处表明企业和经济之间有紧密联系的类似例子。现在重要的不是理解汇率体系的复杂或汇率对企业的影响（这些问题在第十三章中将有所讨论），而是从广义上深刻领会宏观经济环境对企业组织的重要性，特别是企业家所关注的事情和经济学家所关注的事情之间的兼容程度。举个例子，对于经济学家而言，经济衰退一般是以需求下降、失业率上升、经济增长放慢和投资下降为标志的；而对企业来说，经济衰退通常意味着定单的流失、裁员的可能、产量的下降（或库存增加），并且通常也意味着企业不愿投资于资本性设施和／或新项目。

企业经济方面内容将在第 3 和第 4 部分加以详细阐述，本章节的重点是研究市场经济体制下的经济结构和经济运行，市场经济体制中宏观经济的影响作用以及市场经济体制中宏观经济所受到企业活动的影响等问题。正如前一章所阐述的，了解企业运行的总体经济环境和企业的核心价值原则，是对经济环境进行有效分析的中心所在。

另外有三点需要强调一下。首先，企业活动不仅仅是被动地受经济运行环境的影响，它也会反过来影响经济运行环境，结果政府经济政策的成败在一定程度上依赖于受政府决策影响的公司和市场（例如股票市场）的反应。第二，经济影响是在不同的空间层次上展开的——正如英镑困境表明的那样——政府会发现绝大多数或几乎所有政府无法控制的环境会对企业产生有利或不利的影响。第三，工商业的经济影响力（类似的还有政治等）相当可观，因此保证了企业组织——个体的和集体的——通常能构成民主国家内主要压力集团之一。我们将在第十章就政府和企业之间的政治和经济关系予以充分讨论。

经 济 体 系

■ 经济稀缺性的概念

就像"政治"一词一样，"经济"一词运用广泛，在多种语境中用来描述人类行为的某些方面：从生产、分配和消费等活动，到节约使用资源的思想（例如"经济地"对待真理）。现今的定义强调行为发生的方式和机构（例如家庭、公司、政府、银行），他们关注将资源转变为社会可消费的商品和服务进而满足人类的需要和需求。这些过程都是在"经济稀缺性"的条件下发生的。

　　经济学家的 "稀缺性"观念是以社会需求与用来满足需求的资源间的关系为中心的。从本质上说，经济学家们认为，社会需求是无限的，而能用来满足需求的资源是有限的，因而在任何时候都不会有一个能供给所有实际或潜在需求的社会，而其假设前提则是个人和集体的需求总是不断超过满足需求可用的手段。例如，政府没有能力在用户方便的时间、地点，以方便的形式提供即时医疗健康服务，提供最好的公路、教育、国防、铁路等。在这样的情况下，个人和社会都必须就使用资源的优先权做出选择，每个选择不可避免地包含着一种牺牲（即放弃一种可能的选择）。经济学家把这种牺牲描述成决策的"机会成本"或"实际成本"（例如在健康服务上花一英镑就意味在其他公共服务上少用一英镑）。个人、组织（包括企业）、政府、社会都一样面临着这种"牺牲"。

　　从社会角度来看，经济稀缺性的存在给资源的使用带来三个严重的问题：

　　1．用可获得的资源来干什么？也就是说，运用资源生产（或不生产）什么商品和服务（有时被描述成是"要黄油还是要大炮"的争论）？

　　2．怎样最好地使用那些资源？例如，资源如何组合，使用什么技术和使用什么方法？

　　3．如何对所生产的商品和服务进行最优配置？也就是什么人分得什么原料、商品或服务，分得多少，以什么为衡量基础来进行配置？

　　当然，在实际操作中这些问题可以通过多种方法加以解决，包括物物交换（自主的，双边的交换）、价格指数和市场、排队和配额、政府指令和腐败（例如用分配的资源交换个人利益），在大多数（如果不是所有的）社会都能找到这些解决方法的相关例子。但在正常情况下，一种或另一种主要的资源分配方法占主导地位，从而使不同经济体制分析性的区分成为可能。一个重要的区别存在于两类经济体制之间，即中央计划经济和主要通过市场力量运行的经济，其价格形成于统一的机制中。理解这种体制区别是认识企业活动方式的基础，也是接下来大部分分析得以建立的基础。

■ 中央计划经济

　　在这种经济体制中——与"二战"后的东欧、中国、古巴等社会主义经济相联——生产的大多数关键性决策是由中央计划权力机构——通常是国家及其代理机构——做出的，在这种体制安排下，国家具有以下典型特征：

- 拥有和／或控制主要经济资源；
- 设立了使用资源的优先权；
- 为企业设定产出目标，这些企业大多是国家所有和／或控制；
- 指导资源使用方向以实现预定目标；
- 力求以一种确保产出和投入需求相符的方式协调生产。

　　如果一种经济体制是中央计划性的，这并不一定意味着所有的经济决策都由中央做出；很多情况下决策权可能下放到下属单位，包括地方委员会和企业，但这些单位最终都是对中央负责，中央保持全盘控制的权力，并指导稀缺生产资料的使用。

　　当然，在现代计划经济中，实现投入和产出高度有效的协调非常困难，这其中牵涉到一系列国家计划机构和为期数年的中央计划或蓝图（例如一个五年计划）。在这个计划下，国家计划机构为每个经济部门和部门内的企业设立年度产出目标，确认达到设定目标所需的材料、劳动力和资本的投入并依照需求分配资源。假设一些工业行业（例如农业机械)的产出是其他行业的投入(例如集体农庄),不难看出计划的整体效率部分地依赖于部门和企业之间高度的合作和协调,同时也依赖于正确的判断、良好的决策和相当的运气成分。计划经济运行下的诸多现象提示我们,不能想当然地看待这些东西,他们中的每一个成分都常常处于短缺之中。

甚至在最集权的经济中,国家计划都不可能具体到告诉个人必须在商店里买什么或者如何使用自己的劳动,尽管有时也可能存在国家引导成分(例如募集军队物资)。相反地,它倾向于限定什么东西可以买,交换价格是多少,这两者本质上是政治选择的结果,而不是消费者需求的反映。因为国有企业竭力完成的指标常常是与消费者需求无关的,消费者总是面对着排队和"黑市"以求得某些消费品,而另一些消费品则出现过剩,这种情况经常出现。同时,因为政府总留有另外的资金用来弥补销售收入和成本之间的差额,亏损的企业也就不必关门停业。在这种状况下,公司将工作重点放在完成指标上,而不是放在有效使用资源上,因此会引起严重的重复和浪费。

在这种环境下,传统的有效资源管理、价格确定和风险承担等企业技能发展的空间很小甚至几乎没有。管理者实质上就是技工和官员,贯彻多在异地制定的决策。公司实际上主要充当政府的仆人,其活动受社会和政治等方面考虑因素的制约,而不是受市场需求的制约,尽管一些市场活动通常也出现在计划经济中(尤其在农业和一些私人服务领域)。相应地,企业和员工不能充分意识到消费者的需求,结果产品质量下降和品种(在存在选择的地方)单一,尤其是在提高效率和业绩的激励被忽略掉的地方。同样的,这种体制倾向于鼓励贿赂和腐败以及大量黑市交易的发展,而个人收入、地位和政治影响力的差异则成为个人消费和生活水平的重要决定因素。

■ 自由市场经济

自由市场经济(或资本主义经济)与中央计划经济体制是直接相对的。计划经济中政府控制着大多经济决策权,而自由市场中主要的经济部门是私人(有时称之为家庭)和公司。他们通过价格体系在自由市场上相互作用,决定着资源的配置状况。

这种经济体制的主要特征有以下几点:

- 资源归私人所有。所有者能按自己的意愿自由使用资源。
- 公司也是私人所有,公司同样也能够制定生产决策,不受政府干预。
- 不存在蓝图计划(或主导计划)引导生产和消费。
- 资源配置是由非集权化的市场和价格机制的变化结果决定的。成百万消费者和数以万计的公司在非集权化的市场和价格体制中自动协调。
- 消费者至上,即由消费者决定供应的模式,进而决定资源配置的方式。

总之,生产什么,怎样生产,怎样分配这三个问题都依靠市场力量来解决。

图 4.1 表明了市场经济的基本运行情况。从本质上看,个人是资源的所有者(例如劳动力)和产品的消费者;个人以购买产品或不购买产品(即支付价款)的方式来表明他们的需求,这种行为是一种信号,它让生产者获取必要的资源(即付款)进而满足消费者的需求。由于公司会对新的市场条件做出反应,所以消费者的需求不论出于何种原因一旦发生了变化,资源将自动重新配置。同样地,生产者为争取或留住消费者而展开竞争,从而保证了资源的有效使用,确保了在追求利润时采用最适宜的生产方法(即如何生产)。

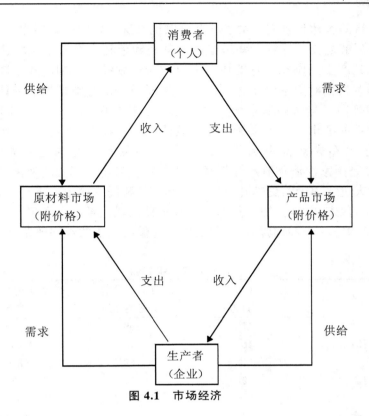

图 4.1　市场经济

　　产品的分配同样也由市场力量来决定。在这种情况下，市场力量在生产性服务的市场中运行。提供资源的个人（例如劳动力）从使用此种资源的公司取得收入（即工资），这使得他们能在市场上购买商品和服务，个人的这种购买行为，反过来又给公司带来了可用于进一步购置资源的收入（见下文）。假设对特定种类的生产资源的需求量增大——比如由于使用这种资源生产的产品的需求量增大——付给资源供应商的价格就会上涨，因而，在其他条件不变的情况下，随着被购买的产品增多，资源的用途也可能发生转移，即资源从相对获利较少的用途转到相对回报较多的用途。

　　对供给和需求通过市场价格实现的匹配将在第十一章进行详细的阐述，这样的分析也可运用于外币市场（见第十三章）。当然，实践中没有经济体制是完全按照上文所示的方式来运行的；公司毕竟要受到成本和供应决策的影响，也会受到市场需求的影响，而且一般的公司所做的不仅仅只是满足需求，公司也努力做到影响市场需求。而负责大宗消费和生产以及促进私人企业运行条件形成的社会公共部门的存在，说明了以市场为基础的经济在进行资源配置的过程中，也不是完全不需要政府的介入的。一言以蔽之，在对任何市场经济的研究中都要考虑到政府职能的作用，尤其要考察政府职能对公司和家庭活动的影响。本章的后几节内容将对此加以论述。

东欧：转型中的经济

　　国家从一种经济体制过渡到另一种经济体制会面临诸多难题，20 世纪 80 年代后期，东欧政治与经济的解体为我们提供了一个可以说明这一点的生动历史实例。

在旧秩序瓦解之前，尽管有些国家，尤其是匈牙利正在着手实验建立不同形式的自由企业，东欧共产主义国家实行的还是中央政府计划经济体制，基本属于前文曾描述的经济体制类型。人们对集中命令体制的不满逐渐增多，特别是当命令体制提供给人们的生活水平不能等同于当时西欧市场经济国家大多数公民享有的生活水准时（见表4.1），社会产生了改革的要求，要求又转变成了政治行动，在20世纪80年代中期进行的政治选举中，戈尔巴乔夫被推举到了苏联领导者的位置。戈尔巴乔夫的经济重构方案（perestroika）是国家经济体制从计划经济体制向以市场为基础的经济体制发生转变的标志，戈尔巴乔夫所致力于的更赋开放性（glasnost）和民主的改革推动了这一转变的进行。到20世纪80年代末90年代初，前苏联帝国实际上就已经不存在了。新独联体国家，几乎无一例外地，都投身于他们在几年前还无法想像的激进的经济改革之中。

表 4.1   **比较经济指标 1988**

	人口 （百万）	国内生产总值 （十亿美元）	人均国内生产总值 （美元）
东德	17	156	9360
捷克斯洛伐克	16	118	7600
匈牙利	11	69	6500
保加利亚	9	51	5630
波兰	37	207	5540
罗马尼亚	23	94	4120
欧盟	325	4745	14609
西德	61	1202	19575

资料来源：《阿蒙克斯银行评论》，1989年11月。

那些急于从根深蒂固的计划经济体制转型为市场经济体制的国家在进行经济转型过程中遇到了很多棘手的问题，影响了国家经济（和政治）改革的进程。东欧国家在进行体制转型过程中面临以下几个方面问题：

- 需要构建法律和商贸框架，以支持向市场经济的转变（例如公司法、产权法、竞争法、外资法、建立合理的会计制度）。
- 需要建立不同形式的自由企业，发展能够以商业回报率作为标准来为企业提供风险资本的金融机构。
- 需要建立真正不受政府控制和保护的、完全竞争的市场。
- 需要放开劳动力市场，培养和发展在传统官僚体制下丧失能动性的劳动力们的企业家技能。
- 需要让价格移至市场因素决定的水平上，而不是由政府决策来决定价格水平。
- 需要实现宏观经济的稳定性，因为市场无论是在内部还是在外部都将变得更加开放。
- 需要减少国际债务负担。
- 需要吸引大量海外投资，以帮助重建已经瓦解的旧的社会主义经济。

　　旧经济体制的分崩瓦解，一些变革者们所期望的那种不计后果、激进的经济改革都没能使满足上述条件的过程变得容易一些。尤其是在俄国，贿赂、腐败和犯罪盛行，这严重破坏了正在努力与政治经济不稳定性做抗争的俄国国内经济。

　　由于体制转变需要满足上述的以及一些其他要求，有证据表明，体制转变的过程必然是一个长期而痛苦的过程，而且这一转变过程将会受到许多现时无法预测的政治和经济因素的影响。在这一转变过程中，核心问题就是西方国家在减免债务负担、提供经济援助、进行投资以及向体制转变国家提供其他形式帮助等问题上所持的态度。鉴于西方国家对与历史上曾视为敌对国的国家打交道时所带来的相对不确定性抱有很大顾虑，人们或许就能够理解，为什么迄今为止西方国家仍对上述减免债务、提供经济援助等问题持相对谨慎的态度。例如，恩斯特扬会计公司在1992年的一份分析报告中指出，上述不确定性在俄国、乌克兰和阿尔巴尼亚最大，在匈牙利最小，其次是捷克斯洛伐克和波兰，这些国家的改革进程发展较快（见表4.2）。举个例子，匈牙利上述不确定性较小的原因在于其国内政治和经济相对较为稳定，国家对外国投资持欢迎态度，并且制定了鼓励投资的法律制度以促进投资。与之相对的是阿尔巴尼亚——旧共产主义阵营最顽固者之一——政治和经济的不稳定、商机有限和不愿变革，都极大地阻碍了西方公司和政府的参与。

表 4.2　　　　　　　　　　　　　　东欧：风险比较分析

	商务机会	政治风险	信用等级	经济地位	当地经济的稳定性	商业基础设施	总计
匈牙利	2	1	2	3	2	2	12
捷克斯洛伐克	2	3	2	3	2	2	14
波兰	2	3	3	3	3	2	16
波罗的海沿岸国家	4	3	3	4	3	3	20
保加利亚	4	3	4	4	3	3	21
罗马尼亚	4	4	4	4	4	3	23
俄罗斯和乌克兰	1	4	5	5	4	4	23
阿尔巴尼亚	5	4	4	5	5	4	27

　　注：国家以从1~5给分，低分表示最好，高分表示最差。

　　资料来源：摘自1992年5月13日每日电讯报。

　　实际上，西方公司的介入可以采用多种形式，包括直接收购、建立合资企业（会带来税收利益）和发展当地分销网络。跨国公司为了扩大市场份额和获得低成本生产场地，已经展开了前述的大部分工作，像可口可乐、百事可乐、利瓦伊·斯特劳斯、菲利浦、英美烟草、万宝路、联合利华、麦当劳、宝洁和通用电气等。这些跨国公司希望从对西方消费品日益增长的需求中获利，有证据表明，匈牙利、波兰和前捷克斯洛伐克是进行投资的最佳场所。

　　考虑到巴尔干和前苏联近期政治上的变化，及其在市场体制转变过程中出现的严重经济问题（例如高通货膨胀率），将来一段时间人们对东欧的投资兴趣会持续多久，仍然值得探讨。一些观察家认为，在此种情况之下，"走着瞧"的政策将是寻求市场扩张的西方公司在传统市场低速增长时期的最佳选择。而另一些人则认为，介入的风险远远小于潜在的利益，着眼于长期发展的企业将逐步主导未来一些发展最快的市场，而更谨慎或保守的竞争者将被排挤出去。

另一个毫无疑问地影响到公司在东欧投资态度的因素就是欧盟的扩张。一大群前共产主义国家将会在今后的5～10年内加入欧盟，尽管一些申请国——包括匈牙利、波兰、罗马尼亚、保加利亚和捷克共和国——的经济的增长速度比西欧的增长速度要快，但他们的人均国内生产总值水平都比较低。（例如，1998年人均国内生产总值与欧盟平均国内生产总值的百分比如下：捷克共和国63%、匈牙利47%、波兰47%、罗马尼亚31%、保加利亚23%——见第十三章的案例研究）。国内生产总值水平较低可能会影响到这些国家对西方产品的需求量，还会影响到这些国家产品的相对竞争力，尤其是制造品。在这种情况下，西方公司在东欧贸易和投资就会面临"机遇"和"威胁"的双重挑战，这种"机遇"或"威胁"可能会随着时间的推移而发生改变。在这种环境中，那些具有长期战略眼光的机构将会获利，而不是那些只追求眼前利益的短期投机者。

政治——经济综合体

在本书前面已经阐述了资源配置这一经济问题，指出其关注的中心是所有权的归属、控制和使用社会内部生产资金，其中显然包含着政治层面的因素，这使一国所选择的经济体制和它的政治制度之间发生了联系。图4.2给出了一种有用的表现方式，它非常有效地阐明了经济体制和政治制度之间可能存在的联系。如第三章所示，依据公众参与决策过程的程度大小不同，政治体制可以被划分为从民主到极权的不同种类。同样地，可以根据国家在资源配置过程中对经济的干预程度的不同，将经济体制划分为自由市场经济和计划经济的不同种类。这种双向模型产生了四种主要的政治经济体制组合，其范围一方面包括民主自由的市场（第1象限），另一方面也包括极权的计划体制（第3象限）。

在具体案例中应用此模型时，以自由市场作为资源配置的方法很明显地是与民主国家相联系的，这种联系并不奇怪。毕竟民主包含着一种理念，即个人能通过投票来表达他们的偏好，有机会在间隔一定时期后用另一个政府代替这个政府。自由市场里也会发

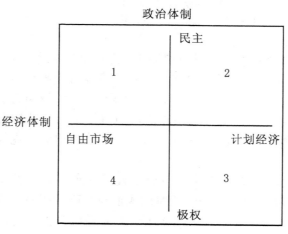

图4.2　政治经济体制

生同样的过程，即个人通过价格机制实行有效"投票"，选择商品和服务，他们表达的个人偏好将会反映在资源配置的方式上。

同样地，我们也可以合理地推导出极权制度和计划经济体制之间的联系，因为政府如果能够通过所有权和／或控制产品的生产、分配和交换等手段来指导经济运行，那么对政治体制的控制也会相当便利。实际上，民主机制的相对缺失（例如经济领域中出现的自由选择政府形式的行为），与之呼应的是个人不能对资源配置施加任何实际影响。在极端情况下，这其中可能会涉及到政府禁止任何形式的自由企业，以及在缺少有效消费者主权的经济中完全由政府来控制产品的生产和消费。

实际情况当然要比这一简单的二分法所示的情景复杂得多。例如，在一些极权主义国家中，资本主义经济体制（第4象限）占主导地位，而一些民主国家政府因为某种必要（例如战争时期），要求对经济进行很大程度的干预（即向第3象限变动）。不仅如此，甚至在政治或经济体制表面上一样的国家里，其运行和／或制度层次上也会出现很大差异，这使得每个国家都具有一定程度的独特性，这在模型中没有充分展现出来。也就是说，在世界主要民主国家的企业环境中，民主和自由市场机制的根本联系代表了一种强大而普遍的影响力。相应地，经济改革的过程——如东欧各国——往往同时伴有进行相应政治变革的压力，这种变革会遭受到不愿放弃政治经济权力及其中坚地位的政权的抵制。

宏观经济

■ 分析的层次

如前所示，经济主要研究社会如何处理资源稀缺性问题，以及生产什么，如何生产，如何分配等后继性问题。在此大框架内经济学家通常将经济区分为两个层面加以分析：

1．微观经济分析，关于个人和公司经济决策的研究。
2．宏观经济分析，关于经济整体的相互作用（即经济总量）的研究。

在第十一章中，我们将运用微观经济方法对市场和价格分析进行举例说明，如举例说明市场上单个啤酒消费者是如何受价格变化的影响的。这一分析方法也可用来考察整个市场如何应对价格的变动，或者用来分析公司（或市场）的供给决策如何受工资水平或生产技术或其他因素变动的影响。值得注意的是，在这些例子中，关注的焦点都是单个行业中个人或公司的决策，而该行业与经济体制其他部分的相互作用都被忽略了。总之，这就是经济学家所谓的"局部分析"的方法。

实际上，现实中所有经济部门都在某种程度上相互关联。例如，在一项工资奖励中，啤酒行业（或单个公司）可能会设定一个新的工资标准，从而使其他行业工人也要求同样的工资水平，进而导致工资水平整体上涨，最终影响整个经济中的就业、生产和消费需求水平，反过来又会对啤酒的需求产生冲击。有些情况下，这些后果可能非常小，实际上可以忽略不计。在这种情况下，基本的微观经济分析方法仍然有效。

与此相对，宏观经济学看到市场的独立性本质，它从总体上研究经济的相互作用，也即从总体上处理诸如就业水平、通货膨胀率、经济产出的增长百分比和其他许多经济总量等问题——例如第十三章国际贸易分析和下面将要讨论的经济模型就是很好的例子。应该指出的是，宏观和微观方法的区别仍然对分析目标非常有用，但很多情况下这两种分析方法常常是交织在一起的。英国内阁大臣奈杰尔·劳森的将所得税率的最高比率从60%削减到40%的决定（1988年）在当时被认为是一种振兴经济的手段，它主要是对企业家产生了激励效应——显然这是一项宏观经济政策。然而，要检查内阁大臣提案的有效性，有必要大量运用微观经济分析，看一下较低的税收可能如何影响，比如，一个人对工作的偏好与对休闲的偏好。通常来说，宏观经济现象是单个企业和消费者行为汇总的结果，牢记这一点对于研究任何企业或整体经济都是非常有用的。

■ 经济活动的"流动"

经济活动可被描绘成经济资源向企业（即生产性组织）的流动，企业运用经济资源生产出供消费的产品，相应地企业向资源提供者支付款项，而资源提供者又使用这些款项购买产品和服务。这些资源流、生产流、收入流和支出流共同构成了现行经济的基本活动，图4.3表明了经济中资源流动以及商品和服务的流动——经济学家将此描述为"实物流"。

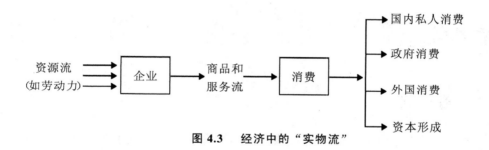

图4.3　经济中的"实物流"

实际上，企业使用经济资源生产商品和服务，商品和服务被私人（国内私人消费）或政府（政府消费）或海外采购（外国消费）或其他公司（资本投入）等消费，消费产生了支出流，而这对企业则意味着收入流，企业使用这些收入购买更多的资源以生产更多供消费的产品。图4.4展示了收入流和支出流的具体情况。

网页链接 CFI模型在下列网站有所讨论，可登录 www.bized.ac.uk/stafsup/options/notes/econ210.htm

图4.4　经济中的收入流

将两图合并之后，我们就可以看出收入流和实物流之间的相互关系。为简化起见，假定经济中只有两个集团在运行：企业作为生产者和资源使用者，个人作为消费者和资源提供者（见图4.5）。我们用逆时针方向的箭头表示实物流，用顺时针方向的箭头表示收入流。

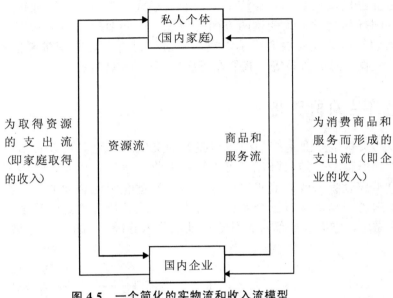

图 4.5 一个简化的实物流和收入流模型

尽管有些过于简化，但图4.5所示的经济模型仍是有用的分析工具。它强调了经济活动中一些至关重要的方面，与企业研究直接相关，例如，模型表明了：

1. 收入在经济中流转，从家庭流向企业再流回家庭再流向企业，如此往返，这些收入流有对应的资源流、商品流和服务流等实物流。

2. 一个集团(例如企业)的收入就等于另一个集团(例如家庭)的开支，表明经济中的收入是与商品、服务和资源的消费支出(例如劳动力的使用)相联的。

3. 企业的产出一定与家庭在商品和服务上的支出相联系，并依次与后者提供资源而得到的收入相联系。

4. 由于资源被用来生产销售给家庭的产出，因而资源的使用（包括经济中创造的工作的数量）就一定和家庭消费的开支相联系。

5. 经济中收入、产出、开支和就业的水平实际上是相互联系的。

从企业角度来看，模型清楚地表明了它们的命运与家庭消费支出决策紧密相联，支出水平的任何变动都会对在微观和宏观层次上的企业活动产生冲击，例如20世纪80年代末英国经济进入衰退期，其主要原因是消费水平的下降，因为利率过高，前期消费过热导致债务负担不断加重，遭受衰退打击的海外市场需求减少，这些因素综合在一起共同导致了消费水平的下降。尽管有很多企业或者靠吃老本或者靠缩减企业运行而成功地度过了衰退期，但仍有大量公司被迫破产。因为订货减少，费用开始超过收入，结果经济产出下降、失业增长、公司投资减少、房价下降到低点、房主从抵押房产获得的收入远远超出房产价值（称为"反面的公正"），这些后果结合在一起进一步抑制了需求增长。

因为个人不愿或无力增加支出，公司仍继续削减劳动力并抑制投资。直到1992年底，经济增长的真实迹象仍然罕见，失业人数接近 300 万，企业信心持续走低。

1993 年中期，英国经济逐渐恢复——这是由利率下调后消费者信心重新增强引起的——更加突出了模型中阐明的消费和企业活动间存在的重要关联性。同样地，正如对衰退过程的讨论所显示的一样，支出水平受到多种因素的影响（例如政府的利率政策），实际上家庭支出仅仅只是现实经济中一种消费形式。为更清晰地理解经济怎样运行和为什么随着时间推移会发生改变这两方面的问题，有必要对上述基本模型进行改进，将影响经济活动的一些其他关键变量纳入模型中进行讨论，这些变量包括储蓄、投资支出、政府支出、税收和海外贸易等，我们在下面内容中加以讨论。

■ 经 济 活 动 的 变 化

消费者购买本地企业生产的商品和服务的支出水平受多种因素影响。首先，大多数家庭都要缴纳所得税，结果降低了可供消费的收入水平。再者，一些消费者倾向于节约（即不支出）一部分收入或只购买进口货，两者都意味国内企业的收入会少于消费者将全部收入用于国内产品消费时该企业的应得收入。这种情况就是经济学家常说的收入循环流的漏损或撤出，它有助于解释为什么企业的收入会随时间推移上下波动（见图 4.6）。

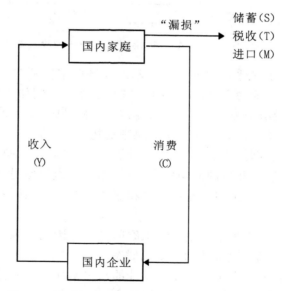

图 4.6 有"漏损"的循环收入流

在这些漏损出现的同时，经济中其他形式的支出又促进了国内企业潜在收入的增长。一些消费者的存款常被企业借来用于追加投资、购置资本设备或工厂或地产（称为投资支出），为生产资本商品的企业创造了收入。类似地，政府使用税收收入，用于投资公共产品和服务建设（公共政府开支）；海外顾客购买本地企业生产的产品（出口开支）。这些额外形式的支出综合在一起，共同代表了对循环流的收入的"注入"（见图 4.7）。

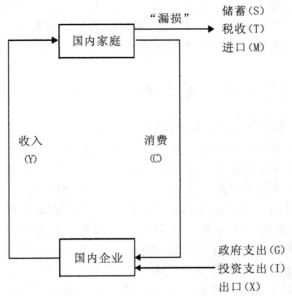

图 4.7 有"注入"的循环收入流

图 4.7 所给出的改进过的经济模型仍十分简化(例如,消费者提取银行储蓄用于消费或进口产品;企业也会储备资金并购买进口货;政府也投资资本工程),但它却能较清晰地表明经济活动水平的波动是许多变量变化的结果,企业或政府不能控制这些变量。其中有些变量的变化是自主的(即自发的),如进口产品需求增长;但也有一些变量的变化可能是有意的或公开的,如当政府决定增加支出或为刺激需求而减少税收。同样,经济可能时不时会遭受"外部冲击",例如主要贸易伙伴的经济衰退或关键物品的价格显著上升(例如 20 世纪 70 年代的油价上涨),都可能对国内收入流产生重要影响。总之,这些以及其他一些变化有助于解释为什么商品和服务的需求不断波动,为什么不仅经济产出的能力会出现变化,而且经济的结构和绩效也会随时间推移而出现变化(见小案例:全球经济危机)。

在支出出现变化的地方,这些变化对经济产生的结果必定会超出初始的收入"注入"或"撤出",认识到这一点非常重要。例如,政府关于增加基础设施支出的决定将会使参与不同工程的企业受益,企业获取的这些额外收入中的一部分无疑会用来雇佣劳动力,雇佣工人增加意味着会有更多收入去消费,这就会使生产消费品的企业的收入增长,接着这些企业也会雇佣更多员工,生成进一步的消费,这一过程一直继续下去。总之,政府支出增加会对经济收入和支出产生额外影响,这一额外支出从家庭流向企业又不断轮回,经济学家称之为"乘数效应",旨在强调其循环加速的影响效应,消费者、企业、政府或海外购买者支出的任意增减都会产生这种效应。

收入和消费的多重增长会产生"加速效应",这一术语主要是描述由于消费支出的变化而导致的企业投资支出的变化。在上面的例子中,政府支出增长引起消费增长,从而鼓励一些企业投资存货和资本设备,以满足增长的消费需求,这样资本商品的需求就会上升,进而工业产品的需求不断增长(例如部件、机器等产品),消费品需求同样也会增长,因为企业力求增加产出以适应变化的市场环境。反之,假如消费支出下降,会出现反向的加速过程,这同样也适用于乘数效应,因为消费的下降会通过经济机制而反向发生作用，造成消费和投资水平的进一步削减。正如彼得·唐纳森指出的，经济中的每一事物都会影响到其他所有的事物，经济是动态的、互相作用的并且是迅速变动的，这种分析显然比前面分析使用的模型复杂得多。

小案例　全球经济危机

在整个 20 世纪 80 年代和 90 年代初期，亚洲经济迅猛发展——印度尼西亚、香港特区、马来西亚、新加坡、韩国、台湾地区和泰国——被普遍认为是成功的典范，因为它们的经济增长快速，股票市场蒸蒸日上。这种经济状况享有盛誉，让西方国家羡慕不已，成为自由市场资本主义经济的标榜，吸引了大量外国投资者前来投资。然而1997 年开始的远东经济危机，冲击波遍及世界金融体系，这个神话开始瓦解。

危机的根源似乎是缺乏管制的投资决策，最终导致这些经济不能保护他们的货币，而在当时他们的货币是盯住美元的。大量的泰国资产公司因在繁荣时期过度扩张，加之越来越多的外国投资者撤回资本而纷纷倒闭。泰国政府随后被迫实行货币（泰铢）浮动。由于投机者聚集，其他货币也承受着压力，最终被迫放弃与美元挂钩。由于货币贬值，几亿美元的借款被迫上扬，外国投资者匆忙撤出资金，造成亚洲股票市场的全面崩溃，并波及到伦敦、纽约和世界各地，引起世界性经济衰退的恐慌。

紧随亚洲危机其后的是 1998 年俄国卢布在投机冲击下的暴跌。为此俄国政府后来宣布实施货币贬值并暂停偿付外债，结果仅仅使投资者认为对新兴市场进行投资非常冒险。同时其他一些国家的货币也承受同样的压力，尤其是巴西。可以理解美国股票市场对拉丁美洲存在的问题产生了不良反应，美国股价急剧下跌，进而引发全球范围内其他股票交易所出现类似的下跌情景。

全球经济危机会使世界经济衰退的恐惧已逐渐平息，但我们不能低估经济恶化的国家里人们为此付出的代价，尤其是普遍失业和日趋严重的贫困。我们应该记住我们自身经济和企业所受到的冲击，不管它是来自远东公司推迟的投资、流失的贸易、坏账，还是英国跨国公司减少的海外收入。由于全球经济的相互连接性渐渐增强，一个国家或地区的经济恶化会传播到世界其他部分。可以说，这使得 21 世纪国际货币基金组织和世界银行等国际机构发挥的作用不再毫不相关，而是更加紧密联系（见下文）。

政府和宏观经济：目标

不管现实经济多么复杂，企业活动和支出之间的联系是显而易见的。如前所示，支出来自消费者、企业、政府和外部来源，他们共同构成了一个经济中的商品和服务的总需求，经济学家通常使用下列标记加以表示：

总货币需求＝消费支出 ＋ 投资支出

＋ 政府支出 ＋ 出口支出

－ 进口支出

或　　　$AMD = C + I + G + X - M$

在这个方程式里，消费支出（C）被视为决定总需求水平的最重要的因素。

尽管经济学们并没有就 AMD 中哪种构成因素对经济影响最为显著的问题上达成一致，但大家都认为政府在需求形成上发挥了关键性作用，这不仅是在自身部门内起作用，而且还影响到经济中的市场部分。政府的支出政策以及税收或利率政策都直接和间接地影响个人和企业行为，而个人和企业行为又通过多种途径影响经济的需求和供给。潜藏在这些政策背后的就是政府追求的一系列重要目标，他们形成经济健康发展的前提，有助于指导对政策选项的选择。对政府可利用的政策选择及其相应的目标的理解，对商学院学生尤为重要。

大多数政府都有一些主要经济目标，其中最重要的通常是控制通货膨胀、追求经济增长、减少失业、实现较好的国际收支状况、控制公共（即政府）借款和保持汇率相对平稳等。

■ 控 制 通 货 膨 胀

所谓通货膨胀就是在一定时间内价格的总体水平持续上升，其特征也表现为货币贬值。对各种不同政治面貌的政府来说，将这种价格上升趋势降至最小就是他们首要的经济目标（例如当前英国政府控制潜在通货膨胀的目标是 2.5%）。

对周期性价格变动趋势的监测形式多种多样；在英国主要包括：

1. 使用零售价格指数（PPI），它测量平均每个家庭在商品和服务上的开支如何受价格变动的影响。在英国，PPI 用于测量"显著通货膨胀"，包括抵押利息付款。

2. 调查"潜在的通货膨胀率"，它排除了抵押贷款的影响。

3. 测量"出厂价"以显示消费价格将来可能的变化。

4. 比较国内通货膨胀率和英国主要海外竞争者的通货膨胀率，进而表明英国公司的国际竞争力。

另外，测量某一经济中流通货币数量的货币总量（因而也是潜在的支付力）的变化以及汇率变动（尤其是贬值货币——见第十三章），都能作为未来价格可能上升的一种指导，因为这些变动产生的效应是通过经济机制起作用的。

为什么价格随着时间推移总是呈上升趋势，关于这个问题的解释众说纷纭，但广义上说都可分为两类。第一类是供应方，它总是将不断上升的生产成本——尤其是工资、能源和进口原材料——作为引起通货膨胀的主要原因，公司会以制定更高的批发和零售价格把增长的成本转嫁给消费者。与此相对应的另一类就是需求方，这主要表明了经济中超额需求的重要性。例如税收减免，低廉的借款或政府开支过多等造成的超额需求，鼓励企业利用消费者支出意愿来提高产品价格。在当地企业无法满足所有引致需求的地方，进口就会倾向于增长，这不仅会造成价格的进一步上升，而且还预示着国际收支平衡状况和国内企业贸易条件的恶化，尤其是如果进口商品更加昂贵或汇率状况非常不利时更是如此。

政府对超越政党和国家界线的通货膨胀非常关注，它反映了这样一个事实，即价格水平上升给总体经济和个别企业都会造成严重后果，特别是如果一国国内通货膨胀率明显高于其主要竞争国的通货膨胀率。在价格是需求主要决定因素的市场中，提高价格就会引起一些企业的销售减少，影响其营业额，而如果当一些公司为降低成本而进行裁员时就可能会影响到就业水平。不仅如此，举步维艰的贸易环境带来的不确定性会使许多企业不愿投资建设新工厂或购置新设备，尤其是如果利率较高，而且在一段时间内不可能控制住通货膨胀时。企业做成这种反应虽然可以理解，但这并不能提高其未来的竞争力或者在市场条件变化时对需求增长的开发能力。

价格上升会鼓励雇员要求更高的工资以维持或提高他们的生活水平，但这样会使得企业在同意增加工资的同时，又会以价格上涨的形式将工资增长转嫁给消费者，特别是如果需求看起来不会受太大程度影响时。假如这一过程在经济中非常普遍的话，结果就将是工资／价格通货膨胀螺旋：工资增长推动价格上升，价格上升又推动工资增长，工资增长又会推动价格上升，等等。从国际竞争的角度看，如果任其继续发展下去而不加以制止的话，其对公司和经济的影响将是灾难性的。

■ 经 济 增 长

增长是政府和组织共同追求的目标。对于政府来说，目标通常是实现稳定的、持续的、非通货膨胀式的增长，其最好是由出口拉动的（即出口导向性增长）。这样的增长通常可反映为实际国民收入或国内生产总值的上升（"实际"＝考虑到通货膨胀因素，"国内生产总值"（GDP）＝以货币计算的单位时间的商品和服务总产出）。为补偿人口数量的变化，增长率倾向于用人均实际国民收入来表示（即实际的 GDP 除以人口数）。

我们很难确切说出合意的经济增长水平的具体构成，而只能是泛泛地加以阐述。如果政府能够自己选择的话，它就会倾向于：

- 稳健的实际增长水平（例如每年 3%～4%），而不是年产出增长随经济周期剧烈变动；
- 高于其主要竞争对手的增长率；
- 以技术投资和外贸销售额上升为基础的增长，而不是建立在过度政府支出或当前消费上的增长。

应该记住的一点是，当使用月或季度产出来进行经济增长水平的度量时，产出的增长可能出现递减，而国内生产值可能是负增长，例如在英国，据说在连续二个季度的国内生产总值负增长之后将会出现经济衰退。

从企业的角度来看，产出增长与消费增长是相互联系的事实表明经济增长有利于企业前景、投资和就业，大致上说，这是对的。然而经济增长会引起生活水准提高，虽然能促进对进口品与服务的消费，但这却损害了当地生产者的利益，直至国内公司纷纷被挤垮，从而极大削弱了经济的制造业基础（常称为"限制工业化"）。同样地，如果消费增长主要是由于国家支出过多所致，企业潜在的获利可能就会被抵消，因为政府需要提高利率为其支出提供资金（在涉及政府借贷的地方），而且它倾向于要求资金支持从而"排挤"了私人部门投资所需的资本追求。在这种情况下，政府支出引致的消费所产生的短期利益可能难以补偿其支出对经济造成的中长期问题。

经济增长前景看好就会增加企业信心，这通常反映在投资和持股水平的增长上，最终又会反映在就业水平的提高上。正如企业家解读的那样，每年每月由英国工业联合会进行的调查提供了一种指标，它很好地衡量了经济周期的不同时点的产出、投资以及持股水平的变化情况，这些通常被视为企业未来趋势的良好预示其他指标——包括房产和建筑市场总体状况——有助于对当前和未来经济状况的指导，包括其在中短期内的增长前景。

英国工业联合会的网址是 www.cbi.org.uk

■ 减少失业

在大多数民主国家中，"充分就业"目标已不再是政治议程的一部分；取而代之的是，政府在就业方面的声明倾向于集中在创造和维持就业机会，开发与未来需求相适应的技能上。大家似乎都已经认同，在技术快速发展的市场经济里，失业是不可避免的，因而基本的目标应该是降低失业至政界和大众都能普遍接受的水平。

失业水平的测量就像经济增长和通货膨胀一样，是以一定间隔期为标准的（例如月、季度、年），并作相应的季节性调整（例如毕业学生进入就业市场）。另外，统计数字提供有关长期失业趋势、技能短缺领域、国际比较以及经济部门就业变化等信息。所有指标都能反映当前经济的发展状况，同时也有助于对未来一段时间的经济状况进行预测；但要注意的是，使用这些指标应该非常谨慎。例如，当经济衰退期过去后，失业水平仍然会继续呈上升趋势。同样地，常见的情况是，政府对失业的定义是变化的或者国际失业数据建立在不同的标准上。

大量的资料文件都已经很好地记录了高失业率所引起的广泛的社会和经济后果：资源浪费、对公共服务和证券交易所造成压力（例如减少税收收入、增加公共福利开支）、产生日益严重的社会和健康问题。高失业率对企业的影响比较含糊。一方面，高失业率暗示着大量召之即来的劳动力可供公司雇佣（尽管不一定具备相应的技能要求），工资水平通常比劳动力短缺时代要低；另一方面，它也造成产品和服务的总体需求水平下降，这会加剧经济中已存在的通货紧缩力量，进而又造成更多的失业和需求水平的进一步下降。经济学家将这种情况的出现描述为循环失业（即由总体需求不足造成），从而区别于其他类型的失业，诸如由于对特定行业生产的商品需求不足造成的失业（结构性失业），或由于引进新技术代替劳动力造成的失业（技术性失业）。

■ 有利的国际收支平衡

国际收支平衡表在本质上是一国在既定时期的国际贸易的贷方(收入)与借方(支出)的净差额（见第十三章）。贷方超过借方就存在收支盈余，反过来就是收支赤字可以理解的是，政府总是倾向于偏好收支平衡或盈余，而不是赤字。但是，比较公平的说法是，对一些长期国际收支赤字的政府来说，赤字数额的持续下降就标志着非常有利的收支情况。

像其他经济指标一样，收支余额的统计形式多种多样，存在多种分项计算层次，不仅可用来比较国家间的相对贸易业绩，也可用来比较某一行业和商品集团的国际竞争力或特定的外部市场的发展或收缩这些比较非常有用。这里我们将特别强调经常项目账户的收支余额，它衡量商品和服务的进出口状况，因而被认为是一国经济中企业和行业竞争力的指标。持续的经常账户盈余一般意味着有利的贸易条件，这有助于促进经济增长，增加就业和投资，普遍增强企业投资信心。同时，该账户出现盈余为国内公司海外放贷和投资充实了资金，因而有助于企业在将来获取丰厚的海外回报。

尽管持续的经常账户赤字并不一定对国家不利，但它常常暗示经济中某一特定部门存在结构问题，或者当前汇率是有利于进口商而不利于出口商的。例如，1983 年英国的贸易地位明显地不断下降，很多观察家都相信它说明英国公司竞争力逐渐丧失，尤其是那些为国内外消费市场生产制成品的公司。同样地，日本 1995 年底的经常账户盈余达1200 亿美元，这被描述成日本公司的竞争力咄咄逼人的迹象，尤其是那些从事汽车制造、电气电子产品和摄影设备的公司。

■ 控制公共借款

政府每年筹措大量资金收入，税收是主要途径。政府将收入用在各种各样的公共商品和服务上（见下文）。年度收入超过政府支出就出现了预算盈余，盈余额常常被用来偿付过去的债务（从前在英国称为"公共部门债务偿付"或 PSDR）。政府过去和现在的债务积累就是一国的"国债"。

实践中，大多数政府经常面临年度预算赤字而不是预算盈余，因而出现"公共部门借款要求"或 PSBR（现在英国称为"公共部门净借款"或 PSNB）。尽管赤字并不一定会产生问题，就像少许的个人透支对自己并不必然至关重要一样，但大规模的持续的赤字则预示着经济面临着现在和将来的困难，需要政府采取紧急行动。人们对高水平的公共借款的关注主要集中在以下几点：

1. 公共借款对利率的冲击，因为要将资金从私人部门吸引至公共部门就需要较高的利率。

2. 高利率对消费和投资的冲击，进而对企业前景产生影响。

3. 公共部门在寻找资金方面对私人部门产生的挤出效应的危险。

4. 债务利息的机会成本，特别是以其他形式的公共开支进行度量时。

5. 市场对政府控制经济及其可能对通货膨胀，经济增长和收支平衡产生的效应的能力普遍缺乏信心。

6. 符合马斯特里赫特条约制定的进入单一货币区的"一致标准"的需要（例如政府债务不超过国内生产总值的 3%）。

■ 稳定的汇率

一个国家的货币有两个价值，对内价值和对外价值。对内价值表现于货币能买的商品和服务，因而受国内价格变化的影响。而对外价值表现为"汇率"，它决定一国的货币能购买多少另一国货币（例如 1 英镑 =1.50 美元或者 1 英镑 =1.63 欧元）。由于外贸通常涉及到货币的交换，货币对外价值的波动就会影响进口与出口的价格，并能影响企业的贸易前景，以及一国的收支状况和通货膨胀率（见第十三章）。

整体上，从事国际贸易的政府和企业总是偏好于保持汇率的相对稳定，因为这给贸易环境带来了较大程度的确定性。同时，稳定的汇率也使海外投资者更加相信其资金不会贬值。从这个程度上说，将汇率固定在预定水平（例如 ERM），或鼓励使用统一货币（例如欧元）的计划都受到企业社团的支持，就贸易条件而言，这些社团都是喜欢可预见性，不喜欢不确定性的。

小案例 成功的指标

　　政府对宏观经济的成功管理一般可用一些关键经济指标来衡量，最有名的是"通货膨胀"、"经济增长"、"失业率"和"国际贸易"。例如在1996年中期，设在巴黎的经济合作与发展组织(OECD)出具的一份报告声称，预期通货膨胀水平降低、失业率下降和经济呈健康增长趋势的结合使英国经济中短期的前景十分看好，而这要归功于连续几届保守党政府奉行的放开劳动力市场的政策。根据经济合作与发展组织的说法，劳动力市场改革使得英国创造出比许多欧洲大陆国家更有利的就业环境，同时有助于英国在国际市场中更具竞争力。

　　衡量经济绩效的方法很多，因而经常呈现出不同的景象。有这样一种方法——国际管理发展协会（IMD)制定的——考察了世界领先国家的经济的相对竞争力，它使用了大量广泛的经济指标以评估每个经济的优劣势。除使用国内生产总值增长、出口绩效这些标准指标外，IMD还从其他多个不同方面加以考察，例如培训投资、保持科技领先、管理质量和银行业的公众信用度。使用这些指标和其他标准，在1996年的IMD调查中，英国在国际得分榜上位居第19位，比1995年的第15位和1989年的第11位都有所下降。此外衡量结果还表明，英国的竞争力正处于相对较低的水平，显然落后于亚洲的新兴经济国家以及英国在欧洲的主要竞争对手(例如,1996年新加坡排第2位、香港第3位、日本第4位、丹麦第5位、卢森堡第8位、德国第10位、瑞典第14位、奥地利第16位、比利时第17位、台湾第18位)。

　　当时国际管理发展协会(IMD)把竞争力定义成"为一国创造附加值的能力……通过管理资产和流程、增加经济吸引力和开拓性、在全球范围和邻近地区扩展市场、以及综合各种经济关系形成一个社会和经济模型等手段来增加国家财富"。世界经济论坛（WEF)则提议使用更简单的定义，将竞争力与一国实现持续高水平的人均国内生产总值(GDP)增长率联系起来，这种排名方法依据近150个标准，它们都非常稳定可靠并与增长率(例如税收水平、储蓄率和人力资本)相联系，根据不同因素对国内生产总值增长的贡献确定各自的权重，因而论坛1996年指数将英国列为第15位，远远落后于新加坡(第1位)，香港(第2位)，马来西亚(第10位)和新兴的新西兰(第3位)。有趣的是，在世界经济论坛的排名中，德国(第22位)和日本(第13位)两国的得分比国际管理发展协会的评测要低得多。就德国来说，这似乎反映出论坛对相对缺乏弹性的劳动市场赋予的额外的权重以及殷实的福利制度给增长造成的影响，它也可能有助于解释为什么在世界经济论坛的指标中英国相对于欧盟其他国家的排名比在国际管理发展协会的报告中要靠前。

　　自国际管理发展协会(IMD)和世界经济论坛(WEF)印制的最后一个版本以来，两种竞争力的测量方法逐渐趋于一致。例如世界经济论坛从哈佛大学召募员工——包括迈克尔·波特教授——制定出一套完善的全球竞争力测量方法，它是基于两种指标：一种是"当前竞争力"，另一种是"增长竞争力"。前者考察了当前高生产力水平和良好的经济绩效的形成基础，而后者则审视促进经济未来增长的因素，以人均国内生产总值变化率为衡量标准。

　　起初世界经济论坛和国际管理发展协会合作制定过年度世界竞争力报告，而现在他们是竞争者！

 网页链接 获取更多信息可登录 www.weforum.org/和 www.imd.ch/wcy

政府和宏观经济：政策

　　欧洲和世界各地的政府在各自经济中担任着不同的关键角色，包括以下职能：
- 资源的消费者(例如雇主,土地所有者)；
- 资源的供应者(例如基础设施,信息)；
- 商品和服务的消费者(例如政府支出)；
- 商品和服务的供应者(例如国有工业)；
- 企业活动的管制者(例如用工法、消费法)；
- 经济调节者(例如财政和货币政策)；
- 收入和财富的再分配者(例如税收制度)。

　　这些角色涉及的范围及其对经济总体和企业的冲击，在不同时间、不同国家各不相同。

　　尽管这些角色都有显著的经济意义，但是在大多数市场经济国家，民主政府倾向于主要由市场力量决定产出和消费水平，而将政府干预降到最低。这一举措在 20 世纪 80 年代英国和美国政府的哲学立场上有所显现，这在口头上常称为"撒切尔主义"(英国)和"里根经济学"(美国)。同时，由于人们看到只有市场力量并不能保证经济自动实现政府预期的目标，因此政府干预——控制通货膨胀、鼓励增长、减少失业、纠正收支差额或预算问题或恢复货币稳定性——会一直以不同程度出现在所有国家。广义上说，政府干预通常采取三种主要形式，即财政政策、货币政策和直接控制。我们将在下面的内容中详细讨论这些政策工具——或"工具性变量"——及其对经济社区的影响。

■ 财 政 政 策

　　如前所述，政府每年都要征收和支出大笔资金，例如英国政府 2003 年的支出估计约为 4180 亿英镑，其是以图 4.8 所示的方式加以分配的，支出的资金主要来源于税收 (直接税和间接税)和全国保险收入(见图 4.9)。公共部门净借款(PSNB)估计为 110 亿英镑。

　　财政政策是指变动政府支出和税收的数额来影响经济需求总量的水平和构成，这显然会对企业产生很大影响。例如基本的循环流分析表明削减税收和增加政府开支将为经济注入额外资金，再通过乘数效应，带动商品和服务需求的增长，为企业创造良好收益。而减少政府支出和增加税收就会产生相反的结果，企业前景黯淡，可能会导致投资受挫，失业率上升。

　　除了对需求总量的整体影响外,财政政策的变化也可以用来实现某些特定目标,其中一些会为企业团体带来直接或间接利益。减少公司的利润税和增加资本投资的税收豁免都能促进和鼓励企业增加投资支出,因而增加了工业制成品公司的收入,提高了额外的消费支出。类似地,政府对那些有出口贸易或创设新企业的公司增加支出,会鼓励这些企业的活动,另外也会引起产出增大和就业提高。

　　政府在考虑使用财政政策达到目标时,总会面临很多限制他们的操作空间的大量现实性问题。以增加支出或降低赋税为手段来促进经济增长,可能会造成通货膨胀压力,也会鼓励大量进口品涌入,增加公共部门赤字,这些后果都不会受到企业家或金融市场的欢迎。同理,为控制通货膨胀而抑制需求的财政努力一般都会抑制经济增长,造成产出水平下降,就业陷入困难,并鼓励公司放弃或拖延投资工程直到企业境况有所改善。

　　另外要强调的一点是,制定政府决策的是政客,他们必须要考虑他们选定路线的政治和经济含义。因此,削减税收必然会受到大众的欢迎,而增加税收则不会。如果实施增加税收行为,会鼓励提高工资的请求。类似地,政府支出从一个工程领域向另一工程领域的再分配可能会引起相关削减方的抗议;以致政府对其支出多半只做边际调整而不是进行急剧的资源再分配,而且可能倾向于提前几年就将预算分配固定下来(例如英国的综合支出评论)。

　　其他一些因素——包括经济思想的变化、自我强加的财政规则、借款的外部限制条款和国际协定等——也能发挥作用限制财政政策作为需求管理工具的用途,不管政府可

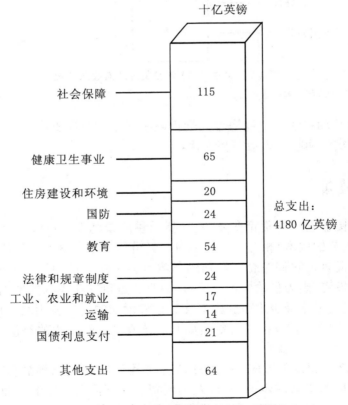

图 4.8　2002~2003 年度英国政府支出分配情况

资料来源:引自 2002 年预算陈述报告。

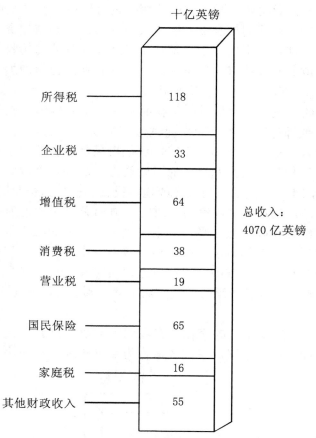

图 4.9　2002~2003 年度英国政府收入来源

资料来源：引自 2002 年预算陈述报告。

能偏好什么样的行动路线。单纯通过大规模减税或增加政府支出来繁荣经济通常没有考虑到大多数政府实际面临的政治经济现状。

■ 货 币 政 策

货币政策力图影响一些货币变量（例如货币供应或利率）以规范经济运行。虽然货币供应和利率（即借款的成本）相互联系，但对它们进行单独考察也很方便。

就利率变化而言，它们对企业活动的影响是显然的，正如循环流分析显示的。低利率不仅鼓励公司投资（因为借款成本下降），而且通过可支配收入的增加（主要通过抵押效应）以及贷款和透支成本减少进而鼓励消费。这样增加的消费就刺激了投资，尤其是当通货膨胀率（从而"实际"利率）很低时更是如此，这有助于短期内的经济繁荣，也能提高长期供应力。

提高利率则产生相反的效应——造成消费水平下降（因为抵押品和其他商品的价格上升），投资延期（因为借款成本增加，以及因消费支出下降而引发的企业信心下降）。如果利率持续偏高，这将鼓励储蓄，挫伤借款和支出积极性，这些都会促使经济衰退发生，主要表现为产出、收入、支出和就业下降，企业破产倒闭的数量增加。

货币储备（尤其是信贷）的变化影响个人和公司的借款能力，进而影响支出能力。货币供应的增长通常是与支出的增长相联系的，对企业前景有利，尤其当货币供应增加而使利率下降时。抑制货币增长常常会起相反的作用，特别是如果这些限制措施促使利率上升，而利息要通过消费和投资的收益偿付，但此时这两方面都呈下降趋势。

正如财政政策一样，政府常能够用多种方式操纵货币变量，包括在货币市场上采取行动影响利率以及控制自身支出来影响货币增长。然而，现实环境决定着政府自由运行的程度和方式。例如，企图通过允许货币供应大幅增长繁荣经济可能造成通货膨胀压力，并增加进口支出，这两者都与政府目标背道而驰，不会给国内公司带来太大帮助。类似地，通过降低利率鼓励消费和投资的政策虽然会受各产业欢迎，但不能保证增加的支出一定会用于国产商品和服务，而且将使金融市场对政府控制通货膨胀的承诺产生疑虑（见下文"中央银行的作用"）。

市场交易商的焦虑反映了这样一个事实：在现代市场经济里，政府的利率和货币增长政策不能离开主要贸易伙伴而单方面做出，这是政府行为的重要限制条件。事实是，利率降低将促进产出和经济增长，也能通过汇率反映出来；如果外汇交易商相信政府正在放弃反通货膨胀政策，他们就会将资金投资到能产生更多回报的和更安全的货币中，汇率将下降。正如20世纪90年代初期英国政府所发现的，德国利率居高不下严重束缚了它对利率的操纵，因为它害怕如果相对利率偏差过大，英国货币将招致严重后果。

■ 直接控制

财政政策和货币政策代表了现代市场经济中政府使用的主要政策工具，因此，对它们进行了比较详细的讨论。当然，政府为实现宏观经济目标也不时地使用其他一些方法，这些方法本质上是为达到某一特定目标而设计的——例如限制进口或控制工资增长等——即所谓的直接控制，这些政策的例子包括：

- 收入政策，力求通过影响工资和薪水的增长率，控制通货膨胀压力。
- 进口控制，试图通过减少进口商品和服务的供应和需求，提高一国的国际收支平衡状况（见第十三章）。
- 区域和都市政策，其目的是缓解都市和区域问题，尤其是在收入、产出，就业以及地方和区域衰退等方面的差异（见第十章）。

在下文不同的部分可找到一些对这些政策工具的简要讨论，我们也为那些想更详细了解这些工具的学生列出一些参考书目，可参考本章结尾。

金融机构的作用

在宏观经济中，政府、企业和消费者的相互作用是发生在一个机构环境中的，其中充斥着大量的金融中介机构，包括银行、建筑协会、养老基金、保险公司、投资信托公司和发行机构等，它们提供大量服务项目，企业能直接和间接地从中受益。它们作为市场经济中金融体系的一部分发挥着关键性作用，将资金从那些能够并愿意借出的个人和组织处汇集到那些愿意借款消费或投资的个人和机构处。在对重要国际经济机构的作用进行总结之前，我们来简要地考察一下金融中介的角色和中央银行对金融体系的监督。

■ 金融体系的要素

金融体系一般包括三个主要因素：

1. 贷款人和借款人——他们可能是个人、组织或政府。

2. 各种各样的金融机构，它们充当贷款人和借款人之间的中介，按股东和／或存款人的利益管理各种资产。

3. 金融市场，借贷行为发生地，货币和／或其他类型资产在此得以交换，包括股份和股票这种纸张资产。

如前所述，金融机构是由大量涉及面广的组织构成的，其中很多组织都是股份制公司。金融市场包括各种短期资金市场（常称为"货币市场"）以及为私人和公共部门服务的长期金融市场（常称为"资本市场"）。证券交易所通常是后者的中心，它成为公司和政府已发行证券的一个重要市场。

图 4.10 表明金融系统运行中金融中介发挥了至关重要的作用，其中体现出通过中介而不是直接向借款人借款的种种益处（例如生成大量储蓄；分散风险；短期贷款转为长期借款；提供不同类型的基金转换服务）。总体说来，贷款人更喜欢低风险、高回报、高灵活性和高流动性；而借款人更喜欢使借款成本最小化，以最适合其需要的方式使用资金。例如，公司可能借款支持股票或在建项目或偿付短期债务，但借款需尽可能灵活。另外也有可能想借款更新厂房和设备或购置新房产——这样的借款需是长期借款并有望产生一定回报率（使对资金的利用和借款成本划算）。

从贷款人汇集资金到借款人这一过程常产生权利主张文件／背书请求，由金融中介签发一个权利书给借款人（例如银行借款时签发存款证明）或借款人签发一个权利书给金融中介（例如政府卖给金融机构股票）。这些权利书代表了签发人的负债和持有人的资产，根据持有权利书的个人或组织的需要，能够在二级市场上交易（例如现存证券市场）。在

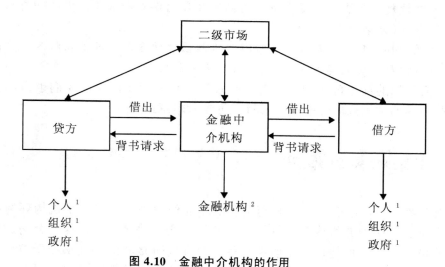

图 4.10 金融中介机构的作用

注：1. 既包括国内，也包括国外。

　　2. 包括零售和批发银行，建设联合会、海外银行、养老基金，等等。

任何时候，金融中介都掌握着大量这类资产（对借款人的权利），通过买卖（"管理"）这些资产获取利润和／或提高资金流动性，这种日常决定必然会影响投资者（例如股东）和顾客（例如储户）的财产状况，有时也能够给金融中介和利益相关者带来严重后果（例如 20 世纪 80 年代晚期和 90 年代早期西方银行面临的坏账损失）。

考虑到风险因素，一些金融机构对借出储蓄资金持较保守的态度，这并不奇怪，尤其考虑到对利益相关者的责任时更是如此。例如，英国零售银行长期偏好于为工业提供运营资本而不愿进行投资支出，因而后者所需资金大部分来自内部产生的资金（例如保留的利润）或股票的发行。相对来说，德国、法国和日本的银行更愿意满足工业中期或更长期的资金需求，而且它们还常常直接参与涉及公司战略的常规讨论，与很多英国银行青睐的短期贷款形成对比。

■ 中央银行的作用

一国金融体系的一个关键要素是中央或国家银行；在英国就是英格兰银行。像其他国家的中央银行一样，英格兰银行对银行部门行使总体监督权，其活动在金融市场上意义重大（尤其是外汇市场、黄金市场和英镑货币市场）。这些活动包含着以下角色：

- ■ 政府的银行；
- ■ 票据交换银行的贴现银行；
- ■ 国家外汇储备的管理者；
- ■ 国债的管理者；
- ■ 纸币和硬币发行的管理者；
- ■ 货币市场的监督者；
- ■ 政府货币政策的执行者。

在最后一种情况下，新的工党政府（1997 年）授予中央银行在确定利率和执行其他货币政策时"独立经营权"，不受财政部干涉，这使得银行的权力大大增强。这个历史性的决定使得英格兰银行拥有美国联邦储备和德国联邦银行所享有的独立性，意在确保根据经济总体的需求，尤其依据控制通货膨胀的需求执行政府的货币政策。

 想进一步了解英格兰银行的信息，请登录 www.bankofengland.co.uk

国际经济组织和机构

考虑到外部因素牵制着政府规范经济的能力这一事实，通过简要浏览一些影响贸易环境的重要国际经济组织和机构，结束对英国企业宏观经济环境的分析是合适的。其中首要的是欧盟，我们在第三章和第十三章做详细考察。下面的讨论聚焦于国际货币基金组织（IMF）、经济合作与发展组织（OECD）、欧洲重建和发展银行（EBRD）、世贸组织（WTO）和世界银行（IBRD）。

■ 国际货币基金组织(IMF)

布雷顿森林会议之后,国际货币基金组织于 1946 年正式成立。布雷顿森林会议寻求在第二次世界大战后建立世界金融秩序,避免战争期间世界性经济萧条带来的困难。本质上,该机构(现包括世界大多数国家)最初的作用是汇集各成员国的外币储备,用于平衡成员国之间的贸易逆差,以此促进世界贸易的结构性增长和鼓励汇率的稳定性。基金组织的创始者相信这样可以减少国际保护主义的危险,从而各国最终都将从世界贸易的繁荣和国际贸易环境更大的稳定性中受益。

 国际货币基金组织的网址是 www.imf.org

国际货币基金组织作为国际"最后贷款人"的角色依然存在,但近年来它关注的焦点转向为发展中国家经济提供帮助以解决日益严重的债务问题,并在前苏联解体后协助东欧重建。近期,在亚洲和世界各地全球性经济动荡(见本章前面的小案例)之后,它参与了努力重建国际经济稳定性的工作。世界领先的经济力量日益倾向于在国际货币基金组织的框架之外处理全球经济难题,因而它作为国际决策机构的作用在某种程度上受到削弱。美国、日本、德国、法国、意大利、加拿大和英国现今定期会晤(即"西方七国集团"),领导工业经济讨论共同关心的问题(例如环境问题、东欧问题),它们常被称为世界经济峰会,他们的讨论已经逐渐超出国际货币基金组织的范围,因而吸引了越来越多的媒体关注。

■ 经济合作与发展组织(OECD)

经济合作与发展组织成立于 1961 年,但它的根源可追溯到 1948 年的欧洲经济合作组织(OEEC),当时建立该组织是为了协调向受战乱破坏的西欧经济分配马歇尔援助资金。如今该组织由 30 个左右的成员国组成,它们都是些工业强国,包括西方七国集团、澳大利亚、新西兰和大多其他欧洲国家。总体上来看,这些国家拥有占世界不足 20% 的人口,但却制造出占世界 2/3 左右的产出,因此评论家常称之为"富人俱乐部",因而其他国家急于加入该组织,目前一些国家已获准第一次参加部分年度部长会议(例如 1999 年俄罗斯、中国和印度)。

 可登录经济合作与发展组织的网站:www.oecd.org

本质上,经济合作与发展组织是世界领先工业国的政府会晤的主要论坛,他们进行经济事务的讨论,尤其是涉及到促进经济稳定增长和更加自由的贸易等问题,以及支持贫穷落后的非成员国的发展问题。通过理事会和委员会,依靠独立秘书处的支持,该组织能够就其共同关心的重要的社会和经济问题采取一致意见和行动路线，尽管它并无权力来强行实施其主张，但它拥有影响力，能够为政府或机构提供智力援助，尤其能通过讨论汇集与国际经济问题有关的思想。为协助其任务，经济合作与发展组织通过使用标准化的尺度测量国民收入和生产、失业和购买力平价，为成员国提供了种类广泛的经济数据。涉及失业和购买力集团等。正是因为这些数据——尤其是它的经济预测和调查——可能才是该组织最为人所知的地方。

■ 欧洲重建和发展银行（EBRD）

1991 年 4 月成立的欧洲重建和发展银行，旨在为中东欧国家由中央计划经济向自由市场经济转型创造便利条件，促进政治、经济民主和对人权、环境的尊重。尤其是参与私有化进程、技术协助、培训以及对基础设施升级和促进经济、法律及金融重建进行投资。它积极展开合作工作，其合作伙伴包括成员国、私人公司和诸如国际货币基金组织、经合组织、世界银行和联合国等组织。

 关于欧洲重建和发展银行的信息，可登录 www.ebrd.com

■ 世界贸易组织（WTO）

世界贸易组织成立于 1995 年 1 月 1 日，从而取代了 1947 年成立的关税和贸易总协定（GATT）。像同时期成立的国际货币基金组织及国际重建和发展银行（见下文）一样，关贸总协定是第二次世界大战结束后重建国际政治经济环境尝试的一部分。据说，取而代之的世贸组织显示的是将贸易自由化问题在国际政治日程上进一步提高的企图。

 世贸组织的网站可登录 www.wto.org

世贸组织的成员超过 130 个国家，中国也包括在内，它是在议定的法律和机构框架内担负世界贸易自由化任务的一个永久性国际组织。另外，它管理并执行在农业、纺织和服务业等领域的一些多边协定，负责处理乌拉圭回合最终行动方案引起的争议。它也提供一个辩论、协商和仲裁贸易问题的论坛。在后面这种情况下，其贸易文本据说比关贸总协定中的文本具有更强以及更快捷的遵循和执行机制。

■ 世界银行（IBRD）

建于 1945 年的世界银行（更正式的说法是国际重建和发展银行或 IBRD）是联合国的专门机构，旨在通过提供贷款和技术援助的方式促进发展中国家的经济增长。目前世界银行约有 180 名成员。

 了解世界银行可登录 www.worldbank.org 和 web.worldbank.org

■ 欧 洲 投 资 银 行 (EIB)

欧洲投资银行是 1958 年根据罗马条约建立的，是欧盟的财经机构。它的主要任务是为欧盟成员国的整合、平衡发展以及经济和社会的内聚力做贡献。运用从市场上筹得的资金，为欧盟内部和其他各地的支持欧盟目标的资本项目提供资金。

 想进一步了解欧洲投资银行的信息，可登录 www.eib.org

纲 要

企业和经济不可分割地联系在一起，经济主要关注将稀缺性的生产资源在各种可能用途上进行分配的问题——是企业活动的一个根本方面。在市场经济里，资源配置问题大部分是通过自由市场的运行解决的，其中价格是非常重要的因素。这类市场的存在主要是与民主政体关联的，尽管并不仅仅与民主政体相关联。

在所有的民主国家，政府是市场经济的关键部分，它对企业活动的水平和方式产生相当大的影响——前面的基本循环流分析已表明了这一点。政府的经济目标有助于形成政府政策，而政策对各种企业组织造成了直接和间接的后果。

在考察公司存在的经济背景时，需要对很多组织机构的影响给予足够的重视。其中一些组织机构是在国际层次上运作的，同样地，当市场变得更开放，企业变得愈加全球化时，在贸易活动中各公司的命运日益紧密联结，因而受制于超出任何单一国家边界的波动。

重点总结

- 企业活动在广阔的宏观经济环境中发生并受其影响；这些企业活动也有助于形成宏观经济环境。
- 经济学关注社会如何在各种不同的选择中对稀缺经济资源进行配置，并考察各种选择所付出的"实际成本"。
- 从广义上说，存在两种主要的解决资源配置问题的方式：国家计划和市场。
- 世界大多数国家的经济都是通过价格机制运行的市场经济。在这些经济中，国家也在一些配置决策中发挥了关键作用。

- 在市场经济中，经济活动本质上是生产者和消费者之间的"实物流"以及对应的收入流和支出流。
- 将这些流动连接能构成一个简单的宏观经济模型，这表明收入基本上是以循环的方式在经济中流动的。
- 经济中的收入水平与产出、支出和就业水平相联系。
- 经济活动水平的变化能通过考察一个或多个关键经济变量的变化来解释，这些变量有消费支出、储蓄、政府的支出／税收决策和对外贸易等。
- 为实现宏观经济目标，政府在影响需求水平及其模式时充当关键角色。
- 政府的关键目标主要包括控制通货膨胀、促进经济增长、减少失业和创造一个稳定的宏观经济环境。
- 为实现这些目标，政府使用一系列政策，最为出名的是财政政策和货币政策。
- 政府决策发生在广阔的经济和金融框架中，包括金融机构和市场的影响，以及作为不同超国家组织和国际组织的成员所自然派生的要求。

案例研究 丰田在英国

　　丰田的发源要追溯到20世纪初期，当时日本第一个自动织布机的发明者丰田佐吉开办了一个纺纱和织布公司。到20世纪30年代，公司出卖专利权给一家英国机械制造公司，并使用这笔专款进行汽车技术研究，不久就生产第一辆客车模型。1937年8月，丰田佐吉的儿子丰田喜一郎创立了丰田汽车公司，从1938年开始大批量生产，此时恰是第二次世界大战爆发前夕。

　　战后一段时间里丰田曾经历过相当大的困难，尽管如此丰田仍然重新开始生产，并开始建设销售网络推销自己的汽车。1950年，公司被分为两部分——生产和销售——丰田汽车公司作为组织的生产部门。通过使用后来被其他大公司仿效的技术（例如全面质量控制、及时生产），丰田开始提高产量和扩大销售，到20世纪60年代中期，已显著渗透到海外市场。到1982年，销售部与制造部合并形成丰田汽车公司，汽车的出口销售已超过国内的汽车牌照数，丰田已成长为一个跨国公司，在世界不同地方都有着广泛利益。

　　在战后初期的大部分时间内，丰田将注意力集中在美国市场，1957年在加州建立销售机构。之后，1973年又建立了设计基地，1984年与通用汽车合资开办生产工厂。不到两年时间，公司在肯德基州的乔治镇又建立了完全独资的生产工厂，从这里第一辆美国制造的丰田车在1988年面世。

　　丰田在战后欧洲的发展基本上沿着相似的路线，公司在建立了当地的销售和分销网络之后又建起设计和生产机构。最初，生产要有许可证（例如1968年在葡萄牙）或通过合资企业（例如1989年与大众公司），而且生产局限于商业用车和叉车。但是到20世纪80年代后期，公司表明了在欧洲建设客用汽车制造机构的意图，这是其海外市场发展方案的一部分。这个工厂1992年年中在德比附近的伯纳斯顿开工，随后过了几个月，在北威尔士的底撒德，一个发动机动工厂开工。

　　在那个时期的政治经济状况下，我们不难理解丰田关于设立生产机构的决定。到20世纪80年代，日本战后出口市场呈现较大的贸易顺差，惹得美国和欧洲政府极为憎恨，它成为西方七国无数次会议的讨论焦点。作为这种成功的一部分，日本汽车工业受到来自美国和欧洲汽车制造商和政府限制出口的压力，因为害怕相关方面惩罚性措施的可怕后果，日本汽车制造商最终达成自愿限制体系（众所周知的 VERs）。因为这些限制条件并不适用于日本的海外汽车制造厂生产的汽车，那么在日本以外建立制造工厂就具有商业和政治意义。在西欧尤其如此，欧盟的共同对外关税使日本的进口车对消费者而言更昂贵，因而相对于当地制造的车辆，日本车的竞争力较弱。

欧盟建立"统一市场"的决定进一步促使日本汽车制造商（和其他汽车制造商）决定在欧洲占一席之地。很明显，英国是丰田和其他许多日本公司青睐的地点。除提供直接进入世界上最大的单一汽车市场的机会外，英国自身拥有巨大的潜在市场和发达的汽车零部件制造工业。再加上英国各级政府对外国直接投资的友好反应——包括使用金融和其他优惠政策——使在英国开设工厂的提议有吸引力，该国成为跨国投资集团投资风险最小的地方。

尽管德比郡县议会曾积极游说母公司，并提供大量优惠政策鼓励工厂选址内陆地区，但丰田仍然选择伯纳斯顿这一地区，主要还是出于经济和商业角度的考虑，而不是从政治角度考虑。该地区位于英国中心地带，与中部半岛毗邻，同全国各地直接相通，并通过港口和英吉利海底隧道提供相对快捷的欧洲大陆路线。当地也拥有一支高技能的工人队伍、发达的基础设施和进一步扩张的可容空间。

丰田在德比郡几百万资产的开发项目无疑对当地经济产生了很大影响。除了建造和经营汽车工厂产生的就业机会外，当地的零部件供应商直接创造了更多的就业机会，而参与提供服务和原料的中间商以及就业增加产生的额外支出则间接创造了更多的就业机会。这一地区关于吸引著名公司投资的声誉也使其从中受益，预期这将鼓励其他国外组织前来投资。这些利益最终将在多大程度上损害到英国其他汽车制造地区仍需进一步观察，但经济分析显示，那将是非常显著的。

案例研究问题

1. 你认为使英国成为吸引外国直接投资的地点的关键性因素是什么？
2. 你认为欧盟的扩张将在多大程度上影响到将来的内向投资决定？

复习和讨论题

1. 你在多大程度上认可市场经济是最好的经济体制这一观点？你有保留意见吗？
2. 解释如何利用利率来促进经济发展。为什么政府在采取这些步骤时常感到十分犹豫？
3. 利用循环流分析，说明为什么政府的大宗资本支出项目（例如新建机动车道、公路、铁路）有益于企业。怎样获取这样一个项目的相关资金？
4. 哪些企业可能会从国家房产市场的复苏中受益？
5. 日本和韩国经济有可能如何从 2002 年世界杯足球赛中获益？

作业

1. 假设你在地方当局的经济开发单位工作，出具一份草案概述鼓励直接内向投资对当地经济的好处，并指出其不利之处。

2. 你是地区或国家级报纸的实习者。作为第一个重大任务的一部分，你被要求提供有关东欧经济私有化的信息。利用期刊和报纸提供一本信息剪贴簿，指出西方公司在东欧寻求商机的不同方法。

第五章 人口、技术和自然资源

企业活动多种多样，但其最主要的活动还是生产在市场上出售的商品和服务。生产过程就是将投入转变成产出的过程，而人口、技术和自然资源是生产过程中最为关键的投入。

目　标
- 认识到人口、技术和自然资源对企业的重要性。
- 了解什么是决定经济中劳动力的数量和质量的因素。
- 认识到技术变革对企业的影响。
- 了解影响自然资源的主要问题。

关键词

年龄结构	土地	资源
老龄化人口	最低工资	人口的性别分布
资本	自然资源	社会资本
计算机辅助设计（CAD）	负需求	股票
人口定时炸弹	净投资	技术变革
派生需求	不可再生资源	技术性失业
受过教育的劳动人口	国家职业资格	技术
生产要素	职业固定性	工会
固定资本	职业结构	工资率
地理非流动性	参加率	工资
总投资	人	劳动人口
劳动力的固定性	过程创新	营运资本
信息技术	产品创新	工作周
基础设施	人口质量	重置投资
创新	可再生资源	研究开发
投资		

引　言

企业的主要目的是生产人们需要的产品和服务。如果离开了人、技术和自然资源，这一生产过程就不能发生。在经济学中，这三者被称为生产要素，分列于劳动力、资本和土地三个类别下。本章将逐一对它们进行考察。资源可以分为可再生资源或不可再生资源。可再生资源包括劳动力、水、渔业储备、土壤、空气和太阳能，尽管这其中许多资源必须经过很长一段时间才能再生。不可再生资源大多是矿藏，包括石油、铁矿和煤、农业用地、森林和电力（目前大多数电力源自于矿藏）。

人 口

人口在经济生活中的地位很重要，既是商品和服务的生产者，又是商品和服务的消费者。对大多数产品的生产过程来说，人是其中最重要的投入要素。所以，在经济生活中人口的数量和质量将对经济的生产能力产生很大的影响。

可用于生产过程的人的数量由多种因素决定：

- 人口总量；
- 人口的年龄结构；
- 参加工作的人口；
- 工作周的长度；
- 工资水平。

和劳动力的数量一样，劳动力的质量也影响生产率。劳动力的质量依次取决于以下因素：

- 教育和培训；
- 工作条件；
- 福利项目（例如支付疾病账单的国家医疗保险计划，旨在维持工人健康的全国性健康社团；许多公司自己也提供诸如个人养老计划等福利项目，等等）；
- 动力；
- 其他生产要素的质量。

本章接下来的内容将对上述提及的大部分因素进行详细考察。

■ 英国的人口

据估计，2000 年英国人口总数为 5980 万，预计英国人口总数于 2031 年将达到 6230 万，这使得英国成为仅次于德国的西欧第二大人口大国。图 5.1 显示的是英国自 1851 年后的一些年份的人口数量。人口规模和人口增长取决于许多因素，但其中决定性的因素是出生率、死亡率和净移民率。

■ 出 生 率

出生率是指在某一给定年份每千人中出生的并存活下来的婴儿的数量。2000 年英国的出生率是 11.4，低于欧盟的平均出生率（13）。表 5.1 所示的是英国在 20 世纪以来某些年份的人口出生率。

从表中可以看出，1990 年以后人口出生率持续下降。原因有很多：

- 由于人们生活富足，健康状况提高，死亡率下降，家庭规模开始出现小型化的倾向。这一点从发达国家与欠发达国家的人口出生率的比较中就可以明显看出。在欠发达国家中，由于人口的死亡率较高，人们倾向于组建较大规模的家庭，并以此作为预防儿童死亡的保险手段。

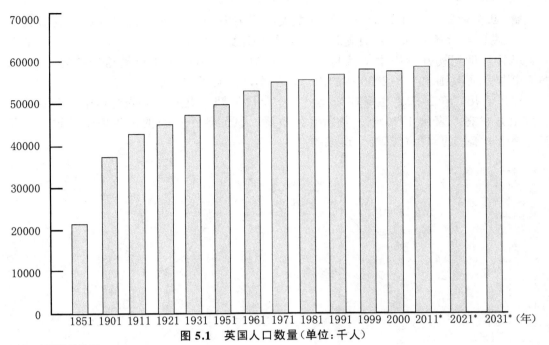

图 5.1 英国人口数量（单位：千人）

*预计的数字。

资料来源：《2001 年度统计摘要》皇家版权 2001，经皇家文书局负责人和英国国家统计办公室允许转引。

■ 节育技术的普及对出生率有较大影响，人们现在对家庭规模的控制能力远强于以前。

■ 男女晚婚（1961 年和 1999 年之间人们的平均初婚年龄出现上升趋势，男性的初婚年龄从 26 岁上升到 34.4 岁，女性的初婚年龄从 23.5 岁上升到 31.8 岁）的同时，选择不要孩子或者迟一些要孩子。自 1981 年以来，年龄在 35～39 岁之间的妇女的受孕率增长了一倍，而年轻妇女的受孕率则下降了。母亲生育的平均年龄从 1971 年的 26.4 岁上升到 1993 年的 29.3 岁。据预测，2000 年以前平均生育年龄将继续上升，到 2026 年平均生育年龄将渐渐回落到 28 岁。英国每个妇女生育的子女的平均数量从 1970 年的 2.4 个降至 2000 年的 1.5 个。在其他欧盟国家也出现类似趋势，而且受孕率趋于相同。

表 5.1 英国的出生率（每千人中出生人口的数量）

年度	数量
1900-2	28.6
1910-12	24.6
1920-2	23.1
1930-2	16.3
1940-2	15.0
1950-2	16.0
1960-2	17.9
1970-2	15.8
1980-2	13.0
2000	11.4

资料来源：《2001 年度统计摘要》皇家版权 2001，经皇家文书局负责人和英国国家统计办公室允许转引。

■ 社会对妇女和工作的态度也在改变；现在妇女的就业率比以往的任何时候都要高，相对于以往，人们更加易于接受妇女参加工作。

尽管从世纪初开始出生率就是呈下降状态的，但从表 5.1 可见这一趋势并不平缓。图 5.2 显示了英国 1981～2000 年的人口出生率，说明了这一点。

可以看出，英国的出生率在 20 世纪 80 年代早期一直处于下降过程中，但随后又一度呈上升状态，直到 1990 年又重新开始下降。其间这个短暂的出生率上升过程则是由 20 世纪 60 年代的"生育高峰"造成的。

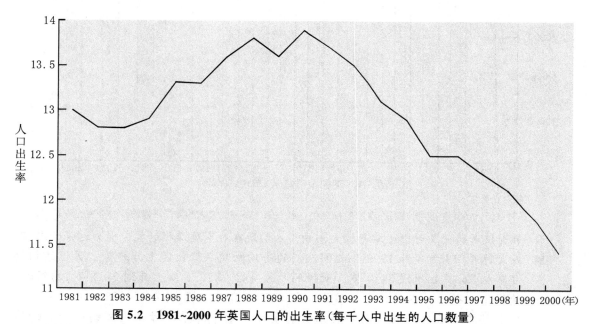

图 5.2　1981~2000 年英国人口的出生率（每千人中出生的人口数量）

资料来源：《2001 年度统计摘要》皇家版权 2001，经皇家文书局负责人和英国国家统计办公室允许转引。

■ 死 亡 率

死亡率是指某一给定年份每千人中死亡人口的数量。尽管在过去的 20 年里英国的死亡率相当稳定，但是在过去的 100 年里，英国的死亡率是呈急剧下降状态的。1999 年的死亡率是每千人 10.6 人，恰好和欧盟的平均死亡率水平相同。1998 年英国男性的预期寿命是 75 岁，女性是 80 岁。据预计，由于死亡率还将持续下降，平均寿命也将继续上升。到 2021 年，男性的预期寿命估计将升至 78.7 岁，女性的预期寿命将达到 82.7 岁。死亡率下降的原因有以下几个方面：

■ 不断增加的医学知识；
■ 更多健康护理；
■ 更好的食物、住房和衣服；
■ 受过更好教育的人口；
■ 更好的工作条件；
■ 更好的卫生设施；

■ 更好的产前产后护理使初生婴儿死亡率下降（在 2000 年，英国每千个活婴的死亡
　数是 5 人，远远低于欧盟平均 12 人的死亡数）。

如果出生率高于死亡率，人口将开始自然增长。

■ 移 民

　　人们离开国家（或移居国外）的同时又有其他人进入该国（或移民该国），两者的差额
就是该国的净移民水平。如果移入人口数大于迁出人口数，人口数将上升。如果迁出的
人口数多于移入人口数，人口规模就会变小。英国近年来的净移民水平一直很低而且特
征不明显，有的时候是正值，有的时候则是负值。2000 年英国公民移居到欧盟的净数量
是 3300 人，而从其他国家移入的净数量是 95900 人。

■ 人口变化

　　一个国家的人口总数发生变化，是人口出生率、死亡率和移民水平变化的结果。目
前死亡率相当稳定，并有望在未来逐渐下降；而因为多种外来因素的影响出生率略微有
所变动，但其再次呈现稳定走势；移民率也一样。这表明现在英国的人口相当稳定。预
计到2025 年人口增长率将达到4.2%。

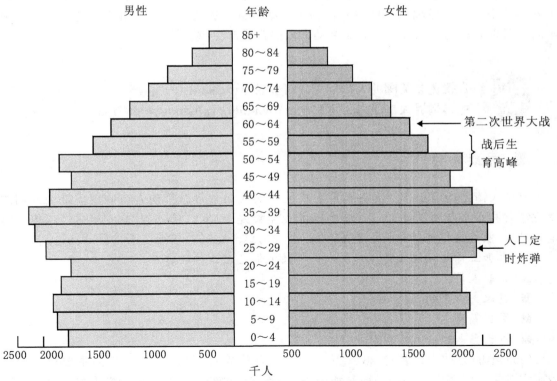

图 5.3　2000 年英国人口的年龄结构

■ 英国人口的年龄分布

影响人口年龄结构的最重要的因素是死亡率的下降以及出生率的变化，其中，死亡率下降使得人口总量中出现大量老龄人口。如表5.1和图5.3所示，出生率有过较为明显的变化，这些变化影响了人口的年龄结构。第二次世界大战期间的出生率急剧下降，战后立即出现生育高峰。这两次变化的表现是：60岁人口的数量较少，而50岁人口的数量相对较高。20世纪60年代，由于在战后生育高峰时期出生的女孩已达生育年龄，又出现了另一轮的生育高峰，从而表现为：35岁年龄组的人口的数量很大。20世纪60年代之后，由于出生率持续快速下降可能造成日后的劳动力短缺问题，这常常被称为"人口定时炸弹"。该表也显示，生于20世纪70年代且目前正进入劳动力市场的20岁左右的人口的数量较少。

5~14岁人口的膨胀是前文所述的20世纪80年代出生率增长的映照。

因为出生率和死亡率都在下降，所以英国人口的平均年龄正在逐步上升，英国的人口正在"老化"，这对经济将会产生一系列潜在的影响（参见本章结尾处的案例研究）。

■ 人口的性别分布

英国人口中女性多于男性，1991年人口普查记录显示的是2830万名男性，2940万名女性，但因为男婴出生率较高，所以在年轻一代中男性要多于女性。年长者的年龄组中女性多于男性，原因在于现在女性的死亡率较低。因为性别不同其行为特征也会有所不同，所以人口的性别分布将会对劳动人口的构成产生重要的影响。

查找更多英国的人口信息，可登录 www.statistics.gov.uk
更多世界人口信息，可登录 www.undp.org/popin/popin.htm

■ 劳动人口

劳动人口是指有工作能力并自愿参加工作的人口数量。劳动人口的规模是由人们的就业年龄和退休年龄决定的，其中英国就业年龄是16岁。预计到2020年男性退休年龄是65岁，女性退休年龄也将达到65岁。劳动力这一定义中包括以下人员：

- 参加工作并领取工资工作的人，即使他们已过退休年龄;
- 兼职人员;
- 领取失业金的人;
- 军队人员;
- 自己当老板的人。

1998年的劳动人口数是2840万，约占人口总数的48%。劳动人口的重要性是双重的：它既生产经济中所必需的商品和服务，又通过缴税的方式养活依赖性人群（即不能工作的老人和小孩）。

决定劳动人口规模的一个重要因素是参加率(即实际参加工作人口的比例)。

表 5.2 显示,2000 年女性的参加率是 72%,略低于男性 84% 的参加率。近年来男性和女性的参加率出现了趋同的走势。在 1979 年只有 63% 的女性从事经济活动,而与之相对的男性参加工作的比例则是 91%,已婚女性参与经济活动的比率高于未婚女性。

表 5.2　　　　2000 年男女的经济活动和不同婚姻状态女性的经济活动表(%)按处于工作年龄(16岁至 59~64 岁)的人口计算

	男性	女性		
		全体	已婚／同居	未婚／同居
参加经济活动	84	72	75	67
就业	74	69	73	61
失业	5	3	2	6
不参加经济活动	16	28	25	32

资料来源:摘自英国 2001 年国家统计办公室《社会趋势》图表 4.8 和 4.2。

随着时间的推移,女性参加工作的比率逐步增高。这是由于家庭的规模变得越来越小,女性在社会整体中的角色正发生着改变,家庭中添置了节省劳动力的家用电器设备,政府通过立法确定并推进男女同工同酬等。在这一过程中同样重要的是导致更多的兼职性服务工作的产业结构的变化(见第 9 章)。

已婚和未婚女性的参加率的波动呈循环状态,20 世纪 80 年代初期的经济衰退时期两者的参加率都有所下降。但已婚和未婚女性的参加率的总趋势差别很大,未婚女性的参加率在 1973~1998 年间呈下降状态 (从 74% 降至 66%),而同期已婚妇女的参加率则急剧上升,从 1975 年的 55% 上升到 1998 年的 74%。

表 5.3 是对英国的参加率和其他欧盟国家的参加率进行的比较。英国男性参与经济活动的比例仅次于丹麦,是欧盟内参加率第二高的国家;其女性参与经济活动的比例位于丹麦、芬兰和瑞典之后,是欧盟内第四高的国家。欧盟内部各国女性参与经济活动的比率的差别比较明显,但都有一个共同之处:无论在哪个国家,女性的参加率都比男性低。

 有关劳动市场的信息请登录
www.dti.gov.uk,http://europa.eu.int/comm/eurostat 和 www.oecd.org

表 5.3　　　　2000 年欧盟内一些国家的男女参加经济活动的比率(%)

	男性	女性	总计
英国	84.1	68.4	76.3
法国	75.5	62.2	68.8
德国 (包括新朗德地区)	79.3	62.9	71.2
比利时	73.0	56.0	64.6
意大利	73.7	45.6	59.6
丹麦	85.0	76.1	80.6
欧盟平均	78.1	59.2	68.6

注:以达到工作年龄的人口百分比计算。

资料来源:摘自 2001 年英国国家统计办公室《社会趋势》图表 4.7。

■ 工作周的时间长度

人们工作的平均时间长度也是决定经济中可用劳动力数量的一个重要因素。一般而言，工作时间越短可用的劳动力就越少。在过去的几百年里，工作周时间逐渐缩短了。现在人们的休假日逐渐增多，每周的标准工作时间是 40 小时。最近这种趋势在英国出现了倒转：英国男性在 1983 年每周平均工作时间长度是 42.3 小时，2000 年则是 45.2 小时。表 5.4 显示了一些欧盟国家平均工作周的时间长度。

英国的男性和女性平均每周的工作时间比其他欧盟国家的男性和女性平均每周的工作时间都要长。

表 5.4	2000 年部分欧盟国家男女平均每周工作的小时数	
	男性	女性
英国	45.2	40.7
法国	40.2	38.6
德国	40.5	39.4
比利时	39.1	36.9
意大利	39.7	36.3
丹麦	39.6	37.9
荷兰	39.1	36.9
欧盟平均	41.2	39.0

资料来源：摘自 2001 年英国国家统计办公室《社会趋势》图表 4.18。

■ 工资

很明显，工资会对愿意参加工作的人数产生很大的影响，因而对经济活动中劳动力的总体供应量产生影响，此处将运用在第十一章中阐述的供需关系这一基本工具来分析工资水平对劳动力供应量所产生的影响，所以建议事先看一下本书第十一章的内容以帮助理解下面的内容。和其他物品市场一样，劳动力也有需求和供给。对劳动力的需求来自于生产能在市场上出售的商品和服务的公司，这是一种"派生需求"，因为它的需求源于对他生产的东西的需求。通常认为该需求曲线是一条向下倾斜的曲线，这表示在其他因素相同的条件下，工资率上升，劳动力的需求将下降。劳动力的供给来源于人。劳动力的总供给曲线通常是向上倾斜的，表明工资率上升时劳动力的供给会增加。但如果工资率超过一定的水平，人们将倾向于以休闲代替工资，这样在这种工资水平上个人的供给曲线将向后弯曲。但是，总体供给曲线仍将向上倾斜，这表明较高的工资水平会刺激那些还没有参加工作的人参加工作，鼓励那些已经参加工作的人加班。

现在假设劳动力市场是完全自由的市场，工资率和劳动力的使用数量将由需求和供给因素决定，如图 5.4 所示。均衡的工资率是 W，均衡的劳动力数量是 L。如果供给或需求水平有变动，工资和劳动力的数量也将发生相应的变动。

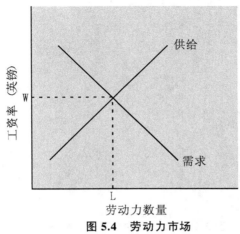

图 5.4 劳动力市场

■ 工会和工资

工会有四种类型：

1. *技术工会*。技术工会是一种由拥有特定的手艺或技能的工人组成的团体，如成立于 1834 年并于 1982 年与 GMB 合并的锅炉工人工会，是该行业中历史最悠久的工会，这也是最早的一种工会类型。

2. *行业工会*。行业工会的成员虽然从事的工种不同，但都在同一行业中工作。行业工会在其他国家的工会中比较普遍，英国也有些类似于这一类型的工会，例如全国矿工工会。

3. *总工会*。总工会由在不同行业里从事不同工作的成员组成，如交通工会和工人总工会。

4. *白领工会*。白领工会由非体力劳动者如教师、社会工作者等成员组成，如 UNISON。

 网页链接 **想了解关于英国工会的信息可登录 www.tuc.org.uk**

　　所有类型的工会具有的一个主要目标就是保护成员利益，对抗雇主权力。就工资方面而言，它是通过工会代表全体工人和雇主讨价还价达成的。多年以来，个人几乎不与雇主单独协商以签订雇佣合同，而都是由工会代表他们和雇主协商而定。尽管目前也出现了不通过集体而是由个人和雇主谈判的趋势，如 20 世纪 80 年代反工会法制定后出现了工会成员减少，权力遭到削弱的情况，但实际上大部分工资的增长仍然是由工会通过协商争取来的。

　　有人认为，工会通过集体谈判的活动促使工资水平提高到均衡水平之上，从而会造成失业。图 5.5 显示了这一效应，假设市场出清的工资率是 W 英镑，相应使用的劳动力数量是 L。现在将一个工会加进该市场中作进一步分析，它具有强大的市场影响力，从而迫使工资率上升到 W_1 英镑，在这个工资水平上，劳动力需求是 L_1，而劳动力的供给是 L_2，因此就出现了劳动力剩余现象，造成失业。这样会使工会因使工资保持过高水平造成劳

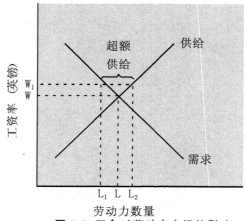

图 5.5 工会对劳动力市场的影响

动力过剩而受到批评。

图 5.5 也说明了反对最低工资观点的理由（见关于最低工资的小案例）。尽管这个论点看起来似乎有足够的说服力，但事实并不是如此简单的。市场存在的其他不完善之处使市场不能如人们所预期的那样顺利运转，从而导致失业的出现。在一些行业里只有一两个雇主会对市场产生非常大的影响。有关最低工资的争论也更复杂，且集中在更广泛的经济和社会事务上。一些其他因素可能会阻止人们轻松自在地更换工作，例如，如果人们受地理或职业限制就不可能轻易地改变工作。

小案例　**最低工资**

1999 年 4 月，英国政府引入了最低工资制度，2002 年 10 月 22 岁以上工人的最低工资是每小时 4.20 英镑，18~21 岁之间的工人最低工资是每小时 3.50 英镑。据估计，这一制度将影响到 130 万人。

支持和反对最低工资的争论有哪些呢？

1. 它将造成失业——用图 5.5 可说明这一点。市场出清的工资率是每小时 W 英镑，如果制定的最低工资高于这个水平(W₁ 英镑)，就将造成劳动力过剩即失业，最低工资是引入市场的价格刚性，它阻止了市场出清。

但图 5.5 并未涉及某一特定最低工资所引起的效应。对有些职业来说，每小时 4.20 英镑的最低工资远低于市场出清水平 W 英镑，因而对劳动力市场不会构成任何影响。因而说最低工资只会影响到工资低的职业，其产生的实际效应取决于图 5.5 所示的供求曲线的形状——也可能有其他因素影响最低工资的作用，例如需求弹性。如果原先工资很低的人的工资水平有所增长，他们的支付能力更大，因此对商品和服务的需求将会上升。因为劳动力需求是派生需求，所以劳动力的需求也将相应增长，因此会用完所有超额供给的劳动力。2002 年的一项研究发现，引入最低工资对就业水平并没有产生明显的负面影响。

2. 规定最低工资的制度将会增加雇主的成本，而雇主又会以提高价格的方式将提高的成本转嫁到消费者的身上。据估计，3.60 英镑的最低工资水平(最初引入时的水平)将会使全国工资总额增长近 0.75%，使年通货膨胀率增长近 1%。

但是没有证据表明确实发生了这种情况。雇主面临着选择——接受较低的利润水平或提高生产力以保持与工资增长相一致，而不是提高消费品价格。实际上，在实行最低工资制度的情况下，公司如果减少劳动力流动，就可能减少招工成本和培训费用。

3. 规定最低工资会致使雇主削减培训支出。

但是，如果想在实行最低工资制度的情况下不招致通货膨胀后果的方法之一是进行工人培训以提高生产率，因此事实上最低工资可能会增加提供的培训量。

没有证据证明最低工资的引入引起了对该制度持异议者先前所说的那些负面效应。2001年英国的最低工资水平(每小时 6 美元)高于欧盟的最低工资水平(每小时 5 美元)和美国的最低工资水平(每小时 5.20 美元)。欧盟内部各国的最低工资水平也大相径庭。例如，2001 年卢森堡的最低工资水平是每小时 8.50 美元，西班牙则是 1.70 美元，但是以上所说的最低工资水平，不能作为衡量实际购买力的标准。

■ 劳动力的固定性

人们在地理上是相对固定的，造成这一情况的原因有很多：

■ 迁移成本。从国家一处迁移到另一处是一件费钱的事，尤其是从房价低的地区迁移到房价高的地区，如迁去伦敦。

■ 某些地区的房子可能会很紧俏，而另一些地区的房子却很难或甚至无法卖出。

■ 人们可能不愿放弃以家庭和朋友的形式来维系的许多社会关系。

■ 对有孩子的人来说，孩子上学很重要。比如，当孩子正准备普通级或二级考试时，父母通常都不愿意迁居。

人们在职业上是固定的，其原因有以下几种：

■ 有些工作需要天生的才能，而有些个人不一定具备（例如娱乐圈的人物、足球运动员，等等）。

■ 许多职业(例如医生、工程师)需要培训，没有接受这种培训的个人不能从事该工作。培训时间可能是变动性的制约因素。

■ 进入某些行业领域(例如开始自己做生意)需要一定量的资本，某些情况下需要的资本量很大(例如干洗，其机器的价格很贵)。对许多人来说，这是变动工作的主要障碍之一。

多年以来，政府致力于制定并推行多种帮助人们变动工作的政策，以此来保持劳动力市场的平稳运行。人们可以在类似于职业中心的地方寻求培训和帮助，以克服专业知识的不足。政府还提供恰当的培训方案，使人们接受再培训，并支付搬迁津贴以减少迁移成本，这一领域的政策在本书的第十四章有更充分的考察。

一些因素决定了经济中可用于生产商品和服务的人口数量，然而重要的不仅仅是劳动力的数量，劳动力的质量也非常重要。劳动人口的质量取决于前面提到的诸多因素，但最重要的因素则是劳动人口的教育和培训水平。

■ 劳动人口的教育和培训水平

从普通资格和特定的与工作相关的培训两方面来看，发达的工业国家需要大量受过教育的劳动人口。与其他国家相比，英国在这两方面做得都欠佳。表 5.5 从文凭方面分析这一情形。尽管在图表涉及的年份里，文凭的占有比例提高很快，但实际的情况是：2000 年英国有 20% 以上的毕业生离校时没有正式文凭。

表 5.5							不同教育文凭证件毕业比例
文凭证件	1977/1978	1980/1981	1983/1984	1987/1988	1991/1992	1996/1997*	1999/2000*
一个或多个 A 级普通教育证书	16.8	17.8	18.9	20.6	29.6	18.8	25.9
一个或多个二级普通教育证书	35.2	35.7	37.0	38.5	39.4	58.9	53.6
没有证书	48.0	46.6	44.1	41.0	31.0	22.3	20.4

资料来源：英国国家统计办公室 2001 年年度统计摘要图 6.5。

注：* 数据不包括英格兰第六种形式的学院。该种学院 1993 年重新被划分为 FE 学院。

20 世纪 60 年代政府制定的政策都以增加法定最低离校年龄以上的学生的留校比例为目的。虽然英国学生留校率已有所提高，但与国际上其他国家相比仍然较低。而在近期，政策的重点已转向 16 岁以上人群的职业课程。近年来政府在这一领域采取了许多行动，表 5.6 对此做出了总结。

国家职业资格是特定技术领域内的资格，如管工和木匠；而国家普通职业资格则涉及更广的范围，包括的知识领域也更广阔，如环境建设。国家职业资格二级相当于国家普通职业资格中级，等同于国家二级普通证书 A$^+$ 到 C 五个水平。国家职业资格三级相当于国家普通职业资格高级，等同于国家普通证书的两个 A 级水平，国家职业资格 4 级相当于一个学历或更高水平的职业资格。

1991 年国家教育培训目标计划在英国工业联合会动议下启动了。该项计划受到了英国政府的支持，并于 1993 年组建了国家教育和培训目标计划顾问委员会。英格兰已经制定了国民学习目标（见表 5.7），威尔士和苏格兰也确定了他们自己的目标。

 查询有关培训和目标计划的信息可登录 www.NACETT.org.uk

表 5.6		16 岁以上人群的职业课程示例
年份	计划	说明
1983	青年培训计划	为 16 岁和 17 岁的在业和失业青年提供与工作有关的培训。主要是为填补传统学徒制终止后的空白而引入。
1985	就业前教育证书	提供给 16 岁以上有一定工作经验的人的全日制职业课程。
1992	国家职业资格 国家普通职业资格	有四个等级的综合职业资格体系。
1998	青年人岗位培训	取代了青年培训计划,其目标是确保青年人有接受义务后教育或培训的机会。

表 5.7	2002 年英格兰国民学习目标	
年龄	目标	2000 年底目标完成的进度
11 岁	■ 80%达到该年龄读写能力预期标准	75%
	■ 75%达到该年龄数字能力预期标准	72%
16 岁	■ 50%得到 5 个国家普通教育证书高级等级	49.2%
	■ 95%得到至少 1 个国家普通教育证书	94.4%
年轻人	■ 80%的 19 岁青年达到国家职业资格二级合格或相当水平	75.3%
	■ 60%的 21 岁青年达到国家职业资格三级合格或相当水平	53.7%
成年人	■ 50%的成年人达到国家职业资格三级合格或相当水平	47.2%
	■ 28%的成年人达到国家职业资格三级合格或相当水平	27.2%
	■ 不学习者减少 7%（学习参与目标）	
组织机构	■ 45%的有 50 名或更多雇员的组织机构可以被认定为人力投资者	32%
	■ 10000 个有 10～49 个雇员的组织机构被认定为人力投资者	6147

表 5.7 也表明了 2000 年底之前目标完成的进度。可以明显看出，尽管所取得的成绩已经接近先前制定的目标，但是要想完全实现这些目标还需要进一步发展。政府制定了诸多政策以促进这一目标的实现，具体包括：

■ 1998 年国家发起的读写和算术计划，每天为小学生提供一小时专门读写时间和一节数学课；
■ 在教育条件差的地区使用教学活动区；
■ 设立维持教育的津贴，为低收入家庭的年轻人提供资金以帮助他们继续学业；
■ 增加现代高级学徒的数量；
■ 不走运的"个人学习账号"，其目的是向返校学习者提供资金支持。但是好景不长，这个计划据说是因存在大规模的欺诈行为，于 2001 年 11 月被迫中止。

在英国，近 27%的年轻人在 16 岁时辍学，与国际上其他国家比较而言，这样的辍学率是相当高的。它与一些国家的比较数值在括号里给出：瑞典（4%）、德国（8%）、日本（9%）、法国（10%）和美国（17%）。为努力改进这种状况，英国政府计划引入新的职业课程并行于国家普通二级教育，而且将合并职业 A 级资格证书，为 14～19 岁青年提供新的教育干线。以上设计的这些措施，同样也有助于克服职业课程上的学术"势利"。据估计，有 60%的德国青年会获得学徒证书，但在英国这个数字则低于 20%。

学校和高等教育在提高劳动人口素质方面起了很重要的作用，同样地，与工作有关的培训对提高劳动人口的质量也是很重要的。岗位培训可采取两种类型：在岗培训和离岗培训。以能力为基础的培训方法一直在发展，其部分源自国家职业资格系统，该系统的设计简单易懂，为工人提供行业要求的技能。它是为统一英国目前存在的分散的资格体系而制定的。

英国政府为面向长期失业或弱势人群的成年人培训方案提供赞助。方案的成功率已随着时间推移而不断增加，完成计划后仍然失业的人群所占比例已从 1990～1991 年间的 53%降到 1999～2000 年的 48%。

同样地，政府也通过青年岗位培训计划推进对青年的培训，这包括现代基础学徒和现代高级学徒培训。这些计划是为 16～25 岁群体设计的，其目标是提供最终获得职业资格的培训——现代基础学徒培训和国家职业资格三级的现代高级学徒培训。2001 年 3

月，英国有 266000 名青年接受了岗位培训计划。

人力投资者行动已经对培训产生了一种影响，因为它基于以下四个原则：

■ 在最高层次上承诺促进所有雇员发展；
■ 定期对所有雇员的培训和发展进行检查；
■ 采取行动在整个雇佣期间培训和促进雇员发展；
■ 评价培训结果，奠定持续改进的基础。

到 2002 年 1 月，英国共有 24259 家组织机构获得了认证，而他们代表了英国 24% 的劳动人口。

相对于男性来说，接受工作培训的女性数量在过去 20 年里有所增长。虽然一段时期以来男女的培训数量都有缓慢增长，但是行业之间的差别很明显。例如，服务部门受训层次大大高于农业、森林业和渔业。此外，不同职业之间的差别也很大。

培训不仅对毕业生和失业者来说意义重大，对所有雇员也都是非常重要的。如表 5.8 所示，2000 年英国有 61% 的雇主——仅比 1999 年稍微少一点——报告说迫切需要提高劳动者的技能。最缺乏的技能是实用技能、通讯、与顾客沟通能力和团队工作技能。大约一半受调查的公司认为这些技能的缺乏至少部分上是由于公司不对员工进行培训造成的。让人欣喜的是，表 5.8 显示，1999 年以来有培训计划和培训预算的公司的百分比上升了，同样地，提供离岗培训的公司的百分比也上升了。

表 5.8	英国技能需求和雇主致力培训情况的变化		
	报告说普通雇员 需要增加技能	有培训计划	有培训预算	在过去 12 个月 提供了离岗培训
1999	62	32	25	34
2000	61	39	27	41

资料来源：英国国家统计办公室 2000 年和 2001 年《社会趋势》表 3.26。

查询有关培训计划的信息可登录
www.dfes.gov.uk
www.warwick.ac.uk/ier (Institute for Employment Research)
www.nfer.ac.uk (National Foundation for Employment Research)

■ 人口的职业结构

人口的职业结构将随着时间推移而发生变化。这些将由工业结构转变以及技术变革造成。非制造业工作数量增长的同时制造业的工作数量开始下降。现在，因为市场对女性生产的多种类型产品的需求增多，劳动人口中有了越来越多的女性。家庭中用以节约劳动力的家用电器的数量、质量也都有提高，这使妇女获得释放并成为劳动人口。而且随着一般家庭规模的缩小，需要女性离开工作去照看孩子所需的时间缩短了，社会对女性工作的态度也有所改变。

图 5.6 显示了英国不同性别的职业结构情况。男性在专业技术和管理职业上的就业比例高于女性。在与手工艺相关的职业中，男性的就业比例也比女性高，而女性的就业

则明显集中于办事员、销售类职业中。

上班生活的性质在整个 20 世纪 80 年代发生了根本变化，并且这种变化一直持续到 90 年代。这种转变与"灵活性"的观念开始深入人心有关。男性和女性兼职工作的情况大幅度增加，经济生活中也更多地采用临时合同和灵活的工作方式。2000 年英国兼职的人数是 690 万，约占劳动人口总数的 1/5。此外，还有近 310 万人自己创业当老板。据估计，截至 2003 年劳动人口总数的 45% 都将从事兼职工作（见关于呼叫中心的小案例）。

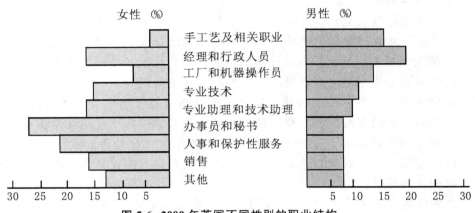

图 5.6　2000 年英国不同性别的职业结构
资料来源：英国国家统计办公室 2001 年《社会趋势》表 4.12。

技 术

技术一词被定义为"生产商品和服务的手段和方法的知识的总和"。它越来越以科学为基础，包括化学、物理和电子学等事物涉及既对生产的组织，又涉及生产本身的实际技能。科技的变革导致新产品的引入，生产方法及组织的变化、资源和产品质量的变化、分销产品的新方法以及储存和传播信息的新方法。科技对商务世界所有领域都产生了强烈冲击，对经济中投资的水平和类型有重要影响，因而其对经济增长率也有重要影响（对科技的更充分的讨论见下面第十五章）。

■ 技术变革

在过去 10 年里，科技发生了巨大变革，本节将仔细考察其变革并评论它们对企业和经济所产生的冲击。

■ 信息技术

信息技术的发展转变了现存的企业活动，也创造了全新的活动，包括信息的收集、处理、分析和传递。对信息的需求出现了大规模的增长，信息供应方的元件继续向小型化方向发展。即使世界硅片的生产能力已殆尽，随着超导体和光电子的开发，小型化的过程也将继续下去。同时，计算机领域将会有新的进展，例如新语言和人工智能的开发。

信息技术的进步给企业带来许多冲击。它们创造了新产品，并通过计算机辅助设计等方法使老产品的生产更加有利可图，其对企业不同职能的影响也清晰可见：

- **管销：** 由于信息技术的引进，企业管理发生了革命性的变革，大多数企业都有自己的计算机系统，记录都经过计算机处理，文件存档不再显得必要。
- **通讯：** 由于引入了传真机和电子邮件，通讯变得简单易行。电视会议的应用促进了工作实践的变化，它使人们可以在任何地方工作。电信公司，例如英国电信公司，正在建设将电视录像机和台式电脑连在一起的桌面电视会议系统。
- **生产：** 计算机辅助设计的使用缩短了产品在设计和计划阶段的耗时，也缩短了产品的生命周期。日本早期将计算机辅助设计的方法应用于民用电器生产领域，导致许多产品在很短时期内就从销售处撤回并重新设计。
- **仓储和配送：** 存货控制的计算机化意味着公司的货物贮藏工作将发生诸多变革，它使对存货的及时控制变得可能。从超市的实践情况中可明显看出这点：使用产品条形码可实现在几小时内对整个超市的存货进行盘存，在盘存工作进行的同时，货架上还可继续摆放商品。同样地，使用电子终端销售机和条形码也使存货控制更加简单。
- **销售终端的电子资金转移（EFTPOS）：** 这套系统在零售领域也发挥着革命性的效用，现今大多数商店接受消费者以信用卡或转账卡的方式支付账款，资金可立即从消费者的银行账户转到超市的资金账户之中。
- **互联网：** 尽管互联网仍处于发展的初期阶段，但它的潜力是巨大的。2002 年 2 月，估计有 54420 万人连线互联网，其中 16500 万互联网用户在美国，日本有 5000 万，德国有 3000 万，英国有 3300 万。

■ 其他科技发展

- *新材料。* 这一领域的发展主要有两个：高科技工业如陶器技术材料的发展和低端材料如涂层金属片材料的升级换代。
- *生物科技。* 预期它将在许多领域产生广泛的影响，就产品如模仿大脑活动的计算机的发展可通过加快现存流程缩短某些产品的研发过程。
- *能源。* 能源领域的发展重点是研究使用超导体传输电，以及研究如何将太阳能转变成切实可用的新能源。

这些新出现的行业在创造新产品的同时，使老产品的生产更有利可图。据估计这些新兴行业的产出有 20% 是用于行业自身内部消费，20% 是用于最终消费，60% 用于传统行业的消费。

小案例　呼叫中心

预计呼叫中心市场将在全球范围内以 40% 的比例增长。在美国，财富 100 强公司中有 83% 使用基于电话的市场营销，而英国有 27% 的公司使用该方法。欧洲的这一数字则低得多——欧洲全部呼叫中心有一半在英国。对用于客户服务和市场营销的呼叫中心的使用率，不同部门的差别很大——旅游和金融服务业是增长最快的两个领域，造成其快速增长的原因有以下几点：

- 首先，20世纪最后10年的科技进步导致电话、计算机技术和互联网的一体化。
- 撤销对电话市场的管制有助于降低电信业的成本，这部分上解释了为什么美国和英国电信都比欧洲更为先进。欧洲的电信业受到的管制较多。
- 劳动力市场更加灵活——呼叫中心通常是24小时运转的，需要灵活的换班方式以适应需求的波动。这也部分上解释了欧洲市场对呼叫中心的低使用率的原因，欧洲劳动力市场立法比较严格。
- 人们逐渐趋向于使用电话购物，连线互联网的人数也在逐步增长。电话和互联网在购买过程中往往不是相互代替的关系，而是互为补充的关系。
- 在20世纪80和90年代，企业更加注重对企业活动的成本控制，企业外包活动水平的上升，这些因素都有利于呼叫中心的发展。
- 呼叫中心的位置无关紧要。正因如此，公司往往会选择在劳动成本低和鼓励政策措施多的地区设立呼叫中心，这部分上解释了为什么英国的许多呼叫中心位于苏格兰（鼓励措施多）和印度（劳动力成本低）。

然而也存在着一些不利于呼叫中心发展的负面因素。在呼叫中心的工作往往被认为是枯燥的、重复的、压力大、冷漠和低层次的，即便是呼叫中心的工作条件比起早先已经有所改观，但是其作为雇用单位的名声仍不是很好。员工的人事变动率居高不下，导致培训成本上升以及高水平的缺勤率。劳动力成本是呼叫中心成本结构中的一个重要方面，所以需要认真对待。

 关于呼叫中心的更多信息，参见 http://www.cca.org.uk

■ 科技和投资

生产过程中首先要投入的是人力，之后的第二个投入是资本。在经济学中，资本有着特殊的意义，它指所有用于生产的人造资源。资本常被划分为营运资本和固定资本。营运资本由生产用的原料和元件存货组成，固定资本由建筑物、厂房和机器设备组成。两者的主要区别在于，固定资本能长期为生产提供服务，而营运资本需要定期更新。正因为营运资本具有这一性质，它比固定资本的流动性大得多（即它可被更容易地用于其他目的）。资本是用于商品生产的"存货"，这种存货被持续使用因而需要重置。这种存货为生产过程提供源源不断的服务。

资本包括的项目品种繁多，其中有厂地、机器、库存原材料，交通工具和半成品。除这些外，还包括所谓的"社会资本"，即学校和医院等社区拥有的资本，另外也包括对所有企业而不是某一特定企业都很关键的基础设施支出，而基础设施支出主要由交通、能源、水和信息等方面构成。显然，交通系统对发达的经济十分重要，人们以公路、铁路、航空和水路的方式来运输商品、服务和原材料。2000年英国交通业的资本储备是

1249 亿英镑（以 1995 年价格计算）。能源和水也是如此；这两者在工业中的耗量都很大，良好的能源和水利基础设施是至关重要的。另外，包括电话系统和邮政系统的信息传播系统也是基础设施的一部分。

表 5.9　　　以 1995 年重置成本计算的 1996 年和 2000 年各行业的总资本存量（10 亿英镑）

行业	1996 年	2000 年	%变化
种植业、林业和渔业	46.6	44.6	-4.3
采矿业	83.9	76.7	-8.6
制造业	371.2	380.2	+2.4
电力、煤气和水供应	187.9	193.0	+2.7
建筑	23.2	25.4	+9.5
批发零售、维修、旅店和餐饮业	177.6	211.2	+24.5
交通和仓储业	106.1	124.9	+17.7
邮政和电信	77.5	104.9	+35.4
金融中介、房地产和企业活动／服务	258.4	331.7	+28.4
其他服务	485.1	527.2	+8.7
住房	1030.2	1102.9	+7.1
总计			+10.0

资料来源：英国国家统计办公室 2001 年《英国国民核算》表 9.10。

　　表 5.9 显示了英国各行业 1996 年和 2000 年的资本存量情况。虽然这期间的资本存量水平提高了 10 个百分点，但各行业存在明显差别，邮政和电信业增长 35.4%，而采矿业则负增长了 8.6%。

　　投资就是随着时间推移资本存量的增加。投资有助于提高公司和经济的生产潜力。投资通常是指购买新的资产，因为购买二手资产只代表所有权发生变化，故而不能代表生产潜力的变化。对企业而言，投资是很重要的，因为投资是企业增长的机制；投资是创新过程的一个内在部分，如果投资失误将会给公司带来灾难性的后果。一般来说，一国的投资水平越高，经济增长水平就越高。

　　总投资能被细分为重置投资和新投资，前者是进行投资以更换老化破旧的机器，后者是更新投资之外的任何投资。这包括企业、个人（主要投资住房）和政府的投资。20 世纪 80 年代初投资水平下降，90 年代初又再度下降，它们都是经济衰退的结果（见图 5.8），由此可见，投资水平受到经济状况的影响。2000 年的投资水平相当于国内生产总值的 20%。

　　投资和技术变革之间存在着重要的双向关系。投资为科技的发展打下基础，而发展的科技带来生产商品的新方法，将促进更大的投资。对私人公司来说，投资水平的主要决定因素是科技发展的速度和科技发展所带来的额外利润的范围。

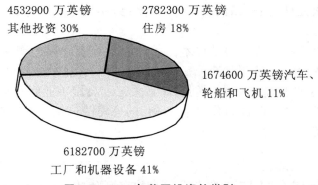

4532900 万英镑
其他投资 30%

2782300 万英镑
住房 18%

1674600 万英镑汽车、
轮船和飞机 11%

6182700 万英镑
工厂和机器设备 41%

图 5.7 2000 年英国投资的类别

资料来源：英国国家统计办公室 2001 年《年度统计摘要》表 15.20。

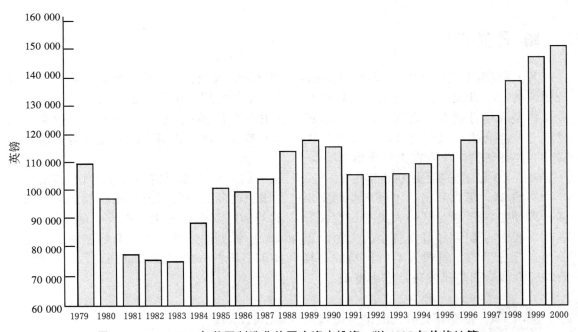

图 5.8 1979~2000 年英国制造业总固定资本投资（以 1995 年价格计算）

资料来源：英国国家统计办公室《年度统计摘要》表 15.2。

■ 创新和科技

　　技术变革可能会引发两种类型的创新：产品创新和过程创新。产品创新是指开发新产品，这会对企业产生深远的影响，如微处理器的开发。新产品冲击着国家的产业结构，因为新的产业成长的同时旧的产业消失了。这反过来又导致劳动人口的职业结构发生变化，正如我们已经看到的，所以在某些情况下，小公司也能像大公司一样通过技术变革获取利润，所以另一个能体现产品创新影响市场竞争水平的例证是石英表的发展，石英表的研制成功使日本得以进入钟表市场与瑞士竞争。而过程创新指的是生产过程中发生的变化，例如在汽车的制造中引入了流水线作业。以上所举的例子也说明了两类创新是相互联系的，如微处理器（产品创新）是新的产品,引发生产和办公方式的巨大改变（过程创新）。

并不是所有创新在本质上都是技术上的，比如穿衣时尚的变化。创新活动对所有行业——无论是制造业，还是非制造业——都很重要。在某些行业中（例如制药业和计算机业），如果公司想要保持竞争力，创新非常关键。英国工业联合会在最近对英国 408 家公司的调查中发现，接受调查的公司中有 84%的公司的创新活动受到 9•11 事件后经济发展放慢的不利影响。

查询有关英国工业联合会研究信息可登录 www.cbi.org.uk

■ 研 究 和 开 发

大多数（但不是所有的）技术变革都源自研发（R&D）过程。"研究"可以是理论上的或应用性的，"开发"指的是生产过程中对研究成果的利用。由私人公司实施的大部分研发工作是应用性研发。旨在开发新产品和将使生产更有利可图的生产过程。它也会以改善现有产品和生产过程为目标。在英国进行的大多数基础理论研究的资金来源于公共部门，而具体研究工作则在大学等地开展。

表 5.10 显示出英国 2000 年用于研究开发的支出是 94.05 亿英镑，相当于其国内生产总值的 2%。可以看出，不同产业的支出差别很大，制造业的研发支出比非制造业大得多。即使是在制造业这一大类里也存在很大的差别，其中，化工业占支出的 1/4 还多。表5.11 给出了研究和开发资金的来源。正如我们所看到的那样，大多数研发资金都是由公司自己提供的。就像人们所预料的那样，如果将研发分成民用和国防，很明显的是，政府为大多数国防研发项目提供资金。

查询有关研究的信息可登录 www.oecd.org
或 http://europa.eu.int/comm.eurostat

表 5.10	2000 年的研究和开发支出（以 1995 年价格计算）	
产品组合	百万英镑	占总支出的百分比
所有产品组合	9405	100
制造业所有产品	7236	77
化学工业	2690	29
机械工程	671	7
电力设备	1213	13
航空	955	10
交通	904	10
其他制造业产品	803	8
非制造业产品	2169	23

资料来源：英国国家统计办公室 2001 年《年度统计摘要》表 19.4。

表 5.11 英国产业研究和开发资金来源（以 1995 年价格计算）

	1985	*1989*	*1990*	*1993*	*1996*	*1999*
总计 （百万英镑）	5121.6	76.498	8082.4	9069.0	9362.0	10231.0
政府资金 （%）	23	17	17	12	10	12
海外资金 （%）	11	13	15	15	22	22
主要自有资金 （%）	66	69	68	72	69	66

资料来源：英国国家统计办公室 2001 年《年度统计摘要》表 19.4。

图 5.9 表明与国际上其他国家相比，英国在研究和开发方面的支出较少。

为提高研究和开发支出的水平，英国政府在 2000 年预算中针对小公司的研发支出引入了税收抵免制度，2002 年英国政府将该计划扩展到所有公司，税收抵免制度大大减轻了研究开发新支出的负担，但研发开支的增长比率还是非常低。

■ 技术变革的限制因素

技术变革对经济和环境有诸多影响，如果不加以控制，就会导致诸如高失业率或自然资源耗尽等问题的产生。一个备受关注的领域是能源。世界上的能源储备有限，而目前我们仍然严重依赖几百万年前形成的燃料。核能的开发也代表着一种有限的能源，它还产生了诸如核废料处理和发生事故的可能性等问题。基于上述理由和其他原因，技术变革的规模需要受到控制。

另外，技术变革会引起夕阳产业中高水平的失业。由于旧式的传统工业一般设在国家的一些特定区域里，所以这种失业常常具有区域性。技术性失业在某些方面是不可避免的，因为在一个变化着的世界中，新产业的出现和旧产业的灭亡都是可以预料的。这一难题可由政府和产业本身通过再培训加以解决，同时，人们也需有新的更为灵活的工作观：工作时间少、休闲时间多。技术变革也会增加相反的问题：新产业中的技能短缺。技术变革并未导致失业的大规模增加（像 20 世纪 70～80 年代人们预期的那样）。

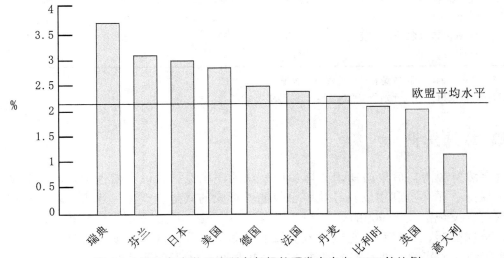

图 5.9 2000 年有关国家所有部门的研发支出占 GDP 的比例

资料来源：欧洲统计年鉴，2001 年。

自然资源

在经济学中，自然资源也是一种生产要素，归土地这一大类。它包括所有自然资源如土地、矿藏、石油、森林、鱼、水、太阳，等等。全世界自然资源的分布不均匀，这就意味着它们可以被用做经济和政治武器。

尽管一国的土地面积是固定的，但是作为生产要素，土地的供给并不是完全固定的。因为，通过土地开垦计划和更好的灌溉可以使更多的土地变成可耕地，农业土地的生产率可通过使用化肥提高。尽管如此，我们的自然资源的数量十分有限，而且我们也无法确切知道这些自然资源的数量。

在自然资源领域里，对可再生资源与不可再生资源的区分十分重要，自然资源可能是可再生的资源也可能是不可再生的资源。土地的用途很多——例如农业用地可被用于种庄稼，今年种一季，明年再种一季，但土地一旦被耗尽，就不能再使用。尽管土地的用途很多，但从地理上来说，它基本上是固定的，在土地使用者之间也不能自由流动。土地既能用于农业也能用于工业，但一旦用做其中的一种用途，就很难再作它用。如一片土地上建有工厂，想要夷平它作耕种之用既费钱又费时间。

表5.12显示了英国1977年至2000年间农业土地用途的变化情况。各年份之间略有不同，最显著的是1993年、1997年和2000年中包含的"备用"土地，这是欧盟共同农业政策的一部分，即农民得到补偿而不使用土地，以此来减少农产品的过量生产。

表 5.12	英国农业土地的使用（千公顷）			
	1971 年	*1993 年*	*1997 年*	*2000 年*
谷物	4838	4519	4990	4709
休闲地	74	47	29	33
草场	7040	6770	6687	6767
深草区牧场 *	6678	5840	5878	5803
备用	–	677	306	572
林场和其他农业租种土地	285	678	763	789
总计	19115	18531	18653	18579

* 包括独占权的深草区牧场和公共的深草区牧场。

资料来源：英国国家统计办公室《2001 年统计摘要》表 20.3。

■ 环 境 保 护

对自然资源消耗后果的知识的增加使公众的环境保护意识也增强了。人们对如何进行水土保持、循环再利用以及寻找可替代能源形式的兴趣变得浓厚起来。环境部门最近的一次调查发现，英国 90% 的成年人"相当关心"或"非常关心"环境问题，涉及交通拥塞、全球变暖、大气和水污染以及臭氧层稀薄等。公众观念的变化已经对企业运行方式产生了很大的影响，并且甚至可能会产生更大的影响（见第十六章）。

英国政府有多个环保目标。例如，致力于到 2010 将二氧化碳排放量削减 20%（与京都议定书一致）；到 2010 年英国 10% 的电力来自于可再生资源；到 2010 年地方政府有望回收或制成堆肥；而 2006 年的一个目标则是回收 20% 的塑料。这些目标（和其他目标）的进展有快有慢，但和国际标准相比较而言，英国的循环的利用水平较低，因而经常会出现制定的环保立法产生负面效果的情况。就生产堆肥的目标而言，因为政府没有确定堆肥的安全标准，地方政府可能担心它们生产的堆肥不符合规定标准，只得退而求其次，焚烧家庭垃圾。而欧盟要求回收所有冰箱和汽车的指令导致欧盟各国纷纷出现冰箱和汽车堆积如山的情形。因为人们不愿付回收的钱而将旧冰箱和汽车都扔掉（见第三章）。另外，2004 年欧盟一项有关废弃电子、电气设备的法令生效，届时那种把计算机、移动电话、电视和收音机送到某地掩埋的做法将是非法的行为，因而上述的情况将会更加严峻。据生产上述这些产品的商家预测，一旦该法令实施就可能导致产品价格上涨近 5%。环保团体竭力反驳这种观点，他们指出，通过将投资从私人交通领域转移到公共交通领域、促进回收、使用有机肥耕种以及实施环境清洁计划等能创造很多就业机会。

 关注环境的压力集团包括
www.foe.co.uk（地球之友）和 **www.greenpeace.org**

英国高等级的矿藏不多，主要的自然资源是能源。英国的煤贮藏量丰富，北海油田的发现使英国在能源供应上基本实现自给自足。从 1970 年以来英国的能源的使用量翻了一番，但就像表 5.13 所显示的那样，不同能源的相对重要性发生了改变。

煤已失去了其昔日最重要能源的地位，由石油和天然气取而代之。由于英国北海油田发现的石油和天然气，使得这两种能源的用量大幅增长。英国能源的最大使用者是交通（33% 的能源产量），其次即是家庭部门（28%）和工业（20%）。

表 5.13	英国使用的主要能源（以提供的热量为基础）占总体的比重					
	1950	*1970*	*1984*	*1993*	*1997*	*2000*
固体燃料	78.6	30.7	11.7	8.9	6.6	16.2
燃气	5.9	10.7	31.8	31.5	34.5	40.3
石油	12.2	47.2	42.1	43.4	42.0	32.6
电力	3.3	11.4	14.2	16.1	16.9	10.8

资料来源：英国国家统计办公室不同年份的年度《统计摘要》表 2.14。

如表 5.14 所示，欧洲各国为发电使用的能源差别很大。

1990 年以来核能的发电量增长近 6%，欧盟几个国家把它作为首要发电能源。核能的使用降低了温室气体的排放量（见第十一章关于污染的小案例研究），但却增加了核泄漏事故的危险并产生了放射性废料的处理问题。使用煤和石油的发电量已降低，天然气使用量在增加。1990～2000 年之间最大的变化是使用水力和风力发电。在 1990 年它还不作为一个独立的类别，其发电量只占总发电量的 8.4%，被纳入"其他"类别之中，但到 2000 年就占据了电力能源的重要来源之一的地位。

经济合作与发展组织预测西欧的能源需求量将持续上升；而石油需求量的比例将会

下降，能源的缺口将由天然气来补足。在以后的 10 年里，核能可能不会有太大增长，但从长远的角度来看不会是这样，因为一旦不可再生资源耗尽，需要有可供选择的能源。同样地，水力、风力和太阳能的重要性也将提高。英国政府正积极着手寻找可再生能源，通过"非化石燃料责任"方案要求地区电力中，一定百分比的电力来自干净的能源。同时该方案还为寻找新能源的试验性工作提供资金支持。

表 5.14			2000 年部分欧盟国家用于发电的原料（%）			
	核能	煤	石油	天然气	水力和风力	其他 *
法国	76	6	2	1	13	1
比利时	55	17	3	18	2	5
瑞典	46	1	2	0	47	3
西班牙	30	28	9	12	19	2
德国	29	28	1	35	5	3
英国	28	34	2	32	2	2
荷兰	4	27	4	57	1	7
欧盟平均	34	20	8	22	22	3

* 包括地热，派生气体和派生的物质。

资料来源：2001 年《社会趋势》，皇家版权 2001，经皇家文书局负责人和国家统计办公室允许转引。

除了回收和寻找新能源外，现在还出现"负需求"的概念，即少使用就会使对一些商品的需求为负数，这一概念可用于能源和节水、行车、购物等方面。

网页链接

查询有关英国自然环境的信息可登录 www.environment-agency.gov.uk；或 www.the-environment-council.org.uk；或 www.business-in-the-environment.org.uk。查询有关欧盟信息可登录 www.eea.eu.int （欧盟环境署）；或 www.europa.eu.int/comm/environment/index。查询有关世界环境信息可登录 www.oecd.org

纲 要

本章考察了生产过程的三个主要方面的投入：人力、技术和自然资源。本章中我们依次对它们进行研究，分析它们对企业的重要性，并探讨决定这些生产要素质量和数量的主要因素。

人的重要性是双向的：他们既是商品和服务的生产者，又是商品和服务的消费者。经济中人力资源的数量取决于人口总体规模、参加工作的比率、工作周的长度和工资等。而人力资源的质量取决于健康护理水平、教育和培训水平等。近年来劳动力市场发生了显著变化，下面的案例对其中的一些变化进行了研究考察。

过去 50 年里科技发生了重大变革，它是这段时间的主要特征之一，这给企业造成了强烈的冲击，创造了新的产品和市场以及生产和分销的新方法。

就自然资源而言，传统的观点认为它们的供应量是固定的，因而没有受到太多关注。

然而情况并不是这样的。随着环境意识的普遍增强，人们开始愈发担心自然资源的供应问题，因为许多自然资源是不可再生的资源，它们是需要保护的。

我们对生产过程的三个投入分开予以讨论，但它们是相互联系的，在实践中难以分割。我们已经说过，人的生产率受到人使用的技术的影响，自然资源也同样如此。三个投入都是"存货"，资源从它们那里流入公司。这些流动对企业至关重要，没有它们就不能进行生产。资源的"存货"的数量和质量都是重要的，已用资源的重置也是如此。

重点总结

- 在生产商品和服务时，企业使用三种主要资源——劳动力、资本和土地。
- 一国人口的规模取决于出生率、死亡率和移民率。
- 世界人口日趋老龄化，这对企业活动的各个方面都会产生重要影响。
- 可用的劳动力数量取决于人口规模、劳动力市场管制、工作周长度和工资水平。
- 教育和培训水平决定了可用劳动力的质量。
- 资本的数量和质量取决于投资发生的水平和类型、研发的程度和创新水平。
- 土地的数量和质量是生产过程的重要因素，它由包括环境控制等在内的诸多事物决定。

案例研究　人口老龄化的影响

毫无疑问，世界人口正在老龄化。2000 年世界上有 6900 万人超过 80 岁，这是人口总数中增长最快的部分（见表 5.15）。到 2050 年，估计这一数字会升至 3.79 亿，相当于世界人口的 4%。2000 年，许多国家超过 80 岁的人口占本国人口的百分比就已经很高了，如瑞典（5.1%）、挪威和英国（都是 4%）。据预测到 2015 年，日本（20 世纪 90 年代老龄化最快的国家）人口的 25% 以上将超过 65 岁。

表 5.15 显示出，世界各地人口增长最快的部分都是老龄人口。据预测，假设目前的平均寿命和生育率的走向保持不变的话，发达国家 0~59 岁年龄组的人口将会减少。

为什么世界人口正在老龄化

有两大主要原因——预期寿命的延长和生育率的降低。图 5.10 显示了生育率状况，图 5.11 显示了 1950~2050 年世界人口同年龄组的预期寿命情况。

世界各地的生育率在 1950~2000 年间急剧下降，预计这一趋势将会持续下去。相反，世界各地人口的寿命逐步增长，这一趋势也会持续下去。这两个因素综合在一起，就意味着世界人口的平均年龄正处于上升阶段（造成这些变化的因素在本章已讨论过）。当然各个国家差别很大，但总的前景是相似的。

老龄化人口对企业意味着什么
生产

不同年龄层对产品和服务的需求的模式差别很大。如果老年人口规模增大，企业将不得不对变化的需求做出反应。如果美国的经验在世界其他地方也行得通，那么老年人口支出最多的将是教育和休闲服务。许多退休者趁此机会重返学校，继续学习他们感兴趣的专业。

表 5.15	2000~2050 年的世界不同地区不同年龄段人口的增长率（%）			
	0~14	15~59	60+	80+
世界	0.15	0.79	2.35	3.40
较发达国家	-0.34	-0.42	1.07	2.23
欠发达国家	0.21	1.01	2.87	4.22
最不发达国家	1.26	2.38	3.37	4.07

资料来源：《世界人口展望》，联合国，2000 年。

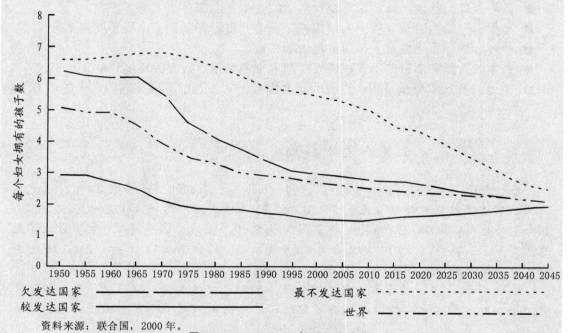

欠发达国家 ————————　　　　最不发达国家 ·······················

较发达国家 ————————　　　　世界 —·—·—·—·—·—·—·—

资料来源：联合国，2000 年。

图 5.10　1950~2050 年预计生育率

表 5.16 显示了 2002 年英国人每周在开支方面的一些情况。可以看出，岁数较大的年龄组在购买啤酒、苹果酒、香烟和去电影院或剧院等方面的开支较小，而在国内度假和医疗保险上的开支则比年纪较轻的年龄组要大得多。

由于企业会针对这些变化做出反应，资源将转到服务部门，这必然造成产业结构的进一步改变（见第九章）。

市场营销

长期以来，人口的变化都被认为是市场营销的重要组成部分，需要不断监控。尤其是在美国，目前在欧洲很明显的人口分布的变化趋势在美国早就出现了。美国的老龄人口多、富有、有很强的市场权力。年龄大的顾客被视为市场的重要组成部分，市场营销者称他们为"沃夫斯"——有钱而年龄大的人。

目前 40 多岁的人被称为"第三代"，当他们到了 65 岁~75 岁年龄组时，他们比先辈们的空闲时间更多，健康状况更好、更有钱，对生活的期望更高。美国的"第三代"对教育和休闲服务的需求比他们的先辈们高得多——他们经常进出体育中心、电影院和夜校。

人口分布情况对市场营销者进行市场细分非常重要。大量例子表明年龄是划分因素。由于认识到不同年龄组在假日市场上有不同的需求，有的假日公司专门迎合 18~30 岁年轻人的要求，而萨格假日公司则专门面向 50 岁以上的人群。然而令人感到有趣的是，尽管不同年龄组的需求不同，萨格假日公司现在还是常常推出与年青旅游者相关的度假品种项目——例如在尼泊尔骑大象。

表 5.16　　　　　　　　2002 年英国家庭以家长年龄划分计算的家庭在某些产品上的开支

单位：英镑每星期

	30 岁以下	30~49 岁	50~64 岁	65 岁以上
在饭店吃饭	9.30	11.60	11.50	11.40
快餐	4.90	4.80	2.90	2.20
啤酒和苹果酒	9.90	10.60	10.80	5.10
香烟	5.60	6.80	6.10	4.80
去影剧院	1.30	1.50	1.30	1.20
国内度假	1.50	2.30	2.70	5.80
国外度假	5.50	12.50	14.50	11.20
医疗保险	0.40	0.80	1.70	3.20

资料来源：改编自 http://www.statostics.gov.uk/cc1/searchRes.asp?tem=household+exptnditure+age。

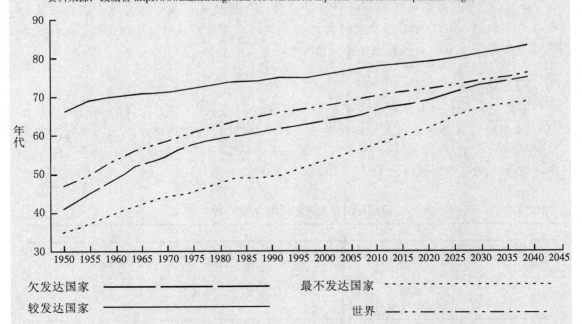

图 5.11　1950~2050 年预计人均寿命

资料来源：联合国，2000 年。

人力资源管理

老龄化的人口对组织内部的人力资源战略产生潜在影响,尤其是对那些传统上只雇佣年轻人的行业。进入劳动力市场的年轻人将减少,原因有两个:首先年轻人少了,其次年轻人中在校的比例更高了。因而需要找到其他来源的劳动力以满足市场对劳动力的需求。尽管如此,人们仍然早早退休,美国60~65岁之间的人群中只有一半人还在工作。一些欧洲国家的比例要比美国的这一比例更低。20世纪80年代和90年代,一些组织为了实施精简机构政策,向人们推销"早退休"的理念。对那些超过退休年龄而愿意继续工作的人执行不利的退休金规则使得这种情况变得更加严峻:越来越少的年轻人进入劳动大军,人们纷纷提前退休,两者相结合意味着许多国家的雇主正面临着紧缩的劳动力市场。

上述问题的一个可行性的解决方法就是让更多的老年人加入到劳动行列中去,这就意味着那些大龄歧视者将不得不改变自己的人力资源管理策略。雇主常常会认为老龄职工代价高、灵活性差,而且缺乏必备技能,但统计却显示,40多岁的年龄组比其他任何年龄组受到的培训都要少。这一领域的许多研究表明,年龄并不能区分人们在培训中获得新技能的能力。实际情况常常是老龄职工往往更可靠、更富有经验、比年轻职工的旷工缺勤更少,全世界的雇主也正逐步意识到这一点,并推行积极鼓励老龄职工的政策。

雇佣老龄人口要求招聘实践发生变化,留住劳动力对公司来说变得很重要,因而培训和发展将具有更大的意义。工作需变得更有吸引力,有更多兼职或临时的合同。这些措施可能降低雇佣老龄员工包含的成本,因为老龄员工的工资级别是比较高的。

欧盟从2006年开始实施的一项指令将禁止年龄歧视,但市场力量已正在促使一些公司采取与以往不同的态度来对待老龄员工,欧盟可能在2002年秋制定规则以废除对那些愿继续工作的人的退休年龄限制。

财 政

老龄化的人口对财政也会产生影响。每一个65岁和65岁以上年龄的人相对应的15~64岁的人口的数量就是所谓的潜在支撑率(PSR),其体现出老龄化人口对工作人口的依赖性。在1950~2002年之间,这一比例从12:1下降到9:1,预计到2050年,这一比例将进一步下降到4:1(见表5.17)。

表5.17   推断的潜在支持率,**2002**年和**2050**年

	2002	*2050*
全世界	9:1	4:1
较发达国家	5:1	2:1
欠发达国家	12:1	5:1
最不发达国家	17:1	10:1

资料来源:联合国,2002年。

　　表 5.17 再次显示出全世界各国将要普遍出现的状况——人口老龄化将导致工作人口经济负担的增长。但不同国家的总体数字差别很大。例如在日本，这一比率预计从 2002 年的 5：1 下降到 2050 年的 1：1，而在移民率一直都比较高的美国（因而老龄化不太重视），这一比率预计将从 5：1 降到 3：1。

　　这意味着更大比例的人口将要依赖更小比例人口的供养——从健康护理资源和养老金的支付角度来看。为此，许多国家正在重新审视养老金给付问题，力求减轻依赖成本。例如在英国，养老金给付的负担从国家转到了个人，许多公司也终结了"最终薪水"养老金方案。然而，据估计到 2030 年，为了满足老龄人口养老金的需求，英国每年的国内生产总值增长率需要达到 5%，这个数字比英国一直以来的国内生产总值增长率要高得多。过去英国的国家养老金从当期的赋税中支付的情况可能会改变，将主要从投资中获取国家养老金所需的资金。也有可能会以提高退休年龄的方式来降低依赖成本。

　　除了养老金费用外，人口平均年龄的增长对健康护理和健康护理成本也有影响，尽管本案例研究表明老龄化人口比以前更健康，但老龄化人口对健康护理的需求确实产生了意义深远的影响。例如英国患 Altzheimers 病的 65 岁老人的比例是 5%，在 80 多岁的人群中，这一比例升至 20%。因此，无论是政府还是个人都需要提供更多的健康护理。

　　除这些主要变化外，老龄化人口也意味着变化发生在：
- 一段时间以来一直被年轻人主导的流行文化；
- 犯罪率——因为大多数罪犯是年轻人，所以犯罪率将下降；
- 家庭关系，随着出生率下降和寿命变长，"豆芽"式家庭结构将成为标准模式。

　　从上述讨论可明显看出，人口老龄化对世界上大多数国家和企业在多个方面产生着深远的影响。

案例研究问题

　　1. 想出一些商品和服务的例子说明老龄化人口使这些商品和服务的需求上升。市场营销者应如何应对这一新的购买团体的需求。

　　2. 组织机构可以采用何种政策
　　（a）鼓励老年员工继续任职？
　　（b）招聘老年员工进入工作场所？

查询有关老龄人口信息可登录：www.ARP.org.uk50 以上退休者联合会
www.shef.ac.uk/uni/projects/gop/年老计划
www.ageing.ox.ac.uk 牛津"老年化"机构

复习和讨论题

1. 为什么电力等是"自然垄断"行业？其他"自然垄断"的例子有哪些？
2. 想出最近的一个科技进步的例子。这一变革对经济、企业和消费者有哪些影响？
3. 通过什么方式可提高英国劳动人口的总体和专项技能？
4. 更强大的石油输出国组织将给能源市场带来什么样的冲击？
5. 在客户信息和购买商品方面，互联网日益增加的使用将给呼叫中心带来什么样的冲击？

作业

1. 你在当地议会的经济发展组织工作。该组织为获得一些资源以提高当地基础设施水平，准备编写一个投标书递交中央政府。你的工作是确认本镇存在的经济难题，并解释为什么拥有更多的资源就能克服这些难题。就你的调查结果写一份简要的文件交给管理委员会。

2. 你是人事和发展机构当地分支机构的成员，受命给来自多种职位和行业背景的一群见习经理就"工作实践的灵活性"发表一个演说。他们对三个问题尤其感兴趣：

■ 灵活性意味着什么？
■ 为什么需要灵活性？
■ 高度的灵活性具有什么深远意义？

(所需资料可参考本书第二版和人员管理，CIPD。)

第六章　法律环境

黛安·贝尔法特 *

　　企业像个人一样都是在法律的框架下存在和活动，法律源于风俗、习惯、法院的司法裁定以及政府颁布的法令。法律环境不仅限制和规范企业的运行，而且为企业提供一个能动的机制，企业可通过该机制追求自己的目标，尤其是通过创业活动获取利润。企业的法律环境同和它紧密相联的政治和经济环境一样，是影响企业组织的关键因素，是商学院学生学习的重要领域所在。为此我们将通过仔细考察法律影响企业运行的一些基本领域加以证明。

目 标	■ 广泛了解"法律"的含义和法律的渊源。
	■ 考察法院系统，包括欧洲法庭的角色。
	■ 讨论合同法和代理法的基本特征。
	■ 分析以法令干预保护消费者的原因，以及这一领域的一些主要立法。

关键词	承诺	风俗习惯	委托人
	代理人	委任立法	私法
	缔约能力	缔结法律关系的意图	公法
	行为准则	判决先例	成文法
	习惯法	立法	侵权
	对价	要约	信托
	刑法		

引　言

　　世人几乎认可如下说法：一个社会要有序地存在和运转，需要有一套规则来规范人类的行为。这些规则主要是根据风俗、习惯或法令制定的，它们构成了一种规范和控制个人和团体的行为方式，以及强制推行最低行为准则的方式——即使在某些情况下有人忽视或违反这些准则。规则的框架和形成与执行规则的机构就是通常所理解的"法律"。它在应对不断改变的社会、经济和政治环境（例如压力集团的影响）时，随着时间的推移而演进。作为影响企业组织的限制（和促进）因素之一，法律环境是商学院学生的重要学习领域，因此，在有关企业主题的课程中呈现出关于企业法不同方面的专门模块或单元的趋势（例如合同、代理、财产，等等）。

　　本章的目的并不是对企业法或有关企业组织法中某些特定领域展开深入了解，而是旨在提高读者对企业运行的法律背景的认识，简要评述经常冲击企业运行的法律的某些方面。想更详细地了解企业法的学生应该查阅这一领域所著的专门文章，本章末尾列举了一些相关书目。

法律的分类

与个人和组织都有关的法律有几种分类方法：国际法和国内法，公法和私法，刑法和民法。实践中没有固定的分类规则，一些类别可能重叠（例如一个人的行为可能被认为触犯不同类别的法）。然而，用这些术语区分法律有助于解释和评述，也有助于说明英格兰和威尔士法在债务和法律补偿上的区别（例如 10 岁以下儿童不能被判负刑事责任）。

■ 公法和私法

简单地说，公法是与国家有关的法，不管涉及的是国际协定或争端还是国家和个人的关系，因而公法由国际条约和惯例、宪法、行政法和刑法组成。与之相对，私法管辖人与人之间的关系，由涉及合同、民事侵权行为、财产、信托和家庭的法律组成。

■ 刑法

刑法涉及法律过错（刑事犯罪）——因违反公共义务而应受到代表社会的国家的惩罚，在具体案例中是否起诉由皇家检察机构（设在英格兰和威尔士）来决定。根据被指控的罪过的严重性和被告的请求决定事件是否需经陪审团审判。在有些案子中，需要地方法官和被告两者的同意，才能在该地方法官的法庭审理案件（尽管不久情况会变化）。而且，私人控诉虽可引起刑事过程，但这种控诉案件很少。在私人控诉的情况下，首席检察官（政府高级法律官员）有权在他（她）认为适当的时候进行干预。

■ 侵权

侵权是民事过错，但不是违反合同或信托，而是法律给所有人规定的责任（例如道路使用者负不能疏忽行事的法律责任）。因此，侵权法关注一方的行为威胁或损害另一方利益的情况。它的目的是赔偿这种损害，最常见的侵权是疏忽大意、扰乱公共秩序、诽谤和非法侵入。

■ 信托

信托通常定义为多于一人或多人处理财产的公平责任。受委托人有为他人利益控制财产的权利，委托人能强行使责任生效。财产可能有多种形式，如金钱、证券、股票或其他类型的资产，尤其是地产。在地产上，信托是允许受法律禁止持有土地地产的人享受公平的所有权利益的通用方式。例如，合伙企业在法律上不能像业主那样持有财产。因此，几个合伙人常作为所有合伙人的受托人（因为合伙企业没有独立法人资格，所以不能拥有财产——见第七章）。类似地，未成年人不允许拥有个人财产，所以他们的利益必须受到个人或机构管理的信托机构的保护。

小案例　银行业建议

正如本章结尾案例研究表明的那样，银行在处理顾客日常事务时有权利也有责任，在某些情形下没有行使这些职责，可被视为过失行为。

1995 年 9 月高级法院裁决劳埃德银行过失罪成立。该银行借款给两个客户用于投机房地产使用，但该笔交易因 20 世纪 80 年代房地产市场的暴跌而失败。实际上客户声称银行有职责就房地产投资的贷款质量提供建议，而银行没有做到，银行同意贷款，违反了它的职责。结果权利人辩称他们受到有误的建议，导致他们承受不可合理预见的损失。

在支持权利人（起诉劳埃德过失侵权）的判决中，法官裁定：银行经理建议继续交易违反谨慎的职责要求，而二人听从了他的建议包括银行促销文件中的声明。这一裁决的冲击波震动了金融领域，但仍不能确定它是否可成为一个司法判例。当然，对劳埃德公司（和其他金融机构）来说，这可能是一个意义深远的问题，而不仅仅是高院判决给权利主张人的 77000 英镑的赔偿。

法律的渊源

法律总是来自一些渊源，包括风俗、司法判例、立法、国际及跨国团体（例如欧盟）。所有这些所谓的法的渊源都可参考英国法来说明（英国法适用于英格兰和威尔士）。国会制定的法律若只适用苏格兰或北爱尔兰的地方，法律会予以注明。类似地，任何适用于所有四个地方的法案都含有注明适用地的表述。

■ 风俗

早期社会形成了特定的行为模式（或风俗）。它们被当作社会准则接受下来并且受到适用的社团成员的遵守。在英国，许多风俗规则最终并入法律原则体系，作为普通法。现在，不管是根据司法判例（判例法）还是通过立法干预，法律是认可风俗使用的，因而它们大部分有历史意义。然而有时法院认可其在地方运用，相应地可作为总法的例外强制执行。

■ 司法判例

大多英国法源于司法判例（法院先前的判决）。然而，目前的判例成文制度的起源相当迟，从 19 世纪后半叶才开始。那时记录法律裁决方式的进步和法院结构的重组等便利条件，使它被大众广泛接受。

本质上，司法判例是建立在这一规则上，即下级法院必须与上级法院先前的裁决保持一致，因而法院结构才有意义。在做出任何一个判决时法官要找到一系列原因、论据、解释和援引的案例，并仔细考察所有这些东西，确定法庭目前审理的案件和以往判决的案件有无实质差异。为了正确判决，法庭必须找出先前案例中被称为推理认定的部分。简单地说，一个案件的"推理"是法律推论的本质步骤，致使法庭做出那个特定判决。不能被认为是推理的东西，法律上的术语称之为附言或"附带说的话"。一个有异议的判决整体上被认为是附言。附言并无约束力，但如果案件事实相合，可被认为是有说服力的论据。

很明显，有时候可能因为一个法院在司法层次中的位置而导致其判决不被认为是有约束力的判例。然而，如果是根据普通法系的司法权做出的判决（例如加拿大，澳大利亚）或最重要的，是法院司法委员会的判决，那么这些判决将被视为有说服力的判例，可用来帮助法庭做出自己的判决。

■ 立 法

现行法律的大部分——包括管理企业组织运行的法律——来源于立法或成文法。由女王（或国王）在国会里宣布生效。如第三章所示，这些领域的有效发起者是当权政府。政府如果在下议院有多数席位，它实际上能保证一个议案成为法律。

除了后排议员提出的数量有限的议案（私人议员的议案），绝大多数立法来自政府，采取国会立法或代议立法的形式。国会立法是由国会正式宣布生效并由国王批准的议案。除非在与欧盟法抵触时适用后者，它们代表国家的最高法。成文法在创制新法（例如保护消费者）之外，也可用来改变或撤销现有法律。在某些情况下，它们可被用来汇集成所有现行法律（联合法案），或者编制法典或者授权个人或机构制定特定目的的规章（授权法案）。例如，根据 1974 年消费者信贷法，允许国家贸易与工业秘书处在有国会委托授权时制定规章，管理信贷协议的形式和内容。

顾名思义，委托立法是被国会授予有限立法权的个人或团体制定的法律——如上面的例子所示。通过使用立法工具或其他委托方法，立法权经常（而不是不会）委托给皇室的一个部长，但也会授予地方政府或其他公共事业组织。因为国会有最高权，委托立法要求得到国会的批准和核查，但因时间有限，国会常只能粗略地看一下这类立法中有限的一部分。然而它的确受司法控制，只要授权者越权就可被诉至法庭。

除了这两个国内立法的主要形式外，法律也源于英国在欧盟的成员国地位。根据欧盟主要条约，或英国政府同意的那些部分，欧盟立法成为法律一部分并优先于国内法，尽管后者有时要求前者实施。相应地，与欧盟法不一致的法存在着被撤销的可能，像欧盟内各地的公民一样，英国公民也受制于相关的欧盟法（除非不签署协议）。

欧盟主要条约的条款代表着首要立法，出自欧盟机构的规章、指令和决定是次要（或从属）立法，是根据罗马条约（1957 年）以及随后的法案（例如 1986 年单一欧洲法案，1992 年马斯特里赫特条约）等授权而定的。如第三章所示，规章在所有成员国内普遍适用并给予个人一些国家法院必须认同的权利和职责。它们的目的是在欧盟内统一法制，例如要求重型货运工具上安装里程表控制驾驶时间。

与此相对，指令并不能直接使用。它们面向的是成员国而不是个人，尽管指令可产生由公民个人执行的权利，因为如果某一成员国不能在规定的时限内实施其条款，指令将直接生效。欧盟指令的目标是寻求成员国法律间的和谐或接近，而不是完全同一；因此，实施方法通常是由成员国在一给定时限内自行决定（例如 1981 年公司法通过允许中小型公司缩减交给公司注册登记处的信息量，执行欧盟关于公司会计的第四号指令）。

决定也有约束力，但只面向成员国、组织或个人，并不面向普通大众。实践中，欧盟的决定从其中注明的日期生效（通常是通知日期）。如果决定强加了经济责任，国家法院就具有强制执行力。

法律系统：法院

可以说一国的法律系统有两个主要职能：提供有利于个人和组织生存和运转的机制（例如依法组建公司）以及提供解决矛盾和处理触犯行为准则者的手段。这些职能由多种机构执行，包括政府和法院。对国内法律系统的详细分析要求考察政治和法律的相互关系。由于在第三章已经就政治体系进行了考察，此处我们将重点考察法院。法院是国家法律系统的中心元素，负责在民主社会解释法律，执行公正。但要记住的一点是，政治和政府活动是在法律框架里开展的，法律框架本身是政治过程在不同空间层次的产物。

■ 英国的法律系统

在英国法律系统中，根据法院地位不同区分法院是有益的。上级法院就是上议院、上诉院和高级法院。司法报告常来自上议院——这些案件牵涉大众感兴趣的主要法律问题（例如 1991 年 RR 案）。下级法院与上级法院相对，司法权有限，受制于高级法院的司法监督。当前的司法结构层次如图 6.1 所示。就国内法的目标而言（即不涉及欧盟立

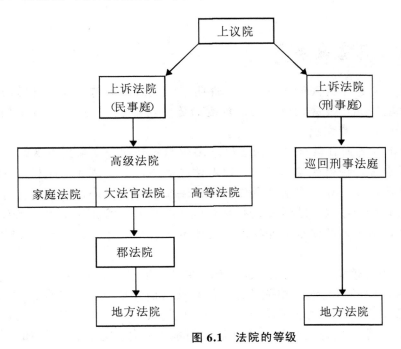

图 6.1 法院的等级

法），上议院是最高法院，是民事、刑事案件的最终上诉法院。上议院做出的决定对所有其他法院都具有约束力，尽管并不一定对上议院议员本身有约束力。

上诉法院像上议院一样，仅有上诉司法权。就法院的民事庭来说，它的决定对所有下级法院有约束力，并且受自身先前决定和上议院决定的约束。类似地，刑事庭也受上议院决定的约束，但不受上诉法院民事庭决定的约束，也不受自身先前反驳被告的决定的约束，近年来一些有名案件就是例证。

高级法院分成三个独立的部分：大法官法院，王座法庭和家庭法院。实际上在民事案件中高级法院享有不受限制的最终裁决权，其中许多与企业有直接关联。家庭法院处理诸如收养、监护和有争议的离婚案，而大法官法院处理涉及信托、财产和赋税的案件。合同和侵权案中的权利请求是高等法院的责任。它有两个专门法庭处理商业事务和汽车、飞机案件，它也行使高级法院的刑事判决——后者完全指的是地方法官法院或地方刑事法院向它上诉的案件。

在刑事案件中，高等法院有排他的最初裁决权，可审判所有控诉案件和受理不服地方法院的结案陈词或判决的上诉。广义上说，后者主要处理不太严重犯罪行为（尤其是汽车驾驶犯罪），一般不必经法官和陪审团的审判——这是让斯曼报告发表后一直在讨论的问题。虽然地方法院既有刑事又有民事裁决权——重点在前者——郡法院的裁决完全是民事裁决，权力完全来自成文法令。他们处理的事件包括土地所有者与租户之间的矛盾和涉及小额赔款请求权的争执（例如涉及消费者事务）。此处，仲裁系统提供了解决问题相对便宜和快捷的方法。

在跨国层次的争议中——包括欧盟成员国、机构、组织、公司或个人——最终的裁决权归于欧洲法院。根据罗马条约第 164 条，法院被要求确保在执行和解释条约时遵守法律。如他处所示，在执行此职能时，法院采取了相当灵活的方法，以考虑到变化着的环境（见第三章），几乎没有人会质疑它的决定已经并将继续给欧盟法的发展带来重大影响。

小案例　不公平竞技案

琼斯·马克·博斯曼案件提供了一个例子，说明了欧盟法是如何影响成员国的个人和组织的。琼斯·马克·博斯曼是比利时的足球运动员，他在 20 世纪 90 年代中期挑战欧洲足球权威实行的转会费制度。

博斯曼签约于比利时列日俱乐部，在合同期满时想转会到一支法国球队，此时列日要求一笔巨额转会费，使他的雄心受挫。欧洲法院判决，如果球员转会到另一欧盟国家，俱乐部不能再向期满球员要求转会费。根据法官意见，容许强加这一费用的体系违反了罗马条约奉行的原则：欧洲公民有权利从一国到另一国去找工作。他们也坚持声称，限制欧洲球赛出场的俱乐部外籍球员数量违反了工人的自由移动的原则。

作为最后评论，也许值得表明一点：尽管矛盾在日常生活中无处不在，但许多争议并不求助于法院解决，而经常是通过相关各方之间直接协商解决（例如里查德·布兰森公司企业就控诉"不公平竞争"运动与英国航空公司达成协议）。另外，若协商失败或一方拒绝协商，解决争议也不一定非得导致告上法庭，可能用其他方法处理，例如雇佣合同的争议常由专家仲裁委员会处理。专家仲裁委员会是根据成文法设立的，行使特定准法律性质的职能。类似地，涉及公共机构（私人机构也日益增多）执行不公的投诉通常由"巡视官"系统处理，它涵盖多个领域如社会保障福利、地方政府服务、银行和保险等。

企业组织和法律

企业组织获取并使用资源生产用于消费的商品和服务，从这一意义上看，企业组织一直以来被描述成将投入转变成产出的转换者。如表 6.1 所示，转换过程的各个方面都将受到法律的影响。

首先需要强调一点，即法律不仅限制企业活动（例如设立法律可强制执行的最低健康和工作安全标准），也给予企业帮助（例如提供企业单位脱离其他单位独立存在的方法），这样做有助于企业实现商业和其他目标。总之，企业运行的法律环境既是授权给企业的环境，也是规范企业的环境；在民主国家内和民主国家之间，它为企业运作提供了一个较为确定的稳定的环境。

法律对企业组织产生广泛影响，但很明显的是，无法考察企业运转的法律环境的所有方面。因而，下面我们首先重点分析合同法、代理法和一些比较重要的旨在保护消费者利益的成文法，因为它们对企业运行来说是根本性的领域。而有关企业设立和市场运行的法律将在第七章和第十四章分别加以讨论。

表 6.1	法律和企业组织
企业活动	法律影响示例
设立企业组织	公司法、合伙企业法、企业名称
获取资源	计划法、财产法、合同、代理
企业运行	劳工法、健康和安全法、合同、代理
出售消费用产出	消费者法、合同、代理

合同法：要点

所有企业都要订立合同，不管是和供应商还是员工或金融家或顾客。合同对公司运行非常重要，而且可能会起到决定性作用。合同在本质上是定于两人或多人之间有法律强制力的协定（口头的或书面的），由一些基本要素构成。这些要素是：要约、承诺、对价，建立法律关系的意向和能力。

■ 要约

要约是要约人的声明：如果要约中载明的条款被受要约人接受，要约人将受该条款的法律制约（例如，在确定的时间内以特定价格供应元件）。声明可以是口头的或书面的或由各方之间的行为表明，而且必须清楚无异义。另外它不应与"协商邀请"相混淆。

"协商邀请"本质上是要约邀请，广告、拍卖和展览品的例子通常如此。投标是要约，请求投标只是要约邀请。

要约的终止有几种方式。很明显，当要约被接受时要约终止，但要约在承诺前任何时间都可撤回。从法律上讲，要约可公开保持一段时间而无足轻重。只有当为"购买选择"并付出对价后，时间因素才重要。"购买选择"一般情况下必然是另外的合同。如果要约有一定的时限，则过期的承诺无效。既使在没有特定时限的情况下，法院将认为暗含一段合理时间。因而，在拉姆斯·盖德维多利亚旅馆诉蒙特法罗一案中（1866 年），旅馆的股票要约出售。几个月后要约被"接受"，但法院认为股票要约是为了筹措资金，因为已经过了太长时间，要约失效。

要约终止的另一种方式是不满足条件，尽管真正的要约总被认为是肯定、确切的，但有时可能是附条件的，不是绝对的。因而，假设 A 想从 B 处买一架模型车，B 可能同意，但交易上加了条件。比如规定 A 必须在某天的特定时间取货，而且必须付现金，这通常叫做"先决条件"，不能实现这些条件，协议就无效。也有另一种条件，叫做"后继条件"，直到某种事件发生该合同将一直保持良好的运行，例如一车库与一石油公司订立合同，以每千升 X 英镑的价格购买石油直到鹿特丹的油价涨到每桶 X 美元，只有当石油达到规定的价格时合同才终止。

■ 承诺

就像要约必须肯定、确切一样，要约发送对象对要约的承诺必须毫不含糊，不含有任何改动或增添。相应地，任何改动要约条款的企图都被认为是反要约，因而是对最初要约的拒绝。最初的要约者可按他（她）的意愿接受或拒绝反要约。

尽管要约的承诺通常以书面或口头形式出现，它也可用行为暗示。在布罗格登诉都市铁路公司一案中（1877 年），布罗格登先生多年来一直为该公司供应产品，而没有正式手续。当时该公司决定使这种关系规范化，因此草拟一份草案送给布罗格登先生，他加了一个新条款，在草案上标上"同意"后送还该公司。该公司把它放在抽屉里，忘了这件事。两方根据草案条款进行交易达两年多时间。在发生争议后，布罗格登声称没有合同，上议院做出裁决进行反驳，合同已由行为设立。

推断以行为接受要约与假设受要约人沉默构成承诺是十分不同的：沉默不能理解为承诺。同样，要约人可指定承诺方法（尽管这认为是允许性的而不是指令性的），而受要约人不能指定他或她承诺的方法。例如要约以传真发出，意味着需要快速应答；因而以二等邮件接受要约的回复可被认为是无效的。

关于承诺有一些重要的原则。例如邮寄承诺是良好的沟通方法，是企业普遍使用的方法；但为了有效订立合同，必须正确注明地址，贴好邮票，然后转到适当授权的人手中（例如邮箱或柜台交易）。送到家庭住址的承诺，如果没表明是可接受的，则可能无效。类似地在使用现代、即时交流方式的地方，要约的承诺必须被要约人有效地接收。因此，如果电话受外部声音干扰，那么必须重复承诺以便让要约人听得清楚。

■ 对价

假设各方都清楚他们同意的内容（即存在合意），要约和承诺共同构成协议或合意的基础。协议的中心是"对价"，其定义是一方产生的权利、利益、利润或收益，或给予另一方的克制、损害、承担的损失或责任。在商业合同中，对价通常采取现金付款，偿付商品或服务（即销售合同的"价格"）的形式。但在牵涉以物易物的合同中（国际贸易有时使用），商品常用来换商品或其他形式的非现金的对价（如信息或建议）。

■ 缔结法律关系的意图

并不是每一个协议都意在创立有法律约束力的关系，例如大多数家庭内的协议——如家务的划分——不构成法律上认可的合同。然而在商业协议中，通常认为双方都有意制定有法律约束力的合同，因而不必要包括为此目的的条款。假如这一假定受到质疑，举证责任归于对假定持异议的人。

■ 能力

合同可能是有效的或可撤销的或无效的，决定的因素之一是签约各方订立合同的能力。通常来说，一个成年人与另一个成年人订立的合同，如果双方自愿订立，合同没有缺陷，不违反公共政策，则对双方都有拘束力（即有效）。然而，法律为某类认为不具备完全合同能力的人提供保护（例如未成年人，醉酒者和精神紊乱者）。因而公司的惯例是不接受18岁以下人的赊购商品的要约。

关于未成年人问题——低于投票年龄的人——法律规定他们只受"必需品"合同约束（例如食物、衣服和住房）和有利或有益的雇佣合同的约束，如包含培训或教育的工作。在大多其他例子里，和未成年人订立的合同是无效或可撤销的，即不可被法律强制执行或能由未成年人撤销。

对企业来说，法律能力取决于公司的法律地位。非法人的实体（例如独资经营者，合伙企业）没有明确的法人资格，因而签约方对他们各方的谈判负责。与此相对，有限公司独立于其公司成员的法律身份，因此，在公司备忘录的目标条款规定的界限内，订立合同的能力属于公司（参见第七章）。

■ 其他因素

合同必须合法（即法律不禁止或不违反公共政策）才能具有法律强制性。类似地，协议必须自主达成，形成真正合意的结果。因此，涉及事实错误，事实歪曲或不正当影响或受胁迫的合同，视情况不同，可能无效或可撤销。例如在保险合同中，被保险人要求向保险人表明所有重要事实（例如健康记录，驾驶记录），否则保单可能被撤销。在这种情况下，重要事实指的是可能影响谨慎的保险人的事实，即使是被保险人可能不理解的"重要性"。

代 理

由于企业活动变得更专业化，更复杂，公司日益求助于外部人员履行专门职责，例如运费委付，海外代理，保险中介和商业出租。这些个人（被称为代理人）经雇佣他们的个人或组织（被称为委托人）授权代表他们行事，因而确立了代理关系。像商业活动的其他领域一样，已演化出来特殊的法律规则来规范这一关系中涉及的各方当事人的行为。

本质上，代理人的职责是代表委托人行事以履行委托人和第三方的合同。代理人可能是委托人的"仆人"（即在委托人控制下，如销售代理）或"独立的合同人"（即他们自己的主人，如房地产代理），经委托人以合同或暗示形式的同意而行事。在委托人和第三方建立合同关系后，代理人通常就不再插手，通常对签订的合同不再有权利和义务。

关于代理协议中代理人的特定义务，协议中的条款通常会明确规定，尽管一些条款可能也是暗含的，然而传统代理法通常规定代理人：

- 遵守委托人的合法指示，否则他们可能违反合同。
- 行事足够小心，富有技巧，以便成交对委托人最有利的交易。
- 亲自行为，而不是委托他人，除非经明确或暗示的授权。
- 出于善意行事，因而避免利益冲突或掩盖的利润和贿赂。
- 保持适当的会计记录，分开委托人的资金和属于代理人个人的资金。

另外，就代理人在委托人授权下行为来说，委托人只受代理人在代理权限内的行为的制约，越权行为只有经委托人认可才能影响委托人，代理人可能因违反暗含的授权保证而对第三方负责。

委托人除了普通的法律职责外，1993年的《商业代理人（委员会指令）规章》规定了委托人的一些职责。当代理人符合商业代理人定义时才能适用该规章（规章，2（1））。很明显，这些职责在一定程度上与普通法律职责重叠，规章第4款对职责作了详细说明。

- 尽职尽责，出于善意行为；
- 向商业代理人提供与所涉商品有关的必要文件；
- 为代理人获取必要信息，这是比普通法更高的准则，也许要求搜集数据。在普通法中，委托人所做的一切就是透露他们拥有的信息；
- 如果平常的贸易额有可能显著减少，应在合理时限内通知代理人；
- 在合理时限内通知代理人：委托人就代理人促成的商业交易是接受，拒绝还是不接受。

法律和消费者

经济理论趋向于认为保护消费者的法律是不必要的，如果个人在消费商品和服务时理性行为，以经济学家的话来说，安排消费活动以使满意值（效用）最大化，低价值或有其他因素会减少消费者效用的产品将被拒绝，而偏向于被证明更好的替代产品。这成为生产者（零售商）提供最好产品的动力。实际上，市场力量会确保消费者的利益得到维护，因为竞争市场的供应商以满足理性消费者需求和愿望为目的安排生产。

　　理想的状态在市场运作的实践中并不总是行得通。消费者并不总是理性行为。此外，他们通常也无法得到影响产品选择的信息。在某些情况下，他们可能根本没有选择（例如存在垄断的地方），尽管时间长了情形会改变（例如通过国家垄断私有化）。另外，考虑到生产者和消费者占有的相对资源，交易关系的天平总倾向于生产者，他们使用多种促销技术包括广告影响消费者的选择。

　　总体考虑起来，种种因素使人们对消费者主权的假定产生质疑，并进而质疑市场有多大力量保护他们不受强势的（有些情况下狡猾）供应商的侵害。正是在这种背景下，在消费者处于或可能处于劣势合同关系中，法律被视为重要的平衡因素。可以说这是法律对这一领域进行干预的理论基础。

　　现有的保护消费者的法律既有民法又有刑法，相关的权利、义务、责任由普通法（尤其是全国侵权）或成文法规定或执行。下面的例子表明，现行消费法对这一领域的大部分进行立法干预，这种现象十分明显，大多数干预是在最近 30 年做出的。这些法律——涵盖多个领域如贸易说明、商品和服务销售、消费者信贷和产品责任——表明政府日益愿意对消费者和他们的代表性组织的投诉做出反应，使用立法规范企业组织和消费者之间的关系。正如别处所表明的那样，可以将干预合理地视为对资本主义经济中一些社会不能接受的特征所作的政治反应。

 查询有关英国贸易工业部下设的消费者事务理事会可提供消费者法律的有益参考，可登录 www.dti.gov.uk/CACP/ca/work1/and work2

■ 贸易说明法（1968 年）

　　贸易说明法的主要目标是保护消费者不受在贸易过程中故意对产品做错误说明或对服务做虚假描述的商人的侵害。根据该法——地方政府承担执行其条款的责任——商人可在三大领域内被起诉有刑事犯罪行为。

1. 错误地说明商品。
2. 错误地标明价格。
3. 错误地说明服务。

对此类犯罪的惩罚可以是就定罪总额进行的罚款和／或控诉定罪后入狱。

　　关于商品，法案适用于已卖出的商品和销售中的商品以及错误地说明或有较大程度误导的商品。这也适用所谓"用语简洁"的广告，如涉及地方经销商销售的二手汽车的控诉。服务的情况也类似，对提供给顾客的服务作虚假的或误导的说明是违法行为，即使本意并不是故意误导也可能造成违法。

　　就价格而言，该法认定一些涉及商品价格的虚假或误导的标示为非法，如声明价格是先前高价削减的。如果削价声明要合法，交易商需要表明在之前 6 个月里该商品连续 28 天中以高价销售，如果没有这样做，在减价时必须对消费者明确说明这一点。

■ 消费者信贷法（1974 年）

1985 年 5 月完全生效的消费者信贷法调控信贷业与私人（包括独资经营者和企业合伙人）之间的 15000 英镑限额以下的交易。在法案中，消费者信贷协议被定义为提供给债务人最高到既定限度信用额的个人信贷。信贷的形式可以是现金贷款或其他类型的资金融通（例如通过使用信用卡）。法案也涉及租赁信贷协议（即给租赁者购买商品的选择权的租赁协议），有条件的商品或土地销售协议和赊销协议，即当销售实现时财产转给购买者。

这种消费者保护措施的主要目的是保护公众在涉及某种信贷时不受不法贸易行为的侵害，为此该法案提供了多种措施，其中有公平贸易总督控制的一套认证体系（参见第十四章）。总督必须相信申请执照的人是合适人选，以及他或她意图申请的执照名称既不会使人误解，也不会是没人需要的。无执照而提供信贷或充当信贷中介是刑事犯罪，同样地，向未成年人提供任何文件诱使其借款或赊购商品也是刑事犯罪。

对消费者的进一步保护要求贷款人必须充分意识到协议的性质、成本和协议中他或她的权利和责任。法案规定在订立合同之前，贷款人应获取一些信息，包括信用协议的全部价格（即信用成本加资本总数），以百分比表示的信贷费用的年利率（即年百分比），以及应付款的数额和付款对象。另外，必须告知贷款人协议所有其他条款和取消缔约的权利（如果可以取消）。后一种情形适用于在企业建筑物以外起草的信用协议，专门设计出来以保护个人不受上门推销者（他们以信贷刺激消费者购买）的侵害。一些公司意识到对上门推销反应冷淡的消费者有权取消缔约，因而采取了电话联系潜在顾客的方法，这样一来，之后的任何上门拜访从技术上看不会再反应冷淡。这种方法已引起关注，而且几乎将通过立法或者行为准则宣布为非法行为。

■ 商品销售法（1979 年）

根据 1979 年的商品销售法（后经 1994 年商品和服务销售法增补）和 1977 年的不公平合同条款法，消费者本质上被看作为自身用途购买商品或服务的个人，在交易过程中从销售人员或组织处购得商品和服务。例如销售给学生的电脑是消费者销售，而同样的机器卖给秘书处就不是，因为是为生产目的购买的。消费者的法律定义在专为保护消费者而创制的法律环境中很重要，正如商品销售法，它规制着销售者同意将商品所有权转移给消费者以换取货币对价（名叫"价格"）的协议。存在这种协议或合同的地方，立法通过确认一些暗含的销售条件，使消费者在涉及有瑕疵的或不合乎所说明的商品时拥有相应的权利。就提供服务的合同（例如修理）或涉及供给商品和服务的合同（例如提供物件，并安装在洗涤间或厨房）而言，1982 年修订的商品和服务供应法规定了几乎相同的权利。

1979 年法案的三个主要暗含条件相对比较有名。在第 13 节中，按说明销售的商品必须符合送给消费者的说明，商品被购买者选中则是无关紧要的。说明可在商品上或包装上或以其他方式提供，包括价格也可能包括消费者相信真实的其他信息（例如洗涤说明）。例如，一件衬衫如果被描述成纯棉的，就必须是纯棉的，否则就不符合所给的说明，消费者有权选择调换或退货。

第二个条件与提供的商品的质量有关。根据法案第 14 节，商品质量必须符合出售标准，除非在合同成立前任何缺陷都特别指出以引起购买者注意，或购买者在签合同前已检查了商品并检查出应查出的缺陷。因为"能出售的质量"的提法有些矛盾，后被修正为"令人满意的质量"。1994 年法案的第 1 节对此做了定义，但总体上说是期望产品合乎通常购买该产品的使用目的，并考虑到使用期限、价格和其他相关因素（例如品牌名称）。一辆新型的高级轿车应在购买时无明显缺陷，而出售的已行驶很多路程的二手车在消费者心中一般不会引发这种期望。因而尽管销售的商品和二手物品以及全价购买的新产品都隐含着"令人满意"的条件，但应根据合同说明和具体买卖的所有情况判断，包括消费者的期待。

第三个暗含的条件也源自法案的第 14 节，即商品适于某一特定用途（即能够完成销售者指明的任务）。相应地，如果销售者应购买者要求，证实商品适于某一特定用途，而事实并非如此，就将违反第 14 节第 3 条。同样，如果产品不适于通常的用途，将违反第 14 节第 2 条，消费者有权要求退货。

值得注意的是，"令人满意"和"适用于某一特定用途"是紧密相联的，违反一个常常会导致违反另一个。类似地，不能按违反第 14 节第 2 条主张权利可能意味着不能按违反第 14 节第 3 条主张权利。另外，如果销售者在被问及产品用于某一特定用途的适用性时声明什么都不知道，并且消费者愿意冒险，之后任何的不适用不能认为是违反第 14 节第 3 条。如果购买者对销售者的技术或判断的信赖是不合理的，也不认为是违反第 14 节第 3 条。

最后评论的一点是，1982 年商品和服务销售与供应法隐含着一个条件：供应商在交易过程中必须以合理的谨慎和技巧，并在合同中没有载明特定时限时在合理时间内履行其服务职责。合理的谨慎技巧常被视为对执行特定任务的有正常能力的人的期望，尽管这当然取决于具体情况和交易或职业的性质。就像商品销售法一样，任何剥夺消费者享有的隐含条件的企图都违反了 1977 年的不公平合同条款法和 1999 年的消费合同规则中的不公平条款。

消费合同中的排除或限制性条款必须受 1977 年不公平合同条款法和 1999 年消费合同规则的不公平条款的规制。两个法案并列运行，消费者有选择适用权。在前一法案中，任何企图排除或限制造成人身伤害／死亡责任的条款是无效的，而其他条款则必须接受合理性检测。在后一法案中，没有与个人协商的条款，如果造成双方显著不公平，违反善意行事原则，则是不公平条款。商业交易中的情形有点不同，虽然仍不能排除人身伤害／死亡责任。因而，在产品或产品容器或有关文件中提及第 13 节到第 15 节规定的消费者的权利的地方，必须有清楚的且可轻易获取的告示通知消费者，在退回他们认为不满意的物品时他们的法定权利不受影响。按 1974 年公平贸易法，出示"不准退货"或"减价商品不准退货"的通知是违法的，法案旨在确保购买者充分了解自己的法律权利，不让狡猾的交易商占了便宜，而这些家伙企图阻止购买者享受法律赋予的保护。

■ 1987 年消费者保护法

1987 年制定的消费者保护法在 1988 年 3 月生效，是政府负责执行关于产品责任的欧盟 85／374 号指令的结果。本质上该法案对有缺陷的产品制造商强加了严格的责任，为任何使用有缺陷产品而遭受人身伤害或财产损失的人提供损害赔偿（包括有缺陷的物体，种植谷物，船，飞机和汽车）。自然是由原告负举证责任，证明损害是由所称的缺陷造成的。不管是财产损失还是人身伤害或死亡，任何人都可主张自己权利。在后面这种情况下，亲戚或朋友可以起诉，而且依照美国的经验，如证实责任就可获得数目可观的赔偿。就财产而言，损害的财产必须是私人财产而不是商品和商业财产，损害额必须超过275英镑时才考虑请求赔偿。

法案意在使有缺陷商品的生产商承担责任，同时，责任也延伸到任何在商品上贴有姓名或区别性标志的人，通过姓名或标志就可以确认出这个人是产品制造商（例超市自己品牌的标签）。类似地，从欧盟以外进口产品的厂商也要对进口商品的所有缺陷负责，如一些为生产过程供应元部件的公司，他们常常逃避责任，将责任推给其供应商，而该供应商声称无法找出自己的供应商。为了避免这种情况的发生，立法提供了相关的补救措施。根据法案，任何不能或不愿确认进口公司或前一供应商的供应商，自己对造成的损害负责。

在法案第4节，企图避免诉讼责任的公司有一些辩护理由，尤其是：

■ *被告并没有供应涉案产品。*
■ *产品并非在商业过程中制造或供应（例如学校集市中出卖的商品）。*
■ *在产品配送时缺陷并不存在。*
■ *在产品由一些组件构成的场合，缺陷是成品的缺陷，或是由于遵守成品制造商发出的指示造成的。*
■ *缺陷可归结为遵守现行法律的要求。*
■ *供应产品时科学技术知识的状况不足以先进到辨认出缺陷。*

其中最后一条——所谓的科技发展风险辩护——最具争议性，因为它主要适用于新药品和新技术产品等，而使用这些产品隐含的效果可能经过很多年都不会显现出来。正如近期案件所表明的，面对因使用某些产品而吃尽苦头的索偿者的损害补偿请求，制造商通常会决定庭外解决，不愿为他们的行为承担法律责任。

 公平贸易办公室（OFT）的年度报告上都有消费者保护事项的有用评注，包括行为准则和公平贸易办公室的权力，查询相关信息可登录 www.oft.gov.uk

行为准则

除法律提供的保障外，当与消费者打交道的组织属于在一套行为准则下运行的某一同业公会（例如英国旅行社联合会）时，消费者可获得进一步的安全标准。本质上，行为准则代表着同业工会努力对自身成员实行自律的措施，它们确定消费者期望得到的服务标准，鼓励得到肯定的企业行为。另外，行为准则一定载明如何处理客户投诉。很多同业公会都提供低成本或无费用的仲裁方案，以帮助在正式法律程序外解决争议。

尽管行为准则自身没有法律强制力，却通常被视为规范企业组织与顾客之间关系的有用机制，相应地受到公平贸易办公室的支持。该办公室经常对同业工会的准则内容提出建议，企业也常常认为它们有用，尤其是如果通过建立自我规范系统，企业能够避免法律强加的限制措施。

纲　要

所有企业活动，从建立组织一直到销售产品给顾客，都受到法律的影响。企业存在和运行的法律环境随着时间的流逝而发生演化，对所有规模的公司和所有部门的公司都会产生重要影响。仔细考察规制企业与顾客之间关系的几个主要法律，可表明这一点。大多数消费者法起源相对较晚，来源于历届政府的努力（政府力求给个人提供保护措施，使其不受小部分行为不法的公司侵害）。随后政府也向有信誉的公司提供一个活动的框架。公司在框架内开展活动，正因如此，刺激了市场经济中的创业活动。

重点总结

- 企业赖以存在和运行的法律规则是企业组织外部环境的重要组成部分。
- 影响企业的法律，来源于多种渠道，包括风俗、法院的判决和立法。
- 有时候需制定出国际和跨国层次的法律。
- 合同、代理和消费者权益保护是规制企业日常工作的三个关键领域。
- 要约、承诺、对价、缔结法律关系的意图和能力是合同法的中心要素。
- 代理关系是企业行为的普遍特征。
- 企业和顾客的关系受多种法律调节，其中多数来自成文法。
- 除了法律给消费者提供的保护外，许多组织也根据既定的行为准则运行。

案例研究　　银行业方面的法律

个人和企业组织之间许多方面的关系受法律的调节。通过仔细观察银行业日常活动可表明这一点。下面的分析没有集中于一个特定的例子，而是讨论了一种企业组织形式（银行）和客户之间合同关系的要点，阐明了协议双方都有法律规定的权利和义务。

银行业

银行与客户的关系在本质上是合同关系，银行是债务人，客户是债权人，至少在客户办手续借款和透支前是这样，因而这种关系本质上不是信用关系（弗利诉希尔案（1848年））。

尽管银行合同中必须具备有效合同的所有基本要素，但术语略有不同，而且条件与保证的区别不太显著。然而合同关系确实隐含着银行业特有的一些条款和条件。例如，银行在涉及客户账户时有保密责任（乔克姆森诉瑞士银行集团案（1921年）），尽管经托尼尔起诉英国国家地方和联盟银行有限公司（1924年）后责任有所修改。现在，在下列场合下透露账户是合法的：

- 法律要求的场合。
- 履行公共义务的场合。

■ 银行利益要求的场合。

■ 客户公开或暗示允许的场合。

有时法院会命令银行公开客户账号的某些信息，但可能限制已获取信息的使用。

大多数银行有自己的标准格式的合同，很自然，合同包含的条款和条件必然是该银行认为最可接受的。总体上说，这些格式非常恰当，不会给银行或潜在的顾客造成麻烦。尽管在合同关系开始时，它可能没有太大的实际意义，但如果银行代表潜在客户接收支票，它可能就会变得非常重要。只有在银行代表客户收取支票时才能援引1957年支票法第4节，如果此时还没有建立关系，受支票人还不是客户，第4节规定：因为银行已收取支票款项，在客户存在不完全权利或无权利的场合，真正的支票所有者是没有责任的。银行一定不能疏忽行事，但支票没有背书或背书不规则，不能成为粗心大意的证据。就私人客户而言，很多支票交易只针对在银行开立账户的受款人。而在其他场合下，银行必须表明它在交易中保持了合理的谨慎。合理的谨慎就是一个普通的、有胜任能力的银行预期能达到的标准，该标准以现行的银行实践为基础。

尽管在严格的银行法中，参考资料不是至关重要的——银行可能已经提前知道客户的信息（通过亲身体验，或通过银行认为有名望的人）——但银行必须像任何明智的银行那样行为。有时银行的良好行为会与法律产生直接冲突。经过修改的1975年性别歧视法认定完全因性别而歧视一个人是非法的；因此潜在女性客户面临的问题不应涉及婚姻状况及配偶的就业，除非也问男客户相同的问题。案例法，在客户是已婚女性的情况下，不问这类性质的问题也可能被认为行为不合理。许多银行不问任何潜在客户这类问题，似乎是想避开麻烦；但不能确定法院在多大程度上承认这种行为是合理的。

任何低于15000英镑的借款或透支，归1974年消费者信贷法规制，尽管1979年银行法单独条款38（1）要求公平贸易的主任免除银行所有的文件上报，至少就透支而言如此。在一笔透支涉及不止一个当事人的场合，78（1）节要求的定期对账单可以免除，甚至到所有此类客户不再接受此类账户的程度（第185节）。

担保

客户需要办理贷款时，即使贷款期很短，银行常常需要某种形式的安全保证。假如客户不具备某种安全性，那么就要求有担保人。这意味着假如客户不能按时还款，担保人将不得不付钱；如果担保人当时以财产作为安全担保，他会失去财产。担保必须有某种形式的书面备忘录作证明，如果没有就无法律效力。如果不特别要求银行提供借款人账户运行方式的信息，它就不需主动提供信息，但如果它确实主动提供信息，信息必须完备真实。担保人提出的任何问题必须得到明确、肯定的回答。担保人有权在任意时间收到负债信息，但无权检查或详细了解客户的账户。当然也存在例外，即客户同意的时候也是可以的。

银行的权利和义务

银行有权利因提供服务而向客户收取适当的费用。它可以收取任何贷款的利息，而在账户获准办理透支的场合，它可以收取缴款通知的报酬。银行也有权要求客户补偿其代表客户行为而导致的所有费用，银行不可留置在保险箱的物体来偿还客户的银行欠款（留置权是保存他人财产以期付款的权利，一旦款项清偿，留置权就结束）。银行也有权处理客户储蓄的任意和所有货币，只求能兑现支票，当然支票必须有效，而且银行有期望客户在签发支票时保持合理的谨慎的更进一步的权利。有一种银行具有而许多客户并没有意识到的权利是"抵消"账户权。这意味着在一个客户有超过一个账户时，银行获准并有权在没有客户任何相反的指示时，转移贷方账户的货币去填补借方账户的不足。

银行必须遵从客户任何明确的、合法的指示，例如支付远期汇票。如果资金不够支付，则不产生此义务。银行也有支付正确签发的支票的义务（记入贷方账户或办理透支）；正确签发的支票是不过时（大多数银行认为流通六个月或以上的支票是过时的）或过期的。过期的支票是流通时间不合理的支票，"不合理"将根据具体案例的事实和背景来解释，如果客户撤销(停止)支票，银行一定不能见票付款，但撤销必须用合适的书面形式，除非并且只有受到银行注意后才有效（柯蒂斯诉伦敦城和英格兰中部地区银行有限公司案(1908 年)）。有支票保证卡的支票不能撤销。

在存在法律禁止比如禁止令或扣押债权通知的情况下，银行不可从账户上支付款项。再者，如果客户死亡或破产或无力处理自身事务，银行不付款：银行必须知晓这些事情。因为在三种中任一情况下都会有另一方获得管理账户的权利：破产的受信托人，财产的执行者 / 管理者，或无民事行为能力的精神病患者的指定代理人。前面提到，银行除在一些特定情形下不能公开客户账户的信息。但在怀疑账户上的钱来自毒品或恐怖活动时，所有银行都有义务通知有关当局。很清楚，这可能是十分微妙的情况。1986 年毒品走私罪法要求银行检查账户存款，并在当有大笔不能解释的款项定期汇入时对其进行必要的调查。该法确认持有或投资此类钱款是刑事犯罪行为。

银行必须履行银行业正常业务，接收支票和其他信用工具并记入客户账户，同时保持适当的技巧和谨慎。富有技巧和足够谨慎的义务当然超出了单纯的账户管理（见小案例：银行业建议）。例如，如果银行作为投资顾问，更多义务产生了[伍兹诉马丁斯银行(有限责任公司)(1959 年)]。最后，银行有权终止账户，如果银行愿意，甚至终止贷方账户。例如当账户每月只用于一次交易时，有时候会发生这种情况，银行必须给开户人合理的终止意向书，以便客户提前作必要的安排。在账户是贷款账户的场合，必须有违反协议条款的行为之后才能终止账户。

客户的权利和义务

银行必须精确地记录客户账户上的交易，但客户没有义务检查发出的结算单，甚至如果客户确实检查了，也不能阻止客户稍后声称结算不准确 [秦恒棉花加工有限公司诉刘重恒银行(有限公司)(1985 年)(枢密院判决)]。就账户管理而言，考虑到银行的所有义务，客户也有一定义务：确保支票是正确签发的，以正确的方式撤销支票，在账户上保存足够资金以满足远期汇票和直接欠款以及签发支票的需要。

账户的过度借贷

如果银行对某一账户过量借记，必须在发现错误时立即补上这笔钱，而且如果过量借记的结果导致支票不能兑现，银行必须补偿客户信用和名誉的损害。客户也有充分理由要求银行书面告知不向持票人付款的原委。过度借记有时会导致法院发布名誉损害状。

在某一账户被过量贷记的场合，如果客户满足三个条件，银行不能就多余的支付得到补偿［联合海外银行诉嘉瓦利案(1979 年)］：

1. 银行错误地向客户报告账户的状况；

2. 客户已受到有误的报告的误导（即相信报告）；

3. 客户必须相信错误的报告到某种程度，以一种形式改变他(她)的立场以至于命令他(她)偿还将是不公正的。

案例研究问题

1. 就涉及银行服务投诉而言，司法督查官的职责是什么？（例如可登录 www.financial.ombudsman.org.uk）

2. 为什么英国的大银行被控诉恶劣地对待他们的小企业客户？

复习和讨论题

1. 为什么保护消费者的法律被认为是必要的？消费者有什么其他的方法保护他们在市场上的利益？

2. 跨国层次的欧盟法在多大程度上侵害国会的最高权原则？

3. 你认为烟草公司对产品安全的责任应具有回溯力吗？证明你的回答。

4. 仔细考察反对和支持政府控制企业行为的实例。

作业

1. 你是地方政府贸易标准部门负责贸易标准的官员，现要求你就 1979 年商品销售法对一群六年制学生发表演说，准备适当的幻灯片概括如下内容：

(a) 1979 年法案的主要条款。

(b) 在违反隐含条件情况下客户的权利。

(c) 个人遇到消费问题时从何处获得帮助和建议。

2. 假设你在公民顾问局工作，你的大部分工作就是为遇到消费问题的个人提供建议。设计一个简单的传单指出消费者保护领域的主要立法和它们的主要条款，你的传单也应提供一个指南，指出消费者从何处获取专门帮助和建议。

（我们感谢德蒙佛特大学法学院马丁·泰勒对本章的更新所提供的帮助。）

第七章 法律结构

伊恩·沃辛顿

以市场为基础的经济由多种不同的企业组织构成，包括从个人拥有和经营的小型企业，到生产和销售设施遍及全球的巨型跨国集团。不管这些组织的本质或它们的生产规模怎样，它们的存在一定受法律规定的制约，这对组织运行的意义重大。将企业看作法律结构，使我们能透视法律对私人和公共部门的企业运行所产生的重要影响。

目标
- ■ 考察英国私人和公共部门的企业组织的法律结构。
- ■ 对比英国企业组织与欧洲其他国家的企业组织。
- ■ 思考公司法律结构对公司运行的意义。
- ■ 讨论特许权、许可权和合资企业。

关键词

公司章程	黄金份额	上市公司
黑色经济	合资企业	公众有限责任公司
公司	许可权	公司董事
管理董事	公共部门组织	财团
章程备忘录	股东	消费者协会
国有工业	独资经营	执行董事
非执行董事	利益相关者	特许权
合伙企业	无限个人责任	资本组合
私营有限责任公司	工人合作社	

引　言

企业组织能以多种方法分类，包括：
- ■ 规模(例如小型、中型、大型)；
- ■ 产业类型(例如第一、第二、第三)；
- ■ 部门(例如私人部门、公共部门)；

■ 法律地位(例如独资经营、合伙企业等)。

这些分类方法有助于把一种类型的组织与另一种类型的组织区别开来，以及将注意力集中到这些差别对私人企业隐含的意义上。下面的讨论将企业组织当作法律结构考察。

也将详细讨论法律地位变动的后果。本部分后面的章节研究了不同的结构观，目的是强调这些观点对企业运行的环境有着重要影响。

英国的私人部门组织

■ 独资经营

许多人希望拥有和经营自己的企业——自己给自己打工，自己做决定。对那些决定实现梦想的人来说，做一个独资经营者(或个体物主)是最简单最容易的经营途径。

正如字面意思显示的一样，独资经营是个人拥有企业、个人自我雇佣，有时也可能雇佣其他的专职或兼职员工，通常使用个人资金开始做生意。独资经营者要决定生产的商品和服务的类型、企业的地点以及需要的资本，如需要员工时该雇佣什么样的员工，目标市场应该是什么以及其他涉及企业建立和经营的大量事宜。在企业经营成功的情况下，所有的利润都归经营者所有，他们使用这些利润进行再投资或偿还债务。假如出现亏损，经营者个人负有责任，他对企业债务负有无限连带责任。

尽管存在这种严重弊端，从数量上说独资企业通常是企业组织中最流行的形式。例如在英国，估计有80%左右的企业是独资经营的，在一些部门——个人服务、零售、建筑等较显著——独资经营通常是企业的主要形式。独资企业在数量上占主导，其部分原因是个人建立此种类型企业相对容易，除涉及企业名称使用的小小限制外——假如不使用物主姓名——设立企业几乎不需要其他正式的法律手续，只需要在营业额超过一定数额时(例如2002年是55000英磅)登记缴纳增值税以及在开始交易前满足地方当局定下的特别要求(例如一些企业需要许可证)。当然，独资经营像其他企业形式一样，一旦设立将受多种法律要求的限制(例如合同法、消费者法、用工法)——尽管不要求在公共场合公开企业信息。对一些人来说，能使企业事务不受公众审视是建立独资经营企业的又一动力——一些企业可能全部或部分在"黑色经济"中运营(即超越税务当局的视线)。

独资经营的又一推动力来自个人希望对自身命运行使一定程度的控制。企业的决策——包括企业的日常运行和长期计划——掌握在经营者手中。许多人显然乐意享受创业行动的风险和潜在回报，不愿意屈就于在其他组织工作的相对"安全"投资。对那些不太走运的人，与其说市场的"拉动"，还不如说失业的"推动"是决定性因素，这清晰地解释了英国20世纪后半叶小型企业数量不断增长的情形。

然而，仅有抱负和努力不足以保证企业的生存和成功，独资经营的死亡率高，尤其是经济衰退时常有发生，有文件记载为证。部分问题可能大半来自企业控制之外的变化——包括坏账、竞争加剧、高利率、需求下降——还有其他影响着所有类型和规模的企业的类似因素，不仅仅局限于影响独资经营企业。其他的困难，例如缺少扩张资金，市场营销不佳，缺少市场调查和管理技巧不足等在一定程度上是自身造成的，至少部分来自采取独资经营而不是其他企业组织形式的决定。在存在这些限制因素的场合下，独资经营者可能会寻求他人来分担负担和风险，也即建立合伙企业、合作企业或有限公司或寻求一种不同的方式进行企业投机，例如通过"特许经营"。下面将详细讨论这些可供选择的企业组织形式。

■ 合伙企业

1890 年合伙企业法将"合伙"定义为"存在于共同经营的企业以求获利的个人之间的关系"。就像独资经营一样，这种企业组织形式没有自己明确的法律人格，因而所有人——合伙人——分别和集体负无限连带责任，这意味着在合伙企业负债或破产的情况下，每个合伙人负有全部清偿所有债务的责任。每个人都可被起诉或被剥夺资产，直到债务得到清偿。或者所有合伙人共同偿付债务，除非凭借 1907 年有限合伙企业法，一个合伙人（或多个）负有限责任。因为建立有限公司能相当简单地达到同一目的，有限合伙并不常见。合伙企业的合伙人通常不负有限的责任，因而在下文的讨论中，将注意力集中于作为非法人联合体的合伙企业，它在市场运行中承担无限责任。

本质上，当两个或更多的人建立自己拥有、投资和为个人获利集体经营的企业时，合伙企业就形成了，不管这种关系的程度有多正式。合伙企业包括从夫妻共同所有共同经营的当地小店到庞大的会计或律师事务所，这些事务所在不同地方有上百个合伙人在办公室工作。根据法律，合伙人的数量大多限制在 20 人或 20 人以内，但一些企业形式，尤其是专业领域，可不受此规则束缚（1985 年公司法，716）。1985 年公司法要求不能免除该规则限制，合伙人超过 20 人的企业应注册为公司。

尽管合伙企业不必有正式的书面协议，但大多合伙企业倾向于正式制定合伙事项或条款，因为有书面文件参考时更易于减少不确定性，确认合伙动机。在没有书面文件场合，1890 年合伙企业法制定最低准则，管制合伙人之间的关系，和其他手段一起，提供合伙人平分资本和企业利润以及平等偿还负债的根据。

当然，实际上在存在合伙事项或条款的情况下，它们一定反映合伙个人相对地位和贡献的不同，例如资深的合伙人常向合伙企业提供更多资金，因而他们自然就会期望得到更大份额的利润。其他安排——包括成员、合伙解散行为、管理责任和权利、分配工资的依据——大致都包括在合伙协议中，这样就构建了企业存在和共同所有人经营的法律框架。

和独资经营不同的是，独资经营的管理责任集中于一个人，合伙企业允许分担责任和事务。通常合伙企业中的个人在一定程度上专门从事组织特定方面的工作——像在法律或医药或兽医行业。同时企业的所有权涉及多人，促使组织可获得的资金数量增长，使企业实行扩张而所有人不会失去对企业的控制，仅仅这两个因素就会使合伙企业对一些即将创业的人来说是很具有吸引力的选择。对另一些人来说，专业机构的规则限制了成员组建公司，从而有效地促成了合伙企业的建立。

另一方面，共同分担决策和责任本身可能就是问题，尤其是在合伙人不能一致认可企业发展方向或企业的投资额大小的场合，除非这些问题在正式协定中清楚而详细地予以规定。此外，更伤脑筋的问题则是存在个人无限连带责任——可能会阻止一些人考虑这种组织形式，特别是注意到任意一个合伙人的行为一定对企业其他成员有约束力。为克服这一问题，许多人，尤其是制造和贸易行业的人员，都积极寻求以有限公司作为组织形式。有限公司能将联合所有权和有限个人责任的好处结合在一起——这种情况在实践中并不一定经常出现。现在的讨论正要转向有限公司这种企业组织。

■ 有限公司

在法律中，公司是有自身法律身份的法人联合体（即区别于拥有公司的人，不同于独资经营或合伙企业的情况）。这就意味着公司所有的财产和其他资产属于公司，不属于其成员（所有人），同样，成员（股东）的个人资产通常不属于企业。因此，在破产清算时，个人的责任仅限于其投入企业的资产数额，包括任何已认购股份的未付款项。但存在一个例外，就是在公司的所有人以个人名义保证将偿付从银行或其他机构的借款——这是多数小型私人有限公司借款的必要条件。另一个例外是公司不是股份有限而是保证有限，在公司终止时成员的责任限于他们答应的出资额，这种类型的公司通常是非营利组织——例如专业性的、研究或贸易协会——没有股份有限公司那么常见。因此，在下面的讨论中，我们主要集中讨论股份有限公司，它是企业法人部门中企业组织的主导形式。

公司本质上是由两个或更多个人组成的企业组织，个人同意创立企业并决定寻求法人地位而不是组建合伙企业。这种地位可根据国会法或皇家宪章取得，但现今几乎总是通过"注册"形式来实现的，各种公司法都规定了"注册"这个术语。根据立法——最近的立法是从 1985 年和 1989 年开始——希望组建公司的个人被要求提供多种文件，包括公司备忘录和公司章程，在公司注册登记处备案。如果被批准，登记处将颁发公司注册证，使公司成为法律实体。另一种可能是通过专门研究公司组建的公司注册代理商，公司的参股者从公司注册代理商处买一个现成的公司（即，使已组建的名义上的公司"个案"）。在英国，杂志上定期刊载现成公司的广告。

 网页链接 **查询有关公司组建问题的有用信息可登录以 5，companies–house. gov.–uk/notes/gbf/**

英国法中有公众公司和私营公司的区别，公众有限公司（PLCS）——不要与公有公司混淆，后者是英国国有企业（见下文）——是满足相关条件的有限公司，这些条件要求公司具备：

- 最少两个股东；
- 最少两个董事；
- 最少 50000 英镑的法定和已分配的股份资本(目前)；
- 有权向公众发售股份和债券；
- 公司注册登记的证书，证明已满足股份资本的要求；
- 表明公众公司身份的备忘录。

满足这些条件的公司在名称中必须包括"公众有限公司"或"PLCS"称号，并被要求将全部账目公开以接受公众检查。因此任何不能或不愿满足这些条件的公司，在法律看来，就是私营有限公司，通常用术语"有限"或"Ltd"标示出来。

和公众有限公司一样，私营有限公司也必须最少有两个股东，尽管可通过企业合同将股份卖给个人，但其股份并不面向广大公众发售。对股份销售的限制，其实就是对公司在开放市场上筹集大笔资金能力的限制，从而使得大多数私营公司的规模较小，而且通常是在相当有限的市场上运行的家族企业；当然也有一些例外值得注意（如沃金公司）。与之相对，公众公司——大多数在转变成公众公司前是作为私营公司建立起来的——常有成千上万，甚至几百万的所有者（股东），在全国或跨国运营，生产各种各样的产品，例如计算机、石化产品、汽车和银行业。公众公司的数量虽不及私营公司多，但就资本和其他资产而言，私营公司则相形见绌。公众公司对经济中产出、投资、用工和消费的整体影响巨大。

公众公司和私营公司都通过董事行为。董事是公司股东选出来管理公司事务的个人，他们制定关系着公司发展方向的重要决策（例如投资、市场开发、合并，等等）。公司章程中大致规定了董事的任命和权力(组织的内部规则)，只要董事不超越权限，股东通常就无权干涉公司的日常管理。若董事越权或没有清楚表明他们是代理公司行为，他们个人就对他们签订的任何合同负责。同样，如果董事在公司破产时继续贸易，他们个人也将承担责任，而且，如果法庭认为从某人过去的记录来看其不适合当董事，法庭可解除其董事职务(1985 年公司董事不合格法)。

董事会通常有一个主席和一个管理董事，尽管许多公司会选择一人来身兼两职。主席由董事会其他成员选举产生，通常依据个人知识、企业经验和技能等标准。主席善于对内主持董事会会议，对外代表组织的最大利益，其作为公司的公众媒介，在建立和维持良好公众形象上发挥着重要作用，因而许多大型公众公司喜欢任命知名人士(例如前内阁部长)做主席。在这种情况下其所具备的企业知识不及个人的其他禀赋重要，最重要的是公众能经常看见和熟悉他，而且他还要在政府和商界有联系网络。

管理董事或首席执行官，在董事会和高级执行人员的管理小组间建起连接关系，在组织过程中起领航作用。其中心任务不仅是要解释董事会决策，而且还要确保建立适当的委托责任结构和有效的报告控制系统，并将决策付诸实施。由于与公司日常运行的紧密接触，受任命的管理董事处于相当权威的地位，他可以不必参考全体董事而做出重要决定，在某些场合下管理董事的权力更大。管理董事同时负责主持董事会和／或负责推荐人员担任执行董事(执行董事即有职务责任的人，例如生产、市场营销、融资)。

像管理董事一样，大多数（如果不是所有）的执行董事是公司的全职执行官，在董事会议定的框架内负责经营一个分部或职责领域。与之相对，其他董事扮演非执行的角色，他们常是兼职雇员，因为多种原因而被选出，涉及知识、技能、联系能力、影响、独立性或先前的工作经验等。有时候，公司可能受第三方意愿要求任命董事，例如同意注入大笔资金的商业银行希望在董事会有代表，在这种情况下，个人倾向于行使顾问职能——尤其是在融资事务上——并协助为金融机构提供某种方法，保证董事会的任何决策都对它有利。

近年来英国的公司董事和高级执行人员的职责在一定程度上受到公众审查，并上升到对一些人员权力和薪水的调查。在卡德贝利报告中（1992 年），以艾德里安•卡德贝利爵士为主席的委员会，呼吁建立一部非法定的行为准则，并希望应用于所有列出的公众公司。在此报告中，委员会提议：

■ 公司领导的职责划分清楚，以确保任何个人的决策权都受制约；
■ 增大非执行董事的职责；

- 定期举行董事会会议；
- 对执行董事签订合同的限制；
- 完全公开董事的名单；
- 建立由非执行人员主导的审计委员会。

格林贝利报告（1995 年）又一次提起了委员会对非执行董事重要作用的强调这一主题。报告调查了在公司高层董事层公开化的工资增长之后相关执行人员薪水这个富有争议的话题。格林贝利的提议具体包括：

- 完全公开董事的一揽子薪酬计划；
- 由股东批准任何长期奖金计划；
- 完全由非执行董事组成的酬劳委员会；
- 在年度报告中更详细地披露董事的报酬、退休金和津贴；
- 不能履行职责的人不给付工资。

格林贝利报告后，帝国化学工业公司的主席罗纳德·汉伯尔主持的委员会进一步调查了公司治理。汉伯尔报告（1998 年）呼吁公司的股东承担更大职责以及提高信息公开的标准；它支持卡特贝利报告中的提议：主席和首席执行官的角色通常应该分离。可以预见，汉伯尔报告倡导的自我规范确是英国公司的最好发展途径。公众公司在实行这些不同的提议方面的准备程度，自我规范是否将足够保证不同报告的字面意义和内在精神得到贯彻，这些都需要时间和事实来说明。

小案例　压力下的戴姆勒·奔驰公司

公众公司必须满足一系列利益相关者集团可能相互冲突的需求（见下文），也同样要满足股东的需求。整体上说，单个股东通常相对沉默，组织战略和日常决定都是留给董事和高级执行官来处理，然而随着公众公司的数量逐渐增多，许多股东日益积极涉足公司活动以影响公司的投资决策，总是希望在股东大会和媒体上发表他们自己的感受。

戴姆勒·奔驰是德国最大的工业集团，是在股东们相互争斗中崛起的公司的典型。1996 年 5 月在斯图加特举行的世纪年会上，公司的高层人员面对着约 10000 个股东，其中很多股东表示对亏损记录、执行欺诈的控诉和去除另一个飞机附属机构等非常关切。而小股东们则指责董事会和监事会工作不力，以致他们在最近公司出现的历史上最大的亏损之后没有分到红利。董事会主席吉根·斯格默普声称他正力求扭转时局，提高"股东价值"，但并没有起多大作用，也并没有平息急于见到公司头目滚蛋的批评家们的不满。

除指责能力欠缺、滥用职权外，董事们也受到股东中环境保护主义者的批评和开展反对公司销售军事硬件运动的股东们的批评。这仅仅用于表明任何一个利益相关者集团内总是充斥着一系列不同的观点和利益——这个事实使满足股东希望的工作变得格外难做。

■ 合作社

消费者合作社

消费者合作社基本上是自助组织，根源于 19 世纪中期英国的反资本主义情感而导致的消费者合作运动。它致力于为其成员提供物美价廉的食品和分享利润。非常自豪的是，今天该运动已经拥有数十亿英磅的营业额，数百万的成员和一个包罗万象的帝国，其中有成千上万的食品店，无数的工厂和农场、牧场、旅行、眼镜店、殡仪馆，一个银行、一个保险机构以及房地产开发企业，总体上说，这些活动确保合作社在进入 21 世纪早期时始终是英国零售业的强大力量。

 合作社的网址是 www.co-op.co.uk.，查询有关社会企业的信息可登录 www.socialenterprises.org.uk

合作社同公司一样，是注册的法人团体——在受勤俭社团法限制的情况下——他们是倍受关注的交易组织。合作社属于成员组织（即一定是购买社团股份的顾客），每个成员在社团年会上有一次投票权，选举负责经营该组织的委员会（或董事会）。委员会任命经理和员工进而经营不同的商品和办公业务，协会通过任何活动获取的利润必须使其成员受益，起初采取的利润分配形式是提供与成员购物有关的现金分红，但这种形式几乎消失了，被交易印章取代，或投资于对消费者有利的地方（例如更低价、高品质的商品、现代化商店,等等）和／或投资于对当地社区有利的地方（例如慈善捐款、赞助）。

合作社在其他方面也不同于标准的公司。首先，股份不在股票交易所报价，成员购买的股份数额有限，而且使用方法也有限。因为不能在股票市场上得到廉价资本，合作社严重依赖于所保留的剩余和借贷资金，在利率高的时候这就给合作社造成沉重负担。合作社运动的民主原则也影响其运行，这常常成为争论的重点，因为成员抱怨他们离决策中心越来越远。一些合作社的反应是鼓励发展位于当地的委员会，以顾问或咨询形式为社团的董事会服务。可能其他合作社也将被迫考虑类似方式，增加成员参加合作社事务的机会，但参加率仍旧有限。

 合作委员会已提出很多改革建议，以期提高合作社的行为绩效，查询相关信息可登录 www.co-opcommission.org.uk

合作社运动与英国工党是有着历史联系的，一些国会候选人在大选时通常会受到资助。然而这些联系近年来倾向于变得松散一些，尽管合作社运动仍捐钱给工党并继续游说国家和地方政客，同时它也积极寻求对公众舆论的影响。在这方面，对顾客反应积极应答的声明需要合作社承担更大的社会和集团责任，在它的动议中包括建立顾客宪章（由合作银行）和重新审视投资的决定，审视有生意往来的个人和组织，以确认从道德视角看他们是可接受的。

工人合作社

在英国很多行业都设有工人合作社，包括制造、建筑、工程、饮食和零售，而在印刷、制衣和天然食物行业中尤为盛行，有些工人合作社都已经存在一个多世纪了。但是，大多数都是最近发起的，它们构成了20世纪80年代出现数量增长的小公司的一部分。

如名称所示，工人合作社是一个企业，其中所有权和资产控制权掌握在为企业工作的人手中，工人同意建立该企业，分担风险并分享利润。参与人并不是组建标准的合伙企业，而通常是将企业注册为以1965～1978年的勤俭社团法为依据的友好社团，或以1985年公司法为依据寻求合作组建私营有限公司。在前一种情况下需要七个人组成合作社，而后者仅需要两个人，但实际上标准倾向于是三四个人。有些合作社可能有几百名参与者，他们常常是被雇主辞退的剩余劳动力和热心促进企业发展的人。

合作社运动的中心原则——民主公开的成员制、社会责任、互助和信任——有效地将合作社与其他企业组织形式区别开来，并且主导着该类企业的组建和运营活动。每名雇员都可以成为组织成员，每个成员拥有企业的一个股份，每一股都有同等的投票权，通过民主协定分享任何盈余。此外，盈余通常是在公平的基础上分配的，反映了诸如个人投入企业的时间长短和精力大小等信息。其他决策也由成员集体做出，重点总是集中在提供优质的商品和服务并营造有利的工作环境，而不是追逐利润——尽管组织要生存就不能忽视后者。总之，合作社倾向于关注人和人之间的关系，强调合作社发起之初的合作和社团传统，而非其他工业组织形式中固有的更具冲突性和竞争性的东西。

很明显，工人合作社的优势很具有吸引力，但它在英国乃至世界各地(例如法国、意大利、以色列)从来都没有盛行过，尽管20世纪80年代合作社数量也有很大增长，这主要是因为失业增多、政界的公开支持以及鼓励和促进合作社理念的系统的建立(例如合作发展机构)。但在近期，合作社的情况转而恶化，因为员工持股和利润分配计划(ESOPs)日益盛行。生存在利润主导性公司的私人部门和由国有、市政企业构成的公共部门之间，工人合作社仿佛不会在英国经济中支撑起第三个强大的部门。

英国公共部门的企业组织

公共部门组织有多种形式，包括：
- 中央政府部门(例如货易工业部)；
- 地方政府(例如朗科郡议会)；
- 地区团体(例如以前的地区健康机构)；
- 非政府部门公共团体或准自治管理机构(例如艺术委员会)；
- 中央政府贸易组织(例如文具办公室)；
- 公有企业和国有化工业(例如英国广播公司)。

其中有些组织已经在第三章中讨论过，在第三章中我们考察了政治环境，同时关于政府对企业活动影响的讨论贯穿全书，最显著的可在第四、八、十、十二、十三和十四章中找到。在下面的讨论中，我们将重点关注最接近私人部门企业的公共部门组织，即公有企业和市政企业。其中许多公共部门转变成私人部门——通常称为"私有化"，对此内容的考察安排在第十四章。

■ 公有企业

私人部门企业组织属私人和私有集团所有，他们选择某种企业形式进行投资，期望获得个人盈利。与之相对，在公共部门，国家拥有不同形式的资产，并运用资产提供有利于公民的一系列商品和服务，即使提供这些东西使得国家产生"亏损"。许多服务是直接由政府部门提供的（例如社会安全利益）或由中央政府委托的权威机构运作（例如地方政府、健康机构）。而其他的则是国有工商企业的责任，它们是因为多种原因而特别建立的，通常采取"公有企业"的形式。公有企业是公共经济部门的重要组成部分，对国家产出、就业和投资贡献很大。然而，20 世纪 80 年代出现的国有工业大规模"私有化"之后，公有企业数量剧减，而且这种"私有化"进程在整个 90 年代仍在继续发展，一些公有企业已被卖出，如英国煤炭、英国铁路和英国能源等（见第十四章）。

公有企业是法定团体，（最主要）按特别议会法设立，像公司一样，它具有与拥有和经营公有企业的个人相分离的法律身份。根据组建法人团体的成文法，公有企业的设立须参考组织的权力、义务和职责以及与监督它运行的政府部门的关系。过去它们运行的范围广泛，从提供多种国家和国际邮政服务（邮局）到提供娱乐（英国广播公司）、能源（英国煤炭）和国家铁路系统（英国铁路）。在某些场合，供给包括组织与顾客有相当程度的直接接触活动（利润大多取自顾客）。这类企业倾向于被称为"国有工业"。当然，实际上公有企业是拥有和经营某一行业的法律形式，每个企业在一定程度上都具有独特的结构和功能。企业作为由国家提供大部分资金的组织归国家所有，要求对公众负责，因而它们必定在"赞助"它们的政府部门的监督下运作，该政府部门的首脑（国务大臣）任命管理理事会经营这个组织。理事会在日常决策中行使相当程度的"自治权"，在大多数常规性的事务中自由运作，不受政治干预，然而组织的战略目标和有关重组或投资的重大问题，必须得到赞助部门的同意。同样，绩效目标和外部融资限额也是如此。

企业和监督它的政府部门之间的联系为国会提供了监察组织工作的途径。国会的普通成员允许通过提问时间、辩论以及选举的委员会系统获取信息和说明。另外，根据 1980 年竞争法，国有工业须接受竞争委员会调查（见第十四章），这也提供了更多国会讨论和辩论的机会，和更多政府行为的机会。

另一个公众审查的机会来自各行业建立的消费者委员会或咨询委员会，它们分析顾客投诉，建议理事会和有关部门如何对待公众对组织工作情况和其他运作方面的态度（例如定价）。在一些实例中，包括私有化前的英国铁路，消费者和其他方面的压力迫使政府设立"消费者宪章"。根据宪章，组织同意提供预定水准的服务或发布信息和／或予以补偿（在不合标准的场合）。这种发展已波及其他公共部门，将来可能被用作政府决定分配公共团体资金的手段，也提供了一个监测组织业绩的工具。

有趣的是，向公众负责机制和国家管制机制甚至在公用事业"私有化"（即变成公共的有限公司）的场合也一定程度地保留着。天然气、电力、水和电信等行业受到新建的管制机构的审查。这些机构是专门设立以保护消费者利益，尤其是有关定价和提供服务的标准。例如，天然气机构过去常常调整英国天然气公司，监控天然气供应收费以保证价格合理反映投入成本，而且，如果收费过高可以由"监管者"改变收费。类似的情况也出现，在非天然气服务方面，例如设备维护。行业私有化的立法现在允许价格上调到指定最高价，以确保组织不能充分利用垄断权力。天然气市场的管制者现在是奥佛盖姆（见第十四章）。

另外一个政府影响来源于它在私有化的国家工业中拥有的"黄金份额"，这使得政府在某些关键的决策领域能有效行使"否决权"。这种名义控股——已经写入私有化立法——倾向于长久维持下来，用以保护刚私有化的企业不被恶意接管，尤其是被外国公司或个人恶意接管，然而最终期望撤销否决权，有关组织将完全受市场效应调整——这一点已得到证实：英国政府在阻止一些先前的接管投标后，1990年决定让福特公司接管豹牌汽车公司。

"黄金份额"的存在不应等同于政府保留（或购买）私有化的（或已是私人的）企业组织的较大比例的已发行股票，不管是作为投资和／或未来收入来源，还是作为施加影响特定行业或部门的手段。它也不应与政府吸引私人资金投入到现存国家企业的计划相混淆（政府允许国家企业获得名义上的公司地位，以克服财政部对公共机构借贷强加的限制）。

后一情况常涉及有限的股份发售，政府通过拥有所有（或绝大多数）股份仍然保留对组织的完全控制——如康采尔公司的情况（以前称为邮政局），2001年3月，康采尔组成政府控股的公开招股公司，法律地位的变化使公司在企业借贷和投资上更自由，从而能够收购和组建合资公司并向国际市场扩张。

 网页链接 **查询有关康采尔公司的信息可登录 www.consignia.com**

■ 市营企业

英国地方政府参与企业活动的历史悠久。在某种程度上，这是地方政府作为公共服务（例如教育、住房、道路和社会服务）的中心供应者的一种职责，也是政府在支持地方事业发展的活动中（见第十章）日益增加的参与情况的反映。但是，它们的活动传统上也包括供应不同品种的商品和服务，这不是法律要求提供的而是地方政府主动进行的，常与私人部门直接竞争（例如电影院、休闲服务、博物馆）。通常，这种项目是在地方当局的支持下进行的，由地方当局任命职员，职员通过部门最高长官和自己推选的头目，对当地议会和委员会负责。尽管地方当局渐渐转向其他组织安排形式——包括设立公司和信托机构——目的是将企业活动和其余的责任分开，创造私人向企业投资的方式。

这种发展的例子可见于地方当局控制机场的问题，机场通常是几个地方政府部门的责任，以联合董事会形式经营，理事会代表参加区议会的利益（例如曼彻斯特机场）。自1986年机场法以来，有机场的地方当局受命设立投入共有资金的有限公司，并任命董事会经营企业。像其他有限公司一样，组织在适宜时可引进私人资本，而且必须公布年度账目，其中包括一份利润表，如果该地方政府决定放弃所有权，公司也能相对简单地实现"私有化"（例如英格兰中部东方机场）。

这些发展，与其他公共部门的发展并行而立，至少呈现出四个方面的好处：

1. 它们提供一定程度的不受地方政府控制的自治，在竞争的贸易环境中，这被视为是有利的。

2．它们通过建立不完全受中央政府对地方政府借款限制的束缚的法律结构，拥有了获得市场资金的渠道。

3．它们取消或减少了正常安排下使用的部门经费，有助于地方政府组织在现在已过时的义务竞争投标系统中更有效地竞争。

4．它们提供了进一步私人投资和该类服务的最终私有化的工具。

鉴于这些好处和目前的私有化趋势，毫无疑问在可预见的将来它们将成为市营企业日益显著的特征。也就是说，根据1990年地方政府和住房法的一项条款，地方政府在公司所有权上的份额会受到限制。

欧洲大陆的企业组织

在整个欧洲和世界各地都可找到独资经营企业、合伙企业、合作社和有限公司，在很多情况下它们的法律结构与英国的类似。在出现差别的地方，这些差别往往反映了表现在风俗习惯和法律上的历史和文化因素，下面的讨论主要集中于法国、德国、丹麦和葡萄牙，其中包含一些上述差异的例子。

■ 法国

从数量上说，法国经济由规模很小的企业占主导（即少于10个雇员），主要是独资经营。像在英国一样，这些企业是业主管理和经营的，夫妻常常承担企业的共同责任。这种组织的正式要求倾向于很少，尽管从事商业活动的公司和个人一般在正式贸易之前要求注册。既然手续相对简单，又没有最低资本要求和重要的呈报责任，大多数想开设企业的个人愿意采用独资经营，尤其在服务部门盛行。然而业主负有无限的个人责任，个人资产在企业破产时会有风险。

法国其他的企业组织多数是有限公司，许多是中小型企业，雇佣员工10人到500人不等。公司的法律形式多种多样，但有两种形式尤其显著：有限公司社团和不具名社团，1994立法创立了一种新公司形式：不具名贸易公司，将法人的法律地位和合伙企业的灵活性结合在一起。

有限公司社团通常是小型公司青睐的形式，公司所有人希望保持对组织的严密控制；因此大多数是家庭企业——这是法国私人部门的重要特征。这类企业的设立资本最低是7500欧元（目前水平），不能向公众发行股票，股份的转手受限制而且是由股东任命的人员经营——通常是股东自己和／或亲戚。实践中，各种限制有助于保证经理在组织中占主导地位，委任的公司头目必定是最重要的决策者。同时也有助于使组织在抵制恶意接管时有所依托，尤其是海外公司的接管，它们寻求在法国设立子公司以规避运用于分支机构和代理机构的特殊规定（例如国外母公司对它的分支机构或代理机构负有无限责任，因为后者没有独立的法律身份）。

不具名社团通常是寻求大量资本的大型公司采取的法律形式。就私人所有的公司而言，目前要求的最低资本是37000欧元，如果是公众所有的公司，最低是225000欧元。

在资本数量很大的场合，这常会保证金融机构是公司的大股东。金融机构通过控股公司在广大企业中拥有利益（见下文）。这种设置的一个好处是提供金融机构管理其投资的手段，使金融机构在其拥有较大的少数股东利益的公司能发挥影响力。另一个好处是为法国公司防止恶意接管提供了手段，因此中小型企业常寻求控股公司的支持，以帮助中小型企业抵制外国公司的接管。

像在英国一样，不具名社团的法律基础清晰地区分开所有人（股东）的角色和拿薪水的雇员，前者任命公司的董事会。在小型公司里，主席和总经理常是同一个人，许多小型的法国公司一直都实行极其集权的控制，控制人常是家庭型公司的一家之主。在大型公司，两个角色通常是分开的，管理董事负责企业的日常运行，在董事会以及公司高级执行人员和经理之间建立联系。有些高级执行人员和经理可能拥有相当大的委托权。值得注意的是，在员工超过50人的公司里，法律要求有推选的工人委员会，工人代表有权作为观察员参加董事会，在影响工作条件的事件上提供咨询。在员工超过10人的公司里，工人有权选择代表维护自身权利，必须举行管理层和工人的定期会议，另外雇主有责任每年就工资和工作条件与工人协商。尽管具备了规定和法律赋予的在公司内组织工会的权利，工会成员——指国有公司之外——的人数仍然很少，因而影响力也非常有限。

最近鼓励就工资和工作条件达成地方协议的措施似乎注定会进一步缩减工会的影响力——英国的情形也一样。

■ 德 国

所有商业组织的主要形式都可在德国找到，但有限公司尤其引人注目。一些企业形式起源相对较晚，是由德国统一以前东德的国有企业经过"私有化"过程形成的。

从数量上看，私营有限公司占主导，是寻求在德国建立企业的大多数外国公司首选的形式。像在英国一样，这种组织必须到权威机关登记，创建者必须准备公司章程，供公证人签署。章程包括的信息有企业设立的目的、认购资本的数量、成员的出资额和责任、公司名称和注册地址。一旦注册过程完成——通常是几天时间的事——成员的个人责任就以其在企业的投资数额为限。目前注册要求的最低认购资本是25000欧元，而其中一半必须由公司自身缴齐。

大多数私营有限公司由德国家庭所有和经营，银行扮演有影响力的角色，是部分初始资本的保证人和借贷融资的首要来源。像在法国一样，这种所有权方式保证企业的管理始终掌握在所有者手中，而且不易被恶意接管。具有深远意义的是，提议设立的私营有限公司的管理层要受到质量控制调查，在开展贸易前要求证明其有资格履行业务，这一要求与英国的设置形成鲜明对比。英国不需要类似的保证，这些条件隐含在银行在企业计划的基础上给予提议设立的企业以资金支持的决定里。

设立其他类型企业组织的程序与私营有限公司的类似，尽管就公开招股有限公司而言，目前在可协商的股份证件上要求的最低启动资本数额是50000欧元。与英国公司不同，公开招股有限公司通常由两个董事会组成，一个（监事会）决定长期战略，而另一个（管理董事会）集中处理比较及时的政策问题，常是运营性的问题。通常监事会的一半成员由股东选举，而另一半是工人选出的雇员。保护股东和雇员的利益是董事会的责任。

这种高层机构工人代表制是德国企业组织系统的重要元素，甚至在小型企业中工人也有权设立工作委员会，有权在社会和人事问题以及战略决策上被咨询。同样地，所有雇员拥有宪法赋予的隶属于一个工会的权利。大多数工会是行业组织的，而不是根据手工艺或职业设立，英国的情况也大多如此。结果，德国公司常只与一个工会协商，协商气氛常强调共识和社会、经济效益的认同，而不是矛盾和对抗。

　　融资是德国公司与英国公司不同的另一领域，尽管近年来情况发生了一定程度的变化。从历史上看，英国公司资金的大部分是从股票市场上筹措的。美国和日本的情况也一样（例如见表 7.1）。在德国（其实法国、意大利和西班牙也一样），银行和一些其他特别信用机构扮演着主要角色。银行在长期资本来源上的贷款远远超过股份融资。传统上德国银行一直愿意作长期投资，甚至牺牲短期利润和分红，这对寻求扩张经营规模的德国公司有利。反过来，银行一般拥有相当程度的影响力，左右许多德国公司的董事会，常常是通过人事手段，公司监事会的大量成员来自银行，包括主席。

表 7.1	股票市场资本化（1989 年 12 月 29 日的数字）	
国家	欧洲货币单位（亿）	占国内生产总值的百分比
英国	557	74.1
德国	236	21.8
法国	182	21.1
西班牙	62	18.1
意大利	95	12.1
日本	2632	102.3
美国	1968	34.8

资料来源：F. 索默斯，《欧洲经济：比较研究》，彼特曼出版社，1991 年。

■ 丹 麦

　　丹麦像法国一样，是小企业在经济中占主导的国家，许多小企业是独资经营。同其他国家一样，丹麦管理小型企业设立的规范很少，只需营业额超过定额。限制时，登记交纳增值税以及满足税收和社会安全条件。为与欧洲及欧洲以外地区的做法保持一致，独资经营者负无限个人责任，这对组织所有者和家庭产生了相当大的负担，所有者和家庭常共同经营企业。同样的条件也适用于丹麦的合伙企业——正式的或非正式的——共同所有者对组织产生的所有债务负全部的无限责任。丹麦的有限公司也反映了其他地方的做法。有限公司要求根据公司法注册，公司的存在在法律上与所有者和雇员分离。可区分出三种主要的有限责任公司：

　　1. 私人合股公司，常由家庭经营，由少数人所有和控制，一个人可同时担任主要所有者、主席和总经理的角色。许多这样的公司一开始是独资经营，但由于税收和责任原因注册为私人合股公司。

　　2. 在证券交易所进行交易或（更常见地）不进行交易的公共招股有限公司，本质上受与私人合股公司同样的规范控制，但注册时的最低资本额要求则大得多。多数公共招股有限公司仍是小企业，由家庭成员经营，家庭成员希望在出现资产增值时仍控制着企业。

3. AMBA 公司，它是一种特殊类型的有限公司——本质上是免税的合作社，有自身规则。许多这样的公司通过合并和收购逐年发展壮大，其中一些属于更大的丹麦公司，雇佣的工人很多。它们倾向于集中在生产农场类产品的公司，但也可见于服务部门尤其是批发和零售业。

■ 葡萄牙

通过对葡萄牙企业组织做简单观察之后，一个范围广的法律结构就展现出来了，包括独资经营、合资企业、互助团体、无限公司、有限合伙企业以及公共招股有限公司和私营有限公司。就后者而言，要求的资本数额常是与有限公司或集团区分的重要特征。像在其他国家一样，有限公司或集团比私营公司要求的最低资本额大得多。

欧洲大陆的公共部门

激励对这一领域感兴趣的学生进一步阅读和咨询各类专家以获取他们希望调查的国家的信息资源。但是下面几点值得注意：

1. 由于各国政府都决定在国家所有和控制下建立一种特别的企业形式或使已经存在的私人企业（或行业）国有化，所以，所有国家一定存在公共部门的企业组织。

2. 在一些国家（例如法国、希腊、葡萄牙），传统上政府在企业经营中发挥重要的作用，至今仍控制着一些关键经济部门。

3. 政府对经济的干预通常包括对一些大型企业的显著控股，这里所说的政府不仅包括国家政府，也包括地区政府或当地政府（例如在德国）。

4. 政府常对一些认为有问题的组织或行业进行干预（例如在希腊）。

5. 国有企业私有化已经在整个欧洲和世界的其他地区发生。例如在前东德，大部分国有企业已被转化为私有制企业。起初将其转化为信托公司，而后通过这一工具过渡为私有制或合资企业。葡萄牙与之相似，通过 1974 年革命，整个国有经济完全私有化，政府致力于一次分阶段的私有化方案，涉及雇员、小投资商以及国有和国际组织。

后面这一点有助于再度强调企业环境随着时间的变化而变化，今天的流行事物在明天可能就变成陈旧的烂货。私人经济部门的环境波动不定，公共部门也同样如此。

法律结构：几点暗示

对于私人部门的企业来说，法律结构的选择会对企业产生重要的影响。当胸怀大志的企业家决定建立什么形式的企业时，他不得不考虑的因素包括：

■ 个人责任的大小；

■ 分享决策权和风险的意愿；

■ 设立企业的成本；

■ 关于公共信息披露的法律要求；

- 税收情况；
- 商业需求，包括融资渠道；
- 企业的持续性；
- 对于有些企业家来说：保持个人对企业的控制仍将是他们的主要要求，即使面对无限个人责任和减少企业扩大机会的风险；而对另一些企业家来说，限制个人责任和为企业的发展注入更多资金的意愿决定他们要寻求合作，即使合作会分散决策权，也可能最终导致失去所有权或对整个企业的控制。

我们可以通过考察企业组织的三个重要方面：组织目标、资金来源及其利益相关者来阐述组织法律结构与其后企业运行之间的联系。正如下面的分析所表明的，在每个方面，不同的企业组织形式之间，私有经济部门内部以及国有经济部门和非国有经济部门之间都存在重大的差别。在有些情况下，这些差别能直接导致组织受到限制或赢得机会。这是组织法律地位不同的结果，说明企业的法律基础决定了它的运行。而在另一些情况下，运行因素倾向于限定组织的法律形式，表明企业运行在多大程度上决定它的法律地位，也就在多大程度上被其法律地位决定。工人合作社和公共联合企业很好地说明了这一点。

■ 组织目标

所有的企业组织都追求广泛的目标，目标随着时间推移会发生不同程度的变化。例如：新的私有部门企业可能起初只关心生存、在市场上有一席之地，短期利润及增长不是那么重要。与之相对，大多稳固企业倾向于将利润和增长看作企业的主要目标，并可能把它们看作实现主导市场，实现销售收入的最大化及运行成本最小化等更多目标的手段。

企业目标受到公司法律结构的限制。在独资企业、合伙企业和一些有限公司里，企业的控制权落在企业家手里，因此，不管组织处于生命周期的什么阶段，组织目标倾向于和企业家的个人目标保持一致。然而在公众企业，所有权和控制权分离，企业目标未必总是和企业的管理者及高层经理的目标一致，特别是有时候后者会追求个人目标以提高其在企业中的地位和／或报酬。

值得注意的是，目标冲突的可能性在单个公司通过协议或由于接管斗争结果而成为另一企业的子公司时也会发生。这种母子关系可能采用控股公司形式，控股公司是为收购其他公司大部分(有时是全部)股票而成立的，有些公司本身就是控股公司。这样，尽管单个子公司保留自己的法律和商业特征并作为单独的单元运行，但它们将受制于自己的中央机构，因此子公司追求的目标将在很大程度上受到中央机构的影响。例如，可以想像，集团的一些部分可能被要求在账面上显示亏损，特别是这样做会使集团作为一个整体获取税收利益的时候。

工人合作社和公共联合企业进一步说明了公司的法律地位和其基本目标之间的关系。对于前者，公司的成立就表明创立人想创设一种强调某些社会目的(如民主、合作、创造就业、相互信任)的组织形式，而不是追求利润——因此他们选择合作社形式。公有企业的情况是类似的，政府决定建立一个为大众利益(或"国民利益")运行的实体，则更喜欢采用国有或国家控股的企业形式，这些企业的目标由政客们制定，一般以社会和财政术语(如资产报酬率,再投资、创造就业)表示而不是利润最大化。

　　然而,最近10多年来,国有企业私有化的数量不断增加,历届国家政府采用公私合营的方式,把私人投资引向公共项目。因此,私有企业追求利润目标与公有企业追求更广泛的社会经济目标之间的表面冲突已变得不那么明显了。同样,在有些公有部门中——包括健康服务部门和当地政府部门——越来越强调"最大价值"和在预算内运行——这是私有企业熟悉的概念。然而,可以设想的是政府的更迭可能会逆转这一趋势,但目前的迹象表明,文化观念已开始转变,国有企业不能再靠政府的无条件支持开展活动。如果确实是这样的话,国有企业和私有企业之间将可能发生进一步的兼并(前者转变成后者,而不是后者转变成前者)。

■ 融 资

　　企业组织通过各种渠道利用各种形式为其活动筹集资金。筹资的方法有利润的再投资、借贷、商业信用、发行股票和债券。筹资的渠道包括银行和其他金融机构、个体投资者和政府以及企业发起人的注资(参见第八章)。
由于融资常和企业环境相关,在本章适宜对这一主题作一些总结:

　　1.所有企业都倾向于从两方面为其活动筹集资金,即企业内部(如:企业主的资本,利润的再投资)和企业外部(如:银行贷款,出售股份)。

　　2.融资有短期、中期和长期三种,筹资方式和渠道的选择将反映出相关的时间期限(如:对于透支额的银行贷款主要是短期,一般是即时使用之需)。

　　3.外部筹资将不可避免地使企业承担一定的责任 (如:附有利息的贷款的偿还,个人担保,支付股利等),而这些将在未来某一时间对企业产生限制作用。

　　4.自有资金和借贷资金之间的关系常被描述成组织的"资本组合",能从各方面影响企业的活动和发展前景(例如:对于靠大量贷款而运行的"高组合"的公司来说,如果利率提高了,它将受到不利的影响)。

　　5.总的来说,随着企业的扩大,企业将会有更多的外部筹资方式和渠道可以利用。企业利用这些来影响企业结构、所有制形式以及企业行为。

　　我们可以通过比较独资企业、合伙企业和有限公司来更好地阐述后面这一点。作为非法人实体,独资企业或合伙企业都不能发行股票(或债券)。因此,法律限制其从外部取得大量资金。而公司却无这样的限制——除了有助于区别私人公司和公有公司的规定——因而公司能通过邀请私人(和组织)认购其股票筹措到大量的资金。公司可以在股票市场上公开上市,通过这种方式的确能筹集到很多资金。结果公司就拥有大量的股东,他们可以在二手市场上定期交易手中的股票。

　　决定获得法人地位、筹集资金扩大公司规模 (或为了其他目的)的权利由股东所有。股东可以是公司的发起人,也可以是持有普通股作为投资的个人和机构。后两者对所拥有的组织有很少量的(如果有)长期责任。如上所述,在公司制企业中,企业的所有者(股东)和经营者(经理)的角色可发生分离,导致发生目标冲突的可能性,或在企业优先发展方面的意见分歧。这一问题将在下面的"利益相关者"部分加以具体阐述。

　　公司的法律结构与其筹资能力之间的关系可通过公有公司进一步阐明。公有公司作为一个公共机构通过政府对议会和公众负责,它被要求在一定的财务背景中运行,其财务背景主要受政府控制，通常由政府的总体财政政策调节，包括它对"公共部门借款要求"规定的借款规模的态度。在英国，外部筹资限制法案对每一家国有企业的外部筹资进行了限制，它是通过政府与公有企业的董事会之间进行谈判达成的，用作限制货币增长和借款规模的手段。不幸的是，它也限制了一些资金运转较好的国有企业。如：私有化前的英国电信不能从外部筹到相应资金发展企业。当公有企业通过私有化或其他途径转变成羽翼丰满的公众公司时，限制将趋于消失。

■ 利益相关者

所有的公司都有利益相关者，他们是在组织中拥有一定利益的个人和／或团体，受公司业绩影响，同时也影响公司业绩。利益相关者通常包括雇员、经理、贷款人、供应商、股东(如果合适)以及整个社会。正如表 7.2 所表明的那样，公司利益相关者的利益多种多样，从个人利益需求到含糊不清地实现社会利益的想法，导致有时利益之间相互冲突。例如，经理为了提高公司的现金流动，拒绝按时向供应商支付货款。而在另外某些情况下，不同利益相关者的利益可能重合，如：经理为组织发展制定计划，这样做，为雇员就业提供了更大的保障，也可给投资者带来更多的股利。

表 7.2	公司的利益相关者和他们的利益
利益相关者的种类	可能的主要利益
雇员	工资水平，工作条件，就业保障，个人发展
经理	就业保障，地位，个人权力，公司利润，公司的成长
股东	投资的市场价值，股利，投资的安全性，投资的流动性
贷款人	贷款的安全性，贷款利率，投资的流动性
供应商	合同的安全性，定期付款，公司的成长，市场的发展
社会	安全的产品，环境的敏感度，平等的机会，避免歧视

组织的法律结构不仅影响利益相关者的种类，而且在很大程度上决定他们利益的代表方式。在独资企业、合伙企业和小型私有公司中，鉴于公司的目标和重大决策都由公司所有者即公司经理做出，所有权和经营权的结合限制了潜在的利益冲突；而在大型公司，特别是在股份有限公司，所有权和经营权的分离意味着经营者有责任代表公司股东和贷款人的利益，而且，正如前文提到的，他们的当务之急和目标可能并不总是一致的。

同样，公共部门企业也存在相似的情形，在那里纳税人的利益是由政府和政府选聘的经营组织的个人代表的。这样，值得回忆一下政客们在制定有关企业的长远发展战略目标和做出有关政策、融资和投资的重大决策时不仅要参考当地官员(如公务员，当地政府官员)的意见，也要在政府的总体经济和社会政策范围内活动。董事会和高级执行人员以及经理主要负责公司的日常运作，在通常情况下，董事会和董事会主席在规划公司总体目标时与政府及其官员定期协商，这在决策中起着关键作用。

公共部门组织和私人部门组织之间的一个重要区别是特定群体的利益相关者在感到组织没有代表其最佳利益时是否有制裁权。例如，如果企业经理一贯忽视他们的利益或做出威胁他们投资安全和／或价值的决定，公司股东能撤出对企业的资金支持，股东能做出此种反应通常保证了董事会对这一群重要的利益相关者的利益会给予应有的关注。纳税人就没有同等的制裁权，在短期内必须大大依赖政府及其代理机构，或者，可能的话，作为消费者拥有的权力来代表他们在组织中的利益。当然，从长远来说，大众有投票决定权，虽然在决定大选或地方选举结果方面，国有企业的活动好像不太可能起到什么关键作用。

国有企业缺乏相关的市场约束也意味着大众不得不依靠大量的正规机构(如议会审查委员会，消费者咨询机构，审计机构)和新闻媒体来保护他们在融资、定价、服务质量方面的利益。当组织转变为私有企业时，人们期望自由市场约束机制将发生作用，私有化企业股东就会像其他私有企业的股东一样受到保护。当然，在实践中，当新组建的私有化国企面对很少竞争时，这种保护要达到什么程度仍是个问题。看来，政府在短期内更希望规避这一问题，因此设立了拥有调查企业业绩的权力并对定价高进行一定程度的控制的 "市场管制者"。

小案例　麦当劳一步步发展壮大起来

对许多组织来说，通过特许经营权转让发展壮大是个比较好的选择，全球最大的快餐连锁麦当劳公司就是典型。1955 年雷蒙特·克鲁克建立第一家汉堡店，到 1996 年底，估计全球已有超过 20000 家麦当劳分店。与大众平常预测的相反，公司将继续以惊人的速度扩展，并且从已经打开的东欧及远东的新兴市场中获利颇丰。例如，在 20 世纪 90 年代中期，以其当时的增长速度计算，估计每三个小时就有一家新的麦当劳店在世界某个地方开业。

公司在考虑发放申请人羡慕的特许经营权时，一直在努力保证维持服务质量的声誉。潜在的特许权申请人不仅要表明在先前行业中有良好业绩，而且要表明他们有可靠的资金来源以及投身组织发展的意愿。成功的候选人传统上面临着两种形式的特许经营方案。惯例是租赁人与公司之间签署为期 20 年的租赁协议，在这一协议下，公司负责买下经营场地，租赁人接管场地并以约定价格经营，付给麦当劳公司事先同意的以营业额的一定百分比计算的特许权使用费。另一种形式是出租企业的设施。私人通常承租餐馆，期限是三年，如果资金允许的话，之后将优先考虑给其机会转为传统的特许经营。

就麦当劳公司在西欧部分国家的未来扩张来说，"牛肉恐慌"在多大程度上会影响市场中的长期需求仍拭目以待。因此，这对胸怀大志的租赁者蕴含着商机。在世界各处似乎有足够空间可供未来创业者在麦当劳品牌下做生意，充分利用全球对麦当劳及其附属产品仿佛不会枯竭的需求。

附言：在 2002 年 10 月下旬，麦当劳公司宣布了大规模削减扩展计划，并将努力重新支持其现存的连锁商店的意向(见 2002 年 10 月 23 日《卫报》)。

 麦当劳公司的网址是：**www.mcdonalds.com**

特许权经营、许可证经营和合资企业

为了完成对企业组织的法律结构的评论，考虑特许权经营、许可证经营和合资企业三种企业发展的法律形式是很有用处的。这三种形式被看作联合经营企业的手段，都以某种方式减少了企业家通常面对的风险。

■ 特许权经营

特许权经营近年发展很快，它是一种协议，通过这一协议，一方（特许权人）向另一方（被特许权人）出让销售产品或服务的权利。就法律地位来说，双方可选用上述任何形式，但在实践中，特许权人通常是一家公司，而被特许经营者往往是一个独立的独资经营者或合伙企业。双方在法律上是各自独立的法律主体，但他们之间签订的合同使他们形成相互依靠的关系，这对特许经营的运行有重大意义。

特许权经营的方式多种多样，也许最知名的是企业格式特许经营（或商号特许经营）。在这种情况下，特许权人通过与特许经营商签订一揽子合同允许特许经营商出卖产品或服务。合同上包含设立企业和成功经营企业所需要的全部要素，常常包括商标的名称、相关的供应、促销材料以及其他形式的支持和帮助。作为回报，特许经营商要为使用服务和不同的服务要素支付起始资金，并以销售额和／或利润为基础交纳特许权使用费，同意为咨询、培训和促销付费，并保持公司的标准。肯德基就是采用这种特许经营的范例。

特许经营的其他形式有制造商／零售商特许经营（例如汽车经销商）、制造商／批发商特许经营（例如可口可乐、百事可乐）以及批发商／零售商特许经营（例如斯帕和默西）。行业贸易机构——英国特许经营协会——估计单零售特许经营的销售额就占英国销售总额的 20% 以上。它不断上升的重要性显示在特许经营开始进入高等教育领域上。大学和其他的高等学院开始将自己开设的课程特许于当地地方学院，同样，地方学院将课程授权于下一级的学院。另外，许多清算银行和会计师事务所开始设立特许经营业务部，来帮助那些想开一个特许经营店或已经开店并正在寻求指导的人。

 英国特许经营协会的主要网址是：www.british-franchise.org

毫无疑问，通过特许经营带来的共同利润有助于解释为什么特许经营作为做生意的一种方式在国外市场上那么流行。它也被证明是一些公司寻找快速向海外扩展的一种有效途径。这种方式不需要大规模直接投资，虽然有时为支持企业运行而投资是必要的（如：为了在英国生产汉堡包，麦当劳公司必须在英国投资建厂）。同样，许多即将成为企业家的人发现，特许权经营的安全性比采用其他方法做生意更具吸引力，特别是当有证据表明特许权经营比采用惯常设立独立公司（如独资企业）形式的存活率更高时。

目前的状况显示，在不久的将来，特许权经营方式仍将继续流行。但是，可能由于特许经营业变得更加成熟，并且力求获得更多的公众赞同，挑选潜在的特许经营商的工作更细致。特许经营商努力融入企业文化，可能更专注于他所涉足的行业。毕竟，特许经营商是为了分享利润而承担财务风险，而特许权人要考虑声誉问题。

■ 许可证经营

许可证经营是另一种形式的非股权协议。在这种形式下，某国的一家公司（即许可人）授权给它国的一家公司（即被许可人）使用其智力成果（即专利、知识产权、商标、实用技术）以换取一定报酬，通常是许可权使用费。许可可以授予个人、独资公司、跨国公司的子公司或政府机构等。授予的权利可以是排他的也可以是非排他的。

公司总是为获取一定的利益而签订许可协议的。这些利益可能包括：

■ 借分享技术减少竞争。
■ 不需直接对外投资便可获取海外利润。
■ 保护其资产免受潜在的侵权。
■ 规避他国对外国投资或进口的限制。
■ 补偿一些研究和开发的费用。
■ 获取海外市场份额。

不用说，大多授予许可权的组织设在工业经济先进的国家，并且经常是一些跨国公司。他们把自己的商标和技术看作基本资产不可分割的一部分。将此类资产的使用权转移给另一家公司，带来的一个问题是所有权人对资产的控制程度受到了一定的减损，包括对产品质量的控制。这可能影响在其他地方的产品形象和销售。另外一个问题是在许可协议期满后，被许可人可能控制市场，甚至会通过积极的市场竞争或开发替代产品将许可人排挤出市场。

■ 合 资 企 业

合资企业这一术语有两种用法：一是描述涉及双方或多方的合同协议；二是描述多个组织共同拥有一个有独立法人地位的企业。合资企业这一术语主要用于后者。

合资企业经营——在跨国公司中很受欢迎——能采用多种法律形式和能想到各种类型的合伙形式，从同一国内市场两个公司的联合（例如斯坦伯利公司和英国家庭商店成立的萨维中心连锁）到不同国家的公私企业合营，非常广泛。有时可能涉及多个企业，这些企业可以是同一国家的，也可能是几个国家的。在这种情况下，我们常用财团来表示。例如 TML 财团是修建英吉利海底隧道的国际合资企业。

和许可及特许经营一样，合资企业是最近 25～30 年内才日益流行，现已成为跨国公司开拓海外市场的方式之一，特别是在面对进口管制严格，科研和开发费用繁重的情况下。跨国汽车公司在这一领域表现得很积极——过去大众汽车公司与丰田，福特与马自达公司的联系证明了这一点——这些形式随着市场的全球化可能还将继续。对于希望利用东欧计划经济国家渐进的私有化进程获利的公司来说，与当地生产者建立合资企业比直接投资安全，尤其是考虑到当地经济、政治的不稳定性时。就东欧国家而言，在经过近 50 年的垄断控制后，合资形式对他们来说在政治上可能更易接受。

纲　要

　　欧洲和欧洲以外的市场经济存在大量法律结构相似的企业组织形式。这些法律结构不仅有助于决定企业的所有权和经营权，也决定企业运作的其他方面，包括企业目标、融资方式及外部关系和责任。把企业看作法律实体，有助于进一步洞察影响企业日常生存的大量的外部因素，突出企业由公共（即国有）转向私有制产生的一些结果。这也凸现了另外一些企业活动的重要发展方向，包括特许权经营、许可证经营及合资企业。

重点总结

- 企业组织有一个法律结构。
- 私人部门的三种最常见的企业形式是独资企业、合伙企业和有限公司。
- 前两种类型企业的所有者承担的是无限个人责任，而后者由于公司所有权和经营权分离，其所有者承担的是有限个人责任。
- 公司通常由代表所有者（股东）利益并由其任命的董事负责经营。在公众公司，所有权与经营权分离是最显著的特征。
- 公共部门存在其他形式的企业组织（例如公有企业），"第三部门"也同样（例如合作社）。
- 国有企业不断采用私有部门企业的组织形式为企业活动提供了更大的灵活性和自由度。
- 企业的法律地位影响着企业目标、融资及企业与利益相关者的关系。
- 特许权经营、许可证经营、合资企业是现代企业运行方式上的重大的发展。

案例研究　企业家精神

　　企业教学教材告诉我们新的企业不断产生，以满足企业所有者的需求和抱负。企业一旦建立，人们就假设企业会开始发展，而企业主就会认可这一点，并采取措施使企业发展壮大。正如下面两个案例表明的，假设的正确与否取决于特殊的环境。在企业研究中，像在其他任何研究领域一样，从特殊到一般的论证必须小心谨慎。

T&S 连锁商店有限公司

　　像许多大中型企业一样，T&S 公司的起源相当平常，它是沃夫汉普顿的企业家凯文·思雷尔福尔的脑力劳动成果。

　　思雷尔福尔从拉手推车起家，12 岁时在父母位于英格兰中西部的市场小棚子接受了早期的从商锻炼。父母送他上了公共学校，他不久就发现小商贩背景受到同学歧视，便下定决心要证明他在商场上的价值。刚一毕业他就开始大量买宠物食品，之后卖掉它，1972 年建立了洛科斯特食品连锁店。后来奥里尔食品公司以 150 万英镑从他那儿收购了这一公司，再后来归阿盖尔集团所有。

思雷尔福尔的 T&S 公司从沃夫安晋敦的地摊起家，迅速发展成拥有多家零售商店的大公司，其重点放在销售打折烟草及方便购物上。思雷尔福尔通过低价出售香烟等手段成功地吸引了大量消费者到商店。消费者受彩色糖果陈列架和其他促销技巧诱惑，一时冲动购买了高利润商品。他还通过成本最小化使其公司成为攫取高额利润的企业。到 1991 年底公司股票价值为一亿四千万英镑，并开了 600 家连锁店。

在 1984 年，T&S 公司以 5400 万英镑从莱克斯特公司购买了迪龙斯和普里迪连锁店。又在 1991 年 2 月以 425 万英镑从约翰逊新集团公司购买了 22 家商店，大大增加了企业在便利店的利益，而思雷尔福尔认为便利店是公司未来发展的主要领域。连锁店的交易额要比大多数 T&S 商店的交易额要大，销售的杂货和冷冻产品的种类更丰富多样。思雷尔福尔的"停一下"便利店总体上的毛利比香烟商店更高，促使公司在 20 世纪 90 年代初期在现金净值方面占据稳固地位。虽取得了这样的进展，思雷尔福尔仍然密切关注公司底层事务，竭力在急剧变化的零售市场上继续吸引顾客的关注。

证据表明，思雷尔福尔的经营技巧，加上分支机构在引进国家彩票以及其他设备上的获利，将继续增强公司的财务和贸易地位。随着数百家连锁公司的建立以及营业额和税前利润的增加，T&S 公司吸引了外面声誉较好的很有管理策略的经理的投资。他们对管理层将战略重点重新放在便利店的增长充满信心。公司 2001 年营业额创下 93300 万英镑的记录，而 1995 年仅是 44500 万英镑。

附言：T&S 于 2002 年 10 月 30 日同意将所有商店以 53000 万英镑的价钱卖给德士古公司。

戴维·诺贝尔（帆板运动）

戴维·诺贝尔不像凯文·思雷尔福尔，他没有任何从商背景。在孩提时，他没有在工商业中施展拳脚的抱负。诺贝尔从沃肯的一所地方文法学校毕业之后，上了阿伯斯特斯大学，以优异成绩获得了哲学学士学位，之后继续研究生学习。在一段短暂的研究生生活后，便离开大学在建筑工地上班，后由于想在拉夫伯勒地区执教，返回学校继续攻读教育硕士学位。

诺贝尔成家之后，放弃全职教书工作去照顾孩子，在条件允许时还会继续作候补教师。作为一名狂热的帆板运动爱好者，诺贝尔在这项运动方面颇有名气，因此他决定利用在家里的时间制作自己的帆板，并从供货商处买来了一些必要的配件。由于朋友们对他制作的帆板装备的需求不断扩大，诺贝尔发现自己可以大规模地与供应商进行交易，花费更多的时间制作和装置帆板。在他充分意识到发生的事之前，他发现自己已是一个个体商人了，从业于英国一个不断增长的经济部门——休闲行业。

以自有资本为初始注资，在政府的企业资助计划所提供的一项周收入的支持下，诺贝尔在 1986 年末到 1987 年初筹建了自己的公司，厂址设在他在郎塞郡的谢波舍德的家里。尽管花在广告上的费用有限，但他的生意发展得很快，公司资金完全自足。不久，显然需要新场地来扩大公司，于是诺贝尔一家（现在有五个人）在 1989 年搬到郎塞郡和诺丁汉郡交界处的温默斯沃德村的一处大宅里。新居不但有足够的空间可供居住，而且搭建的房间适合制造、买卖、储存器材和设备。住宅离谢波舍德也很近，可使诺贝尔容易联络老顾客和供货商，为企业的成功奠定了基础。

诺贝尔起初在家工作的热情——以一种让人怀念的传统的家庭作坊产业的方式——不久就消退，因为邻居抱怨不断有顾客开车购买帆板及其他设备，他们对噪音表示抗议。于是，公司被迫移址温默斯沃德的机场工业区。在这里，诺布尔买了两套房产。和其他的房产没什么不同，诺布尔只要这些房屋能提供生产、储存、销售的空间和供客户、供应商停车就行了。由于地处偏远，附近无人居住，邻居对吵闹的抱怨没了，企业的发展就不再是问题了。

虽然诺贝尔进行了一系列的搬迁，但公司一直在继续发展，即使在90年代初经济衰退时也不例外。其增长部分来自于人们对休闲产品需求的增加。他决定增加山地自行车及滑雪设备。公司提供的系列产品显然利润可观，尽管这当时并不是有意的多样化经营战略的一部分。然而公司成功的最重要的因素，也是促使他雇佣更多员工以满足公司日益发展需要的因素，似乎是诺贝尔精心策划的使顾客和供应商满意的政策。通过按时付款，诺贝尔从供货商买到便宜货，并通过有很强竞争力的价格将节省的钱让渡给顾客，而其他交易商却做不到这些。另外，诺贝尔和全体职员都尽最大努力去满足每一个消费者的需求，即使这样做意味着花更多的时间，增加一些额外费用。

到20世纪90年代中期，戴维·诺贝尔公司（帆板运动）已成为市场上很有竞争力的主体，在英格兰东部市场上占绝对优势的份额，拥有忠实、广泛的消费者群体。随着公司的继续发展壮大，诺贝尔最后决定将企业卖给全体职工，自己实行半退休。然而他仍对休闲产业感兴趣，进口一些雪橇板，通过网络交易将其卖掉。

案例研究问题

1. 思雷尔福尔和诺贝尔具有的哪些共同特征使他们作为企业家取得了成功？
2. 在上面的案例研究中，你能看出企业外部环境的哪些改变有助于企业的发展？

关于 T&S 商店集团的信息，请登录 www.tands.co.uk，也可通过 www.hoovers.com/uk 查找这方面的信息或各种所有制的公司的情况。

复习和讨论题

1. 人们普遍认为，独资企业是欧洲最流行的企业形式。你如何解释这一现象？
2. 企业组织的法人地位在何种程度上对其是资产？它有什么缺点吗？
3. 说明公共部门企业组织私有化对经济的影响？
4. 讨论企业的法律地位如何影响企业的目标、筹资方式及其利益相关者？
5. 你如何看待最近几年特许经营的流行？

　　1. 近来你已被辞退，可能决定和你的一个朋友一起成立自己的小公司。假如你有 25000 英镑可投资到你的新公司中，请起草一份公司计划，送给你的银行经理，希望从他那儿获得资金支持。你的计划应包含一个基本原理部分，解释你的企业将采取的法律形式，准备生产的产品或服务，市场调研的证据、预期竞争力及支持性财务信息。

　　2. 你在当地一家官方企业的咨询中心工作。你的客户希望咨询一些筹建饮食业公司的情况。向你的客户介绍企业采用不同的法律形式所面临的有利方面和不利方面。

第八章 企业的规模结构

企业的规模大小不同，最小的企业小到只有一个经营者，而大的企业大到横跨多国，雇用上千员工。这些企业的结构差别很大，面临的问题也不同。企业的规模结构是由多种因素决定的，从主动选择（个人经营企业可能选择小规模）到企业不能控制的外部因素都会影响其规模结构。

目　标
- 了解英国企业的规模结构。
- 理解组织规模壮大的原因。
- 理解组织增长方式及其融资方法。
- 识别出组织增长的限制因素。
- 调查英国和欧盟内的企业合并活动的水平。
- 了解小公司的作用及其重要性。
- 了解跨国公司的作用及其重要性。

关键词

资本市场	外部增长	网络
集中度	柔性企业	利润
多行业合并	资本组合	小企业
子公司间补贴	全球化	股票交易所
公司债券	水平合并	转包
规模不经济	工业集中	接管
多样化	内在增长	转移定价
股利	合资企业	跨国公司
企业	合并	纵向一体化
权益	货币市场	虚拟组织
商业机构	跨国公司	

引　言

在过去的 100 年中，英国工业集中的水平呈不断上升趋势，1909 年英国最大的 100 家公司生产的产品占全英国总产出的 16%，到 1990 年这一比例上升到 30% 左右。企业组织规模的不断扩大，使人们担心一旦权力集中到少数生产者手中，可能就会引起权力的滥用。如果企业是跨国公司，这就会超出国家政府的控制范围。但近来的集中化趋势有所逆转，呈现出人们倾向于到较小规模的单位就业的动向。本章在进行国际比较的基础上，将审视英国企业的规模结构和形成原因，评价大、小公司在经济中的作用，分析组织增长的原因、方式、资金来源及其限制因素。本章还将评析在最近的企业生产中出现的合作而不是竞争的趋势，合作主要是通过合资企业和网络联结活动。

英国企业的规模结构

在考察企业规模时，就官方数据中使用的一术语进行定义是非常重要的。公司或企业是一个整体的组织，可能包括好几个单位或商业机构。小公司如街头商店，多半是只有一个机构的企业，大公司像塞恩斯伯里公司，拥有许多机构，在众多城镇都有分支机构。

能够测量公司规模的指标有许多，常用的是销售额、产出的价值、使用的资金和就业水平。这些测量标准存在很多问题，而不仅仅只是难以给小公司下定义，在本章的后面我们将看到这一点。上述的三种指标也许会得到相互冲突的结果，企业机械化水平的提高可能促使平均的资本使用水平和产量上升，但这会降低平均就业水平。表8.1列出用其中两种指标评出的英国最大的10家公司，同时该表也表明用不同方法测评公司规模会得出不同的排序。

其中一些名字有的读者很熟悉，有的却不太熟悉，例如英美烟草公司就是一家涉足多个领域，多样化经营的大烟草公司。

最常用的规模测评指标是就业水平，表8.2显示了根据员工人数来测评的2000年英国制造业的企业规模结构。从表中可以看出，小公司占大多数，有98.2%的公司雇员不足100人，然而就就业来说，这些小公司仅占制造业总就业水平的37.4%。在规模层次的另一端，雇员超过500人的机构在量上只占0.3%，却占总就业的38.7%。

表 8.1	2001 年英国最大的10 家公司	
	按销售额排序	*按就业排序*
	1．CGNU 公司	1．盎格鲁美洲公司
	2．联合利华公司	2．康西格尼尔公司
	3．壳牌国际石油有限公司	3．塞恩斯伯里公司
	4．格拉克索持股公司	4．德士古公司
	5．德士古公司	5．汇丰银行控股公司
	6．英国电信公司	6．德士古连锁商店公司
	7．塞恩斯伯里公司	7．联合利华公司
	8．CGU 国际保险（上市）公司	8．英美烟草工业公司
	9．德士古连锁商店公司	9．翠鸟公司
	10．普鲁登舍尔公司	10．英国电信公司

资料来源：2002 年《英国重点企业》。

就业规模(人)	单位(企业)的数量	占总数(%)	就业总人数(千人)	占总就业人数(%)
表8.2		**2000 年英国制造业的企业规模结构(根据就业)**		
1~9	292340	88.0	619	14.8
10~19	17705	5.3	247	5.9
20~49	11235	3.4	353	8.4
50~99	4925	1.5	347	8.3
100~199	2870	0.9	402	9.6
200~499	1935	0.6	599	14.2
500 人以上	1075	0.3	1623	38.7

资料来源：选自 www.statisics.gov.uk/statbase/tsdataset.asp?more=Y.

规模结构的模式在不同行业和不同时期不尽相同，过去 20 年里，小公司对就业的贡献的重要性不断提高，而大公司的重要性却在不断下降。1980 年雇员人数少于 200 人的机构占到总就业人数的 31.9%，雇员人数超过 500 人的机构占到总就业数的 49.8%，表8.2 中与之相对应的数据分别是 47% 和 38.7%。甚至在 1991~2000 年的 10 年时间内也呈现出小公司逐渐重要的转变。雇员人数少于 20 人的机构增长了 188968 家，同时，雇员人数多于 200 人的机构却减少了 13332 家。在就业上也出现了类似的模式，小机构的就业人数增加了 313800 人而大机构的就业人数却减少了 882800 人。

表 8.1 中所列的许多大公司都在两国或多国开展业务，因此是跨国公司。严格意义上的跨国公司，是指那些在许多国家开展业务并在公司设立的国家之外拥有生产和服务设施的企业，对于政府和经济界来说，跨国公司因为其规模而造成了许多特殊的问题。我们将在本章的后面详细评析。

组织的增长

■ 组织增长的原因

组织规模的增长有许多原因；增长可能是管理当局的明确目标，也可能是公司成功运作所必须的：

■ 如果组织增长能给企业管理当局带来利益，比如更安全、更高回报，它将成为管理的目标。

■ 企业运行的市场可能正在扩张，增长是维持市场份额的必备条件，特别在市场更加国际化的情况下，更是如此。

■ 组织的增长能够使组织获得规模经济效益(见第十二章)。

■ 组织的增长使其能够在其他市场多样化经营，这意味它将经营风险进一步分散。

■ 在资本密集型行业，组成大公司是必须的。

■ 在产品开发领域必要的研究和发展可能只能由大公司承担。

■ 作为对竞争者活动的反应，组织的增长是防御战略的要求。

表 8.3 表明了欧盟公司进行兼并活动的目标是怎样随时间改变而变化的，同时也暗示了组织增长的原因。随着时间的推进，公司合并的原因有明显变化，许多变化都可用市场条件的变化来解释，而市场条件的变化是 1992 年建立欧洲单一市场的结果。在 1985～1992 年的酝酿期，贸易限制的放宽鼓励更激烈的竞争，因此扩张与市场地位的强化更加重要，近 75% 的兼并可用这些因素来解释。据估计，增加了的竞争会迫使公司更集中于核心活动，结果是多样化经营作为合并动机的比例从 1985 年的 17.6% 下降到 1992 年的 2.1%。

表 8.3 欧洲公司合并的主要动机 （1985~1992 年）

动机	不同时期的百分比			
	1985～1986	1989～1990	1990～1991	1991～1992
扩张	17.1	26.9	27.7	32.4
多样化经营	17.6	3.0	2.8	2.1
强化市场地位	10.6	45.3	48.2	44.4
合理化和协同作用	46.5	17.7	13.3	16.2
研究与发展	2.4	0.6	0	0
其他	5.9	6.4	8.0	5.0

资料来源：《欧洲经济》，1994 年第 57 期，欧共体官方出版社办公室授权复制。

在工业经济学里，公司规模被看作是增长的函数。通常认为，尽管对公司的规模没有限制，但对公司扩张的速度有限制。不同学者认为增长的速度依赖于不同的因素，包括资金的可获得性、顾客需求水平、管理当局的局限等。然而，这些理论主要与大公司及它们的发展有关。小公司被认为是虽有潜能却因为某种原因没有成长为大公司。一个有趣的增长理论是阶段模型。该模型认为，从独资经营企业／合伙企业决定扩张为一个大组织开始，每个公司都要经历不同的发展阶段。在由大量成功经营的小公司占统治地位的行业，这一"不增长便失败"理论并没有得到验证，在本章的后面，我们将看到这一点。

小案例 英国能源业的兼并

2002 年 4 月，英国的国家电网公司和拉蒂斯公司提出合并计划，前者是高压电网和传输电线的运营商，后者是天然气管网运营商。协议价格是 63 亿英镑，拉蒂斯公司股东手中的股份，每股将被折合成国家电网集团（NGG）股份的 0.375 股。新成立的公司被命名为国家超越电网公司，它将拥有 300 亿英镑的市场价值和 30000 名雇员，这样一次合并的动机是什么呢？

■ 组建新的"国家冠军"。提出的主要论据是新公司将有资源和能力向海外扩张，目标市场主要是美国，因为欧盟的能源行业都受到政府保护。NGG 已经在美国东海岸接管了几家类似的供应商。

■ 保护两家公司不被接管（尤其是不被外国公司接管）。最近几年两家公司都被看作是可能的接管对象，拉蒂斯公司从 2001 年直到现在都没有首席执行官。许多外国大公司都已进入英国的能源和供水行业。

■ 兼并后将会在运营中产生规模经济。据估计，兼并将使每年的开支节省 1
亿英镑。

该兼并议案的通过需要能源管制机构和公平交易办公室的认可。两家公司均赞成
合并，而且，能源管制机构已经有所议论，表示同情，但在公平交易办公室可能不
予通过。两家公司在各自的领域都处于垄断地位，合并后将使得垄断经营进一步集
中在一家公司手中。这可能危害公众利益，尽管新公司仍然会在管制机构的控制之
下。合并后的规模经济可能导致失业，虽然起先仅局限于一家公司伦敦总部的关闭，
只涉及一小部分的冗余员工。安全事务是极为重要的，两家公司都在努力强调安全
不会因合并而受到削弱。最后，由于英国的竞争政策和整个私有化过程是为打破能
源行业的垄断而设计的，允许合并将意味着政策的巨大改变，我们将走着瞧了。

关于英国能源行业信息可登录 www. nationalgrid.com 和 www. transco.
uk.com

关于天然气和电力管制机构信息登录 www. ofgem.gov.uk

组织增长的方式

公司规模的内部增长是企业正常运营的结果，外部增长主要通过接管和兼并来实现。

■ 内部增长

增长对于许多公司来说是一个自然过程，从小公司开始，起先占领一部分市场，然
后通过生产更多的同类产品或扩大产品生产线继续扩张。相对于外部增长，内部增长的
优势在于公司在已有的管理结构中发展壮大，不会出现将两种不同的管理制度组合在一
起会产生的问题。建造更大的工厂可能也会产生规模经济；而公司合并，工厂规模并没
改变时则不会产生规模经济。与这些相反的是，内部增长也有一些不足，这就是为什么
大部分组织规模的增长是通过外部增长来实现的原因。

■ 外部增长

以收购实现的组织增长被称作"外部增长"，是以接管和合并的方式来完成的。合并
是指两家公司的管理当局自愿达成协议，创立一个新的法律实体。接管是指一家公司主
动收购另一家公司的股份。如果受到接管威胁的公司抵制接管，就被称为恶意接管。但
如果给股东的价格足够高，他们也会接受。接管标的能被也曾经被拟接管公司的管理当
局成功击退。控股公司是为收购其他公司的资产而设立的新公司，被收购公司保留独立
身份但要接受控股公司的指导。

可以看出，外部增长有许多优点：

1．增长快，所以生产能力能够快速提升。

2．收购公司可以利用现成的管理队伍和系统。

3．如果收购公司股票的价值相对于被收购公司来说足够高，可能就不需要筹集额外的现金。

4．购买现存资产会比组建新的生产能力便宜。

然而与此相对的事实是，实施这一过程并不容易，将两个公司顺利和成功地合并是一件困难的工作，可能会有许多暂时性的问题。库珀 & 利布兰德（现在的华永道）的研究发现，高层执行人员认为他们参与的收购工作中有一半都以失败告终，主要原因是缺乏计划和存在管理问题。

尽管合并和接管的定义十分清楚，在实践中将两者区分经常是困难的。在官方的出版物中，通常对二者不加区分，统称为收购。为充分理解合并和接管的动机，认识到合并的种类很多是很重要的。

水平合并

水平合并是指处于生产过程同一阶段的两家公司的联合，例如发生在两家汽车生产商或酿酒厂之间的合并。大多数的合并都属于水平合并，英国许多大公司也是通过水平合并形成的。例如：银行间或建房互助协会间的合并，水平合并的动因有：

■ 从规模经济中获利。水平合并使被合并公司的专业化水平更高，以及获得其他的规模经济的好处（见第十二章）。

■ 更大的市场份额。公司合并后将减少市场竞争的压力，合并后的公司会占有更大的市场份额。

■ 产出的合理化。如果商品的需求水平收缩，为了使产出合理化，生产商之间的合并是必须的。

■ 对竞争对手的反应。当市场出现公司合并，其他公司也会感到它们也需合并以保持其在市场上的地位。

垂直合并

垂直合并是指处于相同生产过程不同阶段的公司之间的合并。它是垂直的，因为贯穿从原材料采集到分销的全过程。例如汽车生产商与轧钢公司之间的合并。垂直合并可能是与生产过程起始阶段的机构的"后向"合并，或者与生产过程结束阶段的机构的"前向"合并，出现垂直合并通常有以下几种原因：

1．在后向一体化的情况下以控制原材料供应的质量和数量为目的，这使得买进公司获得更大的安全。

2．限制原材料供应给竞争对手。

3．在向前一体化的情况下，控制最终产品的销售渠道的质量。制造商在广告上大量投资，他们也会感到前向合并能使他们确保商品的销售并且适销对路。

4．在上述两种情况下，生产过程不同部分的合并都可能产生规模经济效应。

5．再者，进行垂直合并也可以说是对竞争对手的回应。

混合合并

这类合并既不是垂直式的，也不是水平式的，它是指生产不同商品的公司合并。1999 年，翠鸟公司(综合零售)和阿斯达公司(杂货零售)的合并提议虽未成功，但也是混合合并的一个例子。多样化经营是此类合并的主要动机，它将降低只为一个市场生产的风险，使公司进一步分散风险。如果原市场规模减小也能为公司提供另一种选择。

考虑到经济因素，合并可以使公司在规模经济条件下提高效率并扩大研究和发展的范围，通常认为，合并和接管活动为企业合理化的目的服务，企业也会优胜劣汰，甚至在为资产剥离而进行接管的情形下也是这样。

■ 通过合并和接管形成的组织增长

100 多年前，通过合并和接管形成的组织增长首先出现在美国，合并活动呈现出一种周期性(本章后面部分将予以讨论)。美国已出现了四次合并高峰。

- 第一时期(1880~1905 年)——这与股份公司和国际股票交易机构的增加相符。这一时期的合并特点是水平合并。
- 第二时期(20 世纪 20 年代)——这一时期大多数是垂直合并，制造商既控制供应商又控制分销商。
- 第三时期(20 世纪 60 年代)——这一时期的主要形式是多样化经营和混合合并。
- 第四时期(20 世纪 80 年代以后)——这一时期的经济不景气，大多数合并是为降低成本和合理化经营。

前两个阶段的合并高峰主要发生在美国，对欧洲影响很小。而后两个阶段欧洲也出现了合并浪潮。1957 年成立了欧洲经济共同体，打破了贸易壁垒。20 世纪 60 年代欧洲出现了第一次合并浪潮。1992 年欧洲单一市场建立之前的 80 年代的酝酿时期，欧洲出现了第二次合并浪潮。但没有证据证明欧洲货币联盟的建立导致合并活动增加。

20 世纪 90 年代后期，因成熟的工业公司全球化经营的需要，出现了又一次大规模的合并和收购活动。1998 年全世界合并和收购的总价值超过了 15000 亿英镑。

组织成长的资金来源

■ 内部来源

公司的经营运作将产生利润，利润的一部分以股利的形式分配给股东，剩下的将被用来再投资，为组织成长注入资金。尽管人们认为这是一种相对容易和廉价的资金来源，但它却耗费一定的机会成本，因而像其他资金来源一样需要对其回报率进行评判。表8.4 表明，在 1990 年、1994 年和 1997 年，内部资金是工业资金的最大单项来源，该表还表明，可用资金的总额和形式每年变化很大(这一数据不再由国家统计办公室编写)。

■ 外部来源

可用的未分配利润在数量上是有限的，大多数公司都会寻找其他资金来源进行扩张。资金的外部来源有很多种，典型的公司的资本结构应是这些来源的组合。其来源如下文所示。

银行

银行以贷款和透支的形式向公司提供短期资金，这些资金的相对成本取决于各公司怎样使用资金。贷款的利率较低但需整体给付利息，而透支时却仅就透支部分给付利息。英国的银行，因不能像其他国家的银行那样为工商业提供长期资金而备受批评。

表 8.4		工业资金来源	单位：百万英镑
来源	1990 年	1994 年	1997 年
内部资金	33838	61406	56363
银行或其他短期借款	19911	-4841	6630
贷款和抵押	9120	4557	4384
普通股	1880	8495	19616
债券和优先股	6367	1008	10640
其他发行资本	7485	5067	10526
其他海外投资	11233	-1400	25938
其他	1444	3766	953
总计	91278	78056	135050

资料来源：《财经统计》1993 年、1996 年、1999 年 1 月，皇家版权 1999 年。由 HMSO 审计员和英国国家统计办公室授权复制。

资本市场

资本市场是进行股票和股份买卖的场所，因而是公司长期资金的主要筹集地。资本市场的主要机构是股票交易所。资本市场由两部分组成：新上市股票买卖的初级市场和进行已发行股票交易的二级市场。初级市场是公司资金的首要来源。二级市场对融资过程也很重要：一些个人或组织愿意买卖股票，因为他们知道，先期买进股票以后总是有交易市场的。

买进股票的机构主要有保险公司、养老金基金会、投资信托公司及其他的一些金融组织例如建房互助协会。

当一家公司需要增加资金或成为一个公众有限公司时就会发行新的股票。

股票的种类

1. *优先股*，这是一种具有固定分红的股票。持股人在分红或公司清算时比其他股东享有优先权，优先股通常没有投票权，所以持股人对公司经营几乎没有影响。

2. *普通股*，普通股在英语中叫做"equity"，通常没有固定分红，每年公司根据业绩进行分红，这就是说业绩好的年份，股东可以获得高股息，反之可能什么也分不到。普通股与优先股相比有一定的风险，针对这一点股东们拥有投票权，可以对公司的经营产生影响。

3.债券，债券是公司为换取一笔贷款而发行的，公司承诺在规定时间偿还所借款项，同时每年支付相应利息。债券的利息在分红前支付，可以在税前扣除，债券持有人是公司的债权人而股票持有人则是公司的所有者。

新股票的发行

公司要到证券发行公司或商业银行咨询发行股票的种类、数量、股票发行价格及其他事项。证券公司或商业银行经常代表公司承担股票发行任务。发行新股票不是组织增长的资金来源，因为它的代价极高，相对而言，未分配利润的再投资要方便廉价得多，而且公司向公众发行股票必须公布大量的信息，这也是发行障碍。

值得注意的是，英国的股票市场基本上包括三种主要类型：主要市场，可选择投资市场和场外股票配置和交换地（OFEX）。在主要市场，一些大的声誉好的公司的股票在进行交易活动。可选择投资市场为成长中的小公司筹集资本提供机会，节省完全上市的大量花费。OFEX被公司用来筹集相对小额的资本，这些资本主要来自私人投资者，它同时被看作是到更高级市场上市的跳板（例如官方上市交易所、AIM、纳斯达克交易所）。

货币市场

货币市场为公司提供短期资金，常提供短至一夜的资金融通。

政府或其他机构

政府也是公司资金的来源之一。通过地区政策，政府在一国某些区域给予公司税收减免、贷款、捐款和培训费用（见第十章）。政府有许多帮助企业的计划，尤其是小企业。在本章后面，我们将更充分地讨论这一问题。

其他来源

其他来源包括商业信用和分期付款购买（即先收货后付款），这仅是公司小额资金的来源，表8.4表明，企业从海外吸引了大量资金，包括了不同来源的资金，涉及私人、政府、海外金融机构和公司。

各公司都会寻求不同资金来源的组合，具体组合取决于很多因素，涉及相对成本、可获得性、以及公司理想的资本结构。公司理想的资本结构主要依赖于参与运行市场的类型。不同类型的资金可归于两类：负债和权益。负债是指不管公司业绩如何每年必须支付的各种资本，包括借款和优先股。权益是指普通股，其股利的支付取决于公司的经营业绩。作为企业资金的一种来源，负债在总体上要廉价，同时风险更大，因为在业绩不好的年份，公司也必须支付利息或股息。负债与权益的比率叫做公司的资本组合。同时，负债在利润起伏不定的企业并不适合，这些公司的资本组合将比在稳定市场的公司低。

■ 限 制 组 织 增 长 的 因 素

限制组织增长的因素有:

■ 为了提供组织成长资金, 过分借贷会使公司遇到债务偿还的困难, 进而会增加破产的风险。

■ 管理能力也会严重限制组织增长。组织规模上的扩大, 会遭遇规模不经济。这主要和管理问题如沟通、控制有关。

■ 如果产品市场的规模停滞和萎缩, 公司增长既非必要又不可能。

■ 政府政策也会对组织增长产生重要影响, 每个政府都有限制反竞争行为的政策及规范兼并活动的政策(参见第十四章)。

■ 英 国 的 兼 并 活 动

有两种测量兼并活动水平的常用方法:交易的数量和交易的总价值。图 8.1 显示了根据英国公司收购公司数量统计的兼并活动水平,可以看出,在 20 世纪 80 年代中期兼并活动快速增长,而到 1989 年又出现下降,周期性的模式持续到 90 年代,但幅度有所下降。在欧洲的其他国家也存在周期性变化(见图 8.3),这意味着合并的水平在某种程度上与经济状况有关。20 世纪 80 年代的上升,部分是因为经济状况的好转以及金融市场的自由化,使得接管目标的资金利用更加自由。1989 年的下降,部分是因为经济的不景气和一些公司因 80 年代过分扩张随之带来的问题。兼并活动水平之后的上升是因为 90 年代许多行业发生结构重组,如金融服务部门和公共事务部门。

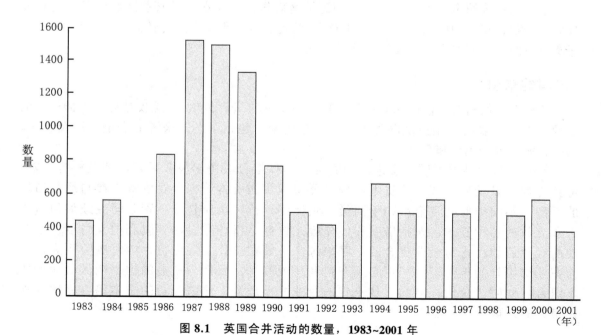

图 8.1　英国合并活动的数量,1983~2001 年

资料来源: 节选自 www.statistics.gov.uk/statbase/tsdataset.asp?vlink=933&more=Y.

　　图 8.2 显示了以交易价值为标准的英国企业合并水平，尽管其高峰和低谷并不完全和交易数的高峰和低谷相符，但也看出相同的周期性。以交易价值为衡量标准来说明合并水平是有问题的，因为任何高价值的交易都会使实际情况发生扭曲，就像在 1995 年到 1997 年交易数下降了，但交易价值却上升了。

■ 欧洲的合并活动

　　图 8.3 显示了 1991～2001 年间欧洲的企业合并水平，条形图以资金运用数为标准，线形图以运营价值为标准。因为大宗交易对交易总值影响巨大，需要以运营价值为标准来衡量结果变化。但两种方式都出现周期性，在四年的稳定增长后，2001 年的交易数急速下降，而交易价值在 2000 年就已经开始下降。

　　2001 年，合并和收购活动最活跃的国家是英国，交易数占 30%，其次是德国（占 16%）和法国（占 14%）。依据投标人和标的地理区域可将合并和收购分为三种类型：国内（各国内部）、地区（欧盟内部）和国际（涉及非欧盟成员国）的合并和收购。图 8.4 表明 2000～2001 年有略过半数属于国内合并和收购，在 20 世纪 90 年代这一比例也没有多大变化。地区和国际的合并和收购互为增减，1998 年和 2000 年地区活动比例上升了而国际活动比例下降。图 8.4 表明欧盟各国的比例结构大不相同。

　　欧盟内的交易数和交易价值出现图 8.3 显示的同一趋势，1998 年和 1999 年之间欧盟区域内的交易数量上升了 25% 而交易价值上升了 257%，这反映出了少数大额交易的影响——1998 年价值达到 294 亿欧元的阿斯特拉和择勒科的合并，1999 年价值达到 2048 亿欧元的沃达夫和马勒海因的合并。表 8.5 给出了欧盟内合并与收购的方式，该表显示了来自选定国家的标的公司／投标人的统计情况。

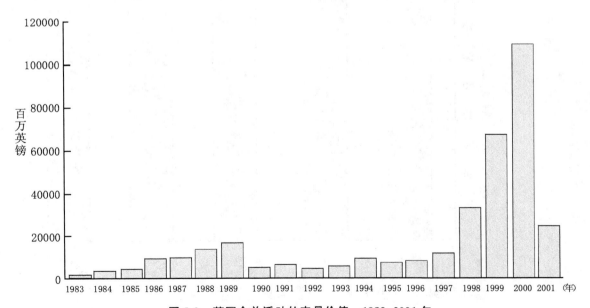

图 8.2　英国合并活动的交易价值，1983~2001 年

资料来源：节选自 www.statistics.gov.uk/statbase/tsdataset.asp?vlink=933&more=Y.

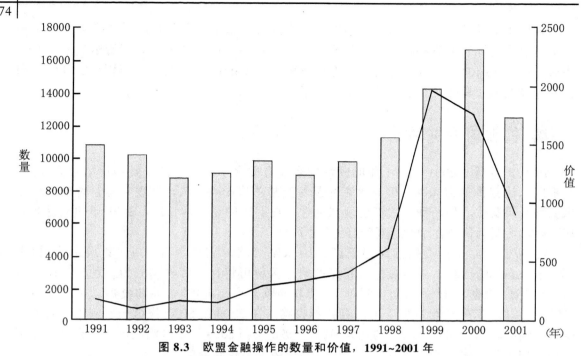

图 8.3　欧盟金融操作的数量和价值，1991~2001 年

资料来源：节选自表 1 和图 3，欧洲经济附录，2001 年 12 月。

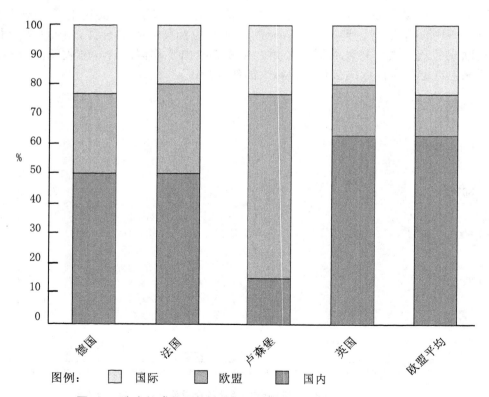

图例：□ 国际　▨ 欧盟　▨ 国内

图 8.4　选定的成员国的地理细分，2000~2001 年

资料来源：节选自表 5，欧洲经济附录，2001 年 12 月。

该表显示决定地区内合并与购买行为的重要因素包括：经济规模，投标人和标的公司之间的相似性以及各国的文化联系。

在国际交易方面，20世纪90年代初欧盟的公司更多地是合并和购买目标而不是投标公司，而在90年代情况发生了逆转。（见表8.5）

1991年到2001年间，受合并和收购活动影响最大的是服务部门（占总数的67%）。其中，饭店、私人和企业服务是最常见的合并和收购对象（占总数的27%）。为确定欧洲货币联盟（EMU）是否对欧盟内的合并和收购水平产生影响，最近的一项研究比较了货币联盟成员国（不包括希腊）与欧盟其他国家的合并和收购活动水平，证据并不确凿，货币联盟国的交易数的增长速度在1998年以前要慢于欧盟的其他国家，1999年和2000年增长特快，2001年又陡然下降：

表 8.5   **地区内选定国家之间的交易 2000~2001 年 （%）**

投标公司来自:	标的公司来自				
	比利时	德国	法国	意大利	英国
比利时	—	10.5	39.9	3.6	11.6
德 国	6.1	—	16.3	8.4	18.7
法 国	11.4	17.3	—	14	19.8
意大利	2.3	19.2	24.1	—	15.8
英 国	4.1	21.1	20.5	7.6	—

资料来源：节选自表7，欧洲经济附录，2001年12月。

小公司

在分析小公司时，出现了严重的问题，包括缺乏长期的数据和怎样确切给小公司下定义。1971年发表的《博尔顿报告》是为调查小公司在英国经济中的作用而成立的调查委员会出具的报告。为了统计的需要，报告中采用了不同的定义，主要取决于所研究的行业，其理由是这个行业的小公司在另一行业可能就是大公司。表8.6根据不同行业，显示了2000年以营业额为基准不同规模的公司在一些行业的分布。

表 8.6   **2000 年不同行业以营业额为基准的公司规模(%)**

行业	营业额（千英镑）		
	250 千英镑以下	250~500 千英镑	500 千英镑以上
农业、林业、渔业	89	7	4
采矿业和公共事业	40	10	50
制造业	55	14	31
建筑业	76	11	13
批发业	52	13	35
零售业	70	17	13
金融服务	58	8	34
企业服务	80	8	12

资料来源：英国国家统计办公室2000年《企业监控PA1003》表2。

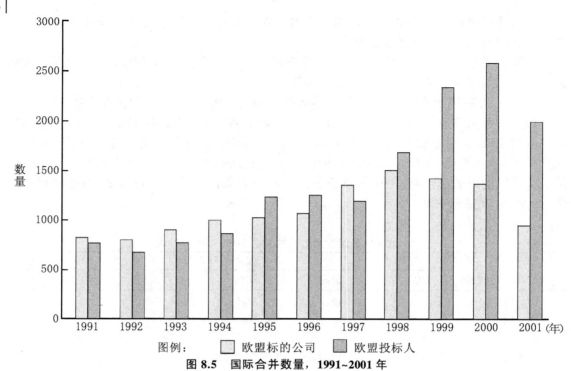

图 8.5　国际合并数量，1991~2001 年

　　从表 8.6 可以清楚地看出，不同行业对公司大小的定义是不同的。在《博尔顿报告》中，制造业小公司的定义是：雇佣人数少于 25 人。在一些行业仅选择营业额限定公司规模，另一些行业则采用就业和营业额的混合标准，尽管有点混乱，而且使不同行业和国家之间的比较变得困难，但人们普遍接受不可能有适用所有部门的惟一定义。1994 年欧盟建议其成员国用雇员数少于 250 人作为中小型企业的定义，这样使成员国之间得以进行数据比较。表 8.7 显示了欧洲国家采用的以就业规模为基础，进一步完善的定义。

　　根据这一定义并对照表 8.2 可以看出，英国 88% 的制造公司都是微型企业，10.2% 是小型企业，1.5% 是中型企业，只有 0.3% 是大型企业。尽管各国情况有所不同（欧洲最南部国家相对于北部国家微型企业更多），但整个欧盟内企业的规模结构相差不大，92% 是微型企业，7.4% 是小型企业，0.5% 是中型企业，0.1% 是大型企业。

　　不管怎样定义小公司，它们都面临非常的类似的问题，这些问题不同于大公司所面对的问题。

表 8.7　　　　　　　　　　　基于就业规模的公司分类

雇员人数	公司类型
0～9	微型企业
10～99	小型企业
100～499	中型企业
≥500	大型企业

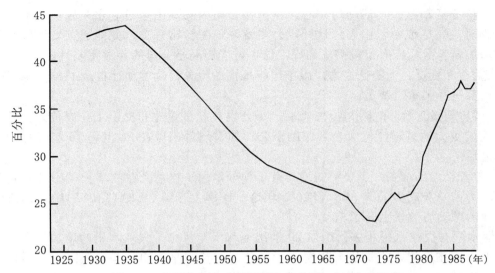

图 8.6 在制造业中小公司所占的份额，1930~1990 年

资料来源：Stanworth,J.和 Gray,C.,博尔顿报告：20 世纪 90 年代的小型企业，表 1.1。

■ 小公司的发展趋势

图 8.6 显示了从 1930 年到 1990 年制造业总体就业规模中小公司所占的份额。这里，小公司的定义为雇员人数少于 200 人，报告单位是商业机构。可以看出，直到 20 世纪 60 年代末 70 年代初，小公司一直呈下降趋势，之后它的重要性逐渐上升。

表 8.2 显示在制造行业中，就公司的数量来说小公司非常重要，根据《博尔顿报告》的定义，99% 都是小公司。尽管在就业规模上小公司并不太重要，但仍然占总就业人数的 47%。因为没有包括服务部门，这使得小公司的重要性大打折扣。而依据生产过程的自然属性，大多数服务部门都是小公司占主导。关于生产部门，官方资料来源中有大量可用信息，但关于服务部门则缺乏精确的信息，较难获取。

■ 小公司增长的原因

显然小公司的重要性正在加强，在英国比在其他国家更为明显，为什么呢？下面列举了一些原因：

1. *行业模式的改变*。在第九章我们将看到，英国出现了行业结构从制造业向服务业的转变。既然许多服务业是小公司占优势，相应的公司平均规模也有所改变。然而，这并不能完全说明情况。因为，甚至在制造业内，小企业占的份额也在上升。同样，这也不能解释国家间差异，因为其他国家的行业结构也出现了相似的变化。

2. *消费习惯的改变*。从大量（规模）生产产品向专业化生产产品的转移，使得小公司具有优势，因为它们对市场需求的改变以及产品周期的缩短反应更快。

3. *灵活的专业化和转包的增长*。20 世纪 80 年代后期开始的一场争论，焦点是有关"柔性公司"的概念。80 年代经济的萧条促使公司为了保持竞争优势而降低成本。降低成本的一种方法就是转向一种可改变的公司结构。由此，公司的活动分为核心活动和外围活动。核心活动是公司活动的中心，保留在公司内部，由全日制永久雇员承担。外围活动由临时工完成或转包出去。这样，公司就降低了日常开支，并能通过增加临时的劳动力或增加转包数量应对市场需求高峰。这也可能提高小公司的相对重要性。

4. *重组和裁员*。为降低成本，减小组织规模的现象日趋增加，自从 1985 年以来 90% 的大公司都进行了重组裁员。

5. *政府政策*。《博尔顿报告》发表后，小公司在经济重建和提供工作岗位方面的作用引发了人们更大的兴趣，但大多数帮助小公司的设想都出现在 20 世纪 70 年代初期小公司复苏之后。

6. *自营企业的增长*。小公司的增长有一部分是由于自营企业的增长，1984 年自营企业的劳动力占总劳动力的 9.8%，到 2001 年这一比率上升到 11.3%（见表 8.8），这段时期自营企业的劳动力数量上升了 15%。

自营水平与失业水平相关，所以 20 世纪七八十年代由于失业水平的增加导致自营企业的就业人数相应增加。这进一步解释了小公司增长水平的国际差异，因为英国自营企业的增长远超过其他国家。然而，这还不能很好地说明 20 世纪 60 年代末当失业水平下降时仍然还有许多企业不断产生的现实。

表 8.8   **1984~2001 年英国劳动人口自营的百分比**

年	自营数（占总就业人数的%）
1984	9.8
1985	10.0
1986	10.0
1987	10.9
1988	11.3
1989	12.1
1990	12.3
1991	11.9
1992	11.3
1993	11.2
1994	11.7
1995	11.6
1996	11.6
1997	11.5
1998	10.9
1999	10.8
2000	10.6
2001	11.3

资料来源：英国国家统计办公室不同年份的《年度统计摘要》。

7. *技术改变*。技术改变，特别是信息技术和组件小型化技术的改变，使得小公司和大公司一样获利。这使规模经济的重要性降低，使小公司能更有效地与大公司竞争。

8. *竞争能力*。在国际差异方面，《博尔顿报告》发现，与其他国家相比英国偏爱大型的行业结构。因此，竞争能力可能产生的结果是英国平衡其行业结构，向其他国家的标准靠近。

■ 小公司的角色

小公司重要性的增强表明除了提供就业机会外，小公司确实在经济发展中发挥着很有价值的作用，在以下领域小公司比大公司更具优势：

1. 明确区分的小市场。由于没有规模经济效应和批量生产空间，进入这样的市场对于大公司来说是不值得的。

2. 专门的高质量的、非标准的产品。同样，因为不能产生大规模生产效益，大公司不值得进入。

3. 地区、当地市场。例如，街头小商店。

4. 新观念的发展。经常有人说小公司是产生新观念的"沃土"，小公司的所有者有很强的动机和责任，这有利于发明创新。

■ 对小公司的帮助

对小公司观点随着时间的推进而改变。起先人们赞成小公司，但"二战"后占主导地位的想法是大规模生产可以取得规模经济效应，成本更低、生产更有效率。直到最近，人们又增加了对小公司的兴趣。重新引起兴趣的主要原因在于长期的研究结果表明，在创新国际收支平衡和就业方面小公司比我们先前认为的作用更大。

支持小公司的主要论点是小公司在经济运行中扮演着有价值的角色。例如，在上世纪的八九十年代，小公司被视为降低当时高失业率的机制，从 1983～1993 年小公司共创造了 2500000 万个工作岗位。支持小公司的基本前提是：与大公司相比，小公司在筹资、研究和发展以及承担风险等方面处于劣势。1996 年，小公司新面临的两个特殊问题更加突出：一是账单的迟付或不付而引起的现金流动问题，二是处理政府的红头文件。对这些问题的解决最近有一系列新的发展，法律要求所有的公众有限公司在年度报告中说明它们支付账单的平均时间长度。小企业联合会在 1999 年 4 月首次发表了题为"名誉和耻辱"的名单，施加相当的压力促使各公司准时支付账单。它还提供信息帮助小公司决定和哪些人进行交易。该联合会估计，44%的账单比正常 30 天的支付期晚 15 天以上，欧盟的相应数字是 30%。据估计，大约有 2000 万英镑迟到付款，其中有一半是大公司应该向小公司支付的。政府也出版了不及时支付账单的政府部门名次表，并保证改善这一状况。为降低公司所面对的红头文件数量，这些年来，政府已在规则、规定方面放宽了对公司经营的限制。例如，从 1996 年的所得税、国家保险和增值税开始，税收登记已经只有一种形式。从 1999 年 4 月开始，小企业可以按月份或按季度支付国民保险费和国民保险附加税。

■ 政府政策

在英国，政府正竭力创造能实现持续经济增长的竞争性经济，而关于小公司的国家政策已成为其日益重要的部分。为此，近年来的政策建议的焦点比较统一，它们更倾向于采用多种方法，以改善小企业创建和成长的环境，支持创业和革新。在刚刚过去的 10 年内的主要发展包括：

- 商业联系——为小公司提供信息和支持的国家网络"一站式服务机构"。
- 政府直通车——通过因特网上的"一站式服务机构"，使企业能获得规范的指导和表格。
- 企业天地——又一个以因特网为基础的方案，旨在帮助公司找到关于融资、技术、出口、创新和管理等事务的信息。
- 公司培训计划——政府最大的技术转让机制，联结英国的高等教育机构和企业。
- 时髦奖——政府设立的奖项，以促进技术进步和创新。

还出现了大量的立法和财政变化，旨在减少小企业的负担（例如公司税水平）。一些最近的发展包括发起创立工业大学、企业基金，大学挑战基金、小企业服务机构和欧盟"中小企业"行动。后者——在 1997 年 12 月开始——以帮助农村地区或工业落后地区的中小企业为目标，让它们在海外市场更有竞争力。

■ 公司网络化

近期文件中常提到企业发展趋势是走向联合，而不是竞争。合作可采取多种形式，例如转包、网络化（正式和非正式）和合资企业。这种合作既可被中小企业所用，也可（现在正在）被大企业所用。对大公司来说，它是没有风险的增长和多样化经营方式，对小公司来说，它使小公司不扩大规模，但可同时享有大规模生产的好处，例如专业化。

转包

转包数量有所增长，公司本身不进行所有的生产活动，而将其中一些转包给其他公司。这等于拒绝采用纵向一体化，与前面提到的"柔性公司"的概念相关。转包在一定程度上解释了 20 世纪 80 年代出现的"企业服务"迅猛增长的原因。企业将一些专门领域的工作，例如人力资源管理，转包给外部咨询机构，已是日渐平常的事。公司和咨询机构之间的"伙伴"关系正变得越来越平常，在这种关系中，咨询机构处在半永久雇员状态，对公司人力资源问题提出一系列建议（从人员选聘到后继计划等）。这显然会促进小企业的繁荣。"共享资源"也有增长，因为大公司正在发展它们之间及它们与供应商的长期关系。这一现象给大公司带来了利益，表现在减少存货水平和相关成本，有利于"即时"生产方法的动用等方面。它也给小公司（许多小公司是供应商）带来了利益，表现在更大的安全性方面。

网络化

网络化指的是存在于组织和组织内的人之间的关系，这些关系的类型可能不同，既有正式的，也有非正式的。对这些关系重要性的认识正逐渐提高，尤其对小企业而言（例如它们可能建立在商品和服务交换的基础上，像公司和它的供应商或客户之间的关系）。转包就是这种网络化的例子。但也有其他一些不是以交换为基础的联系，像公司和银行经理或其他顾问之间的关系。在企业家和家庭、朋友之间，以及不同组织的企业家之间有非正式的联系，公司之间也可能存在合作联系。这可见于招募管理人员的市场，在那里，企业和咨询机构的联系更加频繁，尤其是在进行国际性工作时。欧洲单一市场的建立和企业的日益国际化，使小咨询机构相对于大的国际猎头公司而言，处在弱势地位（例如，科恩渡船国际人事公司在大多数欧洲国家都有分支机构）。小咨询机构通过组成网络来应对挑战。网络基本上有两种类型：

1．公司是网络的成员，但网络有不同于单个公司的名称，公司在自己的名号下经营（即网络有自己的独立身份）。成员是独立公司，但合作开展业务。欧洲有 16 个这样的团体，包括 EMA 国际合作公司和 AMROP 霍耶尔集团。

2．公司是由独立公司组成的网络的一部分，但网络没有分立的身份，公司在自己名号下经营，欧洲有 10 个这样的团体。

 关于上述公司信息，请登陆 www.kornferry.com, www.ema-partners.com 和 www.amrop.com

公司存在于蜘蛛网形的关系中，如图 8.7 所示。两个公司可能以多种方式联结：在一个市场上，它们可能是竞争对手；在下一个市场，可能是合作伙伴。既是一个市场的顾客，又是另一个市场的供应商。

网络化的意义更加重大，因为经济正发生变化，包括工业高度集中化趋势的逆转、日本式的生产方法的采用、"批量市场"的衰落和技术变化（要求比以前更高的专业化水平），所有这些变化都有利于网络的形成。

公司之间战略联盟的角色已得到认同，尤其在小公司的部门，小公司在国际化进程中使用其他扩张方法常是不可能的。

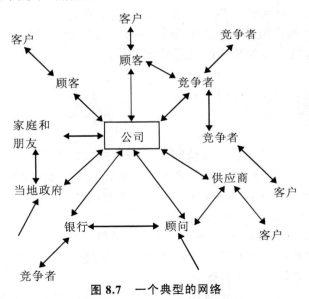

图 8.7 一个典型的网络

虚拟组织

虚拟组织是以网络为基础建立在合伙关系上的结构，其中一个小的核心经营公司将大部分生产经营活动委托给外部机构，它是由专攻生产某些方面的小公司组成的一个网络。从交易额来看组织规模可能很大，但永久雇员的数量非常少。同时，活动一般以信息技术为中介。

虚拟结构的主要好处是它有助于组织应对不确定性，当虚拟组织管理适当时，它们能同时提高效率、灵活性和对市场条件变化的及时反应。组织有专业化的优越性，却不需自己发展专门机构。因而实现了日常开支最小化，培训成本和支持资金也实现了最小化。信息技术承担了大机构中管理者和委员会所进行的许多协调和管理活动。信息技术使跨地区的交流和信息共享成为可能。通常情况下是这样的，但是，如果虚拟组织的创立是完全由成本因素而不是战略因素驱动的，则不一定能实现上述利益。组织将失去对外包出去的生产经营活动的控制，管理这些活动实际上的代价可能更高。组织可能陷入合同的特定关系中，结果灵活性减小。公司可能缺少关键资源（即签约人）的支持，而失去签约人将产生严重后果。

有证据表明，由于信息技术发展的推动，虚拟组织的设立正在增多。它是否能变成未来组织结构的主导形式，人们正拭目以待。

合资企业

正如本章前面所提到的，合资企业是公司开展多样化经营，进入他国市场的好方法。合资企业对两方都有利，因为每一方都能实现多样化经营，获得对方优越的经验，风险水平也最小化。同样，在招募管理人员的市场领域也有合资企业的例子。例如国际猎头集团就是设于法国、英国、奥地利、德国和意大利五国的公司之间的合资企业，目的是为客户提供欧洲范围内的服务。

联营企业

在有些行业，合作行为的产生有特别原因。例如在建立工厂协议中，工程对单个公司来说太浩大，因此他们组成联营企业投标签约，联营企业将包括签约人、供应商和银行家，他们共同拥有技术专长和资源以建设该工程。

跨国公司

在规模上与小企业相对的是能够跨国生产产品或提供服务的公司，但它的控制权通常掌握在中心机构手中。跨国公司的名字家喻户晓，如下列例子所示：
- 英国的跨国公司：英国石油公司 格拉克索持股公司。
- 欧洲的跨国公司：雀巢公司、大众公司。
- 美国的跨国公司：通用汽车公司、国际商用机器公司。

这些跨国公司都是巨大的组织，它们的市场价值经常超过其公司运营所在国的国内生产总值。据估计，它们的产值占到全世界的1/4。

跨国公司的成长是由于国际汇兑控制的放松使资金在国家之间的转移变得容易，通讯的发展也使得在一国能经营一个全世界规模的企业。

查询有关上述公司信息可登录 www.bp.com, www.gsk.com., www.nestle.com，www.vw.com., www.gm.com., www.ibm.com

■ 跨国公司的运作(MNEs)

跨国公司在不同国家有不同的运作模式，这为它们带来了巨大利润：

1.跨国公司的运作采用地方化战略，在不同国家进行最适合当地情况的活动。例如，生产计划可以在本国制定，生产本身则在劳动力相对便宜的某个新兴工业化国家进行，市场营销应在市场相对成熟的本国进行。生产场地的转移可以部分解释发达国家制造业的减少。

2.跨国公司可以实现子公司间的互相资助。在某个市场获取的利润可以用来支持在另一市场的运作。资助的形式可以是降价、增加生产能力或加大广告投入。

3.生产风险的分散，不仅分散到一国的不同市场，而且分散到不同的国家。

4.跨国公司可以通过在其投资国的特殊税务安排(免税期)或精细的转移定价来合理避税；转移定价是内部贸易的价格，对转移定价的调整可实现在税率较低的国家出现高利润。例如，1999 年，美国 2/3 的基地设在国外的跨国公司没有缴联邦政府收入所得税。据估计，仅此一项就使美国的纳税人每年丧失超过 400 亿美元的税收收入。

5.跨国公司可以利用政府鼓励各公司在本国设立分支机构而提供的补贴和税收减免。

跨国公司的规模引起了人们的关注，因为它们的运行对经济产生了巨大冲击。例如，跨国公司的经营活动将影响东道主国的劳动力市场和国际收支平衡。如果在一国开设分支机构，资本将流向该国。然而一旦机构启动、经营，红利和利润便将流出，将影响无形的平衡。还会存在公司内部的产品流动以及因此而发生的不同国家间的商品流动，这些流动采取半成品和原材料的形式。这些活动不仅影响国际收支平衡，也影响汇率，而且对发展中国家的影响可能会大于对发达国家的影响。也可能存在对不发达国家的剥削，而且这些不受限制的产业是否构成经济发展的可靠基础也有待商榷。再加上跨国公司从整体运营出发制定决策，而不考虑对东道国经济的影响，因而国家失去了某些经济主权。

对待跨国公司的主要问题是国家缺少对它的控制。在 2000 年 6 月，经济合作与发展组织更新了它的跨国企业指导方针，虽没有法律约束力但受到经合组织成员国政府的赞同。指导方针力求为国际投资提供平衡框架，明确企业实体的权利和责任。指导方针包含的诸多事项中，有企业道德、雇佣关系、信息披露和税收等。但事实上，如果没有跨国公司的运行，东道主国的产出将降低，而且也没有有力证据表明跨国公司在劳动力市场问题上表现糟糕。

小案例　跨国活动

跨国公司机构庞大，而且其市场价值常超过许多其经营所在国的国内生产总值。全世界有超过 60000 家的跨国公司，据估计占了世界产出的 1/4。跨国公司的增长是由于汇兑控制的放松，使货币在国家之间的流动更方便，以及通讯的改善使在一国经营的企业进行全球规模的经营变得可能。这些跨国公司的总部通常设在发达国家——只有三个例外（哈钦森·怀门朴有限公司（中国），裴卓罗斯·德·维那足拉和 S·A 电机公司（墨西哥））。世界最大的 100 家跨国公司设立在发达国家。典型的跨国公司 2/3 的劳动力仍是公司本国员工，产出的 3/2 也在本国，跨国公司的名字常家喻户晓，如表 8.9 所示。

跨国活动指数，通过观察三个比率——国外资产／总资产、国外销售额／总销售额、国外雇员数／总雇员数——衡量跨国公司在国外的活动。这样可获知外活动在公司总体活动中的重要性。在表 8.9 中，英国石油公司的指数最高——这是因为它在国外活动的三个比率都很高，尤其是雇员数。自 1990 年以后，最大的 100 家公司的跨国活动的平均指数从 51% 上升到 1997 年的 55%，但 1999 年底又跌至 48%，主要反映了国外资产占总资产比率的下降。

表 8.9			1999 年世界上最大的 10 家跨国公司（以国外资产排名）
名次	公司	国家	跨国活动指数%*
1	通用电气	美国	25
2	埃克森美孚集团	美国	78
3	荷兰皇家／壳牌石油公司	荷兰／英国	57
4	通用汽车	美国	17
5	福特汽车公司	美国	23
6	丰田汽车集团	日本	18
7	戴姆勒·克莱斯勒公司	德国	49
8	泛那航空总公司	法国	79
9	国际商用机器公司	美国	50
10	英国石油公司	英国	82

* 三个比率的平均值：国外资产／总资产、国外销售额／总销售额和国外雇员／雇员总数。

资料来源：2001 年联合国贸易和发展会议。

关于跨国机构运行的信息请登录 www.oecd.org 或 www.unctad.org

■ 全 球 化

全球化是用来描述世界范围内的市场和生产的一体化过程的世界正在超越国家市场体系（通过贸易壁垒、距离遥远和文化相互隔绝）而走向拥有巨大全球市场的体系。尽管并不是所有产品都是如此，显然可口可乐、麦当劳等商品是这样的。生产的全球化强化了市场的全球化，公司将生产过程中的某些部分分散到世界各地。并不仅仅是大型跨国企业在变得全球化，许多中小型企业也参与了全球化的生产和市场营销。

市场和生产不断全球化的两个主要原因是：

■ 由于过去半个世纪出现的贸易和投资壁垒的削减。每天有超过 150 亿美元的外汇交换，国际贸易额占了世界总产出的 1/3，以前受保护的市场，像苏联集团，已经开放迎接竞争。

■ 通讯和信息技术的爆炸性发展。公司不仅通过不同部分的信息传递促进生产的全球化，而且使这种观念和信仰在全世界传播。所谓的"全球文化"似乎使同一的趋势在世界许多地方的不同国家同时出现。交通技术的发展，比如直升飞机，也使世界变得更小。

全球化已经表明公司面临着日益复杂的环境，例如，要占领的新市场，将要面对增加了的海外竞争，了解必要的外汇市场工作方式和熟悉不同国家存在的差异。尽管说了这么多关于全球化的问题，但世界仍存在着丰富的多样性——不同的国家有不同的文化、政治和法律体系。进行全球化的生产和市场营销需要懂得这些东西。

纲　要

本章考察了英国和整个欧洲的行业规模结构，考察了组织发展的动力和方法，以及支撑这些增长的资金来源。考虑了小公司的作用以及跨国公司的作用。虽然许多行业由大公司占主导，但由于多种原因，好像出现了从增长向分散化过程转移的趋势。结果是小公司方兴未艾，公司间的合作水平有所增长。

重点总结

■ 公司的规模结构在行业内部、国家内部及国家之间有巨大差异。

■ 公司可能通过有机地成长实现内在增长或通过兼并和接管实现外部增长。

■ 增长的动机很多，包括增大市场份额，实现规模经济效益，分散风险。

■ 增长的资金可来源于内部的再投资或外部的银行、资本市场和货币市场。

■ 组织的发展受到多种限制，例如规模不经济。

■ 英国和欧洲的兼并活动水平遵循周期性模式，与经济条件相关。

■ 小公司是产出和就业的重要提供者，其重要性随着时间的推移而增加。

■ 许多因素影响了小公司部门的增长，包括行业模式的改变、需求的变化、技术变革、转包增多的趋势和政府政策。

■ 在企业规模另一端，跨国集团通过它们的活动对世界产出和就业产生了巨大的冲击。

案例研究　　猎头公司

正如本章指出的，某一行业的公司规模取决于许多因素。为什么在服务行业小公司占主导地位？为了解释这个问题，产品和生产过程的自然属性是重要的。服务具有区别于商品的下列特性，这些特性对相关的行业结构具有潜在的影响：

■ 无形性。服务是无形的，而商品是有形的，这意味着在购买服务之前试用某种服务是不可能的。

■ 不可分离性。服务的生产和消费往往是不可分离的，而商品先生产出来，接着出售，然后被消费。在提供服务时，生产与消费同时进行。

■ 不同种类性。鉴于服务的性质，很难对它们进行标准化，每一次提供的服务是不同的。这是由于在生产服务的过程中，服务享用者占据了中心位置。

■ 不可保存性。服务是"易腐"的，它们在消费过程中即被破坏，不能保存。

■ 不可更改性。许多服务是不可更改的，因为服务一旦被消费掉，它们将不能被返还，有错误也不能改正。

这些特性对于行业状况以及对组成行业的公司具有重要的影响。这一案例考察了这样一种服务行业——猎头机构。

猎头机构是执行人员招聘市场的一部分，它是指一个行业的招聘咨询机构充当雇主和求职者的中介，通过直接和个人接触挖掘人才。尽管也有一些国际性大公司，比如科恩渡船公司和依戈·泽恩德公司，但行业中占主导地位的却是小公司（见图 8.8），甚至那些国际大咨询公司和其他行业的大公司相比规模仍然非常小。2000 年每个公司的咨询专家平均是 5.4 人，最一般的公司只有 2 人。这有许多原因，其中有些原因与其他服务业相同和上面所提的服务特性有关。当然也有一些原因是猎头机构所特有的：

■ 提供的服务中，有很大成分的个人因素。这意味着服务过程是劳动密集型的，惟一的技术革新的机会只有记录和过程的电算化。大多数服务业可能都是这样的，这意味着没有机会进行大规模生产，典型的公司规模总是小型的。如 2000 年，每个咨询者的平均业务量是 8。

■ 服务的不可保存性，意味着存货不能被保存，而且考虑到服务需求的波动，拥有大量咨询专家的公司在需求量低的时候将承受员工数过多的损失。因此小型化是一种趋势。

■ 咨询专家人数越多，一个或多个专家会离开原有公司，利用原公司的关系开办新的咨询机构，和原公司进行竞争的可能性就越大。在某些行业中，新公司这样介入的方法相当普遍。因此，咨询机构的专家很少超过 14 人。

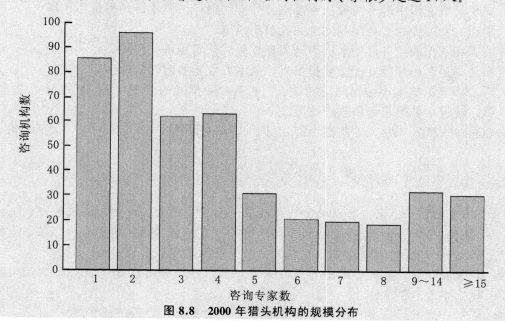

图 8.8　2000 年猎头机构的规模分布

- 猎头机构是独一无二的，因为客户公司的数目越多，候选人的"蓄水池"就越小。许多公司提供一种"禁止入内"的保证——至少在两年内他们将不会接触那些已经安排过的候选人。因此，他们安排的人员越多，对于候选人的候选条件就越严格。

- 规模经济的范围很少，很多有一个咨询者的公司不但生存下来，而且还运转得相当好。尽管此行业中的服务公司的规模很小，但与人事部门相比，它们在完成任务时会表现出更强的专业化。许多咨询机构实行功能或者行业专门化，在家咨询能更容易接近候选人和数据库，以及更好地了解行业，从而物色人才的时间就缩短了。不断地重复对生产者的技能也能产生影响。

- 尽管在此行业中，在一定范围上也有实现规模经济的空间，但从涉及的业务量可以看出，小公司是有效生产的最小结构。公司能够进入此行业，完成相对较少的业务量并生存下来。

- 进入和退出壁垒较低使得涉及服务行业时进出方便。由于服务业的特殊性，难以确定提供服务的质量。为了克服信息量的不足，很多服务行业(比如会计和法律)具有管制机构，强有力的行业管理把某些行为模式强加于行业中的公司。然而，猎头机构并不是这样。公司除支付一点相当便宜的执照费外，没有行业机构，没有入选前的教育要求，没有法律限制。一旦公司进入此行业，其运转方式的正式控制很少，而且猎头机构入行的法律限制也不多。设立企业要求的资本量很小，因为所需要的只是一张执照、一部电话、文具、秘书的帮助以及一间办公室而已。业务的费用支付方式在业务的开始往往就支付了一部分减少了"介入"的时间，因为贷款很快就能被还清。只需少量的业务，咨询机构就能盈利。

- 服务的生产和消费的不可分离性，往往使可以服务的市场受地理限制，而这影响到公司的规模。许多服务业是没有中介的"直销"；公司可能选址到需要服务的地方或者决定使用那种服务的地方。猎头公司被看作是劳动力管理分支结构的延伸，因为它是先前内部人事职能的外部化。因此，如果猎头机构地址接近服务需求地，而且，使用招聘咨询机构的决定是在总部做出的，那么总部的地址对于咨询的选址就非常重要了。在英国，这部分解释了为什么招聘结构的地点集中在伦敦和东南部(占 77.5%)。

- 服务业中生产与消费的不可分离性，意味着垂直联合的概念适用于服务时失去了意义。绝大部分服务涉及直接生产，所以当其提供服务时，整个生产过程就发生了。当公司不断摆脱外围职能并且从外部机构购进这些职能时，许多商业组织与其他服务代表了生产的分散化过程。猎头机构就是这一过程的例子，因为公司的招募和其他人事职能以合同方式分包出去。实际上，行业中出现了进一步的分散经营。因为开发者建立了公司，而咨询专家购买他们的服务。还没有明显的理由来解释为什么服务行业内没有发生横向兼并，横向兼并的动机以及发生率在不同服务业也不太相同。至于需要大量个人投入的服务，规模经济的空间有限，因此不会有为此目的的兼并。类似地，地理位置相近服务业也不大可能进行横向一体化。

■ 服务产品生产的特殊性，使服务比其他类型的生产更难于扩展到其他领域进行多样化经营。多样化经营的明显方向是通过共同的技术或者发展现存技术生产产品，以及通过相似的营业渠道出售产品。猎头机构通过给其他管理部门提供其他服务实行多样化经营，比如工资调查或者连续计划。通过多样化经营，大型会计公司进入了包括招募人才在内的管理咨询领域。

结论

许多猎头服务（和其他服务一样）是以小规模公司为特征的。对于这些行业，把公司发展看作成长或失败过程的传统理论并不是很有用的。对于那些不但生存下去，而且获取成功的公司来说，传统理论明显不足。一个更有收获的方法是考察阻碍公司增长的诸多限制因素。猎头服务内部的限制包括生产过程中的私人特性，这意味着咨询专家每年只能处理少量的业务。有迹象表明全体工作人员的支持确实能提高咨询专家的"产量"，但提高并不明显，差距仍然很小。另一个内部的限制是可能缺少具有全能技能人员。咨询专家要求有好的人际关系、沟通能力，也许还要有工作的经验，更重要的是联络能力。外部的限制是服务可由客户自己完成，这可能大大限制了市场容量。并且，猎头服务所独有的一点是，咨询专家至少两年内不会接触他们已安排的人。因此公司内的咨询专家增加时，候选人的数量将有所减少。咨询机构越大，就越有可能有一个或者更多的咨询专家离开公司建立另一个与原公司相竞争的新公司，而且把原有的联络都带走了。曾经有这样的例子，而且咨询专家把他们的研究人员也带走了，使原咨询机构陷于非常不利的地位。

案例研究问题

1. 在猎头服务行业中，你认为为什么典型的国际扩张是通过联盟的方式进行的？
2. 经济衰退是如何影响该行业的？

 查询有关猎头机构的信息可登录
www.rec.uk.com（招募和就业联盟）和 www.executive-grapevine.co.uk

复习和讨论题

1. 为什么重组发生在航空业？
2. 你能着手列出设立超级公用企业的危险吗？（超级公用企业是指能提供一系列大规模、多样化经营的组织）
3. 总体上说，网络化给小公司和经济带来哪些优势？
4. 在过去的 10 年中，制造业中大小公司的平衡状态是如何改变的？你认为这种趋势还会继续吗？

作　业

1. 假如你是当地企业信息咨询中心的一名信息官员，主要负责设计和编写有关小型企业业主的小册子，其中列出这些小型企业能够获取的政府扶持，但要保证这些小册子简短易读而且包含最大的信息量。（关于政府扶持的有关信息，你可在图书馆或企业信息咨询中心查询）

2. 假如你是"商业周刊"（Business Week）的一个成员，负责经常发布当地在英国产业结构中排名前六位的行业的状况，这些行业常常都是企业研究（Business Studies）中的 A 级行业。从中选出两个行业，对这些行业中企业规模结构的典型性的具体原因加以说明。

第九章 产业结构

克瑞斯·布瑞顿

任何经济社会都有着很多的产业，他们向不同的买主提供产品。一个国家的产业结构就是该国各产业间的具体联系。由于产业结构的诸多影响因素之间存在差别，因而各国的产业结构必然有所不同。

目 标
- 理解什么是产业结构，如何度量产业结构。
- 考察英国和整个欧盟的产业结构。
- 识别特定产业结构的原因和影响产业结构的因素。
- 分析英国和整个欧盟产业结构的时间变化状况，及其产生这些变化的原因。

关键词

挤出效应	制造业部门	标准行业分类（SIC）
限制工业化	第一产业部门	分类（SEC）
企业家	生产率 第三产业	产业结构
第二产业	生命周期模型	技能短缺

引 言

一个国家能生产并提供各种类型的产品和服务，从轿车的制造到为农业提供的法律咨询。各种产品和服务的组合以及生产出它们的各个产业之间的联系，就是我们通常所说的一国的产业结构（industrial structure）。因为受多方面因素的影响，各国之间的产业结构存在着相当大的差异。本章将研究作为一个贸易集团的欧盟的产业结构，同时特别考察一下英国的产业结构。有必要找出一种度量一国产业结构的方法，从而能识别产业结构的变化情况并对产业结构进行国际间比较。本章我们将考察产业的定义，这些定义存在的问题以及英国政府采用的官方产业分类法。此外我们还将分析产业结构发生的变化及其原因。

产业的结构

■ 生产过程

第五章我们已考察了三种生产要素——劳动力、土地和资本。教科书中常为我们列出第四种要素，即企业家。企业家（entrepreneurship）将其他三种要素联结起来进而生产出产品和服务。一家企业在其产品有市场需求时才会生产，然后通过出售产品获取利润。图 9.1 给出了一家轿车制造商的简化的损益表。

收入	百万英镑	支出	百万英镑
轿车销售收入	30.0	原材料	7.5
		工资和薪水	10.0
		管理费用（租金、税金、照明等）	2.5
			20.0
			10.0
		利润	30.0
	30.0		

图 9.1　一个简化的损益表

损益表中的支出栏列出了对各生产要素的支付。劳动力得到工资，资本得到原材料和一系列的管理费用（对土地的支付也包括在管理费用中），对企业家的支付构成了利润的一部分。在这一生产过程中，生产要素相互联结制造出轿车，同时原材料的初始价值也发生增值。

轿车生产商处于生产过程的核心部分，他将一端的原材料和另一端的消费者连结起来，对原材料提炼和加工，制成之后加以出售。从经济角度来看，加工原材料的行业称为初级生产，轿车生产商称为加工生产，而轿车的出售和配送行业称为第三产业生产（见图 9.2）。从第一产业到第三产业的路径看上去很简单，实际上这个过程可能是相当复杂的。

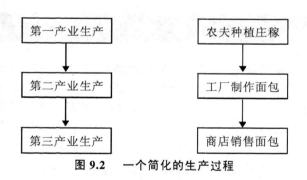

图 9.2　一个简化的生产过程

目前我们的讨论仅限于一家企业，当然我们也可以将它上升到一个产业水平来加以阐述。那些经营自然资源的行业构成第一产业部门（primary sector），诸如农业和采矿业。那些加工自然资源的行业构成第二产业部门（secondary sector），包括了加工业、建筑业和能源供给。而服务行业构成第三产业部门（tertiary sector）。下面我们将详细考察英国的这种行业分类方法，我们可能会发觉这种行业分类法在以后的行业结构分析中存在相当大的困难。

■ 标准行业分类

经济活动的标准行业分类(Standard Industrial Classification, SIC)是英国官方

采用的产业分类标准，将产业划分成不同的部门。1948 年引进这一标准，经过不断调整后它已经能够反映新产品及生产这些新产品的部门的发展情况。尤其是 1980 年的调整，这次调整使得英国的产业分类和欧洲共同体统计局（Eurostat）的产业分类基本上一致，这个统计局的统计分类方法就是常说的欧洲经济统计分类体系(NACE)。

 查询有关英国产业结构的相关数据可登录 www.statistics.gov.uk 或 http://europa.eu.int/comm/eurostat

　　1980 年的 SIC 如表 9.1 所示。在 1980 年英国的产业划分成 10 大类（divisions）（用个位数表示）。每一大类又划分成几个类别（classes）（用两位数表示），每一小类又依次划分成几个组别（groups）（用三位数表示）和行为标题（activity headings）（用四位数表示）。总之，SIC 包含了 10 个大类（divisions）,60 个类别（classes），222 个组别（groups），334 个行为标题（activity headings）。具体例子见表 9.2。

表 9.1	1980 年 SIC
大类	**产业**
0	农业、林业和渔业
1	能源供给业和水资源供给业
2	除燃料外的矿石提炼；金属，矿产品和化学品的制造
3	金属品、工程业和汽车业
4	其他制造业
5	建筑业
6	物流、酒店和餐饮业；修理业
7	运输和通讯业
8	银行、金融、保险、商务服务业和租赁业
9	其他服务业

　　术语"生产性行业"指的是上面分类中的 1~4 大类；"制造业"指的是 2~4 大类；但 SIC 和最末端部门的广义产业分类不完全相同。我们都知道经济社会的第一产业部门主要涉及 0 大类和 1、2 大类的部分部门；第二产业部门主要涉及 1、2 大类中剩余的部门和 3~5 大类中的所有部门；第三产业部门则包含了 6~9 大类中的所有部门。

　　英国官方也对 SIC 进行了周期性调整，以反映发生在行业中的变化情况，自从 1980 年以来，英国官方一直将它作为收集行业数据的基础。1990 年欧共体通过了一项欧共体内新的经济活动统计分类(NACE 的第 1 次修订本)。这就意味着英国必须在 1992 年推出一项新的 SIC 系统，这样欧共体内产业分类的进一步标准化使国家间的行业比较更为方便。1992 年的 SIC 是在 NACE 的第 1 次修订本的基础上产生的，它替代了 1980 年的 SIC，它与 1980 年 SIC 的惟一区别就是增加了 5 位数的子细分类（subdivide classes）。

　　SIC 从 1980 年的 10 个大类（divisions）发展到 1992 年的 17 个部门（sections）；这些行业部门（sections）分别用 A 到 Q 的字母表示，每个部门大类又分成不同的子部门（subsections）（用剩下的字母表示），子部门又分成大类（divisions）（两位数），两位数的大类（divisions）再分成组别（groups）（三位数），进而分成类别（classes）（四位数）和子类别(subclassses)(五位数)。表9.3给出了一个例子。

表 9.2	1980 年 SIC 的第 4 大类
大类 4	其他制造业
类别 43	纺织业
组别 431	羊毛和毛纱制造业
组别 438	地毯和其他纺织类地面覆盖物

表 9.3	1992 年 SIC
部门 D	*制造业*
子部门 DE	纸浆、纸张和纸类产品的制造；出版和印刷
大类 22	录制媒介的出版、印刷和再生产
组别 22.1	出版业
类别 22.11	图书出版
类别 22.12	报纸出版
类别 22.13	杂志和期刊出版
类别 22.14	录音带出版
类别 22.15	其他出版业

注：大类不再划分为子类别了。

总计 17 个部门(sections)，14 个子部门(subsections)，60 个大类(divisions)，222 个组别(groups)，503 个类别(classes)和 142 个子类别(subclasses)。确切地说，1992 年的 SIC 沿用了 NACE 的第 1 次修订本，除其中的子类别在英国的一些产业分类中早已采用之外。

本章附录中已列出新 SIC 的框架构成，从中我们能看出，并不是所有的部门都可划分为子部门；有些部门直接划分为大类，也有些部门划分比较复杂。最明显的是部门 D，该部门划分成 14 个子部门和 23 个大类。必须清楚一点的是，一个部门的细分水平取决于该部门内的产品多样性。

■ SIC(1992)与 SIC(1980)的差异

首先，编号体系上发生了明显的改变，此外产业排序也发生了一些变动。例如，1992 年 SIC 将电力、天然气和供水部门移至序列的下方，次于制造业。1992 年的 SIC 在服务业部门方面有更详细的分类；老式的 SIC(即 1980 年 SIC)中的大类 9 已经分成 8 个不同的部门大类，从而表明经济社会中越来越重视服务部门。此外，部门内部的分类也发生了变化。表 9.4 对两种行业标准分类作了比较。1992 年的 SIC 经济行为指标(indexes)(HMSO)列出了 SIC(1980)和 SIC(1992)比较的详细脉络。虽然很多国家在 1992 年就已经引进了新式的 SIC，但大多数政府的统计数据仍是按 1980 年的产业分类法来编辑的。

SIC（1992）		SIC（1980）
A	农业、狩猎和林业	0
B	渔业	0
C	采矿和采石	1 和 2
D	制造业／加工业	1，2，3 和 4
E	电力、天然气和水资源供给	1
F	建筑业	5
G	批发和零售业；汽车、摩托车和家电维修	6
H	旅馆和饭店	6
I	运输、存储和通讯	7 和 9
J	金融中介	8
K	房地产、租赁和商务活动	8 和 9
L	公共管理和防务；义务性社会安全	9
M	教育	9
N	卫生和社会工作	9
O	其他社区、社会和个人服务活动	9
P	有雇工的私人家庭作坊	9
Q	地区外的机构和组织	9

表 9.4 1992 年 SIC 与 1980 年 SIC 间的比较

■ 产业划分的诸多问题

这种产业划分存在很多问题。可以根据企业生产的产品类型将它们划分归为一类，但这其中有些企业往往同时供应着完全不同的市场。此外还可以根据他们"做"什么来归类，如果他们生产过程相似也划归为同一产业。这一现象在服务行业尤为严重，因为传统上我们是根据他们执行的功能来划分的，但科技的发展使这些功能相互交叉从而很难加以区分，例如，出版业和印刷业。正因为如此，SIC 对复杂交错的行业进行了明确具体的划分。尽管 SIC 难以成功地克服上述诸多问题，但它确实提供了一种行业分类，受到广泛采用。根据 SIC 分类而收集的信息为产业结构比较奠定了基础，正是在这一基础上我们可以对一国内不同时间的产业结构和不同国家间的产业结构进行比较。

■ 度量产业结构

一国产业结构并不是固定不变的，它随时间的推移因为不同原因而发生变化。例如：
■ 新产品的面市意味着新行业的诞生（例如电子游戏领域内的发明和革新）。
■ 新的需求模式意味着一些产业日渐衰退，而另一些产业越来越重要。
■ 行业结构体现了社会变迁。例如，根据英国政府在 1851 年的人口普查，22% 的劳动人口在从事农业、林业和渔业，而在 2000 年这一数据仅为 1.5%。很明显这一变化反映的是由农业主导的社会向工业主导的社会的变迁。
通常产业结构由经济社会不同部门的就业和产出水平来度量，也就是说不同产业的就业和产出水平的变化也就意味着一国产业结构发生了变化，这两者的变化趋势常常是（并不总是）一致的；一个部门的衰退也意味着急剧下降的就业和产出水平。

■ 欧 盟 内 的 产 业 结 构

图 9.3 列出了 1979 年和 2000 年欧盟总体的产业结构，它是根据不同产业的就业水平来度量的。19 世纪 80 年代农业部门就业人数下降了 20%，制造业部门就业人数下降了 14%，而服务部门就业人数则上升了 15%。2000 年，欧盟内的总就业人数中有 5%从事于农业，29%从事于工业，66%从事于服务业。由此可见，欧盟内在初级和工业部门中就业人

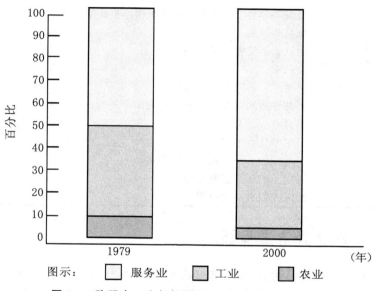

图示： □ 服务业   □ 工业   □ 农业

图 9.3   欧盟内三大部门就业人数的百分比

资料来源：*Eurostat Yearbook*,2001.ⒸEuropean Communities.Eurostat. Reproduced by permission of the Publishers, the Office for Official Publications of the European Communities.

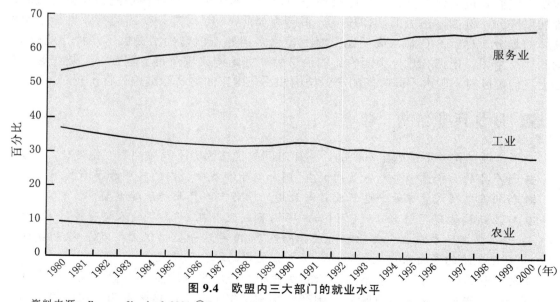

图 9.4   欧盟内三大部门的就业水平

资料来源：*Eurostat Yearbook*,2001.ⒸEuropean Communities.Eurostat. Reproduced by permission of the Publishers, the Office for Official Publications of the European Communities.

数的比重呈下降趋势，而在服务业中就业人数的比重逐步上升。图 9.4 显示了 1980～2000 年三大部门就业人数相对规模的变化情况。

像欧盟一样，其他工业经济国家的产业结构也呈现出这种趋势。如表 9.5 所示，各国间产业结构明显存在着差异，如果用就业水平指标来衡量，第三产业部门的差异最为突出。在欧盟范围内，英国相对于其他国家和欧盟的平均水平而言有一个较小规模的农业部门，而德国拥有最大规模的工业部门。日本相对于欧盟和美国而言有较大规模的制造业部门，较小规模的第三产业部门。

表 9.5   **2000 年几国三大部门就业人数比重**

	农业	制造业	服务业
英国	1.5	26.0	72.0
西班牙	7.0	31.0	62.0
意大利	5.0	32.0	62.0
德国	3.0	34.0	63.0
法国	4.0	26.0	69.0
欧盟	5.0	29.0	66.0
日本	5.2	31.6	63.2
美国	2.6	23.1	74.4

资料来源：*Eurostat Yearbook*, 2001.© European Communities.Eurostat. Reproduced by permission of the Publishers, the Office for Official Publications of the European Communicaties.

根据产出量也可以度量产业结构，产出量和就业水平都揭示出同样的现象：主要工业国中第一和第二产业部门的重要性已下降，而第三产业变得越来越重要。我们将在后面章节考察产生这些变化的原因。

表 9.6   **2000 年欧盟内主要部门就业和产出水平排序情况**

NACE 代码		排序依据	
		产出排序	就业
64	零售贸易	1	1
41	食品、饮料和烟草	2	3
26	化学品和人造纤维	3	7
35	摩托车及其零部件	4	6
34	电子工程	5	2
32	机械工程	6	5
31	金属品	7	4
47	纸张、印刷和出版	8	8
14	石油提炼	9	17
22	金属初加工	10	13

资料来源：*Eurostat Yearbook*, 2001.© European Communities.Eurostat. Reproduced by permission of the Publishers, the Office for Official Publications of the European Communities.

笼统地概说会掩盖同一部门内不同行业间的差异。表 9.6 列出了 2000 年欧盟内主要部门分别按产出量和就业水平排序的情况。在 1995～1999 年欧盟预计增长速度超过平均水平的行业包括酒店业、餐饮业、其他市场服务业、航空运输业、辅助运输服务业和摩托车业；预计出现负增长的行业有钢铁业、纺织业、服装业和制药业。

过去20年欧盟制造业发生重组的原因主要有三个方面：第一，解除管制导致产业内部竞争更加激烈；第二，内外竞争的加剧，其中外部竞争主要来自第三方国家尤其是不发达且劳动力成本低的国家；第三，欧洲单一市场的形成以及贸易壁垒的消除必然引起竞争加剧。企业对这些变化的反应各不相同，但欧洲工业全景（Panorama of EU Industry）给出了几种典型的反应状态，其中有些反应可能会产生相冲突的结果。具体如下：

- 投资增加以提高生产力。这导致了欧盟内失业率的增长，因为在生产过程中大机器代替了相对昂贵的劳动力。
- 通过并购而实现的纵向和横向的产业集中化的趋势日益凸显出来，其目的是获取规模经济效益以及在日益激烈的竞争中获利（见第八章）。
- 生产更加专门化。许多身处不同行业（窗架、化学制剂、制衣和纺织）的公司都已决定减少自己的生产线，集中精力投身于专门的细分市场。
- 生产过程中更大的弹性。生产过程日益自动化，更多的企业将生产活动外包和转承包，同时企业越来越多地使用兼职和临时工人。

■ 英国的产业结构

在国际产业结构的比较中，英国的比较结果并不理想，尽管它与欧盟呈现出相同的趋势，但英国的制造业部门（manufacturing sector）下降尤为突出，服务部门创造的就

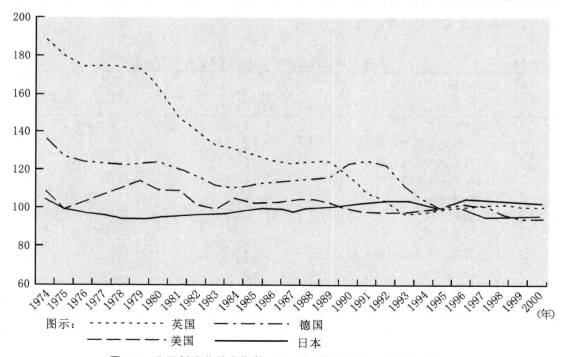

图 9.5　几国制造业就业指数（以 1995 年为基年，指数为 100）

资料来源：*Quarterly Labour Force Statistics*,2001,OECD.

业量并不能弥补制造业下降所减少的就业量。此外，尽管欧盟所有国家的制造业产量都是相对地下降了，但惟独英国制造业的产量是绝对地下降了。

图 9.5 画出了在 1974～2000 年四个国家制造业的就业情况草图。从图中我们能清楚地看到英国制造业的就业量的下降幅度比其他国家都要大。英国制造业的就业量从 1974 年的最高水平下降到 2000 年的最低水平，与此同时，日本由于国内经济衰退而导致了制造业就业水平急剧下降。

表 9.7 对英国在 1969～2000 年的行业变化情况做了详尽的说明。该表分别列出了 1969 年、1995 年和 2000 年不同行业的就业总数。在对不同年份的就业人数进行比较时，我们应该明确的是数据所在年份的经济状况会对这一比较结果产生很大的影响，尽管如此他们仍然能反映经济社会三大部门相对重要性的变化情况。此外，标准行业分类（SIC）的变化也对就业人数统计数据产生较小的影响，我们应该尽可能纠正这方面的影响。

表 9.7   **1969 年、1995 年和 2000 年，各年 6 月中旬的就业总数（英国）**

1992 年 SIC 部门	1969（000s）	1995（000s）	2000（000s）
A/B	492	294	327
C	437	68	66
第一产业部门总计	929	362	393
D	8355	3840	3855
E	406	399	261
F	1459	814	1156
第二产业部门总计	10220	5053	5272
G	2711	3564	3995
H	710	1257	1378
I	1561	1272	1425
J		930	973
K	3742	2630	3475
L		1315	1409
M	2749	1790	1881
N		2417	2469
O-Q		984	1146
第三产业部门总计	11473	16159	18151
总就业人数	22622	21574	23816

资料来源：Adapted from Table 7.5. *Annual Abstract of Statistics*, 2001, Office for National Statistics, UK.

这一期间里就业总数出现小幅增加，但不同产业间的就业模式发生了根本性的变化。第一产业部门就业数从 1969 年的 929000 下降至 2000 年的 393000。同样地，第二产业部门就业数呈现出相似的趋势，从 1020000 下降至 530000。而第三产业的就业人数的增加总量部分地抵消了第一、二产业两个部门就业人数的下降总量。表 9.8 清晰地反映出这一趋势，其中分别给出了过去一段时间英国三大产业部门各自的就业比重。

表 9.8　　　　　　　1989~2000 年英国三大产业（第一、二、三产业）各自就业比重

年份	部门		
	第一产业	第二产业	第三产业
1969	3.6	46.8	49.3
1973	3.5	42.1	54.3
1979	3.1	38.2	58.7
1984	3.8	31.1	65.1
1985	3.6	30.5	65.8
1986	3.3	29.9	66.3
1987	3.0	29.5	67.6
1988	2.7	29.0	68.3
1989	2.4	28.5	68.9
1990	2.5	28.1	69.1
1991	2.4	26.4	71.2
1992	1.6	27.4	71.0
1993	2.1	25.0	72.9
1994	1.9	24.6	73.5
1995	1.7	23.6	74.9
1996	1.8	22.6	75.6
1997	1.7	22.4	75.9
1998	1.7	22.3	76.0
1999	1.6	22.5	76.0
2000	1.7	22.1	76.2

资料来源：Adapted from Table 7.5. *Annual Abstract of Statistics*,2001, Office for National Statistics, UK.

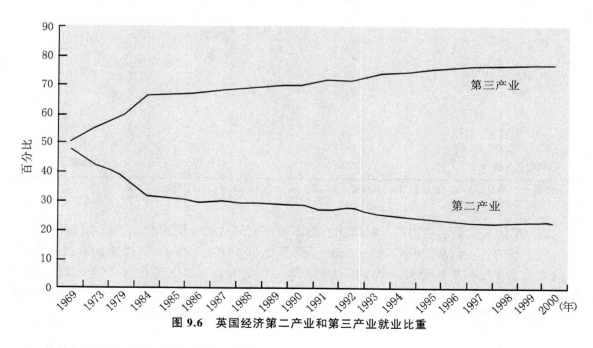

图 9.6　英国经济第二产业和第三产业就业比重

资料来源：Adapted from Table 7.5,*Annual Abstract of Statistics*, Various editions, Office for National Statistics, UK.

查找不同部门就业和产量的相关数据可登录 www.oecd.org

从表9.8和图9.6我们能清晰地看出英国就业模式发生了转变，进而也就反映出英国产业结构也发生了变化。第一生产部门的就业比重从1969年的3.6%下降到2000年的1.7%，这足以说明这一期间里英国第一产业部门的重要性相对下降了。19世纪80年代初期第一产业部门的增长是由于北海油田(North Sea oil)的发现，而近期的下降则是由于煤炭工业的衰退。同时第二产业部门的重要性也发生了惊人的下降，它提供的就业机会所占的比例从46.8%降至22.1%。同时，根据表格我们也能看出第三产业部门的重要性相对提高了。

在分析引起产业结构变化的原因之前，我们先来考察反映这一变化的另一个关键性指标——产出水平，从这些产出水平数据中得出的结论和就业水平分析的情况基本是相同的。也就是说，第二产业部门的重要性相对下降，而第三产业部门的重要性则相对上升。原油和天然气产业在19世纪70年代后期和80年代初期变得重要了，这正是北海油田的发现引起的；但目前它们正呈现出下滑的趋势。表9.9的广义分类暂且忽略了各产业部门间的区别，因而可见一些部门变得相对重要的同时另一些部门却变得相对次要。

英国各经济部门相对规模的变化和其他国家的情况相类似。但只有英国经历了制造行业产出水平绝对下降的时期，正如图9.7所示。人们认为，制造业产出水平下降的确是因为它变得相对不重要了；它的衰退可以看成是一种源于工业革命和圈地运动的自然变化过程。表9.5在某种程度上为自然增长这一说法提供了证据。此外，根据表格我们还能看出西班牙的产出水平增速是最慢的，而其农业部门却保持着最高的就业水平。

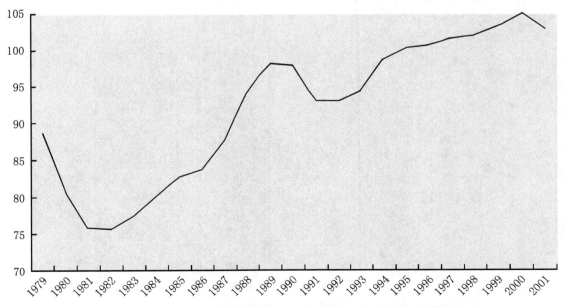

图9.7　1979~2001年英国制造业产出水平（以1995年为基数，指数为100）
资料来源：Adapted from www.statistics.gov.uk/statbase/tsdataset.asp?vlink=631&more=Y.

表 9.9					1987~1998 年不同行业的产出/GDP							
行业	1987	1988	1989	1990	1991	1992	1993	1994	1995	1996	1997	1998
农林牧渔	1.9	1.7	1.8	1.8	1.7	1.8	1.9	1.9	1.9	1.8	1.5	1.3
能源和水资源供给	6.2	5.0	4.3	4.3	4.8	4.6	4.7	4.7	3.8	2.7	2.3	2.1
制造业	23.9	23.9	23.0	22.1	20.7	20.1	19.8	19.8	20.1	20.9	21.2	20.3
建筑业	6.1	6.7	7.1	6.9	6.1	5.5	5.0	5.0	5.1	5.1	5.3	5.2
服务业	61.9	62.7	63.4	64.9	66.7	68.0	68.6	68.6	69.1	69.5	69.7	71.1

资料来源：Adapted from Table 12.5, Regional Trends 36,2001,Office for National Statistics,UK.

小案例　生命周期理论

我们在考察一种产品和生产该种产品的企业组织时，通常会采用"生命周期模型"，产品处于生命周期中的位置意味着该产品的营销前景，同样地，生命周期模型也能运用于一个市场、一个行业甚至一个产业部门，它们在生命周期中的位置能够反映出产业结构、市场结构(见第十二章)以及在这种产业中企业组织将面临的战略选择等。

生命周期的四个阶段——引入期、增长期、成熟期和衰退期。如图 9.8 所示。

第一阶段是产品生命周期中的引入、面世或进入阶段，在这一阶段中产业刚刚起步且增长还很低。增长阶段是指销售额迅速上升，企业能获取利润的阶段，这一阶段企业可能会享有更大的市场份额，并且会因为规模效应和经验曲线效应而使成本大幅度下降。成熟阶段时增长趋于稳定，这也是产业中大部分企业最普遍经历的阶段，而且还要持续相当长的一段时间。

衰退阶段是指由于诸多原因增长率开始下降，比如技术变革使行业过时陈旧，或改变了消费者的需求模式。这一阶段也可能是成本大幅度下降，市场重新定位，可能会把目光投向海外市场。

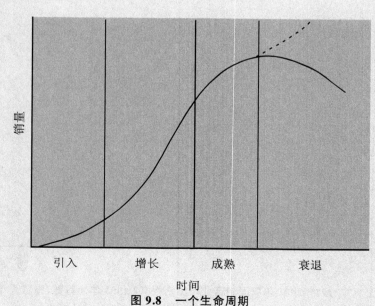

图 9.8　一个生命周期

关于生命周期要强调几点。首先，一种产品或一个行业可能并不经过所有的阶段；例如，一个行业在经历了增长期后并不一定成熟、衰退，正如光碟相机从来都没有在大众中广泛流行过就衰退了。其次，生命周期中的每个阶段并不是均匀统一的，而且不同行业间也存在着相当大的差异——农业部门就是一个典型，它的增长阶段要经历几百年的时间。再者，由于多样化和创新，企业组织通常会跳过衰退阶段进入下一个生命周期，因此，图表中的增长路径呈虚线。

表 9.10 总结了生命周期各阶段中不同因素的特征表现。

有必要说明的一点是，企业组织的行为会影响产品或产业的生命周期曲线的形状。波特认为一家公司处于生命周期各个不同阶段时，其所具有的战略可能性主要取决于该家公司的市场地位——领导者还是跟随者。此外还有一个重要的因素就是一种产品在不同的地理位置可能处在不同的生命周期阶段，因此一个在西方国家市场已趋于饱和的行业可以通过向其他国家拓展来延长自己的生命周期。

表 9.10		生命周期各阶段的特征		
阶段	引入	增长	成熟	衰退
市场增长速度	低	很快	慢或不变	反向
竞争程度	行业中的企业程度低因为少	随新企业进入竞争加剧	激烈市场稳定	衰退向多头垄断或寡头垄断发展
营销行为	市场调研新产品促销	促销，增加市场份额	保持或增加市场份额，产品差异化	取决于所采用的战略
研发费用	新产品和新程序的研发费用高	主要集中在生产过程中	相当低	取决于所采用的战略
成本	高	成本增长率较慢（规模经济）	成本降低	取决于所采用的战略
利润	低或零	增长相当快	竞争导致边际利润逐渐消失	下降

各国的产业结构变化呈现出相同的趋势，服务业部门的增长速度超乎人们的想像。例如，如果一家公司将自己的服务部门外包出去的话，实际上这一做法并没有增加工作量而只是改变了工作地点。考虑到服务部门的扩张和生产率的提高，制造业的就业水平会减少就不足为奇了。令人困惑的是英国的制造业产量的绝对值竟然有所下降，尽管在其他国家也出现了类似的模式，但在国际比较中英国的情况并不美妙。

■ 产业结构变化的原因

关于产业结构变化的原因，存在着几种说法。广义上可以将它们划分为需求因素和供给因素两大类。

需求因素

需求模式的改变将引起产业结构的变化。而需求模式的改变常常是由品位、流行风尚、人口结构和收入水平这些因素的变化引起的。随着收入的增加，实物消费和服务消费的总支出相应增加，但不同类型的商品消费变化有所不同。收入需求弹性大的商品的支出增幅较大而收入需求弹性小的商品的支出增幅则较小，甚至一些收入需求弹性很小的商品的支出会有所下降。我们将具有低收入需求弹性的商品称为必需品，诸如食物、燃料、衣服和鞋类等，而将具有高收入需求弹性商品称为奢侈品，诸如耐用品、酒类和旅游、休闲娱乐活动等。很显然，随着时间的变化，必需品和奢侈品的构成也会发生变化。图9.9和图9.10绘出了英国过去一段时间内几种商品和服务消费支出的趋势图。

通过观察图表9.9可见，过去一段时间里食物和衣服方面的消费支出同预期的一样，保持了较平稳的趋势。而耐用品消费支出更多是受到贸易周期和收入水平波动的影响，19世纪80年代呈现出较快的增长势头，但在19世纪80年代后期和90年代初期因为经济衰退增长势头有所回落。烟草方面的消费支出在19世纪80年代呈平缓下降趋势，这应该是全民健康意识增强的结果，但在最近几年又呈上升趋势。图9.10进一步证实了服务消费和耐用品消费一样，是与收入水平紧密联系的，因此其支出模式和耐用品相同。我们还要记住的一点是，供应商也影响着产品的需求水平，因为他们能通过广告和其他形式的促销手段来操纵需求。

收入增加对商品需求和服务需求的影响效应是有差别的，这也在一定程度上说明了在过去一段时间里服务部门规模扩大了，因而我们可以将产业结构的变化看作一种自然

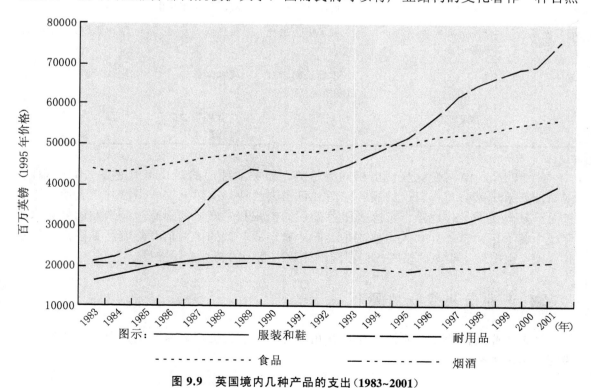

图9.9　英国境内几种产品的支出（1983~2001）

资料来源：Adapted from www.statistics.gov.uk/statbase/tsdataset.asp?vlink=631&more=Y.

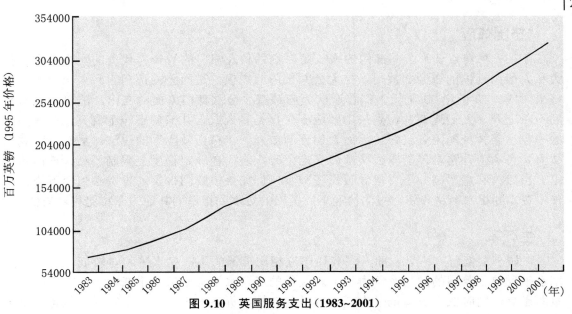

图 9.10　英国服务支出（1983~2001）

资料来源：Adapted from www.statistics.gov.uk/statbase/tsdataset.asp?vlink=631&more=Y.

变化过程。工业革命期间产业结构变化是一种从农业向工业过渡的变化过程，同样地，如今则是一种从制造业向服务业过渡的变化过程。然而需求的变化并不能完全解释所有这些变化，当失业水平较高时服务部门规模的增长并不一定说明制造业规模缩小了，因为服务部门的从业人员是来自失业大军而不是制造业部门从业人员。我们考察的这段时期恰好是高失业水平时期，在这一时期里制成品进口不断上升，因此制成品需求不是下降了而是人们正大量买进外国进口产品。

供给因素

产业结构也会因为供给条件的变化而发生变化。19 世纪 70 年代的石油危机恰好说明了这一点。由于石油价格大幅攀升，人们纷纷缩减石油的消费量，同时积极地寻找其他形式的能源替代品。技术变革会产生新产品和／或新的制造流程。从技术变革和生产率提高（这将在以后的章节详细考察）这两个范围来看，不同的产业不尽相同。

市场上需求和供给两种力量常常是相互交叉的，很难将他们产生的影响区分开来，正如新产品的诞生会产生新的需求，也可能是为了满足新的需求而开发新产品。除这些内部因素外，还有这样一个事实：英国是国际经济的一部分，来自国外的竞争会通过需求和供给因素对英国的产业结构产生影响。

限制工业化

许多经济学家用术语"限制工业化"来说明制造业重要性的相对下降，以下部分我们将提出几点限制工业化的原因。

"挤出效应"

存在一种观点认为公共部门的增长是以牺牲私人部门的增长为代价的，本来用于扩大私人部门规模的资源却被用于扩大公共部门的规模，进而公共部门对私人部门产生了挤出效应。19世纪80年代人们普遍认为应该减少公共部门方面的支出。随着失业水平的不断上升，人们逐渐意识到挤出效应不仅仅是私人或公共部门资源配置问题——因为的确存在着大量的闲置资源。因而人们逐渐放弃了"挤出效应"的说法。另有一种观点认为利息率上升常常伴随着公共部门支出上升，进而在一定程度上限制了私人部门的支出。当然，利息率高并不直接导致投资减少，但如果投资回报少，投资必然会下降，在使用资本回报率衡量投资回报的情况下，英国的资本回报率同其他国家相比相对较低。

生产率

正如小案例研究所显示的，同其他国家相比英国的生产率水平相对较低，这一生产率水平反映了英国的国际竞争力状况。较低的工资水平常常抵消了低水平生产率带来的负面影响，同时低工资降低了生产成本进而能抑制价格水平上升。尽管同其他各竞争国家相比英国的工资水平较低，但这一较低的工资水平仍不能完全抵消低水平生产率产生的负面影响。除了降低工资水平，英国还降低自身汇率水平，这样产品价格相对较低，因此产品在国际市场就具有较强的竞争力。汇率的波动直到英国脱离了汇率机制（ERM）才成为可能，但19世纪70、80和90年代相当长一段时间里英国的汇率处于相当高的水平，这正说明了英国产品的国际竞争力大大削弱了。

小案例   生产率

生产率的度量标准有很多种。劳动生产率是用人均产出或单位小时产出来度量的，但这两个度量标准并不是十分完善的，因为它们受到资本使用量和资本生产率的影响，然而因为度量资本生产率存在着较多困难，因而我们暂不考虑这两个度量标准的不足之处。表9.11列出了2000年里几个国家的人均产出量。

表 9.11	2000 年五国雇佣工人人均产出（以 1994 年为基年）
美国	114.3
法国	106.9
德国	107.2
意大利	108.1
英国	109.8

资料来源：摘自2002年4月第180期《国民研究经济评论》表13，经允许转引。

如表所示，英国与其他欧洲国家相比人均产出较高，但与美国相比同样产出下英国工人工作的时间较长，因而比较两国的单位时间产出会更好一些（见表9.12）。

表 9.12	1999 年五国的单位小时产出对比情况
美国	125
法国	123
德国	111
意大利	123
英国	100

资料来源：Mary O'Mahony，"欧盟的生产率和集中度"《国民研究经济评论》2002 年 4 月，经允许转引。

表9.12 体现了英国和美国两种不同的情形。表9.12 所参考的论文依据各国的生产率水平将欧盟国家划分成三组：第一组的生产率水平同美国差不多，这些国家有法国、意大利、比利时和荷兰；第二组国家包括奥地利、丹麦、芬兰、德国、爱尔兰、瑞典和英国；第三组即生产率水平最低的国家包括西班牙、希腊和葡萄牙。

我们很难将劳动生产率（资本生产率）的度量标准加以比较，因为这些标准没能考虑到生产过程中使用的资本（劳动力）的数量或质量问题。如果说有一种度量标准充分考虑了资本（劳动力）的数量或质量，那么它就是我们常说的"全要素生产率"，它度量了劳动和资本的使用效率。表 9.13 显示了不同国家全要素生产率的调查结果，我们能看到英国的全要素生产率水平较高。

我们已指出，英国的生产率水平相对较低源于多方面的原因，涉及英国的教育体系、贸易联盟的活动、英镑价值过高、投资水平低及研发投入少。我们在本书的其他章节已经考察了上述的大部分因素，此处我们仅对剩下的很少一部分加以讨论。

低水平的生产率暗含了一国的国际竞争力状况（见本章课文部分）和经济增长率水平。根据 CBI 预测，英国生产率将不断增长并将达到法国和德国的水平，GDP 每年增长达 600 亿英镑。

表 9.13	1999 年五国全要素生产率对比情况
美国	113
法国	104
德国	102
意大利	109
英国	100

资料来源：摘自 Mary O'Mahony，"欧盟内的生产力和集中度"《国民研究经济评论》2002 年 4 月，表 4。

国际竞争

在同发达国家和发展中国家的竞争中英国逐渐失去了市场，因为这些国家的工资率水平比英国的工资率水平低。英国市场上大量的进口品恰好满足了国内消费者的商品和服务需求，同时英国对国际市场出口的下降也使英国失去了大部分市场，从英国的国际收支平衡表我们能很明显地看出这一点。例如 19 世纪 80 年代中期英国制成品进口多于出口，这是英国自工业革命以来第一次的制成品贸易逆差，同时制成品贸易逆差有不断扩大的趋势。与此同时，汇率水平的提高并没能改变这种局面，相反却恶化了贸易逆差状况，可以说英国在价格和质量两方面竞争中都是处于非常不利的境况。

专业化

英国政府打算集中精力发展那些出口潜力小的部门，诸如电力设备、计算机和运输设备部门，他们在英国经济中的比重比欧盟的平均水平低。应清楚的一点是，对于英国经济来说能源部门的发展是至关重要的。

研发

过去的 20 年里英国在研发方面的支出一直处于比较稳定的水平，而其他国家则有所不同。但我们应该能看出，就研发资金来源看，政府提供的比重比私人部门提供的比重大（见第五章）。

教育体系

据说英国的教育体系侧重于艺术和纯自然科学学科，而非应用科学、工程学和商务学科。在英国，工程师持有专业资格认证的比例仅为 30%，而在德国这一比例高达 70%。在英国，零售业工人接受过类似于岗前培训的比例仅占 5%，而在德国这一比例却为 75%。就国际贸易而言，英国在语言培训上也远远落后于欧洲其他国家。

投资的水平和类型

英国投资水平低，这意味着其资本存量水平低，同时投资类型相对比较"陈旧"（见第五章）。

非价格因素

非价格因素涉及质量、设计和售后服务三个方面。同其他国家相比，英国最晚采用全面质量管理。这种管理技术理念始于西方国家，在经过日本的吸收和完善之后，如今已经在全世界范围内受到广泛使用。在一切条件具备（比如，一支训练有素的、合格的并被高度激励的劳动力队伍）的情况下，全面质量管理方案才能运行得非常顺利。

制造业技能短缺

即使在高失业的年代里仍然存在技能短缺问题。瑞德人事服务（Reed Personnel Services）1999 年进行的调查发现，英国有 70%的制造业部门在寻找合适的熟练工人问题上存在着困难，当然这一问题不仅仅局限在英国一国或制造业部门。哈德森环球资源顾问公司（TMP）在 2001 年对 350 名欧洲管理者进行的一项调查显示，大约半数的管理者认为技能短缺对企业的运行有重要影响，其中 80%的管理者认为这一境况会不断地恶化下去。我们应该指出的是，面临技能短缺问题的部门很多，涉及 IT 业、建筑业和金属加工业等。目前的状况是，欧盟国家没能及时培养出足够的人才从而难以满足人才需求或填补退休人员的岗位。

 TMP 的网址是 www.tmp.com

金融系统

一般说来，与其他国家相比，英国银行对企业的支持比较少。英国银行只愿意向产业提供短期或中期资金支持，而要获得长期资金支持必须要做相关抵押。相比之下在其他国家，银行经常通过购买企业的股票向企业发放长期资金，因而它们是企业的长期资金的主要提供者。

优秀管理者的匮乏

制造业部门没有招募到优秀管理者，尽管管理培训计划在一定程度上克服了这一困难。

北海油田

北海油田的发现和开采对英国的影响是多方面的。一方面它引起了外来资金的流入，进而有利于平衡英国的国际收支；另一方面它使得英镑汇率上升，从而英国产品在国外市场上变得更昂贵而外国产品在英国市场上更便宜，这又恶化了英国的国际收支。总之，汇率上升降低了英国的国际竞争力，但由于出口的产品大多是工业品，因而工业部门受到的影响最大。

政府政策

19世纪80年代英国政府曾反复声明，不必对制造业的衰退感到惶恐不安。他们认为这是市场机制运行的必然结果，将被服务业取代。因此，英国政府对制造业的衰退状况保持了一种很平和的心态。19世纪80年代初推崇的货币主义政策（高利率和政府支出的减少）都促使了制造业的衰退。

纲 要

产业结构指的是经济中不同产业间的相对规模。不同的企业组合成为不同的行业（industry），不同的行业组合为不同的部门（sector），尽管这操作起来很难。目前英国政府已经拥有一套完整的标准行业分类（SIC），它与欧盟的行业分类法基本上是一致的。

通过观察就业水平或产出水平来度量某一经济中行业和部门的规模。英国的初级产业部门规模小而且呈衰退趋势，尽管在19世纪80年代因为北海石油和天然气的发现和提炼，它也经历了相当一段时间的增长时期。通过对第二产业部门的就业和产出水平的分析可知，它的重要性也呈下降趋势。目前英国最大的产业部门就是第三产业部门。这一模式与其他工业国家正在发生的情况类似，尽管他们之间存在着某些细节方面的些微差别。一国的产业结构及其变动方式取决于很多方面的因素，本章我们已对其中很多因素都加以考察过。

重点总结

■ 各国的第一（初级）产业、第二产业和第三产业间的组合都有各自特点，这三大产业的组合构成了一国的产业结构。

■ 过去 100 年里，几乎所有国家的产业结构都经历了一个从农业到制造业、再从制造业到服务业的变化过程。

■ 产业结构的变化体现在就业水平和产出水平两方面。

■ 正如案例研究所说明的一样，需求变化是产业结构变化的主要因素之一。

■ 在产业结构变化过程中，像技术变革这样的供给因素的变化也起到了关键性的作用。

■ 术语"限制工业化"恰到好处地概括了制造业的衰退现象，英国的现状尤其说明了这一点。

■ 分析指出了产业结构变化的诸多原因，如"挤出效应"生产率、投资、研发、教育体系和英镑价值偏高等。

案例研究　　休闲服务支出

服务部门的增长部分地是由消费者消费模式的变化引起的。大多的服务消费具有很高的需求收入弹性，因而随着收入水平的提高，在这些服务方面的支出也随之提高，图 9.10 正说明了这一点，同时，支出循环模式进一步说明了收入和服务消费之间存在着联系。本案例研究首先将关注休闲服务方面的总体支出，然后将对游乐园中的主题乐园进行专门研究，着重分析影响产业结构的因素。

我们也可以通过分析跨部门的数据来反映收入和支出间的关系，按收入水平将家庭划分成 10 组：第一个 1/10 位代表了收入最低的 1/10 的家庭，最高的 1/10 位则代表的是收入最高的 1/10 的家庭。图 9.11 显示，随着收入增加，食物支出在总支出中的比重稳步下降。而图 9.12 显示，随着收入增加，服务消费支出在总支出中的比重以及休闲服务消费支出在总服务支出中的比重都上升了。

英国的主题公园

美国在主题公园市场遥遥领先，有 450 家主题公园，而英国有 85 家，德国有 52 家。一般来说，美国人平均每年都会游玩一次主题公园，在英国则是每 3 年游玩一次，欧洲总体的平均水平是每 5 年游玩一次，可见欧洲在这方面的市场潜力很大。主题公园带动了旅游业的发展，从而利于就业水平的提高、GDP 的增长和国际收支平衡，但遗憾的是，这方面的可靠的官方信息非常匮乏。

需求因素

不同部门的情况是各不相同的。20 年过去了，动物园的经营经历了一个从鼎盛到衰退的过程——目前很多动物园或是关闭或是多样化经营，19 世纪 90 年代的温莎萨发日乐园(Windsor Safari Park)不得不由乐高乐园(Legoland)接管而免于破产。这种多样化可以被看作是避免生命周期的衰退阶段的一种方式（见小案例）。1995 年到 2000 年进入主题公园的人数增加了 12%，而主题公园的收入却增加了 40% 还多，因为门票价格上涨，同时，人们在园内的消费支出上升。

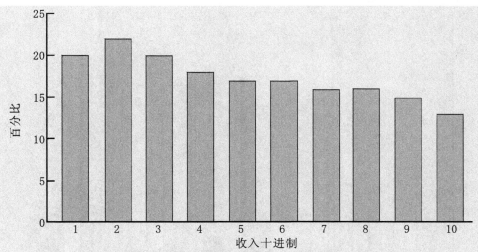

图 9.11 食物支出在十进制收入中的百分比（2000~2001）
资料来源：摘自英国国民统计办公室 2001 年《家庭支出》表 3。

影响需求的因素有：

- 经济状况。经济衰退对于在主题公园上的支出存在两个相反的作用：一方面，经济衰退使得国外度假对于人们的吸引力大大降低，人们在国内主题公园上的支出因此增加；另一方面，收入降低自然降低了在主题公园方面的支出。经济衰退确实会降低人们在园内的消费支出，而园内的消费支出是此类总支出的 46%。

- 气候。气候好坏主要影响了主题公园游客的参观人数，这恰好也解释了为什么在过去的 10 年里主题公园的需求呈螺旋式增长。

- 位置。主题公园的吸引区域一般是方圆 150~200 公里的范围内，为了解决这一问题，很多主题公园为非"当天往返的短途旅行游客"提供本地住宿。这种间断性短期旅行的增长发挥了作用，而有的主题公园还对两天的票价进行折扣优惠。

- 统计人口的变化。人口老年化使主题公园的侧重点逐渐发生了变化，主题公园逐渐远离鲜明的"白关节"骑士，转而营造一种浓厚的家庭氛围。

- 英镑价值高。英镑价值偏高阻止了外国游客来英国旅游，同时，对英国公民来说，出国旅游更划算了。

- 9·11 事件。2001 年的 9·11 事件尤其增加了来英国旅游的外国游客的总数，尽管批准入境的人数相当不足，尤其在 2002 年，英国批准入境的人数预计更少（见第一章中的案例研究）。

供给因素

今天英国有 85 处不同规模的主题公园。其中最大的是奥尔顿铁塔（Alton Towers），1999 年的游客达 265 万人次；其次是乐高乐园（Legoland），1999 年的游客达 162 万人次。大多数主题公园是单独经营的，只有图氏乐园（Tussands）例外，旗下拥有奥尔顿铁塔（第 1 名）、查思顿探险世界（第 3 名）和罗陂乐园（Thorpe Parksd）（第 6 名）。

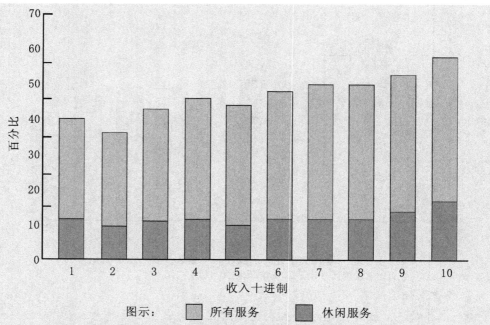

图 9.12 服务消费支出在十进制划分收入中的百分比（2000~2001）

资料来源：摘自英国国民统计办公室 2001 年《家庭支出》表格 3。

影响供给的因素有：

■ 延长了的旺季。原先主题公园的经营旺季是夏季和学生的假期。如今公园的
经营者们延长它们的开放时间——有时甚至在圣诞节也会开放，他们把公园
的开放时间延长至晚上，但并不增加门票价格，这旨在增加游客们在公园内
的消费支出。此外，公园的经营者们积极开展营销来吸引团体（学校组织的旅
游或公司消费者）周末的间断性旅游活动。

■ 多样化。许多公园经营者积极着手在非节日的时期开展多种多样的庆典活动，
诸如燃放烟火、举办古典音乐会和万圣节前的聚会等，从而吸引更多的人前
来参观。随着统计人口的变化，经营者们为吸引家庭游客人数的增加，不仅
提供"白关节"骑士，此外还提供其他有趣的节目，如木偶或魔术表演，有
时甚至举办儿童们的生日聚会。

■ 成本意识。主题公园雇佣了大量临时和兼职人员，任何有关公园雇员的立法
变化都会对其经营成本产生影响。如今人们可以通过因特网进行网上订
票——这大大降低了管理成本，也使得公园经营者更加稳固地控制市场。

■ 竞争。竞争日益激烈，为了在竞争中立于不败之地，经营者们力求使开设的
节目突出新千年气氛——圆顶屋和伦敦的眼睛就是两个很好的例子。

未来

近期有两个报道都预计主题公园的需求仍会保持往日的势头而继续上升，各大主
题公园的经营者们纷纷投入资金来增强自己的吸引力，这也扩大了他们之间的差距，
而那些规模小的公园因无力投入资金日渐萎缩下去。但存在着一些微观因素可能会影
响到这一市场，这些影响因素有改变学年的提议和残疾人歧视法案的修正，该法案要

求从 2004 年 "做出合理调整从而为克服生理障碍创造条件"。但所有这些都意味着成本的增加。

通过对案例的研究，我们看到公园这一产业的增长动力主要来自需求方面的因素，供给方面的诸多影响因素几乎都是对需求因素的反映，因此需求因素在决定和改变产业结构两方面都十分重要。

案例研究问题

1. 假如虚拟现实机器十分流行，那么这对游乐园经营者意味着什么？
2. 这些经营者们怎样才可能避免生命周期中的衰退阶段？

 见 www.BALPA.org；
www.ALVA.org.uk；
www.alton-towers.co.uk；www.lego.com

复习和讨论题

1. 选取几种处于生命周期的不同阶段的行业。你所观察到的这些行业的特征同小案例中表 9.10 总结的特征有多相似？
2. 在什么基础上你能判断出制造业对一国经济的重要性是否超过了服务业？
3. 一国高产油田的发现对该国产业结构有何影响？
4. 产业和市场间的差别是什么？
5. 政府会采取何种政策来提高生产力？

作业

1. 你是一名下议院议员的研究助理，正要参加一场有关制造业重要性的辩论会，上级委任你着手准备列举辩论两方的观点，也即列出正方论据和反方论据，解释为什么制造业衰退关系重大以及其衰退无关紧要。

2. 如果你正供职于一家为当地企业和媒体提供欧洲信息情报的组织。你的上线经理必须要在国际性会议上就欧盟扩大对产业结构产生的可能性影响发表演讲，他要求你对此进行研究，你应该做的是：

■ 搜集潜在进入者影响产业结构的相关信息；
■ 评价这些国家加入欧盟后，也即欧盟扩大对整个欧盟产业结构的影响；
■ 分析这些国家加入欧盟后，作为欧盟成员国对其自身可能造成的影响。

（资料来源：见第十三章末尾的案例研究或在图书馆查寻 OECD 每季度的劳动力统计数据。）

第十章　政府和企业

伊恩•沃辛顿

在任何社会中，政府和企业之间都存在着错综复杂的互动关系，这些关系可存在于多种空间层次上，其内容也非常广泛。例如，政府为缓解区域问题和地方经济衰退做出计划安排，不论从地方还是区域、国家水平甚至从国际水平来看，这些计划都是政府政策的焦点。当政府机构着手形成和执行这些措施时，企业组织常常能对政府的决定施加相当大的影响，如果企业是通过一些权力大、说服能力强的代表性组织机构来表达他们的观点的话，这种影响力会进一步增强。

目　标
- 考察政府干预经济的理论基础。
- 研究英国政府区域政策的本质和范围。
- 考察政府在次区域水平上的政策方案，包括地方政府在经济发展中充当的角色。
- 考察公司公益事业参与(corporate community involvement)概念。
- 考察企业如何对政府施加影响。

关键词

受援地区	企业区	区域发展机构
商务天使	欧洲结构基金	区域政府办公室
商务	外部效应	地区选择援助
商会	工业政策	单一再开发预算
都市行动组	内城地区任务编组	贸易联合会
都市挑战方案	地方企业社	都市开发公司
城市补贴	市场失灵	城市再开发公司
社区方案		
(Community initiatives)		公共产品
英国工业联合会	殊价财产(merit goods)	区域
英格兰策略联盟	商定(negotiated)	市议会
企业补贴	环境	

引　言

所有民主制国家的市场经济都要求政府参与经济的日常运行。但问题的关键并不是政府应不应该干预经济，而是政府在经济运行中应该充当什么样的角色，以及什么才是私人行为和公共行为(也就是集体行为)的界限。一个奉行"社会主义"信念的政府常常喜欢在经济活动中以生产者和管制者的双重身份发挥巨大的作用，而非社会主义的政府则喜欢尽量减少对自由市场的干预。但不论怎样，两者都说明了政府行为能从微观和宏观层面上都具有相当的影响力，同时这也强调了其对非国有部门的商业运行的重要性。

在考察政府在宏观经济运行中充当的角色时，第四章曾着重说明如何调整财政和货币政策以影响总收入、产出和就业水平，以及如何调节经济运行总水平以适应政府制定的宏观政策目标。相比之下，本章及其后面章节（尤其是第十四章）则着重考察政府如何侵犯企业和市场的运行，以及他们在微观层面上干预经济所依据的理论基础。通常情况下，在企业社区或其对手要求的情况下，政府就会实行干预，反过来也就是说，如果他们没有向政府表明这方面的要求，政府很少实行干预。本章总结部分还将考察企业如何影响政府的政策。

政府和企业：综述

说到政府干预经济的原因时，经济学家们总是将此归咎于"市场失灵"。即，如果让经济完全自由地运行，这种市场运行可能是经济非合意或社会非合意的。关于这一点，干预主义者的政策就是试图让政府来处理自由市场运行的内在问题，尽管政府组成人员的政治立场各不相同。

市场失灵的关键领域是众所周知的。我们主要关注：

1．存在两种情况，市场不会生产产品并提供服务：一种是无利可图，一种是采用私人生产的方式提供产品和服务不是切实可行的（即"公共产品"如国防、社会服务等）。

2．对社会有益的产品和服务常常供给不足（即"殊价财产（merit goods）"如教育、图书馆等）。

3．难以确定生产或消费的外部成本和利益（即"外部性"如污染、交通拥堵等）。

4．在企业能自由买卖的情况下可能存在垄断的威胁。

5．经济资源利用率低（如由需求不足、新技术产生、结构性或摩擦性问题而引起的失业）。

6．出现一种趋势，即根据支付能力决定和分配产出，而不是依据需要和股权。

当面临上述问题时政府采取各种方法，包括公有制、立法、行政和财政调节等，所有国家都或多或少地采取了这些方法。但是，近几年来，在经济学家们"新权利"主张的影响下，政府开始逐步从某些经济活动（如公有制）中退出，更多地转向以市场方式解决市场运行中产生的问题（如在道路堵塞情况下，实行道路使用收费方案）。

政府对经济的各种干预总会给企业带来直接或间接的后果，我们能区分出那些专门用来改变工商业环境而实施的政府政策——有时称它们为"工业政策"。英国及其他国家的工业政策包括：

■ 对工业进行直接干预（如全国企业委员会的创立）；

■ 私有化政策；

■ 有关竞争和控制垄断的政策；

■ 旨在影响工业企业选址和鼓励不同区域经济重建的政策。

即使这些措施对企业来说并不是单一的、连贯的政策，他们却体现了政府在规范私人企业运营的环境中能发挥重大作用。竞争和私有化政策——第十四章将详细讨论——将集中研究市场运行状况以及竞争性市场结构下私人供给能带来的好处。政府区域政策——本章的主题内容——主要关注区域收入、就业和产出三方面出现的不对称问题，以及伴随着企业倒闭或重置投资而引起的局部经济衰退这一相关问题。

区域政策

■ 区域

所谓区域是一个地理范围，它具有一定特征（如政治、经济和自然等方面），以此作为划分分界线的依据，从而使其区别于其他区域及周围环境。传统上的英国标准规划区域（standard planning regions）是北方郡、西北郡、约克郡／亨伯赛德郡、东部中岛郡（Midlands）、西部中岛郡（Midlands）、西南郡、东安哥利亚郡（Anglia）、东南郡、威尔士、苏格兰和北爱尔兰，接着在行政郡和指定的大都市范围内将每个区域分成子区域。这些规划区域及其子区域是大量的官方统计数据的分组单元及子区域（见第十七章）。

全国各地纷纷组建区域政府办公室（regional government offices）和区域发展机构（Regional Development Agencies, RDAs），这些组织机构的设立影响了英国的区域规划图。而且，伦敦以外的9个讲英语的郡（即西北郡、东北郡、约克郡、亨伯赛德郡、西部中岛郡（Midlands）、东部中岛郡（Midlands）、东英格兰郡、东南郡和西南郡）都各自建立了市议会，它们协助区域发展机构（RDA）的工作，积极代表和维护各地自身利益，地方性议会的成员——即所谓的"集会者"——由同一区域的不同团体、组织和机构的各方面代表组成，涉及地方政府、各级雇主和雇员团体、小企业部门、卫生服务系统、教育机构、乡村和环境组织及地方其他利益相关者。到目前为止，尽管英国政府近来（2002年5月）已签署了允许就地方政府议题进行公民投票表决的意愿书，但实际上在英格兰（除伦敦以外）的这些"集会者"并不是直接选举出来的，因而也就不同于其他欧洲国家。

 要查询英国政府的区域方面的更多信息可登录运输部门和当地政府的相关网站 www.regions.dtlr.gov.uk，以及贸易和产业部门网站 www.dti.gov.uk，而要查找地方性议会的更多实例可登录 www.regions.dtlr.gov.uk/chambers/index

■ 区域政策的基础

很多国家或多或少都有一两项鲜明的"区域政策"，政府通过制定这种政策来识别和界定出一些特殊区域，这些区域通常正面临着很多的经济和／或社会问题，急需政府的援助。除此之外，政府为了将这些特殊区域划分出来，常常使用一系列社会经济指标，如失业水平、人口密度、经济活动等级和收入等，当一个地区的经济指标低于全国平均水平时，政府就可以将这些特殊区域识别出来并把他们定为"受援地区"，他们是政府援助计划的重点，当这些地区实行重点工程项目建设以及推行旨在提高就业和增长的政策时，政府授予他们享有获取外来资金援助的优先权，而这些外来资金援助或是来自国际社会，或是来自其他国家，具体内容见下面的英国的区域政策部分（见下文）。

■ 英国的区域政策

英国的区域政策的起源可追溯到 19 世纪 30 年代，英国政府最初以低利率贷款、房租津贴和设立工商业区的形式来帮助那些经济发展低迷的地区。到 20 世纪 90 年代，这一区域援助体系日渐成熟起来，这一体系将有资格获取政府援助的"受援地区"划分成三类，它们是：

1. 发展地区（DAs）；

2. 中间地区（IAs）；

3. 北爱尔兰——因为其工商业工程建设正处在吸引大量投资的阶段，因而政府有必要给予其特别的帮助。

1993 年英国政府对区域援助方案中的受援地区做了一些调整。紧接着，依据 1998 年 3 月欧盟执委会制定的新的区域援助规则，欧盟各成员国都应在 2000 年 1 月 1 日前进一步修改他们的地区图，从而为欧盟的扩大做好准备。起初英国的反应——各国修改的地区图必须在 1999 年 7 月之前提交给欧盟委员会——遭到了反对，因为各国区域援助规划图必须经过不同利益方协商之后，才能加以修改，英国新的受援地区规划图的修订意见已于 2000 年 4 月 10 日出版问世。

 查询有关新的援助地区的修订意见的信息可登录 www.dti.gov.uk/regional/assistedareas，站点的附录也包括了修订意见下的援助地区图。

按目前的区域方案，那些受欧盟现行法律管辖（如阿姆斯特丹条约第 87 条第 3 款的 a 项和 c 项）的地区仍然能获得中央政府的援助。这些地区被定为 1 级和 2 级地区，中央政府对这些地区的援助可实施到 2006 年，受制于为反映在此期间所发生的任何显著的社会经济变化而进行的调整，如果要在已定的区域援助图上添加一些地区，则必须通过去除其他地区以维持受援总人口的上限。

英国政府也划分出一些 3 级地区，将受援地区延伸至 1 级和 2 级地区以外的区域，在这种 3 级地区中的重点是以企业补贴的形式对中小规模企业进行扶持和帮助。这一决定是用来补充政府有关扶持小型企业发展的其他各项政策的，其中包括小型企业服务社（SBS）的创立和企业基金的形成（见第八章）。

在指定地区里，谨慎性补贴援助（discretionary grant aid）的主要形式就是地区选择性援助（Regional Selective Assistance，RSA），它由区域发展机构管理执行，以求达到有效保护就业机会、增强地方竞争力和带动地方经济繁荣的目标。企业要想获得政府在这方面的援助，必须要进行固定资产投资，而且投资金额不得少于 500000 英镑，除此之外必须表明该投资项目符合预先确定的一系列标准，诸如创造／维持就业机会以及促进地方和全国经济的发展等。在 1 级和 2 级受援地区中的所有规模的企业都能够享有这方面的扶持和援助，但在 1 级受援地区中的企业享有的最大的补贴额要高一点（如康沃尔郡）。在 2

级和 3 级受援地区中，当中小企业进行固定资产投资时，它便可享有企业补贴(Enterprise Grants)。最大的投资成本不能超过 500000 英镑，而政府补贴的最高金额是该投资成本的 15%，共计 75000 英镑。目前政府的这项补贴政策很具有针对性，但并不具有排他性，它不仅针对那些通过显而易见的高质产出来获取最大化价值的企业，同时还致力于支持受援地区中的那些工程项目，它们因为没有政府补贴扶持而难以实施。

 区域政府办公室（Regional Government Offices）是一个十分有用的信息源，通过该部门我们能得知英国的特别区域内的企业可以享有哪些政府补贴支持。查询企业补贴的相关信息可登录网站 www.go-nw.gov.uk/business/financial 和 www.go-wm.gov.uk/rsa/enterprisegrant

值得注意的是在过去的几十年里，英国政府各种援助方案中规定的区域援助程度明显降低，这不仅表现在区域援助预算中的资源数量不断减少，还表现在受援地区的面积大大缩小。1998 年欧洲委员会(European Commission)颁布了新的区域援助方案，这一方案提高了区域援助实施过程中的透明度，同时也促进了欧盟成员国之间在区域援助体系方面的可比性，从而在欧盟扩大前降低了欧盟境内对产业援助的整体水平。

欧盟内的区域援助

欧盟成员国中的企业除了能够获得本国政府的资金援助外，还可以享有欧盟委员会的补贴扶持，这一权利是由欧盟各成员国商定的方案规定的，该方案主要是用于处理欧盟内国家间和区域间两个方面的差距。欧洲结构基金(European Structural Funds)提供了援助安排的大部分资金，该机构主要帮助那些比欧盟内平均发展水平低的经济落后地区。我们此处简单介绍一下欧盟结构基金的四个组成部分，它们分别是：

1. 欧洲地区发展基金(ERDF)；
2. 欧洲社会基金(ESF)；
3. 欧洲农业指导和保障基金(EAGGF)；
4. 渔业指导性融资基金(FIFG)。

在 2000~2006 年这段期间内，预计四种结构基金的支出将近 1950 亿欧元，其中以聚合基金(Cohesion Fund)形式提供的资金就达到 180 亿欧元(见表 10.1)。

按 2000 年 1 月 1 日正式生效的新的结构基金规则，欧盟确定了三大补贴援助的优先考虑进程或优先"目标"。它们分别是：

■ 目标 1——促进落后地区的发展和结构调整。
■ 目标 2——帮助面临结构调整困难的地区进行社会经济转型，这些地区包括工业区、乡村、城市和渔业地区等。
■ 目标 3——支持政策、教育、培训和就业体系的调整和现代化。

2000~2006 年这段期间内，预计实施目标 1 的地区会覆盖欧盟近 22%的人口，同时花费将近 70%的专项资金；相应地，实施目标 2 的地区将花费 11.5%的资金；实施目标 3 的地区将花费 12.3%的资金。通过三个地区的资金投入比重，我们显然能区别出它们的重要性等级。当前英国的 1 级地区和实施目标 1 的地区是相同的，但在 2006 年之后可能有所不同。表 10.2 给出了对三个区域进行资金援助的主要目标和着重点。

表10.1	欧洲结构基金
基金	主要焦点／着重点
欧洲地区发展基金	通过促进落后地区的经济发展和结构调整来纠正欧盟内主要地区的不平衡，将资金重点投资于厂址、企业设备、基础设施、当地经济发展积极性、保护和改善环境、旅游和文化工程建设等
欧洲社会基金	旨在通过提高受雇就业能力和公平就业机会，加强人力资源投资，尤其是通过教育和培训的发展来改进就业机会，降低社会的排斥性
欧洲农业指导和保障基金	支持乡村发展，鼓励乡村重建和多样化，目的是促进经济繁荣
渔业指导性融资基金	在渔业资源保存和开发间寻求一种持久平衡、运用资金使渔业部门和相关产业现代化，同时鼓励工作队伍多样化和产业多元化

 查询有关欧洲结构基金的信息可登录区域政府办公室和 DTLR（见前面的网页链接）网站，当然欧盟自己的网站也包括了大量基金和政策方面的信息，见 **europa.eu.int/comm/regional_policy**

　　除了三个关键性目标，欧盟也制订出大量的社区方案（community initiatives），其目的是找出特殊问题的常规解决方法，但这要占用同时期结构基金的 5% 左右的支出。例如，InterregⅢ 方案旨在加强国家间以及国际性合作，而其资金主要来源于 ERDF；城市 Ⅱ 方案则是通过设计和实施经济社会重建的创新模型，进而促进欧盟境内陷入困境的城市区域的经济的可持续发展，这方面的资金主要也是来源于 ERDF；领导者＋计划安排是通过局部安排来带动乡村经济的发展，其资金主要来源于 EAGGF。

　　此外也安排了少量的资金用于促进目标区域以外的地区实施革新措施并调整自身渔业结构，前一个安排主要是进行新观念和新惯例的尝试，这在以前的传统结构基金安排中是得不到相关资金支持的。

小案例　　吸引外来投资

　　政府补贴援助和其他形式的协助虽然不是解释外来直接投资确定最终选址的惟一因素，但这对于跨国公司确定新厂厂址和办事处位置是很重要的。例如，1994 年韩国电子企业——三星公司宣称要投资 45000 万英镑在泰斯(Teesside)建成一家新的联合企业，预计在新旧世纪交替期间这会为该地区创造出 3000 个就业机会。英国中央政府为吸引这一外来投资而根据区域选择性援助方案向该地区提供将近 6000 万的资金支持，同时泰斯(Teesside)郡的地方委员会、TEC、英格兰策略联盟和政府发展机构等也都承诺了会给予进一步的支持。但遗憾的是，那时正值全球经济危机刚刚出现，三星公司因此而取消了这一投资计划安排(见第四章中的小案例)。

　　由韩国大型集团公司(chaebol)在英国进行的 10 亿多英镑的再投资恰恰证实了一国的区域援助刺激对于国外企业的选址决策起很重要的作用。需要强调的一点是，远东地区并不是英国外来投资的惟一来源。例如 1995 年，德国工业巨头西门子公司宣称要在天鹅猎户造船厂（the Swan Hunter shipyard）附近的泰恩河河畔投资 11 亿英镑建成一家半导体工厂。所有迹象都表明这一决策受到当时的首相——约翰·梅约（John·Major）和他的副手——麦克尔·奚斯汀（Michael·Heseltine）的重大影响，他们参与了一笔含有大量的政府援助的交易。正如三星的案例中所描述的，西门子也获得了英国 DTI（贸易工业部）的区域选择性援助、还有地方当局和其他机构的资金支持以及英格兰策略联盟的帮助，从而得以建起工厂厂房。

尽管对于泰恩河河畔和英国来说，西门子公司的决策是一种胜利，但经济事件——尤其是半导体产品的价格全面下降——破坏了西门子公司的海外投资计划，1998 年该公司终止了泰恩河河畔工厂的正常运营。

表 10.2		目标区域与资金运用		
主要的资金来源	欧盟的目标区域	资金运用的主要目标	资金运用的焦点	欧盟内符合条件的区域
ERDF/ESF/EAGGF/FIFG	目标1	支持欧盟内欠发达地区的发展，以缩小不同区域在发展水平上的差距	通过支持与基础设施和人力资源有关的项目，以及为生产部门提供援助，对经济活动的起点部分提供资金支持	人均GDP 等于或小于欧盟平均水平的75%的地区（如 saxong，希腊西部、Galica、sicily、Algarve、威尔士西都和山区、Merseyside、south Yorkshire、cornwall 等）
ERDF/ESF	目标2	使面临结构性困难的地区重生,不管其结构性困难是工业、乡村、城市还是依赖渔业	为经济和社会转型提供资金支持	符合条件的地区必须满足与结构性衰退有关的特定标准。覆盖了欧盟18%的人口
ESF	目标3	支持国家在政策以及教育、培训和就业体制现代化方面的努力	旨在反击失业、开发人力资源	目标1 以外的区域都符合目标3 的条件

英国的都市政策

■ 都市"问题"

都市地区的急剧衰退和败落——连同与之相关的失业问题（主要是低收入、无技能和种族成员等人口的失业）——最初在 20 世纪 60 年代凸显出来，加速了都市企划案（Urban Programme）的实施，企划案的主要目标是对物质资源贫乏的内城地区在开展投资活动和教育计划时给予资金支持。同时该企划案也暗含了这样一种意思，即"都市问题"多半是一种伴有个体生活状况恶化的物质水平的降低，实际上这种个人状况恶化是能够通过政府干预进行矫正的，进而使得每个市民的生活前景和生存环境都有所改善。这种在很大程度上"不合理"的观点最终是由 20 世纪 70 年代实施的学术研究和社区项目提出来的，它使政府常常将都市问题看成是经济和社会变化的一种表现，并将它们看成是对当地环境的一种影响。这种"结构主义者"的观点认为政策实施要通过加强中央、地方和私人部门三者间的合作促进经济发展，重点是克服结构性弱点的方案。20 世纪 80 年代英国几个大城市发生的暴动恰好说明了在那些内城地区中，都市问题相当尖锐，这些城市的共同点就是在过去的几十年里它们在产业和人口方面都遭受过相当大的损失。

■ 政策执行的焦点

尽管区域政策主要是由一家政府部门来管理执行的，但传统上城市政策是由多种机构来管理执行的，这包括地方当局、志愿组织、半官方机构以及大量由中央政府设立的独立实体。它们在执行政府政策中的相对重要性是随时间推移而不断变化的。

根据都市企划案，政策执行的初始焦点集中在地方当局，它们将中央政府资金输送到工程项目中去，从而活跃了经济重建气氛(如通过房屋建设)、改善了物质环境(如通过清理土地或修复建筑物)并且满足了社会公共需求 (如通过向物质匮乏的群体提供公共设施)。1978 年的内城地区法(the Inner Urban Areas Act)的出台进一步加强了地方当局的角色的重要性，该法案赋予那些指定的地方当局更大的权力，从而能对急需政府援助的地区实施工业援助。政府的战略核心就是企图重建内城地区(inner-city areas)，而这一目标常常是通过加强资本投资、改善生存环境以及私人部门的资金支持等途径来实现的。为鼓励当地私人部门投资，中央政府允许一些特定区域的地方当局划定其工商业改进园区，并允许地方当局可以对这些改进园区内的企业提供金融支持。

1979 年撒切尔夫人领导的保守党执政，出台了大量新方案，它们都体现了政府在都市地区政策的选择上越来越趋于采用一种更趋空间化的政策。这些方案——包括企业区、都市开发公司(Urban Development Corporation)、自由港和都市行动组(City Action Team)(见下文)——常常或是跳过地方当局，或是削弱它们在资源分配和／或土地使用方面的权力，这也证实了一些评论员发布的关于中央政府对地方政府在促进都市重建方面缺乏信心的观点。这些新举措的中心体现为，中央政府通过清除一切障碍并加强基础设施建设，从而能在内城地区为私人部门提供投资机会。正如金融时报(1990 年 10 月 30 日)指出的，这些举措的根本思想是将衰退风险降低到一定水平，从而使私人投资者深信都市发展具有相当大的潜力，而不愿在其他地方赚得微薄的利润。

1988 年 3 月英国政府发起了一项"城市行动"，这项行动涉及政府部门执行的各项计划项目，而这些项目的目的主要是促进内城地区内的工商业投资，进而提高该区域内的就业水平。该行动中的各项计划安排是通过环境部门和当地协调机构共同管辖下的一个特殊单位，在都市行动组(City Action Teams)的规定下共同协调完成。但在 1994 年以后，为提高政策的协调性，并把竞争引入到资源配置中，政府便在单一再开发预算(Single Regeneration Budget,SRB)的指导下将一些内城方案安排合并起来，通过由新组建的政府区域办公室来管理资金执行方案安排，这一新组建的政府区域办公室是由当时一些主要的政府部门区域办公室(如环境、手工业和工业、运输、就业部门等)合并而成。另外又组建了一个新的发展机构——英格兰策略联盟(English Partnership)，其资金使用主要来源于单一再开发预算(SRB)。但从 1999 年 4 月起新组建的区域发展机构开始负责区域职责和 SRB 风险基金，这一区域发展机构率先推出高效的综合型重建方案，以此来促进区域内经济可持续发展以及社会和物质力的重建。综上所述，前面提及的机构在发展和推出合作基础上的区域重建战略方面都发挥了关键性作用。

近期都市政策措施

■ 都市企划案

到目前为止，所有的都市企划案主要是针对都市地区内出现的经济、社会和环境问题，是一种重要的资金分配机制，在这种机制下中央政府将资金分配给那些最急需资金的内城地区。在 57 个指定的地方政府区域中，有 9 个是"伙伴性当局"地区，在那儿政府与地方当局亲密合作共同处理都市衰退问题（如亨克利、利物浦、曼彻斯特和索尔福德等都市）。而在余下的 48 个"方案当局"区域（包括了巴恩斯利、波士顿、西密德兰砂井区、桑德韦尔区、里金区）中，没有那种合作关系，但当它们在开展有助于内城地区经济发展的项目时能够获得来自政府方面的帮助。不论是哪种地区，要想获得资金必须有地方当局的批准，并由它们来评估资金使用是否合理，并在此基础上授予官方认可的项目实施权利。

随着单一再开发预算的出现，中央政府逐渐停止了都市企划案的实施，也就是说，在不久的将来，各城市、城镇和乡村地区都会包含在政府的重建政策中。由于新的体制具有竞争性，因而同一区域内城镇和城市在获取资金方面是互相竞争的。

■ 都市开发公司（UDCs）

都市开发公司是一些独立的开发机构，由中央政府组建，用来监督指定区域内的内城地区发展状况。中央政府早在 1980 年就在伦敦港口郡和默西塞德郡建立了 UDCs，随即中央政府将其扩大到塔瑞夫德公园（曼彻斯特）、黑区（伯明翰及周边地区）、泰斯德、泰恩河和威尔、加的夫海峡、曼彻斯特、利兹、设菲尔德和布里斯托尔各处。这 10 处机构——在指定区域内它们的发展权限远远超过地方当局的发展权限——在 1998 年停止运营。

UDCs 的资金主要来源于中央政府，雇有 500 名专职人员，其主要目标有：

1. 促进土地及建筑物的有效利用。
2. 鼓励工商业的发展。
3. 为吸引人们到指定区域里生活和工作，进而采取措施确保住房和其他社会设施建设，也即创造吸引人的投资环境以及确保居住环境与社会设施的品质。

为实现这些目标，都市开发公司拥有诸如获取、开垦、聚集、开发、出售或租借土地以及提供必要的基础设施等权力。此外，它还有权建设待租或待售房屋以及修缮和重新使用现房。简言之，都市开发公司是这些地区的发展管理权威机构。

都市开发公司（UDCs）作为一家城市重建机构的基本方面是它能充当促进私人部门投

资的催化剂。这家公司使用公共资金来改善环境、发展基础设施，通过去除诸如土地清理和维修等非正常的发展成本吸引私人投资。20 世纪 90 年代初期，这一刺激发展的角色花去了纳税人 50 多亿英镑，其中的大部分资金都落入 LDDC 的腰包，而 LDDC 的命运在很大程度上受 20 世纪 80 年代末、90 年代初的不动产价格全线崩溃的影响。

■ 企 业 区（EZs）

像 UDCs 一样，企业区早在 20 世纪 80 年代早期就已经出现，1981 年成立了第一批企业区，共计 11 个，它们的计划寿命是 10 年。到 20 世纪 80 年代末企业区的数目激增到 27 个，但此间一批最先成立的企业区（如科比尔区 Corby）终止了运营，同时英国煤炭工业受到多次沉重打击之后又诞生了一批新的企业区，从而这段时期里的企业区数目变化不定。

本质上，企业区是指政府在一定的区域内划出一些小块地区，在这些区域范围内政府通过减轻企业税负，并为企业发展扫除其他方面的阻碍（如官僚程序）进而鼓励工商业发展。下面我们列出了企业区为企业带来的几点主要益处：
- ■ 对工商业财产实行免税。
- ■ 对用于支持工商业发展的资本支出的公司税和所得税实行全额抵扣。
- ■ 一种极度简化的计划体制。

除此之外，一般来说公众很少要求企业提供相关的统计信息，因而企业能避免一些繁琐的行政程序。

对于 EZs 能否有效地吸引企业到内城地区进行投资，从而为该地区创造大量的工作岗位，仍然存在很多争论。有证据表明就业创造的净效应相对较小，很多这种"新"工作的产生只不过是一种重新配置，这是因为许多当地企业为享受其提供的优惠待遇而纷纷迁移到 EZs 内部。20 世纪 90 年代末对 EZs 进行的一次评估结果中我们能发现，企业区这一尝试是以每年 1700 英镑的代价换来了超过 50000 个的新工作岗位（见 www.regeneration.dtlr.gov.uk/rs/00495）。

■ 都市行动组（City Action Teams, CATs）

都市行动组是将政府部门、地方当局、地方社团、志愿组织以及内城地区中的企业运行等共同联合而成的。一个都市行动组（CATs）不仅可以向内城地区内或正要转向该地区内的企业运行提供信息咨询，还可以对政府的计划安排给予资金方面的支持，从而维护和创造就业机会、改善环境、提供培训场所、鼓励企业发展和经济增长，此外它还能为当地工程项目的可行性研究和咨询业务提供资金支持。但随着政府近来强调重建政策的些微变化，提供给都市行动组（CATs）的资金支持呈现下降趋势，1995~1996 年这一数目仅有 100 万。所以城市行动组也和都市开发公司（UDCs）一样，已经退出了。

■ 都市挑战方案（City Challenge）

20世纪90年代设计的都市挑战方案（city challenge）是为了把资源集中到重点地区。在该方案的指导下，地方当局与私人部门紧密合作，由地方机构组织和当地社团制定详细的计划安排，在这些计划安排中探寻这些地区存在的问题及有效解决手段，此外还将专项政府基金分配给相应的工程项目。最先的11家策略联盟在1997年3月底最终完成了他们的5年行动计划，从而使物质水平较低的地区能自己实现经济重建目标。在接下来的一年，第二轮的19家策略联盟也完成了他们的行动计划。

■ 城市补贴

城市补贴是由都市开发补贴演化而来的——都市开发补贴这一观念是20世纪80年代早期托克斯泰斯（Toxteth）和布里克斯顿（Brixton）两个城市暴动之后，由美国传入的。城市补贴旨在促进那些能给当地经济带来好处的私人部门投资计划的实施（如重新使用荒地和废弃建筑），其主要是通过弥补一项工程的估计成本与其预期市场价值的不利差距，让开发商认为进行该项目的风险投资能够获取理想的利润收益。该项城市补贴计划主要关注那些大型的工程项目，因为这些项目能够创造许多新的就业机会，促进住房建设并能改善环境，此外那些城市挑战地区内的项目将会比原先的都市企划案中的项目优先享有补贴支持。近些年来，城市补贴是由英格兰策略联盟（English Partnership）来管理执行的（www.englishpartnership.co.uk）。

■ 内城地区任务大军（Inner-city Task Forces）

内城地区任务大军由不同政府部门的公务员和暂时从私人部门借调过来的人员共同构成，不论是各级公务员还是其他人员，他们都直接与地方当局和企业合作，共同参与内城地区的经济建设。他们的作用就是协调和监督指定区域内政府方案的整体运行情况。1998年3月内城地区任务大军终止运行。

都市政策当前的发展

随着1997年执政政府变更，英国的都市政策采用了更具目标性和集中性的方式，越来越多的资金直接运用到经济、社会和环境等各种方案中。下面是都市政策的关键性发展：

- 关于社区方案的新政（New Deal for communities programme）——在物质水平比较低的地区，通过开展集中的和密集型的复兴工程项目来避免社会排斥。
- 第五轮单一再开发预算（SRB）挑战方案——将80%的新资源投入到物质水平比较低的地区，从而更加区域集中，同时更注重合作能力的建设。
- 房产重建——通过住宅行动信托基金（Housing Action Trusts）和地产行动方案

(Estate Action)。

■ 煤田方案——尤其是煤田再开发信托基金(Coalfields Regeneration Trusts)和企业基金(Enterprise Fund)。

■ 解决教育、毒品、健康和犯罪等问题的方案。

1998 年英国政府成立了一个都市任务大军,由洛德·罗哥斯主持,主要从事于分析都市衰退的原因和推荐城市/城镇人口的引入方法。在 1999 年 6 月的一份报告中,都市任务组提出了 105 项提议,其中包括组建都市再开发公司 (URCs),以此来指导和调整正经历衰退的地区的再发展和再投资。在 2000 年的都市复兴白皮书 (White paper on Urban Renaissance)中,关于组建都市再开发公司的提议最终得到认可,此外白皮书还强调应该积极建立地方战略合作关系,进而创造出一种战略形成和执行的协调方法。

为了突出解决都市问题日益增加的重要性,目前政府在环境研究会议 (DETR)范围内专门成立了一个城市事务委员会和一家都市政策单位。此外政府还审核了英格兰策略联盟的工作、终止了单一再开发预算(SRB)的全国轮回(在第 6 轮后)、举行都市峰会,与会各方将对都市重建政策的各个方面进行讨论。这次会议将在 2002 年秋天举行。

 要获取英国都市重建政策的各种信息,可登录网站 www.regeneration.detr.gov.uk

英国的地方政府和企业

■ 地方经济发展的根基

作为重要的服务提供者、消费者、雇主和土地所有者,地方政府总是在经济生活中发挥着相当重要的作用,他们对地方层次的企业活动的影响仍很显著。大的地方当局每年都要花费数十亿英镑、动用数万名工人,通过与地方企业签定合作协议而创造几千个额外的工作岗位。由于地方当局工作人员会将其收入用于当地,本地公民会消费地方当局提供的服务如运输和休闲,所以通过"乘数效应"将会创造出更多的就业机会。

由于对当地的经济状况不满意,许多地方当局已经通过制定经济发展计划积极干预当地经济。发展计划的目的是缓和当地存在着的失业、工业衰退和环境恶化等常见问题。这些计划——大多情况下是在地方当局管辖的范围内实施,由经济发展单位(economic development unit)来协调——通常由很多方案构成,这些方案主张采取多种方法来扶持地方商业和企业,进而创造或维护当地的工作岗位(见下文)。尽管这些方案的起源可追溯到 19 世纪,但大多数的措施是在 25 年前引入的,体现出地方当局在发展本地经济时的一种变化——从被动到能动的一种变化过程。

地方当局实行干预的根基一半是法律方面的,另一半是政治方面的。根据法律规定,英国的地方当局只能从事那些有法律授权的活动,不论这些授权是由公共法规(即适用于所有的权威机构)赋予的还是由私人法案(即适用于一家特定的权威机构)赋予的。这些法规不仅明确指出地方当局具体的职责要求,而且还要求这些机构必须提供一定的服务(如教育、专门住房的建设、社区保健),同时法规还授予地方当局常规的和准予的权力,从而使得地方政府能从事各种形式的经济发展活动,例如买卖土地和其他资产、对产业实行资金补贴、提供促销和咨询服务。值得一提的是,1989年地方政府和房屋法案(Local Government and Housing Act)第一次为地方当局发展本地经济的行为引入了一个明确的法律基础。根据之后的立法(如地方政府法案2000),英格兰和威尔士的地方当局应该着手准备"社区战略(community strategies)",以此来推动这两个地区的经济发展以及生活环境和居民生活的改善,进而有助于实现英国经济的持续发展。

地方经济发展所需的资金源于本地、国家和国外三个方面,当然并不是所有的地方当局都能获得来自这三个方面的资金。到目前为止,对地方经济发展资金支持贡献最大的还是当地收入,这包括了家庭税、地方当局官方储备和地方当局提供服务取得的收入。中央政府基金包括了政府的街区补贴和其他方面的收入,前者是为了支持地方当局的服务,而后者则是源于其他中央资助的计划安排(如环境计划)和各种方案,这些方案构成了政府区域和都市政策的一部分。就后者而言,传统上只有受援地区和都市计划覆盖的区域内的权威机构才能获得中央资金的援助,虽然其中的一部分资金还要经过其他机构转手(如苏格兰和威尔士两地的发展机构)。

欧洲区域发展基金 (ERDF)是英国接受欧盟他国资金援助的主要渠道,受援地区和都市计划覆盖地区中的基础设施建设都得到了这方面资金的援助(如泰因威尔的伦敦地下铁工程、利物浦环形大道)。除此之外,有些机构也提供资金援助但要符合一定的条件,他们是欧洲社会基金 (如在培训方面)、欧洲煤钢共同体 (如援助衰落的煤炭和钢铁基地)、欧洲投资银行(如向基础设施建设提供低息贷款)和其他组织。多数情况下,只有那些由政府确认为资金最缺乏的地区才能获得这些外援资金——因此在19世纪80年代英国政府决定增加城市计划地区内的权威机构数量,使那些已经列入欧盟资金援助对象栏中的地区也享有同样的待遇。随着非本地资金援助数量的增加,欧盟要求受援地区必须要有相应的资金与之匹配,并建立交叉社区策略联盟(cross-community partnerships),而它们必须是发生在已经认定资金是真正投入到经济发展中之后。

■ 干 预 的 类 型

地方当局对工商业的援助方式多种多样,其中有三个特殊方面值得一提:土地和建筑方面的援助;金融援助;提供信息、建议和其他支持服务。他们是地方当局认定的三种主要的优先事项,这是根据20世纪80年代德勤的一些特许会计师所进行的一项调查确定的。

就土地和建筑方面而言,市议会作为权威规划者、土地所有者和当地建设者,在当地工业发展中发挥着重要作用。尽管中央政府有意削弱地方政府的权力影响,但在过去的一段时间里地方当局在当地不动产市场中的参与仍很显著。地方政府对这一领域进行干预时所采取的关键性行为包括:

1. 工业用地的确认(例如地方当局对空地和已使用土地的登记),包括有关吸引外来投资的各项服务。

2. 为促进工商业发展而提供地方当局所拥有的土地。

3. 基础设施配套建设（例如道路、排水管道）。

4. 开垦荒地和集合场所。

5. 改善环境（包括抛荒地）。

6. 向私人部门发展者提供建议和帮助。

除此之外，地方当局还经常参与商业用房（包括了初始单位、车间和小型厂房）的建设和改造，同时还鼓励发展了许多科技园，进而架起私人部门和高等教育机构的桥梁。

地方当局常常对那些将要搬至新厂房或改扩建其现有建筑的公司进行补贴，尤其是当它们能创造更多的就业机会时，所以金融援助在鼓励企业活动的过程中也很重要。资金——主要是以补贴或贷款的形式——发放的对象必须符合一定的条件，他们或要购买新的生产设备，或要再建某种类型的子公司（如合作性企业）、或是要平衡创造就业的成本，或是偿付租金。除此之外，一些市议会（Local Councils）还建立了企业董事会（Enterprise Boards），这些企业董事会主要与那些提供长期资本投资的公司进行贸易交易，这些长期资本主要投资到当地的商业运营和不动产中。另外，企业董事会还常常以获取公司股权的方式把源自当地的资金投资到当地企业中去——让一家独立于地方当局的公司来管理这种投资组合。通过这种投资方式，董事会吸收到了像养老基金这些金融机构的资金，从而也就产生了一种财务杠杆，它使公共部门的支持发挥出乘数效应。

通常情况下，地方当局都是通过向现存企业或将要组建的企业提供支持和咨询服务，促进经济发展，从而实现它们对经济的直接干预。例如很多市议会印刷大量的宣传材料、小册子、传单、信息包装物和其他类型的促销文学作品，其中大肆宣扬本地的优势特点，目的都是促进本地旅游业和工商业的发展；另外对于吸引跨国公司的外来投资来说，尤其是这种外来投资是在地方当局的金融和／或其他方面的刺激下（例如丰田的发展）或是在区域或城市援助计划的刺激下（例如尼桑的工厂）发生的，不论怎样，我们都应该认识到它们只是鼓励投资的手段中的一种。

同样地，市议会及时提供多方面信息，这些信息涉及空出的房屋和地方、当地的劳动力市场状况、房屋供给的有用性和金融资金来源，等等，此外还慎重采取各种措施促进各地经济发展，运用商品交易会和商品补贴的形式确保"信息"传递给潜在的海外投资者，而不只是局限于国内投资者。绝大多数情况下，这些行为活动是在经济发展单位和其他一些机构的共同协调下，并在地方当局执行官的权限范围内运行实施的。更为重要的是，越来越多的地方当局纷纷建立了自己的专门营销部门，将它们自己"推销"给组织和个人，这些组织和个人常常会进行固定资产投资，能创造很多就业机会，从而带动地方经济的发展。

■ 与私人部门的合作

尽管独自行动的地方当局是当地经济发展的重要机构，但他们对地方企业的支持更多的是采取和私人部门以及越来越多的其他机构建立策略性联盟的形式（例如中央政府要求地方当局建立"战略策略联盟"来处理当地社团中的部门交叉性问题）。这样的策略联盟——包括地方企业社的设立——是在地方和区域层次上的 SME 部门中进行有效经济重建的一个重要因素。

　　地方企业社（Local Enterprise Agencies, LEAs）[在苏格兰就是所谓的企业托拉斯（Enterprise Trusts]应追溯到 20 世纪 70 年代早期，但其主要的发展时期应该还是在 80 年代，到 80 年代末这一机构的数量达到 300 家之多。LEAs 的行为活动类似于一种企业发展组织，主要是运用各级政府及工商业部门提供的资金来协助新建和现存的企业。该机构的核心任务是提供信息和商业咨询（通常被称为"贴路标"），主要针对那些着手创办企业而寻求帮助的个人，或是协助解决企业运营中存在的特殊问题。除此之外，很多 LEAs 还提供许多其他方面的服务，这当中包括了企业培训、工作空间、辅助商业计划的初创、特别服务提供（例如法律顾问）、营销建议、税款、个人事宜和房屋选址协助等。近年来 LEAs 越来越加强同其他扶持性组织的策略联盟关系，特别是通过企业链（Business Link）网络。

　　企业董事会实际上是一个由工党执政时期的地方当局组建起来的干预主义实体，与此不同的是企业社（Enterprise Agencies），这是一种独立的组织，它或者是私人部门制订的方案安排，或者是公共部门与私人部门间建起的一种策略性联盟，常常是通过私人部门领导的董事会来运行的。目前，越来越多的 LEAs 纷纷联手，向小型企业提供高效的服务，1987 年地方投资网络公司（LINC）的设立恰恰证明了一点。LINC——由许多 LEAs 联合运营并由英国石油（BP）和劳氏（Lioyds）银行共同发起——是为了帮助那些寻求资金和管理投入的小型企业寻找到合适的投资者。该组织的目标主要是帮助那些初创和正在成长中的小型企业，因为它们以股权方式融资取得的资金与其实际的资金需求之间存在很大的缺口（一般在 250000 英镑以内），这种股权方面的缺口很难通过传统的融资方式来填补。鉴于此，通常的做法是在私人投资者和企业间建立一种联系，前者愿意对初创和处于成长中的小型企业进行投资，而后者也正积极寻找一些有利于其自身发展的投资和／或额外的管理技能。1999 年国民企业代理机构（National Business Angels Network）代替了 LINC——它是一家非正式的投资者网络（"商务天使"），主要的任务是向资金匮乏的企业提供商机和资金两方面的帮助。

　　对公共和私人部门间策略联盟的建立更进一步的鼓励来自社区企业之类的组织，它向地方企业社（local enterprise agencies）呈现出一种伞状组织形式。BITC 的主要任务就是鼓励企业社区（business community）积极参与有关本地区的各种议题研究，尤其是子区域和区域水平上的经济发展问题。但完成这一任务的前提不仅是企业部门（business sector）对地方社区负责，而且拥有技能、经验、专家、合约和其他资源，进而使经济发展方案成功的可能性增加。

　　在经济发展和企业的范围内，BITC 特别提倡在共同体基础上建立企业、政府、地方组织和个人四者之间的策略联盟，目的是为了重建城市和乡村社区，在目标实施过程中该组织常常是和一些全国性的组织协同进行的，像法案信息资源中心（Action Resource Centre）和市民信托（Civic Trust）等。除此之外，BITC 通过制订各种方案，诸如社区企业、用户化培训、企业支持、创新和策略联盟发起（sourcing）等，在公司和公司所在地的社区之间建立起紧密联系，因为他们认为这种社区参与（community involvement）是成功商业惯例中的一个自然部分，同时也对企业在地方行为活动的数量和质量起到关键性的影响。

公司社区参与的增长

过去 10 年左右的时间里，企业行为逐渐呈现出一种特征，即更积极地参与到当地的社区发展中。如果仅仅关注传统意义上的"利益相关者"（例如雇员、股东和消费者）的利益的话，许多企业都已经认识到，那些能提高社区福利水平（如工作机会创造、污染控制以及福利提供）的政策不仅能使它们自身受益，而且也增加了他们成功的可能性。越来越多的企业认为公司社区参与有助于促进地方经济和社会的发展，能为它们创造一个稳定的运营环境，从而使得英国公司文化发生了根本性改变。根据大卫·哥兰森——社区企业（BITC）中的企业战略组（business strategy group）的常务董事——的观点，这种社区参与实际上是一种战略管理手段，它对任何一家想在当前环境中有所作为的企业来说都是非常必要的。

社区参与的不断深入，使得企业在很多方面都有所受益（第十六章也说明了这一点）。企业通过参与社区的工程项目和规划，提高了自己的名誉、在当地建起良好的声誉、增加了其产品知名度，同时与当地的个人和组织建起高效的关系网。在这一过程中，社区参与方案重点扶持教育和培训工程项目，提高工作人员的素质以及他们对其自身组织和产品的态度。同样地，通过扶持地方经济发展，企业能改善自然环境、加速新企业的产生，从而有利于吸引更多的金融投资，将地方经济的发展提升到可持续发展的战略上来。

尽管该领域的大部分方案倾向于与美国企业的社区观念相联系，越来越多的英国企业早已加入到公司社区参与（corporate community involvement）中。例如，英美烟草产业早在 1981 年就对南安普顿企业社的发展提供了援助，在以后的年份里它还相继协助了利物浦的 Brunswick 小企业中心、Brixton 小企业中心和南部伦敦企业方案的实施。此外像鹰星（Eagle Star）这样的 BAT 下属企业也积极投身于支持其他领域社区的发展——这包括了教会城市基金为经济发展处于劣势的都市地区的社区工程项目和格洛斯特郡的地方反犯罪社区工程募集资金。

所有的这些现象都表明了社区参与在不久的将来会发展成为一个融经济、社会、政治、消费动力于一体的联合体，并越来越具有社会意识和责任感，而不仅仅只关心市场份额和边际利润的增加。而且，随着全球市场的发展和海外投资的增长，企业若要成功就是要接受社区观念，其中包含了国际性的内容。例如，丰田宣称其行为活动主要是为了满足地方需求并对地方经济和其运营所在国家的社区做出贡献。相应地，已经积极参与到文化、教育、社会和环境等工程项目中的组织努力将自己塑造成良好的公司"市民"。

企业对政府的影响

不论从个人角度还是从集体角度，市场经济下的企业组织对政府决策有着重要的影响；他们是"商定环境（negotiated environment）"的一个重要组成部分，在这样的环境下个人和组织之间讨价还价，政府越来越明显地对这一环境的调节施加影响。

从个人层面上看，大型公司——尤其是跨国公司——具备很强的政治经济权力，对政府的决策最具影响力，其中很多公司由于各种原因（如为国防部提供军需设备的大合同商们）同政府大臣和官员有直接的联系。除此之外，许多大型企业雇佣职业说客或组建自己的智囊团，以期建立起与政府机构的联盟关系，进而寻求组织在全国和国际市场上（像在布鲁塞尔）的利益，但它们都要通过第三章中介绍的方法途径来实现。此处我们要明确指出的是，这些行为活动并不能保证政府会放弃和修改自己的意见，也不能保证政府一定会制定出一个特别符合企业偏好的政策，但他们却能保证组织意愿和组织利益相一致。如果一家企业是行业中的领头军，那么它支持的那些观念主张显然能受到足够的重视（例如，烟草界说客对烟草广告禁令的游说）。

　　企业通过各种志愿代表组织的形式将其呼声传递到政界，所谓的志愿代表组织如商会、工会、贸易协会和英国工业联合会（CBI）。例如，商会（Chambers of Commerce）代表着绝大多数的地方小企业的愿望和利益，同时它还在 Whitehall 和布鲁塞尔设有国际分部。相比之下，贸易协会（trade associations）——有时也和工会相联系——是在行业基础上组织起来的（例如摩托车生产商和交易商联合会），并处理与政府机构的磋商关系问题，而且也为其成员提供相关产业的立法和行政方面的信息和咨询服务。

小案例　上润滑油了吗？

　　民主制国家中对政府进行游说是符合法律规定的；有些情况下，压力集团可能有助于推动政府朝向某一特定的政策决策，另一些情况下，压力集团可能使政府改变了原先的想法而放弃了原先的行动。但不论是哪种情况，政府都会宣称游说对他们的决策不会产生任何影响。英国工党执政时对大型超市汽车场停放进行征税的决定是一个非常典型的游说活动的例子。根据 1998 年 6 月 26 日《观察家》（Observer）中的一篇报道所记述的，德士古（Tesco）连锁超市很早就被列入了政府的超市停车场停放征税计划中。政府决策的相关信息完全能由特殊的游说公司组织提供，而该组织由那些与政府领袖有着密切联系的说客组成，该组织将相关信息暗地里提供给记者并提出相关的意见和建议，从而非常有利于德士古（Tesco）的反汽车停放征税行动。

　　情况似乎表明直到 1998 年 5 月，政府对汽车停放的征税仍在继续，关于这一点即将问世的运输部门白皮书中有所指出。继 5 月末德士古（Tesco）与掌管运输事宜的大臣之间进行了洽谈之后，这项对汽车停放课税计划被搁置起来，与此同时，另一项涉及对接受补助的社区运输业实行补贴的安排也将在以后的白皮书中公诸于众。政府和德士古（Tesco）都否认在汽车停放课税计划协商中存在任何交易，尽管德士古（Tesco）公司承认游说是事实，同时也宣称它已经向新千年圆屋顶工程捐款 1200 万英镑。正如《观察家》（Observer）指出的一样，这家公司当然会竭力掩盖圆屋顶工程捐款与汽车停放课税计划之间有任何瓜葛的蛛丝马迹。

■ 英国工业联合会（CBI）

　　CBI 是最大的雇员协会，它代表着成千上万公司中的亿万工人的利益，其组成人员来自于各种类型、不同规模的部门，但主要是来自制造业部门。通过其议会及秘书长——以及长期工作人员的大力支持（他们已经在布鲁塞尔派驻了代表）——该组织与政府、全国性和国际组织进行磋商讨论，促进了商业社区的利益，并影响着公众舆论。CBI 所产生的影响一部分来源于与政客、媒体和领先学术机构等签订的常规合同，同时也来源于它给予企业对政府立法和政策采取积极反应的激励。除此之外，通过权威性的出版刊物——包括工业趋势调查和报道——CBI 已经成为政府经济政策磋商的一部分，而且也在关系其成员利益的立法上成为核心影响力量。

20 世纪 90 年代 CBI 曾试图影响政府有关环境政策方面的主张，以及努力通过执行"行动计划"来协调政府和企业之间的关系，这是企业近几年来能积极能动反应的一个极为生动的例子。之后 CBI 又组织了一组人员，主要是致力于对环境问题的磋商讨论，同时还积极组建一个政策小组和一个管理小组，由这些小组向所有当事人提供信息、合同和咨询等。我们说政策小组的职责就是监督立法、经常与政府部门和执行机构（如原先的河流权威机构 the former National Rivers Authority）保持联络、游说政府和其他机构、提供信息和咨询服务，此外还协助制定 CBI 关于重要环境问题方面的政策。而管理小组的职责则是为企业创造出促销文学材料，组织有关特殊问题的研讨会，组织社会调查，同时还向其成员提供金融和其他方面的帮助，进而在组织内开展有关环境管理方面的实践。

1998 年末的一篇题为"抵偿风险——完善环境立法"的报道指出，CBI 对所谓的一种针对环境法律的事后说明的处理办法进行了批驳，该篇报道还要求政府听取行业意见并对最具风险的地区集中进行污染控制。根据 CBI 环境保护小组执行主席的看法，他认为现存的立法方法没有考虑到调控成本和产业竞争的影响，因此 CBI 认为，政府完全可以运用风险基础（risk-based）的方法，这样不仅参与了企业竞争而且也完善了自身的调控体系。

在 CBI 的综合网站（www.cbi.org.uk）中已经公布了其在以往有关环境问题上的观点和看法——从运输到税收的诸多事宜——此外还有信息和研究服务的传播途径。关于利益和 CBI 的政策信仰对于商业学生来说非常有用，另外还有它的"问题陈述"（"问题陈述"总结了 CBI 在关键企业主题上的政策看法）。

关于一个有影响力的行业对于形成一地区或另一地区的政府政策到底能造成多大的影响，我们很难给出一个定论，但关于那些处于领先地位的产业家及其代表实体和协会所持有的看法会倍受瞩目，就这一点来说是毋庸质疑的，尤其在当前保守党执政的情况下更是如此。一些资深的政府大臣们——包括前首相和财政大臣——发表的演说中会频频涉及一项特殊的政策或立法，而它们大多已构架在"产业"中，同时有迹象显示，在托尼·布莱尔（Tony.Blair）领导下的工党政府正在朝这一趋势发展。因此，CBI 主张在白厅、威斯敏寺特和布鲁塞尔"要有决策者的非平行通道（unparalleded access to decision-maker）"，而且还主张在新的提议没有进行公审之前应该经常进行非正式的磋商是不无道理的。

纲　要

政府干预企业活动的形式是多种多样的，政府试图通过干预的方法来处理自由市场运行中出现的问题。政府区域政策主要是通过跨区域的选择性的援助形式来矫正不同区域间的经济发展水平的差距，其中有个问题——区域失衡——常常成为政府区域政策的焦点。类似地，城市化进程和地方经济衰退过程中的不利后果通常也会使政府制订许多计划方案，主要表现在政府方面加强同私人部门的合作，这其中也牵涉到了国家的不同干预形式，这些干预大体分为三个层次——地方上的、全国性的和国家间的。

地方政府积极参与并采用各种方法以促进地方经济的发展，支持和协助地方企业社区，这其中地方政府不仅充当了中央政府的代理人角色还充当了其自身权利发起人的角色。当然这些行为活动也要求与企业和代表企业的志愿组织进行直接磋商，同时私人部门仍然对政府各项政策产生关键性的影响。考虑到对自由市场活动的关注程度不断加强，在不久的将来企业的呼声对于英国经济决策过程将会非常关键。

重点总结

- "市场失灵"使政府对市场经济的干预变得合理。
- 市场失灵就是指若任由市场自身机制来运营的话，那么市场将不会实现经济或社会预期的产出。
- 政府干预的形式多种多样，其中有些是专门用于调节工商业环境的，我们可以称这些干预措施为"产业政策"。
- 区域政策就是要缩小一国不同地区间的经济和社会绩效间的差距，尤其是以实施针对企业和工程项目的各种补贴援助系统为主。
- 工程所需资金可能来源于地方机构、国家机构、国际性机构和国外机构。
- 都市政策针对都市地区范围内出现的各种问题，包括失业、社会排外、物质水平下降和环境恶化。
- 过去的几年里，政府已尝试了许多的政策和计划安排以重建城市腹地。
- 地方当局常常参与各种中央计划方案的执行，同时还通过制定当地自身的经济发展计划和发挥在地方社区中不同角色的作用来支持当地企业的发展。
- 现行的计划越来越要求在不同部门之间建起合作关系，这涉及政府、企业和其他机构三个方面。
- 企业在地方社区的发展中的参与能带给他们一定的商业利润。
- 通过自身的行动及其代表性组织，企业也能在政策领域内取得影响力。

案例研究　政府与企业——是敌是友？

正如我们所看到的，政府运用各种方式干预日常经济运行，以期改善工商业的活动环境，而问题是我们离完全实现这一目标究竟还有多远。例如，企业频频抱怨政府过多干预，以及它们因为政府立法和调节而负担过重。与之形成鲜明对比的是，大臣们却试图强调他们是如何在不同的政策方案和合法财政制度的支持下为企业创造良好的环境的。到底谁对呢？

对这个问题不能做简单的回答，我们有必要对不同国家中企业所持的观点进行调查。在欧洲委员会做的一项调查中——在 2001 年 11 月 20 日的《卫报》(Guardian)中由 Andrew Osborn 报道——声称，在芬兰、卢森堡、葡萄牙和荷兰这些国家，政府对企业非常友好，但在英国情况却并非如此，对于企业来说它是整个欧洲中最难而且也最复杂的国家。外国公司都公开表明了与英国交易比与其他国家困难得多，这主要是因为英国的官僚程序及其企业调控措施的僵化。欧盟官员指出，对于外国公司来说，英国在税收形式、就业调控和产品统一规则（product conformity rules）三方面的问题相当严重——在过去几十年里 CBI 和其他代表性组织因为过多干预而负担很大成本，当时就已经遭受了批评，而在这之后对干预的批评就接连不断。

然而对于英国来说，并不总是不好的。2002 年毕马威在西方七国集团的不同城市进行的竞争性选择研究（The competitive Alternatives study）发现，奥地利和荷兰都认为在九个工业国家中与英国的交易成本是低的，位居第二（见 www.competitivealternatives.com），该项研究调查了企业的一系列成本——尤其是劳动力成本和税负——研究发现，世界范围内英国的企业成本仅次于加拿大，位居第二；但在欧洲范围内却是位居第一。这些事实和数据都有力地表明了英国在劳动力成本方面具有较强的竞争力：其制造业的劳动力成本比德国低 12.5%，比欧洲大陆其他国家低 20%。许多企业是凭借该项调查来确定其最佳的投资场所，因而从英国的数据来看，其在吸引外来投资的活动中具有竞争优势（见上文小案例）。

案例研究问题

1. 企业常常抱怨政府对其干预过多，而大臣们却宣称其总是从企业的利益出发来进行决策的，你应如何解释这两个方面的差别？
2. 相对成本在多大程度上对确定内向投资决策来说是一个关键的因素？

复习和讨论题

1. 为什么政府要对经济运行中的自由市场进行干预？
2. 解释市场失灵与政府区域政策需求间的联系。
3. 为什么地方当局与其他机构相比有更多的干预主义者？
4. 为什么近几年来部门间相互合作来处理社会和经济问题变得非常流行？

作业

1. 你受雇于一家地方当局的宣传和促销小组，将某地改造成适合工商业发展是你工作的一部分。你的任务是设计出这样的传单——传递到潜在的顾客手中——它展示了该地的区域优势以及援助形式。
2. 你是当地商会的主席，地方当局写给你一封信，信中提到让内城变成无车区，同时要求你提供地方企业的反应。你的任务是为下一次的商会会议写一份简短的报告，列出这种计划对地方企业社区的利弊，同时指明商会应如何让政治圈知晓其观点。

第四部分 市 场

第十一章 市场体系

作为正常生产活动的一部分，企业要买（投入——像劳动力和原材料）和卖（产出——制成品）。买卖活动在日常生活中经常发生，虽然形式各样，但其中的基本原理都是相同的。

目 标
- 理解市场体系的运行状况。
- 将理论运用到现实中去。
- 理解类似于企业弹性这样的关键概念的重要性。
- 理解在市场力量变化产生的广泛的经济影响。

关键词

买方市场	均衡数量	市场体系
互补品	超额需求	正常品
交叉价格弹性	超额供给	价格上限
需求	要素市场	价格管制
需求曲线	自由市场	价格弹性
有效需求	收入弹性	价格下限
有效供给	零弹性	产品市场
弹性	劣质品	卖方市场
需求弹性	"需求法则"	替代品
供给弹性	"供给法则"	供给
均衡价格	市场	供给曲线

引 言

第四章中我们已经介绍过，市场体系指的是所有基本的经济选择都是通过市场来实现的一种经济。市场是商品买卖双方汇集的场所，市场的种类和地理位置取决于产品本身。例如，一个地方小镇是个蔬菜交易市场，在那儿你可以进行蔬菜买卖，因而买方和卖方能在同一个地点进行面对面的交易活动，可有时情况并非如此。例如，二手车市场可能是地方报纸的分类广告的一个版面，股票的买卖要经过经纪人转手所以买卖双方永不见面。市场的种类多种多样，包括了大量的买方和卖方。在产品市场上企业将其生产的产品和服务卖给家户，在要素市场上企业购买劳动力和原材料等生产资源。本章将主要讨论产品市场，当然其中很多分析方法同样可以运用到要素市场中去。自由市场体系是指由市场进行基本的经济选择行为，而政府不应进行干预，实际上市场不可能是完全自由的，政府总是以各种各样的方式干预市场（见第十四章），本章的分析暂不考虑政府干预的存在。

市 场 机 制

任何一个市场至少存在一个买方和卖方，他们汇集在市场中进行交易活动，因而市场机制是市场经济的一种运行方式。产品市场中家户是买方而企业是卖方，从经济学角度来看，也即家户形成了对产品和服务的需求，企业则构成了产品和服务的供给。我们先分别讨论，然后将两者联系到一起。

需 求

需求量是指一定价格下家户有购买意愿，并且能够支付得起的一种商品或服务的数量。这一定义体现了有效需求的重要性；虽然许多人都想拥有一部劳斯莱斯，但他们却支付不起，因而这不能构成市场上的有效需求。对一种商品或服务的需求取决于许多因素，其中关键性的因素有：

- 商品价格；
- 其他商品的价格；
- 可支配收入；
- 品位。

表 11.1	"真酿"生啤的需求
价格（英镑／品脱）	需求量（千品脱／周）
0.90	83
1.00	70
1.10	58
1.20	48
1.30	40
1.40	35
1.50	32

首先，假设其他因素保持不变，来考察一下需求量与价格之间的关系。在之后的分析中，其他影响因素可能会发生变化。

表 11.1 显示了当啤酒价格上升时其需求量的变化情况，要知道需求是存量变量，图

11.1 绘制的曲线反映了啤酒需求的相关信息；不同点上的价格和需求量的连线就是所谓的需求曲线，它说明了在其他影响因素不变的情况下，价格上升则需求量下降，或者说啤酒价格上升，消费者就会选择其他品牌的啤酒因而也就减少了这种啤酒的消费量，这就是我们常常说的"需求法则"。当然也有一些商品的需求并不是这样的，例如，股票市场上若股票价格上升，人们将会预期其价格还要上升，因而人们为了获得资本利得就会使股票的需求上升，然而这种价格预期很少能成为现实，因此需求法则还应坚持。

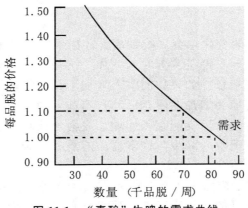

图 11.1　"真酿"生啤的需求曲线

如果啤酒价格变化，那么需求量就会沿着需求曲线移动，例如啤酒价格从 0.90 英镑/品脱变化到 1.00 英镑/品脱的话，那么每星期的啤酒需求量就会从 83000 品脱变化到 70000 品脱，因而在做出需求曲线时总是假设其他因素是不变的，但如果其他因素发生变化，那么需求曲线将会怎样变化呢？

■ 其他商品的价格

啤酒的消费量也会受到其他商品的价格的影响。这些商品可能是替代品或互补品。生啤的替代品可能是熟啤，如果熟啤的价格下降，那么有些人就会转而消费熟啤，因而在需求曲线的各个价格水平上，生啤的需求量都下降了。因此，需求曲线向左移，可以看到，每品脱 1 英镑的价格对应的仅仅是每周 60000 品脱的需求量。如果替代品的价格上升，那么生啤的需求量就会增加，需求曲线向右移动。图 11.2 显示了需求曲线的这些运动。替代品的相近性越明显，价格变化越大，需求曲线的变动幅度就会越大。

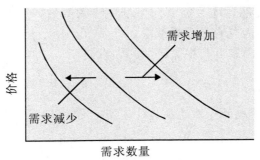

图 11.2　需求曲线的移动

　　互补品是倾向于同另一种商品结合才能被消费的产品。比如，人们在喝生啤时或是吃薯片或是吸烟。互补品间的关系与替代品间的关系恰恰是相反的。如果互补品的价格上升，人们对于生啤的需求就会下降，需求曲线向左移。如果互补品的价格下降，生啤的需求量就会上升。互补品之间的关系越近，其价格变化幅度越大，需求曲线的变动幅度就会越大。

■ 可 支 配 收 入

　　很明显，可支配收入的变化也会影响到需求。如果经济衰退，零售业和住房建设市场也可能会呈衰退趋势，一旦经济复苏收入增加，这些部门又会发展起来。收入提高必然增加了大部分商品的消费量。如果你的收入增加了，这将如何影响你的消费量呢？你可能会买更多的书，也可能会增加在娱乐活动和服饰上的消费。大多数学生可能也会每星期多喝一品脱生啤。可见，可支配收入的增加将会导致对很多商品的需求增加，需求曲线向右移。反之，可支配收入减少，许多商品的需求将会下降，需求曲线向左移。我们称这种商品为正常品。

　　然而，也有的商品的需求量随可支配收入的增加而下降，这种商品为劣质品。那种纸质硬的手纸就是一个很好的例子，当人们变得富有了，人们将会使用纸质柔软的手纸来代替它，从而人们对这种纸质硬的手纸的需求量就下降了。

■ 品 位

　　品位包括消费者的态度和偏好，会受到时尚以及政府或生产商发起的广告宣传活动的影响。例如，政府发起的一项针对吸烟危害的广告宣传活动可能会使人们的品位发生变化，对香烟的需求下降。

　　需求曲线是向下倾斜的，这表明随价格上升家户的需求数量将会下降。而其他影响因素的变化将使需求曲线发生移动。

供给

　　市场的另一方就是供给。在商品和服务市场上，企业是供给者。一种商品的供给量就是在一定价格上企业愿意而且能够向市场供给的数量。正如需求一样，这一定义中包括的仅仅是有效供给，而且它是存量概念。

　　供给量取决于许多因素，其中关键性的因素是：
- 商品的价格；
- 其他商品的价格；
- 为生产产品而投入的资源的价格；
- 技术；
- 预期；
- 供应商的数量。

与分析需求的方式相同，我们先假定价格以外的其他因素都是固定不变的，考虑一下供给量和价格之间的关系。

表 11.2 列出了生啤的供给量和其价格之间的关系，图 11.3 以图示的形式给出了相同的信息；不同供给量和价格相连接构成供给曲线。供给曲线向上倾斜正是供给法则的体现。它表明，当一种商品价格上升时，商家愿意供给的数量就会上升。因为如果企业成本是固定不变的（正如我们假定的），这样价格越高企业获取的利润就越多。

假如生啤的价格低于 90 分 / 品脱，企业就不会再生产；90 分 / 品脱的生啤价格是生产商愿意供给的最低价格。一旦每品脱生啤的价格发生改变，与需求的变化一样，供给量也会沿着供给曲线变动。而如果价格以外的其他因素发生变化，那么供给曲线就会发生移动。

表 11.2	"真酿"牌生啤的供给
价格（英镑 / 品脱）	供给量（1000 品脱 / 周）
0.90	0
1.00	35
1.10	43
1.20	48
1.30	55
1.40	60
1.50	68

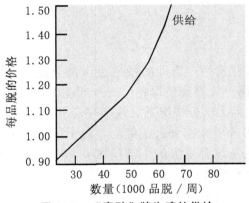

图 11.3 "真酿"牌生啤的供给

■ 其他商品的价格

一种商品的供给状况会受到其他商品的价格的影响。例如，一家生产"真酿"啤酒的生啤制造厂也生产熟啤，那么，熟啤价格的上升（假定生啤的价格不变）可能鼓励企业生产较少的生啤和较多的熟啤，因为熟啤的生产更有利可图。生啤的供给曲线将向左移，表明了在每一种价格水平上，其供给量都会有所减少。如果熟啤的价格下降，那么生啤的供给就会增加，体现在供给曲线的向右移动上。而供给曲线的移动幅度要取决于该商品与其替代品的替代程度，以及替代品的价格变动幅度。图 11.4 反映了供给曲线的移动情况。

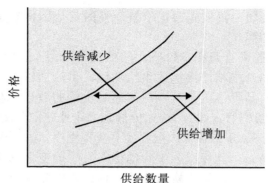

图 11.4　供给曲线的移动

在生产过程中商品也可能是互补品。例如，牛肉和皮革。牛肉价格的上升不仅会增加牛肉的供给，也会增加皮革的供给。皮革的需求曲线会出现相应的移动。

■ 产品生产过程中投入的资源的价格

商品生产过程中任一项生产成本（工资、租金、利率，等等）的提高都会使生产商的利润水平下降，从而使企业的供给意愿下降进而该商品的供给量下降，供给曲线向左移。相反商品的生产成本下降，其供给量增加，从而供给曲线向右移。供给曲线的移动幅度取决于原料成本的价格变动程度，该要素在生产中的重要程度以及其他生产要素能替代该生产要素的程度。

■ 技 术

正如第五章所述的，任何生产方面的技术进步都会提高人均产出量（同样见第十五章）。这些技术方面的提高一般都会使得相同投入却能生产出更多的产品，或者以更少的投入生产相同的产品。而且大部分情况下它也会使企业使用其他投入要素来代替原要素。例如，由于机器人技术代替了大部分人工劳动，汽车生产的劳动密集性减少了。甚至就连英国传统的啤酒工业也从这种重大的生产技术变革中获益。技术方面的变革会使供给水平提高从而供给曲线向右移动。

■ 企 业 的 预 期

当企业进行生产决策时，预期常常起着关键性作用。如果企业预期未来形势良好，它们就会积极投资新厂房和新设备，从而提高了自身的生产潜力。人们常常会责备财政大臣们试图"使经济腾飞"；也就是说，他们会描绘出一幅玫瑰红色而绚烂夺目的经济景象，目的是为了提高企业的预期从而有助于经济走出低迷状态。如果企业信心十足，或是说他们更愿意铤而走险，这样供给曲线就会向右移动，反之向左移动。

■ 供应商的数量

市场上供应商数量的增加使供给量增加，供给曲线向右移动。反之，如果供应商的数量减少，也即供应商离开市场，那么供给量会减少，供给曲线向左移动。

价格的决定

市场就是买方和卖方汇集的地方，在那里供给和需求汇集到一起。表 11.3 和图 11.5 提供了供给和需求方面的相关信息。

■ 均衡价格

当价格是 1.2 英镑／品脱时，需求量和供给量恰好相等，是每周 48000 品脱。在这一价格上消费者希望买到的商品数量与厂商愿意供给的商品数量恰好相等。我们称这一价格为均衡价格，而买卖的商品数量称为均衡数量。而均衡点就是图 11.5 所示的供给曲线和需求曲线相交的那一点。

表 11.3	"真酿"牌生啤的供需状况	
价格（英镑／品脱）	需求数量（1000 品脱／周）	供给数量（1000 品脱／周）
0.90	83	0
1.00	70	35
1.10	58	43
1.20	48	48
1.30	40	55
1.40	35	60
1.50	32	68

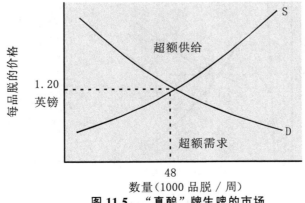

图 11.5　"真酿"牌生啤的市场

市场价格超过 1.2 英镑／品脱时，厂商愿意供给的数量就会大于消费者愿意购买的数量。此时就存在超额供给而市场则处于"买方市场"状态。同理，市场价格低于 1.2 英镑／品脱时，买方产品需求量超过卖方产品供给量。此时就存在超额需求而市场则处于"卖方市场"状态。

在竞争性市场中不存在超额供给和超额需求现象，因为总有市场力会将市场推向均衡状态。例如，如果市场价格是 1.3 英镑／品脱，市场会出现超额供给，厂商为了卖出去其生产的啤酒就会降价；而消费者也会意识到当前的市场是买方市场，厂商应该会在其能承受的范围内降价。因为种种原因，价格会逐渐趋向均衡价格。价格低于均衡价格时，会出现相反的情况，市场力会促使价格趋于均衡价格。

■ 供给与需求的变动

在任何一个市场中只要供给曲线和需求曲线处于静止状态，均衡价格就能保持。然而许多因素都能使需求和供给曲线发生移动。如果需求曲线或／和供给曲线确实发生移动，那么旧的均衡状态就会遭到破坏，同时市场又会达到一个新的均衡。但这一过程是怎样发生的？

从图 11.6 可以看出"真酿"牌生啤起初的均衡价格是 P_1。假如需求曲线从 D_1 移动到 D_2，这可能由多方面因素引起的，这些因素包括竞争对手商品的提价、可支配收入的

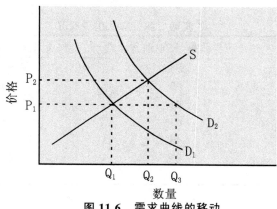

图 11.6　需求曲线的移动

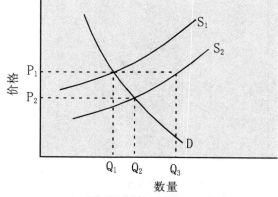

图 11.7　供给曲线的移动

增加、广告促销的成功带来了销售收入的增长。不管怎样在需求曲线移动到 D_2 的位置时，市场价格在原先的均衡价格下就会出现超额需求 Q_1Q_3，因此价格可能会上升从而带动供给增加，随着价格的不断上升，需求下降供给上升，最终市场达到一个新的均衡价格 P_2，对应的是一个均衡的供需数量 Q_2。相反，如果由于某种原因使得市场需求曲线向左移动，那么新的均衡位置应该是均衡价格小于 P_1，均衡数量小于 Q_1，这种情况读者可以自己作图分析。

图 11.7 中，供给曲线从 S_1 移动到 S_2，其移动原因已经在前面解释过。如果市场价格仍处于原先的均衡价格处，就会出现超额供给现象，在自由竞争市场中价格一定会下降，随着价格的不断下降，需求上升供给下降，最终市场将达到一个新的均衡 P_2，对应的均衡供需数量将高于原先的均衡数量。相反，如果供给曲线向左移动，市场力的作用将会引出一个更低的供需数量，这种情况读者仍可以自己作图分析。

小案例　房价

　　从住房市场我们能明显看出需求和供给的运行方式。根据全国住宅联盟的相关数据报道，英国的平均房价至 2002 年 4 月已上升超过 10%。近期相关报道还显示，如果全国房价仍保持上升趋势，伦敦的房价直到 2020 年都会呈现摇摆不定的趋势。房价的上升给那些低收入的首次购买者带来了许多特殊问题，尤其在英国的南部地区。同时，很多像学校这样的公共部门也在积极着手他们自己的住房建设计划，从而吸引并壮大教师队伍。为什么会出现这种局面呢？

　　房屋需求在上涨：在英国已经拥有房产权的居民变得更多（占英国家庭的 69%），同时首次购房者也急于攀登变为房产所有者的台阶。现在的利率很低，所以借款买房的成本很低。同时，政府对人口增长的估计远远低于实际的人口增长幅度，而这在英国的南部地区尤为严重。所有这些因素都使得住房需求不断上升，而房屋供给则远远不足。在欧盟 15 个成员国中，英国在新的住房建设完成计划中位居第 12 名；Joseph Rowntree 预计，到 2020 年英国将会出现 100 万户的房屋短缺，其中一个主要的原因就是英国的计划过程安排特别慢，我们可以从对供给和需求曲线（图 11.8）的分析中来说明这一问题：供给曲线(S)具有相对较低的弹性，因而建设新的房屋比较困难；而 2002 年的需求曲线(D)比 2002 年的需求曲线高得多，这表明住房需求会不断增加。最终的结果是房屋价格大幅度上升。

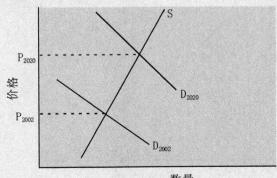

图 11.8　住房市场

但是，我们要注意的是，对 18 年后住房状况的预计本身也存在着问题；因为有许多其他因素会影响到住房市场。利率的上升（预计将发生在 2002 年后期）将会使住房借款的成本抬升，反过来又会使房屋经济的泡沫破灭。这将使房价再度下降，正如 20 世纪 90 年代初期英国经历的房价下降现象。

 要查询全国建设联盟对英国房价的评论和信息，可登录网站 www.nation wide.co.uk/hpi

到目前为止我们的分析还是比较直接的，这里我们仅假设供给和需求曲线的移动是相互独立的。然而事实上，供给和需求曲线通常是一起移动，甚至不止变动一次。

考虑到存在许多因素能使供给和需求曲线都发生移动，不难想像市场经常会处于波动状态。这时市场将会自动调节至一个新的均衡，此时有些因素可能会发生改变，从而有必要进行反方向调节。但如果市场自动调节的发生不是非常及时，市场条件将会不断变化，从而市场有可能不会实现另一个均衡。有时甚至可能市场调节措施也是相当不稳定的；价格的持续波动可能也反映了企业的决策分析过程，但企业也常常在面临供给和需求方面的不明显变化时仍保持价格不变。

价 格 管 制

有些情况下，政府可能认为某一特定的均衡价格在政治的、社会的或是经济的方面是难以接受的。在这种情况下，政府常常会实施价格管制。这将涉及一个由机构设定的、低于或高于实际的市场均衡价格的价格。例如，政府若感觉某种商品的市场均衡价格过高，他们就可能会将市场价格限制在一个较低的水平上，这就是所谓的最大可接受价格或者说是价格上限，即价格不能超过这一上限。相反，政府若感觉市场价格过低时，他们就会规定一个最低价格或者说是价格下限，即价格不能低于这一下限。

图 11.9 是显示了一个原材料市场的基本运行情况。在战争和动乱的情况下供给曲线通常都会向左移动，这主要是由于大部分原料都被用来生产军需品。若任其市场自由发

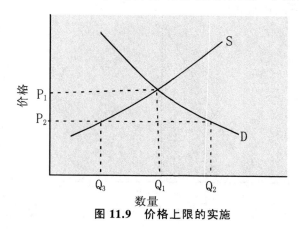

图 11.9 价格上限的实施

展的话，市场的价格将处于 P_1 而远远高于战前的价格，因而政府就规定一个市场价格上限即 P_2，这一价格上限使得原本不能承受自由市场价格的消费者的局面得到缓解。但这一价格限制的问题就是，在规定的最低价格上厂商只提供 Q_3 单位的产品，而需求是 Q_2，因而存在的 Q_2Q_3 就是一种超额需求。一旦发生超额需求，消费者购买商品常常会受挫，为了改善这种消费局面，政府就引进了一种配给制度。所谓配给制度就是按照"先来先得到"的原则将产品在众多的消费者之间进行分配。例如，如果对一个单位组织进行产品分配，很明显老弱病残者享有优先分配产品的权利，但这一方法制度并不能解决超额需求的问题。此外，在存在超额需求的情况下，超过价格上限的非法交易时有发生，因为人们愿意以一个更高的价格购买产品，这就是通常所说的黑市交易。

图 11.10 显示的是一个特殊的劳动力市场的运行情况。其中，向下倾斜的需求曲线表明在较低的价格水平上，厂商愿意雇佣更多的工人，而供给曲线则表明随着工资水平的上升，更多的人愿意提供他们的劳动力。在供给和需求曲线的交点处，市场处于均衡水平。假设官方权威机构觉得市场的均衡价格比较低，那么他们可能就会规定一个最低工资水平 W_2，厂商向雇佣工人提供的工资不得不低于这一水平。政府通过规定工资水平的下限，希望能将工人的生活标准提高到某一个可接受的水平上，从而能改善工人的福利水平。

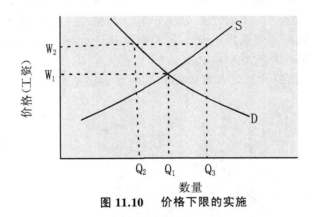

图 11.10　价格下限的实施

在最低工资水平上，就业是比较具有吸引力的，Q_3 数量的工人将会寻找工作，同时厂商只愿意雇佣 Q_2 数量的工人，因而劳动力市场上存在大量劳动力的超额供给。只有 Q_2 数量的工人能找到工作，而剩下的 Q_2Q_3 数量的工人只能失业。这种最低工资水平的政策实际上是将就业水平从 Q_1 降低到 Q_2 在这种情形下，人们就会产生一种鄙视政府立法的倾向。例如，一些不诚实的雇主就能察觉出各种失业的区别，他们会发现有些工人甚至愿意在低于最低工资水平的基础上工作。

上述的例子说明政府一旦强制市场价格偏离均衡价格的话，就会引起一系列的问题。类似这样的例子还有很多，其中有欧盟共同农业政策（CAP）（见本章结尾）中规定向农场主提供的最低担保价格，以及战后政府将出租房屋的成本控制在可支付价格水平上并且只面向低收入者的一些尝试。两者是存在区别的，即前者是和生产过剩有关的，价格限制主要是为了遏止供给量过多；而后者则使那些追逐超额利润回报的土地所有者不再让他们的财产进入租赁市场。而要想保证这些尝试的成功，需要严格的控制和监督，同时有些情况下政府如果选择其他方法途径也许能更好地达到预期目标。

小案例　污染

近来最热门的话题莫过于温室气体的排放和全球变暖。使得全球变暖的最主要的温室效应气体就是二氧化碳了，二氧化碳主要来源于诸如煤炭、石油等化学燃料的燃烧过程和森林大火，对这个问题的解决方法经济学家已提出了两个方面的解决办法——征税和指标限制——这两种解决办法都能用供给和需求曲线图进行分析。

一种减少二氧化碳的方法就是对向大气环境中排放二氧化碳的产品进行征税。这就是"碳税"的实质所在，碳税的征税的对象是三种化学燃料——煤炭、石油和天然气——按照它们的二氧化碳含量确定。对它们实施征税导致使用这些燃料的成本费用增加，从而(运用供给和需求曲线分析)这些燃料的消费量将有所减少，因此排放到大气中的二氧化碳量也会有所减少。因为排放税的征收也增加了厂商的生产成本，供给曲线向左移动(S→S₁)，从而引起均衡产量下降(见图 11.11)。

另一种处理二氧化碳污染的方法就是指标限制。这种方法可以是针对污染行为的各种法律禁令或者是最大或最小数量标准的引进，或者是污染许可证的使用。近年来污染许可证的使用已相当普遍了，这也为达成京都协定（1997 年）奠定了基础，该协定的宗旨就是减少全球温室效应气体的排放量。目前很多国家市场上流通着可交易的二氧化碳排放许可证，这些国家以此来引进节约能源措施，同时将这些二氧化碳排放许可证卖给其他国家从而能够获得报酬。美国曾尝试过这种方法，通过这一方法它在二氧化硫的排放控制措施中获得相当的成功。

通过分析污染许可证的作用过程可检测你对供给和需求的理解。

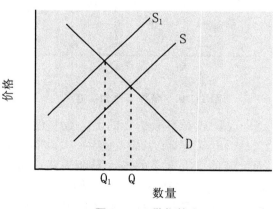

图 11.11　税收效应

需求弹性

如前所述，在其他条件不变的情况下，一种商品价格变动将会引起消费者对这种商品的需求量减少。显然，这一点对商家很重要，因为这暗示着随着产品价格具有竞争力，厂商将能不断扩大自己产品销售量。当然也不能认为价格变动可以完全转化为销量增加。

那么价格变化到底能引起需求量多大程度的变化呢？简而言之，这就需要度量需求对价格的反应程度，同样也要对一种产品对收入和其他产品的价格的反应程度进行度量。此外供给量对价格的反应程度也是非常重要的，这些反应程度就是所谓的弹性。

■ 需求的价格弹性

图 11.12 给出了两个不同形状的需求曲线并显示了价格从 40 便士上升到 60 便士时各自的需求变化情况。在左边的图表中我们能看出价格变化使得需求量从 25 单位下降到 20 单位，厂商的总销售收入（商品价格乘以商品销售量）从 10 英镑（40 便士×25 单位）上升到 12 英镑（60 便士×20 单位）。如图所示，表中的面积 A 代表了厂商因为价格变化而增加的销售收入，而面积 B 代表了销售收入的损失部分，显然这是一个销售收入方面的净收益，究其原因来说主要是价格上升的意义大于需求量减少的意义。相比之下，从右边的图形中我们能看出，同样是价格上升却使得总销售收入从 20 英镑（40 便士×50 单位）下降到 6 英镑（60 便士×10 单位），其中销售收入的损失部分（面积 B¹）显然大于其增加部分（面积 A¹），这是一个销售收入的净损失。在这种情况下，需求量减少的意义大于价格上升的意义。

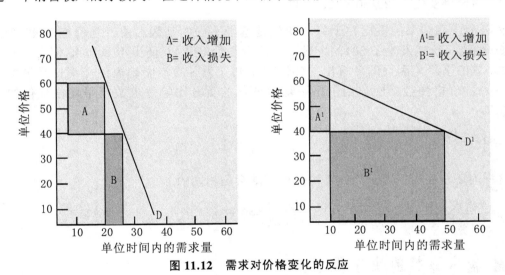

图 11.12　需求对价格变化的反应

传统的度量需求量对价格变化的反应程度的指标就是所谓的价格弹性，其公式如下：

$$需求价格弹性（Ep）= \frac{需求量变化的百分比}{价格变化的百分比}$$

$$Ep = \frac{\%需求量变化}{\%价格变化}$$

该公式的意义主要在于价格需求弹性是大于还是小于 1。如果是大于 1，表明需求量变化的百分比大于价格变化的百分比，也即需求具有相对大的弹性，或是说需求对价格反应较灵敏。相反，如果是小于 1，表明需求量变化的百分比小于价格变化的百分比，也即需求相对缺少弹性，或者说需求对价格反应不是很灵敏。

需求价格弹性值的大小直接反应了需求对价格变化的反应程度，价格弹性越大表示需求对价格变化的反应越灵敏，反之价格弹性越小表明需求对价格变化的反应程度越不灵敏。表 11.4 显示了需求价格弹性与总销售收入之间的关系，通过对该表格的有关数据进行分析我们能看出，如果价格弹性大于 1，价格变化和销售收入之间存在负相关关系。例如，价格上升将会导致总销售收入的下降。反之，如果价格弹性大于 1，价格变化和总销售收入之间存在正相关关系。

■ 计 算 弹 性

根据图 11.12 给出的数据信息，在左图中，价格从 40 便士上升到 60 便士，而需求量从 25 单位商品下降到 20 单位商品，这样我们能算出：

$$E_p = \frac{\%需求量变化}{\%价格变化} = \frac{5/25 \times 100}{20/40 \times 100} = \frac{20\%}{50\%} = 0.4$$

根据算出的结果可见，需求弹性相对较小。另一个问题就是，如果价格从 60 便士下降到 40 便士，那么需求价格弹性就应该是：

$$E_p = \frac{\%需求量变化}{\%价格变化} = \frac{5/20 \times 100}{20/60 \times 100} = \frac{25\%}{33.3\%} = 0.75$$

这两个计算结果的不同在于每个变化是基于不同的基数。前者是价格从 40 便士上升到 60 便士，价格发生了 50% 的上升，而后者是价格从 60 便士下降到 40 便士，价格发生了 33.3% 的下降，因而两者算出的弹性值不同。为了更清晰地表述，不论是价格上升还是下降，价格弹性都应该用价格平均值变化的百分比除需求数量平均值变化的百分比，也即：

$$\%变化 = \frac{价值变化 \times 100}{平均值}$$

这样对于价格上升或下降的需求弹性值就会是相同的：

$$E_p = \frac{\%需求量变化}{\%价格变化} = \frac{5/22.5 \times 100}{20/50 \times 100} = \frac{22.2\%}{40\%} = 0.55$$

■ 需 求 弹 性 的 决 定 因 素

许多因素影响着需求量对价格变化的反应程度。首先是商品自身的本质以及消费者是如何看待它们的。如果说一种商品是必需品的话，那么它的需求弹性就会很小，因为必需品价格的上升不会带动消费量太大的变化。我们大家熟知的香烟就是一种需求弹性很小的商品，因为人们对香烟的消费是一种习惯消费。消费者的品位也相当重要。例如人们认为电视是一种必需品还是奢侈品将决定其需求价格弹性值的大小。另外一个影响因素就是一种商品是否有替代品，如果一种商品没有替代品而用户却希望继续消费这种商品，那么这种商品的价格上升将不会对消费量有太大的影响。此外其他的因素有家庭的总支出水平，若一个家庭的总支出预算中某种商品的比例占很小的部分，那么这种商品的价格变化对消费量的影响就不会太大。

表 11.4		弹性和总收入
弹性	价格变化	总收入变化
有弹性	上升	下降
	下降	上升
无弹性	上升	上升
	下降	下降

■ 需求的收入弹性

需求的收入弹性是对收入的变化对需求量的影响状况的一种度量尺度。对于劣质品来说，需求的收入弹性是负的，收入水平的提高将会导致这一劣质品的需求量的下降；而对于正常品来说情况恰恰相反，它的需求的收入弹性是正的，收入水平的提高将会导致需求量的上升。同样地，奢侈品与必需品二者需求的收入弹性也是有差异的：奢侈品的需求的收入弹性是正的而且也大于 1，这就意味着收入的增加将会引起其需求量的增加，而且收入上升 1%将会引起超过 1%的需求量的增加。而必需品的需求的收入弹性也是正的但其值介于 0 和 1 之间，这表明了收入增加 1%引起的需求量的增加将小于 1%。

收入弹性的计算类似于价格弹性，不同的是其分母是收入的变化而不是价格的变化。

$$收入弹性 = \frac{需求量变化的百分比}{收入变化的百分比}$$

收入变化对总支出水平变化的影响取决于所考虑的产品的类型，正如表 11.5 所示。

表 11.5		收入弹性和总支出
商品类型	收入弹性	收入增加 1%引起的总支出变化
劣质品	负	下降
正常品	正	上升
奢侈品	正，且大于 1	上升，且大于 1%
必需品	正，在 0 和 1 之间	上升，且小于 1%

■ 需求的交叉价格弹性

交叉价格弹性度量一种商品的价格变化对另一种商品需求量变化的影响程度，其计算公式如下：

$$需求的交叉价格弹性 = \frac{商品 X 需求量变化的百分比}{商品 Y 价格变化的百分比}$$

正如收入需求弹性一样，交叉价格弹性的值或正或负，但这要取决于商品间的关系（如商品 X 和商品 Y 之间）。如果一种商品（如商品 X）与另一种商品（如商品 Y）之间互为替代品，如商品 Y 价格上升，那么人们对商品 X 的需求就会增加，因为消费者会用相对便宜的商品 X 来代替商品 Y（例如人造黄油与黄油，假如黄油价格上升，人们就会消费更多的人造黄油来代替黄油），因此，交叉价格需求弹性为正值。如果商品 X 与商品 Y 之间是互补品，商品 Y 价格上升则人们就会减少商品 X 的消费，因而交叉价格需求弹性是负值。交叉价格需求弹性值的大小取决于产品间的联系程度，不管是替代品还是互补品。

供给弹性

正如需求弹性一样，弹性也运用到供给上，供给弹性度量了厂商的供给量对价格变动的反应程度。图 11.13 给出了两种不同形状的供给曲线对于同样的价格变动表现出的不同的效应。

供给弹性的公式如下：

$$供给弹性 = \frac{供给量变动百分比}{价格变动百分比}$$

供给弹性的数值越大，表明供给对价格变动的反应程度越强。

一种商品的供给弹性主要取决于产品生产过程的性质和问题的时间长度。从生产过程的性质来看，增加工业品的供给量要比增加农产品的供给量要容易得多。假如时间允许改种农业作物，完全可以增加农产品的供给量，这样在较长的时间里农产品的供给量对价格的反应程度更强烈。

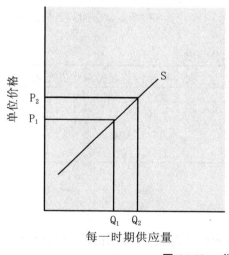
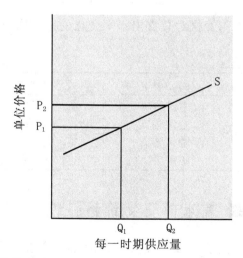

图 11.13　供给对价格变动的反应

市场对企业的重要性

　　不论是地方性的、全国性的还是国际性的企业，他们都要进入市场。虽然企业都会对其所在的市场环境产生影响，但他们都必须熟知所在的市场环境以及市场经济下各种市场是怎样联系起来的。企业常常会向不同的市场提供不同的产品，因而他们必须对不同的市场环境很熟悉，同时还要对他们自己面临的市场需求曲线的形状和所处的位置有所了解，除此之外还应熟悉以下几种情况：

- 所产产品的特性；
- 消费者感知该产品的路径；
- 影响产品需求的各种因素；
- 影响市场的未来变化；
- 政府对市场可能进行的任何干预。

　　只有了解到上述信息，企业才能保住它们的市场、扩大现有市场和拓展新市场。

　　企业也要熟练掌握需求弹性的概念。掌握了价格弹性的概念有助于更好地了解自己产品的需求对于价格变化的反应程度，这能帮助企业有效地进行价格决策。而了解收入弹性又能使企业预测到未来收入水平的变化对产品需求量的影响情况。对于一个高收入弹性的产品和一个低收入弹性的产品来说，经济增长对于前者的影响要大于对后者的影响，了解了这一点便能帮助企业制定它们的市场战略。例如，一种收入弹性较低的产品被市场定为"经济的"，从而企业期望能增加其市场占有份额。

　　如果企业要想成功地保持其现有的市场份额并能不断地开拓新市场，还应对其面对的市场需求条件作详尽的了解，必须知道自己的供给曲线和生产过程以及其他企业的供给曲线状况。

　　尽管企业运营其中的经济并不是完全自由的（见第十四章），但企业也需要知道市场力的重要性，因为它是经济系统的根本所在。

　　市场力的变化会产生很大的影响，它不仅影响到所在的市场还会影响到其他与之关联的市场以致整个经济系统。一个市场的变化对其他市场都会有或多或少的影响。

纲　要

　　本章详细地考察了市场。分别考察了供给和需求的一些决定性因素，也分析了其中任何一个因素的变化对市场的影响情况。还给出了弹性的概念及其计算公式，最后阐述了企业掌握上述知识的重要性。

重点总结

- 在一个自由市场中，产品的交易量和交易价格是由供给和需求共同决定的。
- 一种产品或服务的需求取决于很多因素，其中包括自身价格、其他产品的价格、消费者的收入水平及其品位，等等。

■ 一种产品或服务的供给受多种因素的影响，这包括了自身价格、生产成本、技术水平和市场上供应商的数目。

■ 供给和(或)需求的变化影响了产品的交易价格和交易数量。

■ 供给和需求达到相等时，市场就达到均衡。

■ 市场上供给和需求相等时，存在一组均衡价格和均衡数量。

■ 通过制定最高限价和最低限价、征税和津贴的形式达到对市场的干预。

■ 弹性这一概念用来度量价格、收入和其他商品的价格等各种因素的变动对需求和供给变化的影响程度。

■ 熟知自己的产品或服务的供需特征对于企业来说非常重要。

案例研究　欧盟的共同农业政策

欧盟(EU)的共同农业政策(CAP)正是说明市场价格限制的最好例子。欧盟委员会运用各种手段、采取各种措施，其目的就是为了扶持欧盟内部农业部门的发展，同时确保食物供给充足。下面我们来具体说明其中的最低担保价格的实施情况。

农产品的一大特点就是其价格的波动完全取决于气候状况和农作物收获的规模，这就意味着不能用农民当年收入状况来预测他们下一年的收入状况，但是通过对一种农产品实施最低担保价格就可以解决这个问题，此外也保证了农产品的供给。

如图 11.14 所示，如果确定的最低担保价格低于现行市场价格，那么这一最低担保价格对于农产品市场上的交易情况不会产生任何影响。相反，如果确定的最低担保价格高于现行市场价格，正像共同农业政策(CAP)中显示的一样，在这一最低担保价格水平上农产品会产生超额供给现象。20 世纪 80 年代就曾发生过这类超额供给事件，那时农产品供给严重过剩，致使"酒多汇成河，食物堆积如山"，这时期的农产品供给遭到了大规模的严重破坏——一种难以接受的政治解决方案。

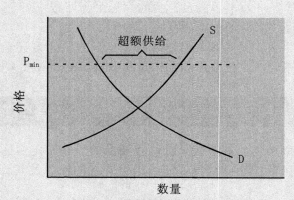

图 11.14　最低担保价格的运行情况

CAP 一直以来都是欧盟内部各成员国争论最激烈的话题，仅这项政策的花费就占欧盟 50%以上的预算，但它只维护了占欧盟 2%的选民的利益。同时，这项政策也引发了两类国家的关于这项政策权利义务均衡的争论，其中一方是 CAP 预算的净贡献国，另一方则是 CAP 预算的净受益国(见图 11.15)。

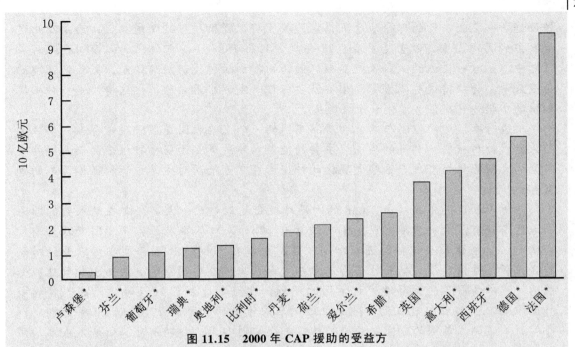

图 11.15　2000 年 CAP 援助的受益方

* CAP 预算的净贡献国。

资料来源：Eurostat,2002,ⓒ European Comunities.Eurostat, Reproduced by permission of the Publishers, the Office for Official Publications of the European Communities.

　　欧盟内部普遍都认为 CAP 并不能按照原来设定的方式运营——该项政策提倡大规模生产而忽略成本的削减，而这常常造成了低效运作——同时在这一政策的实施过程中，农民逐渐产生了依赖意识。根据世界经合组织（OECD）的预测，共同农业政策实施过程中估计欧盟每年补贴给每位农民的费用平均达 17000 美元，而相比之下世界经济合作组织每年向其成员国提供的津贴的平均值则是 11000 美元，同时该组织还预测到作为欧盟 CAP 政策的直接结果，欧盟内部的家庭平均每年每户在食物上需多支出 1200 美元。

　　1999 年欧盟内部开始就 CAP 提出修改意见，并将该政策的修改计划提到了 2000 年议事日程上，预计到 2006 年要使 CAP 政策覆盖整个欧洲，同时改变这一农业政策的方向。首先，将农业担保价格降到接近世界均价的水平，具体来说就是将现在的谷物类担保价格削减 20%，将肉类现行担保价格削减 30%，奶制品担保价削减 15%；其次，对农民从事与生产无关的活动进行直接支付补贴——这种补贴方式可抑制农民过多生产的积极性。尤其是近些年来，欧盟将补贴转移到环境保护上来，并利用补贴鼓励发展绿色农业。

　　尽管有这些政策，但 CAP 的本质意味着例外是可以发生的，例如议事日程 2000 年改革方案中的橄榄树种植数量，根据该规定欧盟内部仍将按照橄榄树的种植数量对农民进行补贴，所以橄榄树种植量越多，CAP 对农民的补贴数额就会越庞大。仅 2001 年对橄榄树种植农户进行的补贴就占欧盟总预算的 2.5%，据估计西班牙种植农户获得的补贴占其从欧盟所得收入的一半。欧盟委员会的这项政策导致了庞大的橄榄树种植计划——在西班牙的部分地区里，农民甚至将橄榄树种植到交通岛上。为了阻止这类事件的再次发生，欧盟委员会1998年规定只将1998年以前种植的橄榄树纳入补贴计划中，但这项措施的采取收效甚微，因为橄榄树的种植仍然继续着。另外从环境的角度来看，为维持这些橄榄树的生存就要保证一定的水源供给，但这恰恰是一种破坏环境的举措——提倡沙漠化和土壤流失。

　　欧盟对橄榄树的控制与其他农产品不同的一个主要原因是在欧盟内存在一个强大的为橄榄树种植农户游说的集团。主要的受益人不是那些小规模种植者，而是那些密集型的大规模种植者，而这些大规模的种植者经常可能同时也是银行和保险公司的拥有者。

　　伴随着欧盟的不断扩大，CAP的问题可能会越来越糟。大部分潜在的入盟的国家和地区都拥有庞大的农业部门，例如波兰有20%的人口从事农业生产，因而欧盟委员会认为，如果像波兰这样的国家加入欧盟，预计在2004～2006年间在对农业的补贴将会花费250亿英镑，从而也使得像爱尔兰和西班牙这些国家的农业支出预算从净受益国变成净贡献国。为了避免这方面的问题，欧盟委员会在2002年宣称新入盟的成员国中的农民起初仅能收到其他成员国的农民享受的补贴的20%，以10年为期，10年后新入盟的成员国的农民享受的补贴就将恢复到100%。这将有望降低进入成本，同时又产生一种对新入盟的成员国来说不是太不公平的政策。

　　CAP的最低担保价格是最低限价的一个实际运用，它违背了市场竞争原则，尽管这一政策的初衷是好的，但收效甚微，当然欧盟委员会也积极引进其他一些政策措施以缓解最低担保价格产生的问题。

案例研究问题

　　1. CAP中的其他政策是产量配额和"土地闲置"，后者对不耕地的农民给予补贴。用供给和需求曲线来分析这些政策。

　　2. 存在许多观点认为要彻底根除最低担保价格和补贴支付，分析一下这些战略可能产生的影响。

 网页链接 查找相关数据请登录，www.europa.eu.int/comm/agriculture 而想了解CAP的未来预期可登录 www.eu-cap.net

复习和讨论题

　　1. 分析下列因素的变动对住房市场的影响：

　　　（a）收入水平下降；

　　　（b）利率上升；

　　　（c）经济中"感觉良好"的因素的缺乏。

　　2. 运用需求—供给图分析下列因素的变化对于CD市场的影响：

　　　（a）拥有CD播放机的人数的增加；

（b）CD 播放机生产成本的降低;

（c）商家原先以 LP 的方式发行音乐，而现在则更多的以 CD 形式发行音乐。

3. 考察你对问题 1 和问题 2 的分析是否与现实市场状况相一致？如果不一致，为什么？

作业

1. 你是一家地方报纸的记者，目前你正着手写一份当地住房市场现状的分析报告。你应该能够从总体上区分影响房价的各种因素，同时还应更具体地分析当地所具有的特殊影响因素。下面的有关住房价格指数的信息可能对你有所帮助（www.nationwide.co.uk/hpi）。

区域	2002 年第 1 季 度的平均房价	自 2001 年第 1 季度后 房价变动的百分比
东安哥利亚	£102395	+18.0
东部内陆	£82226	+16.4
大伦敦区	£171169	+16.0
北方郡	£59504	+8.7
西北郡	£76465	+12.6
东南郡	£119896	+15.2
西南郡	£110306	+17.6
苏格兰	£69591	+8.5
威尔士	£70109	+10.5
西部内陆	£90632	+14.6
约克郡和亨佰赛德郡	£70166	+11.9
英国	£95356	+13.6

2. 你在一家生产照明灯泡的企业的营销部门工作，该企业计划要将灯泡的价格提高 20%，而现行市场上的该灯泡的价格是每只 80 便士，现在所掌握的信息仅是前些年份的该产品的销售价格弹性，具体如下：

价格	销售量（百万）
80 便士	5800
100 便士	4000

向你的经理提供一份报告，主要内容是提价可能产生的影响，同时还需解释需求弹性的概念以及影响这一弹性的相关因素。

第十二章　市场结构

市场上所有的企业都具有行业特殊性。每个市场又都具有其自身的特征，而这又取决于多种因素。虽然不可能有一个特殊的模型可以描述所有的市场，但仍存在一些模型能够为识别单个市场中特征和行为提供一些指导。

目标

■ 正确理解完全竞争市场、垄断市场和垄断竞争市场各自的市场结构，此外还要进一步了解三种市场结构对企业行为的影响。

■ 理解这些模型对现实情况预测的实用性。

■ 运用波特的五种力量模型来分析产业结构。

■ 运用集中度来衡量竞争规模。

■ 识别不同产业、不同国家和不同时间上的产业集中度的差异。

■ 认识到市场结构的决定因素，以及企业行为的决定因素。

关键词

超额利润	相互依存	自由流动价格竞争
平均生产成本	市场结构	价格竞争
进入壁垒	最低有效生产规模（MES）	价格歧视
退出壁垒	垄断竞争	价格领导
卡特尔	完全垄断	价格制定者
勾结	买方垄断	价格接受者
集中度	自然垄断	价格战
可竞争性市场	非价格竞争	黏性价格
差异性	正常利润	结构—行为—绩效模型（S-C-P）
规模经济	寡头垄断	交易成本经济学
五种力量模型	完全竞争	
同质产品	完全信息	

引　言

按照经济学的观点，一个行业中的企业的行为和绩效是由某些基本的结构特点决定的。这一观点的例证是结构—行为—绩效模型。按照该模型，市场结构决定企业行为，企业行为又决定企业所取得的绩效，表 12.1 给出了这一模型的基本构成要素。

结构—行为—绩效模型为区分和分析一个行业提供了很好的框架。以洗衣粉业对这一过程做一简单说明。现在场由两个大的生产商——联合利华公司和宝洁公司——占据主导地位。竞争的明显缺乏形成了特定的行为特征，像密集的广告宣传、多品牌共存和相对统一的价格，等等。我们将在本章详细考察这一过程，但从这个例子中我们不难看出市场结构与一个产业中企业的行为和最终绩效是互相联系的。

 关于这两个公司的更多信息可登录 **www.unliever.com** 和 **www.proctorandgamble.com**

　　"市场结构"是指市场上厂商之间的竞争总和这一竞争程度是一个连续的光谱，一端是完全竞争，另一端是零竞争。本章我们将考虑两个极端状况（完全竞争和完全垄断），以及介于这两者之间的市场结构。前一章我们介绍的理论主要是分析市场结构对企业行为和绩效的影响。然而，由于市场机制的作用，实际运行的结果常常与理论分析结论有所偏离，因此在本章我们将分析现实市场的运作状况及其与理论间的关系。结构—行为—绩效模型因为没有对市场结构的决定因素进行分析说明而受到过很多的质疑。它并没有提出企业应该能动地改变和创造新的市场结构，而是认为企业在市场结构面前是消极被动的，只能接受市场结构对其行为和绩效的影响。我们将用波特的五种力量模型加以补充分析。

表 12.1　　　　　　　　　　　　结构—行为—绩效模型

结构因素
- 实际竞争总和：（a）卖方集中度；（b）买方集中度
- 潜在竞争的存在
- 成本条件
- 需求条件
- 进入壁垒的存在

行为因素
- 定价策略
- 广告宣传的数量
- 兼并活动
- 产品差异化

绩效因素
- 利润率
- 技术革新

　　市场结构的重要性不仅体现在其对企业行为和绩效的影响上，还体现在它对企业面临的战略可能性、企业进行战略性行动能力以及这些战略行为的后果（见第十七章）的作用上。

　　除此之外，本章我们还将考察如何度量一个市场上的竞争水平，如何区分不同产业、不同国家间的竞争水平，以及竞争水平为什么会随时间变动而改变和如何变动等。

市场结构——理论和实践

　　前面已经说过，市场结构位于一个连续的光谱上，一端是完全竞争，另一端是零竞争（见图 12.1）。现实生活中完全竞争和零竞争是不存在的，但他们在评价一个市场的竞争程度时十分有用，除这两种市场结构外还存在着其他类型的市场结构。我们将描述其中的两种寡头垄断和垄断竞争。

■ 完 全 竞 争

完全竞争是一种最具竞争性的市场结构。要保证完全竞争的存在必须满足以下条件：

1．市场上存在大量的买者和卖者，而它们中没有任何一个能影响市场价格。

2．市场上的产品都是同质的（即各厂商生产的商品都是一样的）。

3．市场上信息完全对称。这意味着生产商完全知晓市场价格和其他生产商的成本函数，消费者也完全知道所有厂商的价格。

4．市场上生产要素和消费者可完全自由流动。这意味着人力资本、机器设备和土地可自由配置，同时消费者可以从任何厂商处购买自己想要的产品。

5．不存在进入或退出壁垒。任何一家新成立的公司都能自由投产。

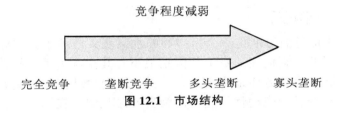

图 12.1　市 场 结 构

很明显，这是一个理论性很强的模型，它在现实中是不可能存在的。假如现实生活中某个市场符合了上述条件，那么我们就完全可以按照该理论对该市场进行分析，从而能得出这样的结论，即市场上仅有一种价格。例如一家企业决定提价，这样其产品价格就高出了其他企业同类产品的价格，市场上每个消费者都知道这个情况（因为完全信息），因为市场上的产品是同质的而且消费者是完全自由流动的，所以消费者就从其他厂商处购买这种产品索要高价的企业不得不降价出售产品，否则就会产生大量的产品积压。简而言之，一种产品仅有一种价格，它是由市场上的需求和供给——也就是市场上的总需求和总供给——共同决定的，没有任何的生产商或消费者有能力来确定产品的价格。相应地，企业是所谓的"价格接受者"。

完全竞争市场上的价格决定

企业要生存必须要补偿其产品的生产成本，获取一定水平的利润。这一最低的利润水平就是所谓的"正常利润"，而超出正常利润以上的利润即"超额利润"。追求利润最大化的企业是通过将其最后一单位的生产成本等于最后一单位的销售收入来确定其产量的，用经济术语来说，就是边际成本等于边际收入。企业的生产成本包括工资、地租、税金利息、原材料和正常利润，如果企业的销售收入没能抵消掉这些成本，那么它就会亏损。

在完全竞争市场上，一种商品只有一种价格，最后一单位产品的销售收入必须等于该产品的价格，也即产品的价格取决于企业的边际生产成本。

短期内一家企业能获取超额利润，但不可能长期维持这个超额利润。假如一家企业能够获取超额利润，信息是完全对称的，由于任何企业能自由进出市场，大量企业为了追逐这一超额利润而纷纷进入这一行业。随着更多企业不断地进入，市场上的供给增加，价格会下降直到超额利润消失为止。反之，如果存在亏损，企业自由进出意味着市场上的供给量下降，价格会上升直到企业能再次获得正常利润为止。

　　表12.2总结了完全竞争对市场行为和绩效的影响。完全竞争包括非常严格的假设条件，实际上这些假设条件很少能在现实生活中得到满足。该模型的用处在于它是一个强调竞争最大化的理想竞争状态，而并不在于其对现实生活的可实用性。

表 12.2	完全竞争对一行业中的企业的行为和绩效的影响
市场力的强度	企业没有任何市场影响力
价格	市场上仅有一种价格，企业是"价格接受者"
广告宣传	没有广告宣传，因为商品是同质的，信息是完全对称的
获利性	仅在短期内能获取超额利润，而这可能只有当企业降低价格或占有绝大多数的市场份额时才会出现。其他情况下无超额利润

完全竞争的一个例子？

　　最接近完全竞争市场的可能是一个市中心的水果蔬菜市场了。首先，这些水果蔬菜产品可以说都是同质的，它们在质量上的区别很小。其次，关于价格的信息几乎是完全对称的，因为消费者可以很方便地绕市场转一圈，因而也就能很快地知道——比如西红柿的价格。再者，消费者的流动性很高，因为卖方总是固定在同一地方。综上所述，市中心的水果蔬菜市场基本符合完全竞争市场的假设条件。因而我们就能估计出每种水果蔬菜产品只有一个价格，而且这种估计与现实情况基本上是一致的；我们能观察到水果蔬菜批发市场上的西红柿只有一种价格，傍晚时如果一个卖者降低西红柿价格，其他卖者也会跟着降低价格。另一个接近完全竞争的市场就是股票市场，尽管越来越多的人使用计算机进行股票交易会使得未来的股票市场越来越偏离完全竞争。

■ 完 全 垄 断

　　如果说完全竞争是竞争光谱（spectrum）完全的一个极端，那么完全垄断就是竞争光谱（spectrum）的另一个极端。在垄断市场结构下不存在任何程度的竞争，这个市场上的所有产品完全由一个垄断企业来供给，这个垄断者具有相当大的市场影响力，它能控制供给价格或供给数量。需要强调的一点是，垄断者并不能既控制供给价格又控制供给数量，因为它并不能控制市场上的需求状况。垄断者的市场影响力取决于替代品获取的难易程度以及市场进入壁垒的强弱，如果说没有相近的替代品生产商，或者市场进入壁垒较强，那么垄断者的市场影响力就会比较大，因而能长时间地保有超额利润。

　　垄断者也可能是由一组生产商联合组成来共同供给市场。例如，像OPEC（石油输出国组织）这样的卡特尔组织。

 查询关于OPEC的信息可登录 www.opec.org

在垄断市场上一种商品可能会有几种价格。例如，同一航班上不同旅客的机票价格是不同的，这主要取决于旅客何时何地购买的机票。实际上他们是为同样的服务支付了不同的价格，此时厂商实施的是一种价格歧视策略，但为什么这是可行的呢？实施价格歧视是由特定的条件造成的。具体来说，其一，市场是垄断的，厂商必须能控制市场供给量；其二，厂商面临着不同的消费群，他们可以按照消费者的需求状况将他们划分成不同的组别。举例说明，那些乘火车去伦敦的上班族的需求弹性明显是小于一个乘火车去伦敦工作的学生的需求弹性，因为我们都知道这个学生可以选择乘坐其他交通工具或干脆不去伦敦，这说明了不同的消费群的消费意愿是不尽相同的。最后，厂商可以通过某种方法将这些不同的消费群体进行区分。例如，电话公司可以按照通话时间将不同的消费群划分出来，从而规定在某一时间段上降低通话费用；英国铁路局根据年龄给不同的消费群以不同种类的乘车卡。

通过在不同市场上制定不同的价格，垄断者将实现利润最大化。价格歧视是一种比较恶劣的手段，因为垄断者通过这种方式对同一产品实行不同定价，从而剥夺消费者剩余。尽管如此，这种手段也有其自身的优势，一架航班通过降低价格就能满员飞行而不会空舱飞行，从而能更好地利用资源，此外它也使得高收入者支付高价而低收入者支付低价，进而达到均衡分配收入。我们要说的与价格歧视有关的主要问题不是批判它是商家对消费者实行的一种恶劣的剥削行径，而是要说明具有市场影响力的垄断者能够决定对不同类型的消费者索取不同的价格。

我们可以就垄断对企业行为和绩效的影响进行预测（见表 12.3）。就像完全竞争一样，垄断也是理论性很强的模型，主要用于与完全竞争进行比较以显示竞争缺乏时的影响。

表 12.3	寡头垄断对一个行业中的企业的行为和绩效的影响
市场力的强度	企业具有绝对的市场影响力。
价格	一种产品一种价格，除非存在价格歧视。企业是"价格制定者"。
广告宣传	企业没有做广告的必要，因为只有一家企业生产产品。
获利性	存在超额利润，而且能长期存在，因为没有能侵蚀超额利润的竞争。

完全竞争和完全垄断的比较

■ 垄断条件下的市场价格明显高于完全竞争条件下的市场价格，因为垄断竞争条件下不存在竞争。例如，人们指责大型的电话公司（包括BT）向消费者索要的话费过高。在这个领域内所出现的没有完全到达消费者手中。企业能这样做完全是凭借其垄断的权力。同时，由于垄断者能更多地获得规模经济收益，因此降低价格是可能的。

■ 在垄断条件下，企业很少需要更新其生产的产品以保证其正常运营，所以消费者的选择余地较小。但是也有垄断市场提供更多的选择的例子（例如广播电台案例），在完全竞争条件下，各家广播电台为了更大迎合广大听众，可能都会把流行音乐加入到节目单中。但是，一个垄断厂商可以拥有各种电台节目从而能迎合各种口味的听众。

■ 垄断条件下，几乎不存在竞争，因而垄断企业很少会进行技术革新。但是，如果更高的技术能带来丰厚的利润，那么垄断企业加快技术革新的动力更大，它也可能拥有更多的可以投入到创新中去的资源。

上面所述的几点，并没有表明完全竞争比垄断更好，这一点已体现在英国的竞争政策中，我们将在第十四章进一步说明。

一个完全垄断的例子?

尽管很容易想到这样的例子：在行业中处于支配地位的企业拥有大量的垄断权力，但现实中不存在纯粹的垄断市场，因为大多数商品都是有替代品的。例如，英国铁路局(British Rail)在过去一段时间里基本上垄断了英国的铁路交通市场，但人们可选择的交通工具多的是。这也正是我们在第九章中所强调的内容，即确定行业和市场的结构存在相当的困难。现实生活中最接近垄断的应该还是传统意义上的公共用品供给行业诸如电力、水等，当然其中很多行业都已经私有化了。

关于如何确定一个市场上是否存在垄断力量，政府方面早已给出了一个现行的垄断构成定义：当一家企业或企业联盟占据了 25% 的市场份额时，这家企业就具有垄断力量，这是英国专门的竞争委员会确定的最低垄断标准。关于英国竞争政策的变迁过程我们将在第十四章加以详细考察，企业具有垄断市场力可能主要还是因为进出市场壁垒的存在和替代品的可获得性所致(这将在以后章节里进行讨论)。

 查询竞争委员会的相关信息可登录 www.competition-commission.org.uk

■ 寡头垄断

在完全竞争和完全垄断市场中，企业的决策活动是相互独立的。完全垄断市场中的企业进行决策时无需考虑其他企业的行为，而在完全竞争条件下任何一家企业的决策都不可能影响到市场，虽然原因不同，但在这两种市场结构下企业的行为表现都好像是不存在竞争者一样。但寡头垄断条件下则不然，寡头垄断指的是少数几家厂商供给市场，他们生产的产品在某些方面存在差别，寡头垄断具有如下特征：

- 厂商之间相互依赖；每个厂商进行决策时必须考虑其他厂商的反应。
- 价格竞争很少发生；一家厂商为保持原有的市场份额，不会单方面擅自提价，同样也不会无故降价，因为他知道其他厂商会跟着降价，进而其市场份额不会扩大，可是每个厂商的情况却有所恶化。
- 没有价格竞争也就意味着非价格竞争相当普遍，诸如品牌战和广告战。寡头垄断者常常通过广告宣传、品牌影响或提供特别服务而不是通过降价的方式来扩大其产品销售量。积分卡方案(The Premier points scheme)就是一个很好的非价格竞争实例，人们每次购买石油都能在积分卡(Premier points)上累计积分，然后可以换取非现金优惠券，以便能在 Argros 上进行非现金消费，表 12.4 给出了寡头垄断对企业的行为和绩效的影响。

寡头垄断市场上产品的定价方式通常有价格领导或某种勾结两种情况。价格领导就是一家厂商首先确定价格然后其他厂商根据这个价格再确定他们各自的商品价格，其中率先确定价格的厂商不一定是成本最低的，这主要取决于该厂商的市场影响力。因而价格必然是确定在一个高于竞争价格的水平上。而勾结是指寡头垄断市场上的厂商间在价格方面达成表面或背后协议，目的是降低厂商间的竞争程度，在大多数国家这种价格联盟是非法的，要受到法律的限制，但这并不意味着价格联盟不会发生。卡特尔就是勾结的一种形式，即众多的厂商联合起来，从而产生了市场影响力，目前在大多数国家中卡特尔是违法的。众所周知的 OPEC（石油输出国组织）在过去的 30 年里对石油行业产生了巨大的影响。勾结达成的协议可能会危害到消费者的利益，同时它也是极不稳定的，勾结的任何一方都存在欺骗倾向。很显然，在寡头垄断条件下，一旦市场价格确定下来就很少发生变动，因此，正如上面所述，寡头垄断竞争条件下更多的非价格竞争形式代替了价格竞争形式。

表12.4	寡头垄断对企业的行为和绩效的影响
市场力的强度	较强的市场影响力。
价格	价格稳定，通过价格领导或勾结确定市场价格。
广告宣传	密集的广告宣传和众多的品牌，厂商之间的竞争通常体现为非价格竞争。
获利性	存在超额利润，超额利润的大小取决于竞争者的实力。

小案例 报业的价格战

2001 年的冬天对于英国报业来说就像一场恶梦，这一时期里英国报纸的销售量直线下降，广告收入也是直线下降，开始出现冗员。表 12.5 显示了 2001 年 4 月到 2002 年 4 月期间一些报纸的发行量的变化。

惟一值得庆幸的是英国报业价格战似乎已成为往事。2002 年 5 月 1 日英国快报(Express)降低了其麾下工作日报纸和周末报的发行价格，将前者的价格降至每份 20 便士。镜报(Mirror)最先对此做出了反应，将其报纸名称改为每日镜报(Daily Mirror)，自 5 月 10 日起也将其工作日报纸的价格降至每份 20 便士。与此同时，太阳报(Sun)也做出了降价反应。但太阳报(Sun)和每日镜报(Daily Mirror)都没有降低他们的周末报的价格。此外参与降价的报纸还有每日星报(Daily Star)，它将其工作日报纸的价格降低到每份 10 便士。

断言报纸降价产生的影响还为时过早。在价格战开始的第一周里每日镜报(Daily Mirror)宣称其报纸销量上升了 8%，净增 160000 份；而太阳报(Sun)则宣称其报纸销量上升了 5%，净增 200000 份；但最大的赢家还要数英国快报(Express)，因为他宣布仅工作日报纸的销量就上升了 14%，净增 200000 份。但我们应该注意的是这些仅是他们的发行量统计数据，并没有涉及各大报业的销售收入，很显然在价格战期间，降低报纸价格必然会冲击到它们的利润水平。所以最后要看哪家报纸能长期忍受这种局面。

英国报业的这种周期性价格战短期内能增加它们的报纸销量，但只要价格一恢复到原来的水平上这种效应就会消失。毫无疑问价格将再次上升，因为只有新闻国际巨头(太阳报)有资源进行持久的价格战。

表 12.5   **2001 年 4 月至 2002 年 4 月英国全国报纸发行量变动的百分比**

	百分比
太阳报	-4.0
镜报	-4.33
每日星报	+12.61
每日纪录报	-4.64
每日邮报	+0.21
快报	-3.75
每日电讯报	-1.78
泰晤士报	+1.89
金融时报	+2.63
卫报	+0.79
独立报	+0.61

表 12.6   **英国各行业居前几位的企业在市场中的份额（%）**

行业	百分比
香烟 [a]	91*
酿酒 [b]	90**
冰淇淋（冲动购买）[c]	87*
糖和人工甜味剂 [d]	80*
牛仔裤 [e]	39**

* 行业中三大公司

** 行业中五大公司

资料来源：a 重点报告，1998 年；b 重点报告，2001 年；c Mitel 报告，2002 年。d mitel 报告，2000 年；e Mitel 报告，2001 年。

    寡头垄断最常见的例子就是烟草行业和洗衣粉行业，因为这两个行业通常都是几家生产商控制整个市场，市场具备一些已预测到的特征。这两个行业很少发生价格战，同一种商品在不同市场上的价格基本上是一致的。尽管如此，在这两个行业中，厂商之间常常会发生很激烈的非价格竞争——大作广告、很强的品牌意识和形象、为促销商品而不时地提供特价和小礼品。

    与垄断和完全竞争相比，寡头垄断是现实中较常见的市场结构，现实中很多行业都呈现出了上述的寡头垄断特征。表 12.6 给出了现实生活中较常见的寡头垄断行业。

 查询具体行业的信息和相关报道可登录 www.mintel.co.uk 和 www.hybrid. keynote.co.uk

■ 垄断竞争

    如果厂商生产的产品存在差异（非同质的），那么每个厂商对于它们各自的产品具有一定的垄断力，而在生产类似产品的厂商之间，竞争则非常激烈，除了这一点，其他完全竞争条件都能满足的话，那么这种市场结构就是垄断竞争市场结构。垄断竞争市场中，产品在某些方面有细微的差异，或通过广告宣传、或通过品牌区分、或通过生产区域。两种产品的差异并不一定是技术上的，但这种差异必然是"经济上的"——也就是说，消费者能够鉴别出产品间的差异所在。存在一定程度顾客忠诚度，他们在其他厂商降价的时候并不一定会转而购买这些降价商品，因为他们相信品牌间的差异能使钱花得很值得。短期内存在超额利润，但从长期来看厂商会自由进出市场直至超额利润消失为止（见表格 12.7）。

表 12.7	垄断竞争对企业行为和绩效的影响
市场力的强度	企业具有很小的市场影响力
价格	价格上存在些微差别
广告宣传	密集的广告宣传和众多的品牌
获利性	短期内存在超额利润，但长期里超额利润消失

一个垄断竞争的例子？

垄断竞争的例子涉及各种产业；例如涂料业，英国 ICI 油漆公司仅仅生产多乐士（Dulux）晴雨漆，但市场上仍有很多其他厂商生产其他不同的涂料。

■ 理 论 有 多 精 确？

表 12.8 总结了不同市场结构对企业的行为和绩效的影响。

表 12.8		各理论对企业行为的影响		
	市场力	价格	广告宣传	获利性
完全竞争	无	单价格	无	只有正常利润
垄断	绝对	价格歧视可能存在	无	超额利润
多头垄断	强	单一价格	密集	超额利润
垄断竞争	弱	微小价格差	密集	长期内只有正常利润

正如前面所指出的，完全竞争和垄断的假设前提是不现实的，因而可以说他们是两种"理想的"市场结构类型，其意义就在于界定现实市场存在和运行的范围，而不是运用他们来分析现实市场结构。相比之下，多头垄断和垄断竞争更接近现实生活中的市场结构类型，它们能在一定程度上从经济理论角度来解释和预测企业行为。例如在多头垄断市场上，价格是黏性的，厂商之间的竞争常常是非价格竞争诸如广告和品牌宣传、各种促销手段等（见表 12.9），当然价格战也时有发生——正如 20 世纪 80 年代的石油市场，以及近些年来四大超级市场间的竞争。

表 12.9		2000 年英国企业广告费排名	
名次		广告者	广告总支出 （千英镑）
2000	*1995*		
1	5	宝洁	121151
2	1	英国电信	107546
3	6	中央信息办公厅	102704
4	8	雷诺	70667
5	15	欧莱雅	59767
6	3	Vauxhall Motors	57083
7	2	福特汽车公司	55775
8	12	贝尔克食品	51724
9	28	英国天空广播公司	47875
10	35	Vodafone	47802

资料来源：广告统计年鉴，2001 年，广告办会，NTC出版社。

表 12.9 分别列出了 1995 年和 2000 年两年中英国几家广告商的排名情况，为方便预测，我们在两年中选取的公司是一样的：从这一表格中，我们不难发现仅宝洁公司和联合利华两家企业就占有洗衣粉市场中将近 90% 的市场份额。

 关于广告方面的更多信息可查询 www.adassoc.org.uk

对这些企业行为和绩效的预测的准确性进行判断是非常困难的，一方面是缺少数据，另一方面是我们也仅仅只是知道市场的结构特征——厂商间的竞争程度。表 12.1 曾给出了其他一些结构性因素，诸如需求水平、买房间的竞争程度以及潜在竞争程度。而市场上的需求直接影响了利润率、价格和广告战略等方面。

波特的五种力量模型

波特模型认为，行业结构及该行业中企业的战略行为能力取决于五种力量的相对大小：当前的竞争、潜在的竞争、替代品的威胁、买方的市场影响力以及卖方的市场影响力。下面我们将依次考察这五种力量：

■ 当前的竞争

我们已在"市场结构"部分考察了当前的竞争，但是应该记住的重要的一点是企业实施的战略行为能改变一个行业的市场结构。在市场竞争相当激烈的条件下，企业若缺乏影响像价格等各种因素的市场力，则其处境不容乐观，他们则常常通过实施战略行为来改变自身处境。若他们在实施战略行为中取得成功，他们就能改变自身在当前竞争中的地位，进而改变市场结构。

■ 潜在的竞争（新进入企业的威胁）

我们都知道一个行业中的市场结构或当前的竞争状况会影响到行业中的企业的行为表现。然而，仅仅从行业中的企业的数量并不能完全勾画出该行业的大概运行情况，由于潜在竞争的存在，一个寡头垄断市场下的企业行为可能会同完全竞争市场下的企业行为相似，这种潜在的竞争威胁影响着企业的行为，尽管这种威胁并没有真正发生。潜在竞争威胁的大小取决于进出一个行业的壁垒的强弱。

进入壁垒

进入壁垒就是阻止企业进入一个行业的任何一种障碍，存在着几种进入壁垒。

有些行业是"自然垄断"行业，因为这些行业的生产过程特殊以致于引入竞争是一种浪费。原先公共设施产品就是自然垄断最好的例证，因为如果让两个国家的电网输送系统（grid system）来共同供给电力明显就是一种浪费。

还有一些产品的生产过程受制于规模经济。随着企业的不断壮大或生产规模的不断扩大，生产的平均成本就会降低，也即存在规模经济。企业生产规模扩大的方式多种多样，或是通过增加现有工厂的生产容量，或是通过新建更多的企业厂房，或是扩大企业的生产线。

图 12.2 显示了随着生产规模的扩大，平均成本的变化情况。

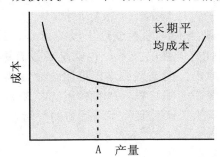

图 12.2　一家企业的平均成本曲线

这个曲线向下倾斜的部分代表了企业的平均成本的下降或者说规模经济的存在，而向上倾斜的部分代表了企业的平均成本的上升或是规模不经济。规模经济使平均成本下降，因此企业能从中得到不少好处。而且，如果市场价格处于曲线的最低点时，消费者也会相当受益。

我们将规模经济的来源划分成三种：技术、营销和财务。

技术上的规模经济来源于日益增加的专门化和不可分割性。生产规模越大，生产过程就越应该分割成各个部分来进行，进而从专门化中获取的利润就越多。生产过程中还有一定的不可分割性，只有大企业才能从中受益。例如，对于一家小企业来说，半条生产线是毫无意义的，但它又没有大到能够投入整条生产线。另一种类型的不可分割性与固定成本有关，像成本率或会计人员的费用这样的固定生产成本不会随生产规模的变化而变化（也即它们与生产规模无关）。因此，产量水平越高，产品的平均成本就会越低，因为成本被分配至更大的产出。

营销上的规模经济源于不断增加的产量能分散营销成本，因而平均成本就会变低。企业也可以利用批量购买的优势可能成立一个专门机构去主管营销事务。

财务上的规模经济来自于这样的事实：大企业能更容易地或者以更低的成本筹措到资金。

除上述三个方面以外，还有风险多样化，只有比较大的公司才可能如此，因为他们在其他行业中有一些利益。这些规模经济都能使平均成本降低，因此能解释图 12.2 中的平均成本曲线向下倾斜的一段。规模经济是一种非常有效的进入壁垒，如果某行业中的一家现有（incumbent）的企业由于规模经济而具有较低的平均生产成本，那么，对于一家新进入的企业而言，要在较小的生产规模上与现有的企业进行有效的竞争是很困难的。煤气、电力和水就是这一方面很好的例子，这些产品的生产过程存在规模经济，从而在其他新进入企业与原有的企业的竞争中，前者必然处于劣势地位，这正解释了为什么有些行业被称为"自然垄断"。

进入壁垒可能是法律方面的，例如专利和商标能够限制竞争并阻止新企业进入一个行业。广告和品牌也可以是进入壁垒，因为如果一个行业中已存在高品牌声誉的企业，其他企业若想进入这个行业就必须投入大量的广告费用。进入某些行业可能需要很高的初始成本，例如干洗行业，刚开始投资时的机器设备的价值都很昂贵。转换成本也被认为是一种进入壁垒。如果消费者从消费这种产品转到消费另一种产品必须要负担相关的转换成本，他可能就会放弃这种消费选择，因而在某种意义上这种转换成本也构成了一种进入壁垒。近几年房屋协会及银行在提供低固定利率的抵押贷款时附有对早期退出的惩罚，这一实践将转换成本引入市场的一个很好范例。

一个可竞争的市场对于新企业的进入或退出没有壁垒，这意味着市场上所有的企业（包括潜在的进入者）都能够拥有同样的技术，也就是说没有进入壁垒。同时，它也意味着没有沉没成本或不可收回的成本，而这些成本能够阻止企业离开该行业。因而，通过确保市场是可竞争的，便可能确保企业能够以一种竞争的方式来参与市场活动，即使他们运营其中的市场结构是不完全竞争的。这时调节市场行为的是潜在竞争而不是实际的竞争。

退出壁垒

退出壁垒就是企业组织退出一行业时面临的一些障碍，这些主要是和退出成本相关的。这一退出成本主要取决于试图退出企业的资产的行业特定性。我们以一个企业的有形资产加以说明。印刷机对于印刷行业是高度特定的，因为印刷机只能用于印刷。当我们将印刷机放到二手市场进行交易，印刷机就会贬值很多，因而引发了高成本。而一个敞篷车则不同，虽然它也是有形资产，但它并不一定是针对某一个特殊行业，因而它在二手市场上出售时，价值贬损较小。总的来说，行业特定性越强的资产，在二手市场上出售时的价值损失就会越大，同时对于企业来说，退出成本就会越高。而对于像知识这样的无形资产来说，企业投入在这方面的研发费用是不能出售的，因而也就变成了一种沉没成本或不可收回的成本。

进出壁垒可能是"无意的"或被有意地设立的。规模经济可被认为是无意的进入壁垒，因为它们是生产过程本身具有的一种特性。广告和品牌可被认为是有意设立的进入壁垒，因为他们增加了任何想进入这个行业的企业的费用，类似地，抵押中惩罚条款的引入也是一个有意地设立的壁垒因为它使消费者面临转换成本。

当"无意"的进出壁垒很低的时候，这就意味着潜在的竞争威胁很大，这时企业就会面临着两种选择，是接受这种局面还是有意地设立一些进出壁垒。从企业的角度看，这是战略性行为的一个例子，企业是否进行这种尝试取决于成功的概率，以及相对的成本和收益。这博弈论领域里的一个问题常常用来推算企业的战略可能性。

■ 替代品的威胁

替代品的威胁主要来自于市场上交易品的特性以及产品差异化的程度。它对市场结构有明显的影响，因为一种产品如果没有替代品，那么它所面临的市场竞争就会比较少，就会有大量的市场影响力。然而，正如我们在前面已看到的那样，即使是看上去为纯垄断的行业，如前英国铁路，也会面临替代品的竞争，因为还有其他的旅行方式。企业为差异产品而发生的大量支出主要是用于降低替代品的威胁。

■ 买方的市场影响力

到目前为止本章主要围绕同一个市场上的企业间的竞争来展开的，但买方之间的竞争程度也影响着一个行业的结构。市场情况多种多样，有些市场中买方人数很多，像零售业，有些市场中买方人数相对较少，像轿车业和轿车零件制造业，还有些市场中只有一个买方。第三种市场结构就是即所谓的买方垄断，在该市场中买方的市场影响力大于卖方。一个很显著的例子就是煤炭工业，他们的煤炭主要是供应给发电厂。在零售业零售业巨头对制造商施加的市场影响力正日益增加。美国玩具公司（TOYS 'R' US）是目前世界上最大的玩具零售公司，很久以前就已经在设计过程吸收生产商的参与，从而拥有了很多玩具商店所没有的专有权。

买方的市场影响力水平同样可以使用卖方市场影响力的度量方法来加以衡量（见本章后半部分），但没有人去集中搜集关于买方集中度水平的数据。然而，在很多市场中，买方常常具有很强的市场影响力，从而在很大程度上对供给商形成控制，这种市场影响力是营销方面的规模经济的重要源泉之一。可能情况下我们常常将生产商与消费者之间的竞争水平综合起来以预测他们的市场行为。例如，一个市场上仅有一个买方和一个卖方，很显然这种市场与存在很多买方和卖方的市场相比具有相当特殊的特征。在一个市场中，若买方的市场影响力较强，那么这会对市场产生正面影响，从而能抵消卖方对市场的影响或者能带来一个较高的卖方市场集中度，也即卖方聚集到一起以抵制买方的市场影响力。

在卖方（生产商）的市场影响力较强而买方（消费者）的市场影响力较弱的市场中，生产商的市场影响力可被消费者咨询中心或监督机构等因素抵消，前面的公共设施案例就说明了这一点。

作为一个企业也要区分现有客户和潜在客户。现有客户对于一个依赖于重复订单行业中的企业相当重要，对于周期性供给商品的行业中的企业（例如日用杂货的零售）也很重要。一些大型的日用杂货零售商喜欢用发放忠诚卡的方法来增强现有消费者的忠诚度是不足为奇的。如果企业是采用一次性供货，那么企业现有客户的市场影响力相对就会小些，当然企业不会忽略掉这些现有客户，因为他们影响到企业的声誉以及吸引潜在客户的能力。企业的潜在客户可能是新增的顾客，也可能是正在购买其竞争者商品的顾客。

■ 卖方的市场影响力

对于一个企业来说，在特定市场中卖方的市场影响力可能非常重要，这主要取决于所供给的产品的性质。例如，产品具有很强的特殊性吗？在其他市场上有相关或类似的产品吗？生产过程中这种产品有多重要？随着企业逐渐使用适时生产的方法，优良和可靠的供给就显得更为重要了。只有在企业能依赖他们的供给商时，通过减少存货水平来减少成本才会是一种有效的手段。因此企业也倾向于同他们的供货商建立长期的合作关系，从而也促进了合伙采购的发展。

另一个重要的因素就是企业能否自己生产其生产过程中所需的零部件。如果回答是肯定的，那么企业对其供货商的依赖性就会大大降低。关于能否自己生产或从供货商那儿购买产品就涉及到一个相对新的经济学领域，即所谓的交易成本经济学。

度量市场上的实际竞争程度

在产业经济学中通常使用集中度来度量一个市场上的竞争水平，这个概念度量的是一定数量的企业在价值增值、总产出和总就业量三个方面的行业比重，这些企业的生产规模在行业中是位居前几位的，通常确定的企业数是三个或五个，五大企业的集中度就是指一个行业中排在前五位的企业的总产出或就业的行业比重，直到 1992 年英国政府每年都会在年度生产统计上进行公布，但 1992 年以后英国政府就中止了五大企业集中度的公布活动。

表 12.10 介绍了英国的一些行业情况，尽管所举的行业很少但他们足以说明不同的行业的集中度存在着很大的差异。其中只列举了一个服务性行业，主要是因为服务业数据的缺失问题相当严重；而英国政府提供了大量的制造业部门的数据，主要是因为这些产业在历史上具有重要地位。一般情况下，服务业的集中度比制造业小，主要是因为服务业生产过程的特有性质以及该行业中实现规模经济的空间很小。

表 12.10	英国几个行业中五大企业的集中度（1992 年）	
行业	就业	产出
糖及其副产品	100.0	100.0
烟草	97.7	99.5
钢铁行业	90.9	95.3
石棉产品	90.5	89.8
矿业、石油加工	52.2	61.9
鞋业	44.3	48.2
制药	31.5	43.5
皮革业	12.4	16.1
猎头业*	6.0	11.0

* 注：八大企业集中度水平。

资料来源：《生产调查》，1992 年，皇家版权，经 HMSO 负责人和英国国民统计办公室允许转引。

我们虽然能很容易地比较不同行业不同时间的集中度，但却无法求出平均集中度水平（见小案例：集中度）。表 12.11 给出了 1979 年到 1992 年期间英国前 100 家私企在总就业和总销量中所占的比重。虽然这些并不是原意上的集中度概念，但它至少从总体上反映了行业集中度的变化情况。在这段时期里的标准行业分类的变化对于这些数据影响很小。从表格内容我们能观察到开始的一段时间里行业集中度的平均水平有轻微下降，从而改变了英国上半个世纪的行业集中度水平上升的发展方向。这时期的行业集中度的平均水平呈下降趋势，究其原因主要是私有化过程的加强以及 20 世纪 70 年代和 80 年代小型企业的迅速发展。后一阶段的集中度的平均水平又呈上升趋势，这主要是因为行业重组以及第八章已阐述的并购活动的增加。由于 1992 年英国政府终止了这些数据的公布，从而使得对近几年来的行业集中度的变化情况的评估变得相当困难。表 12.10 和 12.6 中有两个共同的行业——糖业和烟草业——从这两个表中我们能看出，1992 年到 1998 年 /2000 年间的两个行业的集中度水平都是下降的，尽管这并不能体现整个经济的总体趋势。

表 12.11	前 100 家私企	
	行业百分比	
年 份	就 业	销 量
SIC（68）		
1979	12	18
SIC（80）		
1980	13	15
1981	13	16
1982	12	15
1983	12	16
1984	15	19
1985	9.5	14
1986	9.7	15.4
1987	10.8	17.1
1988	9.4	17.6
1989	12.1	21.6
1990	14.6	23.6
1991	14.9	21.2
1992	16.9	24.9

资料来源：历年《生产调查》，皇家版权，经 HMSO 负责人和英国国民统计办公室允许转引。

由于无法计算出一国的平均集中度水平，同时不同国家在数据收集和报告方面存在差异，因而我们就难以对不同国家的集中度水平进行比较。此外，因为欧盟官方公布数据的方式发生了改变，因而对不同时间上的集中度水平进行比较也变得不可能了。

根据已掌握的信息，欧盟在 20 世纪 60 年代的行业集中度水平与英国一样都是呈上升趋势，同时这种趋势在 70 年代仍有所加强，只是到了 80 年代这种集中度水平才有所下降。

支持设立欧洲单一市场的主要论据之一是：更大的市场可通过企业规模的不断壮大

获取更大的规模经济。在第八章中我们已经就 20 世纪 80 年代后期欧盟内部的企业并购行为做了详细的阐述，同时我们还在表 12.12 中对 1986 年与 1991 年之间欧盟内部一些生产部门依据价值增值比重衡量的五大企业集中度的变化情况进行了具体分析。

表 12.12　　　　依据价值增值度量的欧盟内某些生产部门的五大企业集中度（%）

部门	1986 年	1991 年	变化（%）
烟草	58.39	59.16	0.76
化学品	42.25	41.48	-0.77
橡胶和塑料制品	14.78	21.71	6.93
钢铁	47.21	82.31	35.10
航空业	51.24	71.97	20.72
计算机	34.08	33.17	-0.91
饮料	39.73	43.24	3.50
食品	16.92	20.37	3.45
印刷	19.20	19.34	0.14

资料来源：欧盟委员会，《欧盟经济》1994 年第 57 期，经欧盟官方出版局允许转引。

关于行业集中度，大多数部门都经历过增长过程，但它们之间仍然存在差别。航空业的集中度水平增加了 20%，这主要是由于英国航空和劳斯莱斯的发展壮大。而欧盟内部的集中度水平的上升，一方面是因为企业间并购活动的增加；另一方面则是因为欧盟内部的竞争性政策，该政策将通过阻止市场支配促进竞争的政策和鼓励支配以树立欧盟的竞争力的必要性区分开来。

尽管在比较集中度方面存在困难，但产业经济学家们的一个总体观点是，英国的行业集中度水平是高于欧盟其他成员国的行业集中度水平的。

小案例　集中度

尽管很难谈论一个国家集中度的平均水平，英国政府仍然提供了排名前 100 位的企业从 1979 年到 1992 年在就业量和产出水平两个方面的行业百分比重（见表 12.11）。从所提供的数据来看，20 世纪前期阶段集中度水平是呈上升趋势的，但有时会处于一种稳定状态，甚至下降。近几年里小企业在就业和产出方面的相对重要性已经提高，从而小企业的相对重要性提高了。为什么会出现这些变化呢？

企业规模的扩大和集中度的提高的主要好处是产生了规模经济，关于规模经济我们已经在本书中考察过。大规模生产的技术以较低的成本生产出标准化的产品，但这种技术要取决于专业化和劳动分工的经济效益。尽管有许多行业仍然是由大规模的企业来支配的，但近年来企业的小型化趋势和集中度水平的降低则说明了小型企业越来越能够与大型企业进行竞争了。在没有细分化的市场上，产品是标准化的和大规模生产的技术仍是适用的，但现在日益呈现出一种向弹性生产变化的趋势，这就是所谓的行业"日本化"。

■ 消费者需求的变化要求厂商产品的多元化，所以企业应该将市场更加细分化，同时也应该将产品差异化。在这种条件下大规模生产的经济意义已不明显，也即与小规模企业组织相比，大规模企业对市场需求变化的反应显得很不敏捷。"弹性生产体系"使得生产过程变得具有弹性而且能使企业生产出多元化的产品，且产品成本低于传统的生产方法的产品成本。

■ 像计算机辅助设计(CAD)和计算机辅助生产(CAM)这些信息技术的发展加速了这种趋势，因为它们使最低有效生产规模降低，使规模经济能在较低的生产水平上实现。这样，小型企业可以与大型企业共同分享规模经济产生的利益。CAD 和 CAM 也使得不同产品的同步生产成为可能，从而能迅速地改变产品组合。

■ 如果一家企业同时生产两种或更多种产品时的单位成本比单独生产每一种产品时的单位成本低此时就存在范围经济。在相关活动使用相似的劳动和设备，以及生产相关产品是有效利用过剩生产力的情况下会产生范围经济。这种范围经济的出现源于企业要在更大的产量水平上分散固定成本，而并不是因为不同类型的企业都纷纷扩大它们的生产规模。一个能从范围经济中受益的小型企业行业通常就是执行官招募咨询业 (executive recruitment consultancy)，在这个行业中的企业源源不断地提供一系列相关服务，例如稽查培训和连续性规划等。

■ 像适时生产计划这样的技术对于小企业来说更适用，因为只有小企业才能避免保有大规模存货以及相关的存货成本。

■ 高集中度的原因

英国的许多行业的集中度都很高，而且人们普遍认为英国的集中度比其他的工业化国家要高，然而为什么行业间的市场结构是不同的呢？

让我们回到图 12.2，图上的点 A 处于平均成本曲线的水平阶段上，我们把这点对应的产量称为最低有效生产规模或 MES。在这一点上，企业可获取全部的规模经济，而且想最大化自身的生产效率的企业必须运行。

MES 上的企业产量相对于整个行业的总产量来说越大，该行业的企业数就会越少，行业集中度就越高。例如，如果一个行业的 MES 对应的总产量是整个行业总产量的一半，那么该行业就能容纳两家企业，因为规模较小的企业难以在成本上竞争过大企业。

随着生产规模的不断扩大，平均成本最终将上升。这主要是因为规模不经济，而这又大多是因为管理上的无效率。一家大企业在控制、协调和交流方面存在着很多管理上的困难。

任何一个行业中的企业都面临着不同的平均成本曲线，因而市场结构也不同。例如，由于其产品的特有性质，服务业存在规模经济的范围很小，相应地，MES 对应的产量相对于整个行业的总产量来说是很小的，因而服务业的行业集中度就表现得相当小。但在制造业中，由于生产过程的性质和规模经济的范围，其行业集中度相当高。

MES 的大小并不是解释市场结构差异性的惟一原因。如果是，那么我们就能推出不同国家相同行业的集中度应该是差不多的，但根据我们在前面所述的内容显示，这是错误的。不同的行业中五种力量的强度是有差异的，因而市场结构也大不相同。很显然，政府政策会对市场结构类型产生影响，在不同的国家是有区别的。在不同的国家进而壁垒的显著性也是不同的。西德和英国的实践经验表明，这两个国家的进入壁垒都相当高，但对于英国企业来说广告限制是最重要的壁垒，而西德最重要的壁垒则是规模经济。

纲　要

本章我们考察了涵盖整个竞争光谱的四种市场结构：完全竞争、完全垄断、寡头垄断和垄断竞争。在每种市场结构下我们都能对企业的行为进行预测。一般地说，市场结构越接近现实，它对企业行为的预测就越精确。这一分析被运用到波特的五种力量模型中，该模型将传统经济模型忽视的因素考虑进来。应该强调的一点是，对某些行业来说传统经济模型忽视掉的因素可能是非常重要的，比如巨型零售商作为买方的市场影响力，以及在一个重复性业务很高的行业中潜在客户的重要性。

集中度可以度量一个市场上的竞争强度，本章中我们通过分析英国国内外的许多行业情况来考证行业集中度问题。

重点总结

- 经济学家们将市场结构划分成四种不同的类型它们是（从最具竞争的市场结构开始）：完全竞争、垄断竞争、寡头垄断和完全垄断。
- 完全竞争市场是一种非常具有竞争性的市场，而且企业是"价格接受者"。
- 纯粹的垄断是仅有一个企业且该企业是"价格制定者"的市场结构。
- 垄断竞争是这样的一种市场：市场上存在着相当程度的竞争，但产品间是有差别的，因而企业具有较小的市场影响力。
- 寡头垄断是这样的一种市场：市场被为数很少的大企业瓜分，它们之间的决策互相依赖，这是一种较为常见的市场结构。
- 市场结构的决定因素包括市场进出壁垒的存在性及其高度，此外还有规模经济的存在性。
- 有关市场结构的知识能够预测企业在价格和广告等因素方面可能做出的行为反应。

案例研究　航空业的结构—行为—绩效分析

2001年9·11事件的发生使得2002年全球的航空业面临严重的压力。在9·11事件之前也存在这种压力，但9·11之后这些压力越来越大。航空公司的固定成本非常高——因为航空公司必须购买并保有一定数量的飞机，他们还得向地面上的飞机场支付一定的费用。装载半舱乘客飞行并不能使飞行成本降低，因而航空公司的命运在很大程度上依赖于需求的波动状况，但9·11事件之后航空公司面临的需求直线下降，自此以后这个行业就开始了大规模的重组。2002年航空公司的主要航线出现大量富余，同时比利时国家航空公司（Sabena）破产，而easyJet航空公司和Go航空公司合并。在这个案例研究中我们运用S-C-P方法分析为什么在航空业会出现这种状况。

结构

需求因素

■ 人们旅行会搭乘飞机不外乎两种原因——娱乐和出差。据估计出差搭乘飞机的比例占 22%，而旅游搭乘飞机的比例占 78%。

■ 通常人们都认为旅游搭乘飞机的消费需求具有较高的弹性：机票价格下降，搭乘飞机旅行的人数会急剧上升。

■ 通常人们认为出差搭乘飞机的消费需求具有很小的弹性，出差的人很少关注机票的价格，因为会有其他人最终来负担这笔费用（然而，人们已开始对那种低成本和没有提供必要服务的航空公司将会膨胀到什么程度产生了怀疑）。

■ 不论搭乘飞机是去旅游还是为出差，他们都具有周期性特点，取决于经济增长。

■ 过去 50 年里对于航空旅行的需求呈大幅度增加的趋势。人口统计因素的变化，诸如人均寿命的上升以及人们健康状况的改善意味着各年龄段人群旅行次数应该比以前有所增加。过去 20 年里，航空旅行的年平均增长率为 5%左右。

■ 人们搭乘飞机的需求极易受外界因素的影响。例如，20 世纪 90 年代早期的海湾战争导致人们搭乘飞机旅行的需求下降，人们之所以减少搭乘飞机旅行主要是担心恐怖主义行为的发生（见图 12.3）。

■ 在不久前的 2001 年发生的 9·11 事件也同样导致搭乘飞机需求的大幅度下降，直到 2002 年 4 月都没有恢复过来。

供给特征

■ 世界上有三种类型的航空公司——大型主流航空公司像英国航空公司和美国航空公司，小型低票价航空公司像 easyJet 航空公司和 Ryanair 航空公司，还有中等规模航空公司像瑞士国际航空公司和泛美航空公司。

■ 经营航空公司要投入很高的固定成本。这包括购买和保有一定数量的航班飞机以及向地面的飞机场支付一定的费用。这些固定成本不会因为半舱乘客飞行而有所降低。

■ 对于国际航空旅行来说基本上不存在替代品，而在一国范围内航空旅行则面临着很多种交通工具的竞争威胁。从英国国内情况来看，低票价航空公司相对于其他非航空交通工具来说价格更低，速度更快。但随着欧洲许多国家间的联盟及其铁路网的共同发展，这些事实都部分解释了为什么低票价航空公司（5%）没有像英国航空公司（20%）和美国航空公司（22%）那样占据很大的市场。

■ 20 世纪 70 年代美国解除了对航空业的管制，同样的事发生在 20 世纪 90 年代的欧洲，从而欧洲任何一家有资格的航空公司不再需要政府的同意就能在欧洲范围内自由飞行。这使竞争水平不断增加，导致越来越多的低成本运营的小型航空公司纷纷组建起来。美国对航空业解除管制提高了本国航空业的集中度水平。

■ 技术的革新也促使了低票价航空公司的发展，据估计大约有 90%的 easyJet 航空公司的机票是通过因特网来销售的。

■ 除了以上分析出的变化情况，我们还要考虑其他成本——劳动力成本、燃料、以及 9·11 事件以后引进的新的安全程序所花去的成本。由于环境组织越来越认为航空交通是温室气体增长最快的来源，因而他们提议要增加对飞机燃料所征收的税费。

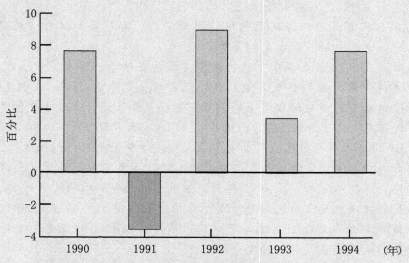

图 12.3   1990～1994 年 IATA 成员飞机事故变化百分比

表 12.13	每人公里收入的变化情况
2001 年 8 月	+1.5
9 月	−15
10 月	−24
11 月	−20
12 月	−12
2002 年 1 月	−10
2 月	−6
3 月	−4.8

行为

定价

■ 在航空业有两种不同的定价方法。大型主流航空公司主要依赖于它们的商务乘客，这些商务乘客愿意为机场和机上的优质服务支付高价。经济舱的机票经常被甩卖，如果必要就会对当天的机票进行折扣优惠出售。然而，那些低票价航空公司则采取截然不同的定价战略，他们首先是以一个相当低的价格预售大部分的机票，然后再提价卖团体票和批量机票直至当天的航班机票卖完为止。他们的票价多达十几种，尽管如此他们最贵的机票仍然比大型主流航空公司的机票便宜很多。

■ 航空公司为了实现其最低成本飞行，常常就会免去机场和机上的食物和饮料提供。机组人员亲自动手进行飞机的清洁活动，飞机在不知名的机场降落，当飞机降落在离大的卫星城较近的时候，这些航班常常会因为在当地机场降落进而带动地方贸易发展从而得到当地政府的支付。除此之外对于低成本运营的航班来说，通过提供在因特网订购机票的服务降低了它们的管理成本。

■ 9·11事件以后，低成本运营商 Ryanair 航空公司的反应是削价以刺激市场需求，鼓励人们出游。而那些大型的航空公司则纷纷削减产能。

并购活动

在航空业中存在几种发展的可能性：

■ 有组织地发展航线——通过购买更多的飞机以及扩大中转降落过程中经过的机场数，以此来开辟和发展航线。而这又是低票价航空公司最常用的办法，如 easyJet 航空公司增加航班飞行的频率，而 Ryanair 航空公司则开辟新航线。

■ 航空公司通过并购不断扩大航线——这在大型主流航空公司之间是很普通的，例如，1988年英国航空公司买下了苏格兰航空公司 (British Caledonian)，2001年美国航空公司和 TWA 合并为一家企业。相关的竞争权威机构已经否决了很多提议的并购案件。但航空业的兼并潮流也同时发展到低票价航空公司中，2002年的 easyJet 航空公司接管了 Go 航空公司就是一个兼并的案例。

■ 目前流行的第三种航空业成长方法就是形成战略联盟。目前航空业有三个主要的联盟（见表12.14）。战略联盟的主要目的是向顾客提供"无可挑剔的旅行服务"。

自从9·11事件以来，全球航空业规模不断萎缩。与2000年水平相比，2001年11月航空公司航班的舱位平均每公里减少了10%，在2001年9月1日到2002年3月1日之间，总共减少了140000个舱位。

表12.14 **2002年度主要航空公司联盟**

航空公司联盟	航空公司
单一世界联盟	美国航空、英国航空、凯西太平洋航空、弗耐尔航空、西班牙、智利、旷兹航空
星级联盟	加拿大航空、新西兰航空、奥地利航空、英国中岛航空公司、洛达航空、墨西哥航空、汉海航空、新加坡航空、泰国国际航空、联合航空、北欧航空、巴西航空、提洛尔航空
天空组队联盟	法国航空、墨西哥航空、捷克航空、意大利航空、韩国航空

绩效

■ 2002 年从任何角度看航空业的发展情况都相当糟糕,据估计仅 2001 年全球航空业就亏损了 110 亿美元,尽管预期 2002 年的亏损会有所减少,但这一亏损的数额仍然达到了 75 亿美元。

■ 2002 年几种类型的航空公司的绩效有所不同,大型主流航空公司纷纷缩减产能,它们裁掉了冗员并报废了一些飞机,一些航空公司(例如比利时国家航空公司 Sabena)也被迫宣布破产,还有许多的航空公司直到 2002 年中期仍然处在财务困境中。但是低票价航空公司的运营却十分良好,2002 年第 1 季度西南航空公司(最早的一家低票价航空公司)成为仅有的一家盈利的美国航空公司,尽管发生了 9·11 危机,低成本航线的发展每年都以 25% 的速度增加。

未来

有迹象显示,2002 年中期旅行的人们重新回到航空旅行,这一效应看上去类似于海湾战争期间所发生的事情,海湾战争结束后一年的时间里需求恢复到原有水平。但是,这也是假设了不会再有像"9·11"这样的事件再次发生的。有些航空公司(如联合航空和美国航空)仍然处于困境之中,因而这一行业中的重组仍将继续进行。有迹象表明大型主流航空公司已认识到那些低成本航空公司对其构成的威胁,也在不断地调整降低它们的票价。低票价航空公司 easyJet 和 Go 之间的合并降低了竞争水平从而导致了较高的票价,尤其是合并后它变成了七条航线上惟一一家低票价航空公司。到目前为止这家低票价航空公司矢口否认他们有提价的意图。

其他方面的因素也可能会影响到航空业的发展,这些因素包括 2003 年在欧盟范围内增加燃油税的建议,美国在中东地区的任何行动对燃油价格造成的影响。如果未来需求都以 2001 年以前的比率进行增长的话,空气污染问题将加重。

毫无疑问,航空业仍然是一个结构上正经受着巨大变化的行业。

案例研究问题

1. 分析在案例研究中的不同增长路径各自的利弊是什么?(见第八章)
2. 为什么在航空业的低成本运营商之间不可能存在价格战?

 查询航空业的相关信息可登录 www.IATA.org(国际航空运输协会)
www.AEA.org(欧洲航空公司协会)
www.CAA.org(国内航天权威协会)

复习和讨论题

1. 任选两个行业，运用波特的五种力量模型加以分析。所选的两个行业最好具有相反的市场结构。

2. 在零售业中，可能会存在什么样的规模经济？

3. 举一个竞争性很强的市场的例子，然后再举一个竞争性一般的市场的例子。看看你所考虑的两种市场结构下，企业行为和绩效是否与表12.8预测的结果相一致？

4. 为什么在洗衣粉和咖啡上投入的广告支出远远大于在火柴和面包上的广告支出呢？

作业

1. 你正在一家 CD 制造企业的战略计划部门工作，为董事会会议写一份关于当前行业结构形势的报告，运用 S-C-P 模型或波特五种力量模型作为报告的框架（信息来源：竞争委员会当年及以前的报告、媒体和当地图书馆，Mintel 和 Keynote 两家市场调查公司）。

2. 你在当地的一家消费咨询中心工作，每周都要公布一张有关当地商店中的典型的一篮子商品的价格清单。选出 10 种品牌商品(比如雀巢咖啡)构成你的商品篮子，并分别调查三种类型的零售点：小型便利店，当地主干道上的小超市以及大型超级市场。设计出一种价格信息单，以表格形式将价格信息进行分类汇总，同时还要注明存在价格差的原因。

第十三章 国际市场

就不同的企业和行业来说，国际市场对他们的重要性各不相同，但多数企业的运行是离不开国际市场的。在出口市场上运行的企业显然需要掌握国际市场基本情况，但即使是供给国内当地市场的独资经营者，也可能会在生产过程中用到进口原料，因而它也会受到国际市场变化的影响。

目 标
- ■理解国际贸易发生的原因。
- ■考察推动自由贸易发展的国际组织。
- ■分析英国的国际收支情况。
- ■理解外汇交易市场的运作。

关键词

国际收支	欧洲经济区（EEA）	无形贸易
贸易收支	欧洲货币体系	J—曲线效应
资本账户	外汇管制	定性限制
共同农业政策（CAP）	汇率	配额
一致对外关税（CET）	汇率机制（ERM）	单一市场
共同市场	金融账户	专业化
经常账户	固定汇率	监管
经常项目收支	浮动汇率	补贴
关税同盟	自由贸易	盈余／顺差
赤字／逆差	进口限制	关税
贬值	进口渗透	有形贸易

引 言

国际市场对于大多企业来说都是非常重要的，即便他们并不为出口市场生产产品，他们也可能依赖于进口的原材料，几乎必然会受到国际市场上汇率的波动的影响。像其他发达工业国一样，英国对国际市场的依赖性相当大，而且这种依赖性随时间增长。国际贸易有别于国内贸易的一点在于国际贸易是跨国界发生的，因而需要一种国际支付体系。对于一个商学专业的学生来说，掌握国际市场、汇率和国际收支等知识是必要的。

国际贸易——为什么会发生

国家之间发生贸易的原因是：世界范围内资源的分布不均衡，生产要素的流动性受到限制，从而一些国家相对于其他一些国家来说，在某种产品的生产上存在比较大的优势。对于有些国家来说，是完全不可能生产出某些特定的产品的：以英国为例，它不可能生产出一种非本土化的矿产，当然也不可能生产一种热带水果。如果国内对这些产品存在需求，将会有以下几种可能：或者干脆不理睬这种国内需求；或者完全不顾气候条件，试图在英国境内自己种植；抑或是从能生产这些产品的其他国家购买。换句话就是进行国际贸易。

对于录像机的生产成本来说，国家 A 比国家 B 低，而对于小麦的生产成本来说，则是国家 B 比国家 A 低，这时就会产生专业化分工，也即国家 A 生产录像机而国家 B 生产小麦，在此基础上两国进行贸易交换，进而购买各自所需的产品。然而由于某些战略上的原因，不可能实行完全的专业化分工。即使国家 A 在录像机和小麦这两种产品的生产成本都比国家 B 都低，开展两国间贸易仍能使两国经济状况有所改善。这可能不易想像，表 13.1 给出了一个具体的数字的例子。按表 13.1，国家 A 生产 100 单位的录像机或 100 单位的小麦都需要 100 名工人；国家 B 生产 20 单位的录像机或 40 单位的小麦也需要 100 名工人，显然国家 A 生产两种产品的成本都比国家 B 低。为了说明即使在这种情况下贸易也是有利的，我们假设两国都生产这两种产品，而且在每种产品上投入的劳动力都是工人总数的一半。

表 13.1		录像机和小麦的生产	
		100 个工人能生产的数量	
		录像机	小麦
	国家 A	100	100
	国家 B	20	40

表 13.2		录像机和小麦的生产	
		录像机	小麦
	国家 A	50	50
	国家 B	10	20
		60	70

表 13.3		录像机和小麦的生产	
		录像机	小麦
	国家 A	65	35
	国家 B	0	40
		65	75

两国的录像机总产量是 60 单位而小麦的总量是 70 单位。在生产录像机上，国家 A 的生产效率是国家 B 的 5 倍，但在小麦的生产效率上，国家 A 仅是国家 B 的 2.5 倍（见表 13.2）。若对两国的生产计划进行重新安排，显然两国都会受益。如果国家 B 完全生产小麦，而国家 A 生产 35 单位的小麦和 65 单位的录像机，世界总产量增加了（见表 13.3）。

简言之，在发生国际贸易的情况下，世界范围内的总产量就会增加，而每个人的福利状况也会得到改善。这个简化的例子正说明了自由贸易的基本论点，自由贸易使得世界总产量提高并使人们的生活水平有所改善。每个国家将生产它们具有相对成本优势的产品，然后通过国际贸易与他国进行产品交换，这样该国就能以一个相对低的价格购买到所需产品，从而能比自己生产同样的产品花费更少。如果存在规模经济的话，通过专业化分工节省下来的费用将会非常大。

　　理论上，自由贸易产生的利益是最大的；然而实际中由于存在大量的自由贸易限制条件，完全的专业化分工不可能发生。大多国家认为如果一国某种产品的供给完全依赖于其他国家，那将是一种危险的前兆。

国际贸易的限制因素

政府可以采取大量措施来限制国际贸易活动，这些限制包括：

- **配额**：一种对进口到某国的某一特定产品的有形限制，这种限制有时是共同约定的（例如自愿出口限制）。
- **关税**：对进口商品征收的税收。
- **外汇限制**：对可以购买的货币数量的限制，这将限制进口商品的数量。
- **补贴**：一种对国内厂商的支付，以降低他们的成本，从而使得这些厂商在国际市场上更具竞争力。
- **定性限制**：一种对商品质量的限制，而不是对商品数量或价格的限制。

以上规定都限制了国际贸易，因而降低了世界的专业化分工水平。这些限制性规定激起了国家间的报复活动，导致无效率。进口限制对一国的行业有着相当广泛的影响。假如1992年年末的关贸总协定谈判没有成功的话，美国人所威胁的要对法国的奶酪和酒品征收200%的关税将会影响到很多其他的行业，比如造瓶业或保险业。对于进口限制这项措施的实施，也存在着支持的观点。例如执行进口限制有助于保护本国行业的发展，不论他们是"幼稚"行业还是战略性行业。1999年在欧盟内部发起了关于香蕉业的争论，在香蕉出口中受到欧盟优惠待遇的非洲国家、加勒比海国家、太平洋诸国认为，一旦欧盟解除对他们的香蕉产品的优待，他们的经济就会彻底崩溃。此外在出现赤字／逆差的情况下进口限制也可用来改善一国的国际收支状况。

　　英国是很多国际组织的成员，这些国际组织大多是致力于推动自由贸易，降低自由贸易发展的阻力，如世界贸易组织（WTO）（见第四章）。

小案例　钢铁业中的贸易战

　　2002年3月美国对自由贸易者的努力视而不见，挑起了一场钢铁业的贸易战。由于欧盟和亚洲的钢材进口价格低，美国宣布在3年的时间里将进口钢材的关税提高30%，其目的是重振本国遭受冲击的钢铁业。许多国家立即向世贸组织投诉，而欧盟则积极采取措施防止本应流向美国的钢铁流入欧盟境内。布鲁塞尔将对超过进口配额以上的钢材征收15%～26%的关税，这项措施最少会持续200天，如果届时美国的制裁还未撤销，他们将申请永久性地征税。根据WTO贸易规则，关税是一种贸易保护措施，但人们认为，美国提高钢铁的关税的时候，来自欧盟和亚洲的钢材进口量正在下降。这招致欧盟成员国呼吁实施针锋相对的措施——提高弗罗里达橘子汁的进口关税，尽管还没有就此达成一致协议。除此之外欧盟还要求美国对其出口到美国的钢材遭受的价值损失进行补偿。

在各国的共同努力下，2001年11月世贸组织最终在多哈达成协议，然而美国这一行动使各国在自由贸易方面的努力受到破坏。提高关税的行动与多哈会议上玫瑰色的氛围形成了鲜明的对比。9·11事件之后世界经济处于低迷状态，各国达成协议要求在2005年1月之前开展多轮多边国际贸易会谈。世界两大贸易集团——美国和欧盟——已达成一致意见，几轮双边贸易争论（例如有关香蕉）悄然消失。由于人们已开始明白9·11事件并非起初想像的是一场大灾难，目前世界经济前景正变得明亮起来。反对美国此项行动的人认为布什总统之所以提高关税，其目的主要是在2002年11月的中期选举阶段争取到更多的关键性人物的投票。

此外美国的这种行为也是对WTO存在性的一种破坏。在这次提高关税的活动中，美国的自由贸易同盟合作者——加拿大和墨西哥——免受这种贸易制裁。从而也暗示了美国认为单边贸易协定比WTO追求的多边贸易协定更重要。这向世界上其他国家传递了一条令人担忧的信息。

到目前为止还没有找到快速解决这个问题的办法，而布什总统将签署一项法案向农民提供新的补贴。这也给多哈谈判的一个中心主题——农产品自由化带来了新问题。

 有关世贸组织的信息可登录 www.wto.org

欧盟

根据《罗马条约》，1958年欧盟正式成立。欧盟创始国为法国、西德、意大利、荷兰、比利时以及卢森堡六国，此后欧洲各国纷纷加入进来，他们分别是1972年的英国、爱尔兰和丹麦，1981年希腊、1986年西班牙和葡萄牙，直到1995年1月奥地利、芬兰和瑞典等诸国的参与。目前欧盟成员国总数达15个，也即上面所说的国家以及前东德，同时这个数字有望继续上升。许多前苏联国家也正积极申请加入欧盟其中的六个国家——波兰、匈牙利、斯洛文尼亚、爱沙尼亚、捷克共和国和塞浦路斯——已于1998年11月开始就正式加入同欧盟进行磋商谈判。同时还有很多国家正等着加入欧盟，他们的加入将会使得欧盟成员数达27个。如果这些国家也加入进来的话，欧盟的性质就会发生根本性的变化（见本章结尾的案例研究）。

 查找欧洲委员会的具体情况可登录 http://europa.eu.int/comm/index_en.htm；查找欧盟内部的相关数据可登录 http://europa.eu.int/comm/eurostat

《罗马条约》的主目的是要建立一个"共同市场",在这个市场环境下鼓励各成员国进行自由贸易,加强经济间的紧密联系,最终在欧盟范围内形成"单一市场"。为实现这些目标首先是建起了一个保护性的自由贸易区或者说是"关税同盟",主要内容是消除成员国间的关税壁垒,对于欧盟以外的进口产品征收"一致对外关税"(CET)。欧盟的组织结构(见第三章)和主要政策——共同农业政策(CAP)——在一定程度上推动了单一市场的形成,有助于形成一个具有很强影响力的贸易集团,贸易集团内的成员国享有很多优惠待遇,包括贸易和投资的增加、巨大的规模经济、生产力的提高以及成本的降低。为支持在成员国间增加贸易和投资这一目标,1979 年设立了"欧洲货币体系",要求大部分成员国将他们的汇率固定在约定的范围内(见下文)。

为建立单一市场——进而能有效地与美国和日本进行竞争——而迈出的关键一步是1986 年欧盟中的 12 个成员国签署了单一欧洲法案。该法案以 1992 年 12 月 31 日作为建起单一欧洲市场的目标日期:由 12 个成员国组成,在其内部没有了国家的界限,从而商品、服务、人员和资本能自由流动。为了使单一欧洲市场变成现实,成员国间的协议涉及了以下内容:

■ 消除或减少跨国旅行和贸易的障碍(如海关检查);
■ 使更多商品在技术和安全标准上趋于协同或一致;
■ 消费税和其他财政壁垒(如增值税)基本一致;
■ 消除法律上的贸易障碍(如歧视性采购政策);
■ 资格的相互承认。

总之,整个改革方案要求每个国家在法律上做很大的变动——很多成员国已对本国的法律做了不少的调整,尽管这些调整和起初的想像并不完全一致。

我们可从宏观和微观两个角度来考察将从单一市场的设立中产生的预期利益。从宏观角度来看,正如 Cecchini 报道中指出的,新措施的实施至少使欧盟的 GDP 增长了4.5%,并将会创造出 180 万个的工作岗位——但若经济大环境仍像 20 世纪 90 年代初期持续低迷,这种预计就显得有点盲目乐观了。

从微观角度来看,大家普遍认为,新措施的实施增加了企业的成本,因为它要求企业执行新要求(如安全标准),但这并不妨碍企业从不断扩大的贸易和不断提高的效率中获益(如通过更大的规模经济),尽管某一成员国内部以及不同成员国之间的不同企业、部门从中获得的收益是不同的。最可能受益的就是那些采用欧洲式的发展的大企业,他们拥有合适的结构和程序,从而可以应对欧洲单一市场建立过程中的机遇和挑战(比如建立合资企业;调整人事政策;确立市场战略;改进产品等)。对于部门来说,那些进出技术壁垒很高或有着在成本上有明显优势的企业的部门可能受益最大。就英国来说,这些部门应该是食品和饮料行业、制药业、保险业及其他服务业。

在欧盟的发展进程中实施的又一个新措施是建立欧洲经济区(EEA)——允许欧洲自由贸易区的成员从欧洲单一市场的许多措施中受益——尤其以从 1999 年 12 月由 12 个成员国在马斯特里赫特签署的欧盟条约中得到的收益最为突出。马斯特里赫特条约除了规定实行机构改革(见第三章)外,还包括了以下条款:

■ 加强成员国之间的经济和货币联盟;
■ 单一货币;
■ 保护工人权利的社会规章;

- 共同的外交和安全政策;
- 共同体公民。

这些各式各样的措施被安排在一段时间内逐渐引入，尽管在有些情况下——最著名的是英国——特别商定的"不参加"条款意味着不能在所有的成员国同时执行某些措施（例如单一货币;社会规章）。关于实现经济和货币联盟（EMU）的目标，马斯特里赫特条约计划将分三阶段进行:

第1阶段——1993年1月之前形成单一欧洲市场。

第2阶段——至1994年1月，汇率被固定在很小的波动范围内控制通货膨胀率，为政府预算赤字和利率设定目标。

第3阶段——1996年举行成员国政府间的会议，以监督EMU和欧洲单一市场的进程。

1999年1月1日随着"欧元区"的设立，欧洲货币联盟最终形成。欧洲货币联盟包括了欧盟的11个国家——英国、丹麦和瑞典没有加入这一货币联盟，希腊由于当时没有达到规定的加入标准直到2001年才成为其中的一员。欧元区中只流通一种货币——欧元，因而它实际上是一个单一经济区（见下文），其成员国放弃了货币政策的主权，由欧洲中央银行统一确定货币政策。但在财政政策上，各成员国仍保持各自的自主权，从而在税率和政府支出方面存在一些差异，但这是在一个"协同"的框架下进行的。欧元区的诞生使得欧洲范围内的专业化程度加深，促进了更大的规模经济。欧元区的人口超过3亿，其产出占世界总产出的1/5，仅次于美国这个超级大国。

除非举行全民公投，否则英国不会加入欧元区，也不会执行单一货币政策。1997年英国财政部大臣就英国是否应该加入到欧元区提出了五个经济测试，具体如下:

1．英国的商业周期和经济结构与欧元区是相容且可持续性的吗?

2．一旦问题出现，是否有足够的弹性来处理它们?

3．加入EMU是否能鼓励英国的长期投资?

4．加入欧元区将会对英国的金融服务业的竞争性地位产生什么样的影响?

5．加入EMU能促进英国的经济增长、稳定和就业吗?

英国政府也正在思考2003年的英国公投问题，英国财政部已着手对以上的五个经济方面做出彻底的评估，预计将在2003年夏天完成这项工作。

国际收支平衡表

国际收支平衡表是对一段时间里（通常是一年）英国与他国进行的国际贸易进行的记录。其记录的是资金流量而不是商品数额，因而商品进口记为负值，因为为了取得进口品而进行了资金支出，反之商品出口记为正值。在英国，资金流入和流出主要是由于两个方面的原因:首先是进行商品和服务的交易（经常项目交易），其次是为了投资（资本项目交易）。英国政府编制的国际收支平衡表是将这两方面的资金流动分开来记录的。自从1992年英国撤销了海关邮政（customs posts）这一机构以后，国际收支平衡表所记录的数据都是通过Intrastat收集的，建立在增值税返还的基础上。

查询英国国际收支平衡表的信息可登录 www.statistics.gov.uk；查询英国国际贸易的相关信息可登录 www.oecd.org 和 www.wto.org

■ 经常项目交易

经常账户记录了在进行商品和服务交易时相关的资金收入和支出，我们将该账户划分为有形贸易（商品的进出口）和无形贸易（服务的进出口），无形贸易包括：

1. 银行、保险和旅游等方面的服务。
2. 利息、利润和股利。
3. 转移支付，包括对发展中国家的补贴、对于像欧盟这样的国际组织的支付以及捐赠之类的私人转移。

国际收支平衡表中在有形贸易上的资金流动余额称为贸易收支，而经常项目上资金流动余额总和就是经常项目收支，记者和政治家提到国际收支时一般是指上述收支的一种。表 13.4 给出了 2001 年英国的国际收支平衡表，其中贸易收支为 3304800 万英镑，无形贸易收支为 1560800 万英镑，经常项目收支总计为 1744000 万英镑。我们将在下文详细阐述英国国际收支平衡表的发展历史。

■ 资本项目交易

资本项目交易记录的是出于投资目的的资金流动，它既包括了公共和私人部门投资的资金流动，还包括了长期和短期投资的资金流动。

长期资本项目交易包括：

■ 在英国的海外投资（例如，购买股权和实物资产、外国居民购买政府证券）。
■ 英国在海外的私人投资，即英国居民在海外购买股权和实物资产，等等。但资本账户中不包括利息、利润或股利，只包括以投资为目的的资金流动。资本项目上的交易能够引起经常项目未来的资金变动。如果一个非英国居民买了一家公司的股票，最初的这笔投资将出现在资本账户中，而未来支付的股利将记录在无形贸易账户中。
■ 官方的长期资本投资（例如英国政府对其他国家政府的贷款）。

短期资本项目交易包括：

■ 贸易信贷——由于人们经常在收到商品时并不立即付款，所以有形商品的进口和出口并不一定与资金的流出和流入匹配。为了使国际收支平衡表平衡，这些将被记录为贸易信贷。
■ 英国银行在国外的外币借贷业务。
■ 其他国家或组织持有的英镑外汇储备。
■ 其他外部银行和货币市场上以英镑形式出现的负债。

表 13.4		2001 年英国国际收支平衡表	单位：百万英镑
有形贸易余额			-33048
无形贸易			
服务	11703		
利息、利润和股利	11151		
转移支付	-7246		
无形贸易余额			15608
经常项目余额			-17440
资本项目余额			1439
金融账户			
直接投资	9960		
权益资本			
收益再投资			
其他资本交易			
证券投资	-51214		
权益证券			
债权证券			
金融衍生工具	8432		
其他投资	49592		
储备资产	3085		
金融账户净交易额			19855
平衡项目			-3854

资料来源：摘自 www.statistics. gov .uk/statbase /tsdatset /asp?vlink=210&more=Y.

英国的国际收支平衡表记录的资本项目上的交易是它们相比于以前年份的变化情况；而不是当年发生的所有交易。如果说一笔资金流入英国进行投资，那么就表明了英国的负债增加，这就要求以正值记入英国的国际收支平衡表，反之如果一笔资金流出英国境内，那么就要以负值记入英国的国际收支平衡表。

1986 年以前，对于从私人部门流入或流出的资本以及从公共部门流入或流出的资本，英国的国际收支平衡表上是将它们区分开来分别记入两个不同的账户。但到了 1986 年英国的国际收支平衡表的格式发生了改变，所有的资本交易都记入一个账户，即"英国对外资产和负债"。1998 年英国再次调整国际收支平衡表的格式，使其基本上与 IMF 第 5 版的国际收支平衡表手册中规定的标准相一致。如今英国的国际收支平衡表主要由三个部分构成：

- 经常项目账户，和以前一样。
- 资本项目账户，记录了英国一年中资本转移和非金融资产的流入和流出，如表 13.4 所示，2001 年的国际收支平衡表中资本账户余额为 143900 万英镑。
- 金融项目账户，记录了英国一年中金融资产的交易额，它分为直接投资、证券投资、其他投资和储备资产四项内容，2001 年英国国际收支平衡表中的金融项目余额为 1985500 万英镑。

英国国际收支平衡表中的金融项目还包括了投机性的通货流动，证券投资就是购买企业的股权，而直接投资则是建立子公司。储备资产账户表明了官方储备的变化情况——官方储备的增加记为负值，官方储备的减少记为正值。

国际收支平衡表的整体余额应为零，因为负流动将被正流动平衡。由于这比较难以理解，我们以两个例子说明。

例1

如果一个英国居民购买了一批外国商品，那么在国际收支平衡表上将会记入一笔负值。个人在购买这些商品时要用外汇来支付，他们或是从自己的外币账户中支取，或是从当地的银行购买外币。不论是哪种方法都增加了英国的负债，将在资本账户上显示为正值。

例2

如果一个外国投资商购买了一家英国公司的股票，那么就要在英国的资本项目账户中记入一笔正值，这个投资商购买股票可能是从自己的英镑银行账户中支取英镑来支付的，因而会在英国国际收支平衡表的资本账户中记入相同数额的负值。

理论上国际收支平衡表应该总是平衡的，但实际上由于记录过程中的错误和偏差常常很难实现平衡，因而就产生了一个平衡项目以确保国际收支平衡表的平衡。正如表13.4和表13.5中显示的，平衡项目的数额是相当大的，这使人们怀疑数据的精确性。

■ 国际收支中的均衡

如果一国的国际收支总是平衡的，那么它在国际收支中的逆差又是怎样产生的呢？记者和政治家常常会提出这样的问题，但这里所说的逆差是经常项目逆差，并不是整个国际收支出现逆差。国际收支中的经常项目顺差表明一国出口商品的价值超过进口商品的价值，经常项目逆差表明一国进口商品的价值超过了出口商品的价值。前面我们已经讨论过，如果一国的经常项目账户出现顺差，那么其资本账户就是个流出量，例如英国银行中英镑的减少或者官方储备的减少。相反地，对于逆差来说，这还不能说明该国的国际收支存在着问题；然而如果国际收支平衡表的经常项目账户持续存在顺差或逆差，就表明该国的国际收支存在问题。持续的逆差必然会导致该国或是通过借款进行融资，或是通过出售更多的本国资产增加本国国外负债，此外它还会对一国的汇率形成很大压力，关于这一点我们将在下文加以阐述。当然，持续的顺差也同样是个问题，一个国家顺差意味着另一个国家的逆差，逆差国家必然面临弥补这些亏空的问题。政府必然要承受政治压力，因而他们可能会引进关税或对其他的进口行限制以减少逆差。

■ 纠正国际收支逆差的方法

由于顺差并不像逆差那样成为一个严重的问题，所以这部分将集中在为克服逆差而需要采取的行动上，尽管反其道而行之是为了克服顺差。当经常项目账户出现逆差时，资金的流出就会大于源于国际贸易的资金流入，因而当局必然会增加出口量并／或减少进口量，如：

1．汇率的降低将产生双向作用，一方面使出口产品更便宜；另一方面使进口的产品更加昂贵，进而增加进口而减少出口。我们将在下文详细阐述。

2．为增加英国企业的产品出口，政府可以对这些企业进行补贴。补贴会降低英国产品的国外价格，从而在国际市场上更具竞争力。

3．进口限制可以限制来自他国的产品的进口。

4．利率上升使得英国对于投资者来说更具吸引力，因而会有更多的资本流入英国，进而抵消了经常项目账户出现的逆差。

英国国际收支平衡表的历史回顾

表 13.5   1991~2001 年英国国际收支状况（百万英镑）

	1991	1992	1993	1994	1995	1996	1997	1998	1999	2000	2001
有形贸易金额	−10223	−13050	−13319	−11091	−11724	−13086	−11910	−20598	−27524	−30023	−33048
无形贸易金额	1849	2968	2701	9633	7979	12486	18213	22072	8433	13018	15608
经常(项目)账户	−8374	−10082	−10618	−1458	−3745	−600	6303	1474	−19091	−17005	−17440
资本(项目)账户	290	421	309	33	534	736	837	438	808	1976	1439
金融(项目)账户	9990	5716	9447	−6082	937	1781	−8620	−9094	21462	16505	19855
平衡项目	−1906	3945	862	7507	2274	−1917	1480	7182	−3179	−1476	−3854
官方储备的增加 (+) 或减少 (−)	−2679	1470	−698	−1045	200	510	2380	165	639	−3915	3085

资料来源：摘自 www.statistics. gov .uk/statbase /tsdatset /asp?vlink=210&more=Y.

表 13.5 总结了过去 10 年中英国国际收支平衡表的变化情况。从表中我们能看出，从 1991 年到 1997 年经常项目账户一直处于逆差状况，然后是 1998 年和 1999 年两年的贸易顺差，但到了 1999 年经常项目账户又处于逆差中。从这些数据中我们也能看出，英国以前一段时间里经常项目处于劣势地位，自 1987 年起英国的经常项目账户整体出现逆差，而实际上自 1983 年开始有形贸易就已经出现了逆差，自 1982 年开始非石油项目收支也已经出现了逆差，但直到 1987 年经常项目账户的整体才反映出这一情况，这其中的主要原因是无形贸易和石油贸易余额的抵消效应。英国在经常项目方面处于劣势的主要来源有：

1．出口上升，但进口上升得更快。英国对外国进口品有很高的偏好。

2．石油价格的全线崩溃使得英国出口的石油的价值发生贬值。

3．20 世纪 80 年代早期的衰退使英国制造业基地处于极端劣势。这意味着英国没有生产能力满足国际市场甚至是国内市场，因而从两个方面对英国国际收支平衡表造成负面影响。此外，第九章中阐述的英国行业结构的变化也对国际收支平衡表造成影响，因为服务业出口能力明显小于产品的出口能力。

4．20 世纪 80 年代后期的消费需求高涨，这主要是因为 Lawson 预算的通过导致了进口水平的上升。

5．石油的影响是两方面的。首先，由于英国目前是石油出口国，从而引起收入增加，进而改善了英国的国际收支状况。其次，它使汇率上升，从而使得英国产品的国际竞争力下降，这样又恶化了英国的国际收支状况。

6．20世纪90年代后期英镑升值冲击了英国的出口市场。

7．近来经常项目收支的恶化主要是因为对非欧洲市场的出口水平下降，尤其是对亚洲和俄罗斯。

1997年和1998年经常项目出现顺差，主要是因为无形贸易状况运行良好——服务业和投资收入（利息、利润和股利）。图13.1列出了经常账户中的商品、利息、利润和股利各项的明细分类，很显然近年来的无形贸易的顺差值正好弥补了商品贸易的逆差值，无形贸易中的利息、利润和股利也变得越来越重要。根据全国统计办公室报道，1997年的顺差主要是因为在伦敦城内的外国银行由于全球金融骚乱而遭受了巨大经济损失，因为全球金融骚乱使得他们从英国获取的利润大大降低，相反英国的海外企业盈利率却大大上升，正如数据中显示的一样，有形贸易再度恶化，因而2001年的有形贸易余额为-3002300万英镑。

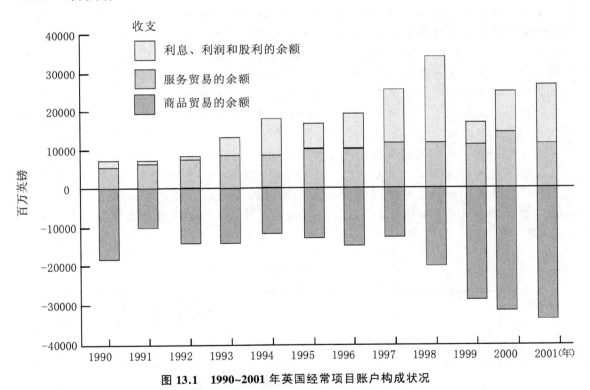

图13.1　1990~2001年英国经常项目账户构成状况

资料来源：摘自 www.statistics.gov.uk/statbase/tsdataset.asp?vlink=210&more=Y.

小案例　国际收支平衡表中的经常项目账户

在英国，政府每个月都会对国际收支平衡表中的数据进行计算，而新闻评论员常常根据这些数据来判断英国的经济发展状况是改善了还是恶化了，其判断主要取决于这些数据的详细内容。然而，有很多理由可以说明他们的结论是不正确的。首先，国际收支平衡表中的数据的不可靠性是出了名的，经常会有很大的修正。例如，1996年6月由于发现了一笔很大的投资资金的流入，英国政府将1995年的国际收支平衡表中的赤字额从67亿英镑调整到29亿英镑。其次——这适用于短期经济指标——有很多经济变量的短期变化没被转化长期趋势，也正是这些短期经济变量的变动使每月的国际收支平衡表之间存在着巨大的差异。另外，像其他指标一样，国家收支不一定按人们的预期行动。1998年后期英国财政部预计国际收支平衡中的经常项目将出现17.5亿英镑的赤字，但高于平均投资的收入流导致了15亿英镑顺差的出现。

图13.2给出了1970年至2001年的英国的经常项目收支状况。关于英国的国际收支平衡状况可以总结为以下两点：第一，数据以周期方式变动，因而受到贸易周期的影响；第二，在经济萧条时期英国国际收支状况有所改善（如20世纪80年代和90年代早期），但在经济繁荣时期国际收支状况则有所恶化。其原因是两方面的——经济衰退时期由于收入减少，从而进口水平下降，除非其他国家同时期也正处于经济发展的低迷时期，否则出口水平是不可能下降的，因而国际收支状况有所改善。在经济萧条时期，国际收支状况的改善之大足以使逆差转变为顺差，尽管这在20世纪90年代早期并没有发生，当时英国国际收支平衡表中的经常项目账户仍处于逆差状态。

20世纪90年代的国际收支平衡表中的数据也明显地说明了国际收支的不可预测性，1994年的经济虽处于复苏阶段，但国际收支状况仍然有所改善，而且这种国际收支状况改善的局面一直持续到90年代末，尽管后期的经济发展形势似乎不利于其改善。由于亚洲和俄罗斯的经济骚乱以及英镑的升值，英国的国际收支状况似乎应该恶

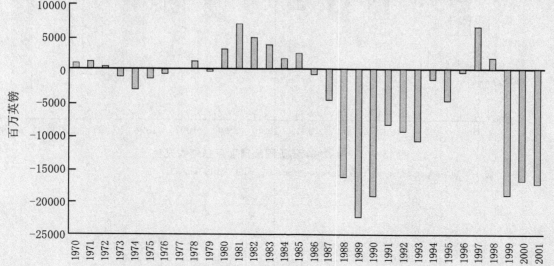

图13.2　1970~2001年英国经常项目收支状况（百万英镑）

资料来源：摘自 www.statistics.gov.uk/statbase/tsatataset.asp?vlink=2108&more=y.

化，而事实上并没有。J-曲线效应（图13.7）可以解释这一现象。1992年英国退出汇率机制引起英镑贬值，由于时滞问题的存在，直到20世纪90年代中期英国国际收支状况才呈现出改观的势头，同样地，也正是由于时滞的问题，英镑升值对于英国的国际收支状况的影响直到1999年以后才反映出来。

2001年第4季度国际收支平衡表中的经常项目账户的赤字状况不断恶化，这主要由于9·11事件之后的全球经济普遍下滑所致。具体来说全球经济下滑直接使英国的海外直接投资收入减少，此外还引起英国对欧盟直接支付的增加。有关评论员对于英国的国际收支状况恶化速度之快感到十分惊讶，即便英国国际收支状况明显好于其他国家的国际收支状况。如果英国的国际收支恶化这一局面仍将持续下去的话，英镑就会面临升值的巨大压力。

影响国际收支状况的因素是多方面的，由于难以保证收集的数据准确性，因而也就难以预计国际收支状况的基本变化情况。可见，新闻评论员使用一个月的数据预测到经济正处于复苏阶段或者说衰退阶段，这样的预测是不完全的。

■ 贸易模式

由于多种多样的原因，贸易模式随时间变化而不断改变。表13.6给出了按照目的地/来源划分的英国贸易模式，表13.7给出了按照商品类型划分的英国贸易模式。通过分析这些表格内容，我们就能看出一国的贸易模式是如何变化的。

表 13.6　　　　　　　　　　根据产品来源/目的地划分的英国进出口比重（%）

	1970 年		1980 年		1990 年		2000 年	
	出口	进口	出口	进口	出口	进口	出口	进口
欧盟	32	32	46	44	53	52	59	54
其他西欧国家	13	12	12	12	9	13	4	6
美国	12	11	10	12	13	11	17	15
其他 OECD 国家	11	10	6	7	5	7	6	8
其中，日本	2	2	1	4	2	6	2	5
石油输出国	6	11	10	9	6	2	3	2
其他国家	18	14	12	11	10	10	12	16

资料来源：摘自英国国民统计办公室各年《年度统计摘要》表18.5和表18.6。

如表13.6所示，最明显的变化就是在过去的30年里，英国与欧盟的贸易占据着越来越重要的地位，而与西欧其他国家的贸易额却不断下降。2000年英国进口中有54%来自欧盟，同时其60%是出口到欧盟的。此外在英国的国际贸易中，美国的地位也是相当重要的，尤其是在20世纪90年代，美国在进出口贸易两方面都显得非常重要。这段时期英国与其他OECD国家的贸易额则呈不断下降趋势（除日本以外，英国对日本的进口不断增加）。石油输出国和世界其他国家在英国的贸易中占据的重要性不断下降，尽管在1990年至2000年之间出现了稍微的上涨势头。其他国家是包括了原英联邦国家，他们曾经是英国最大的海外市场。

表 13.7		按商品类型划分的贸易模式（%）				
	1970 年		1990 年		2000 年	
	出口	进口	出口	进口	出口	进口
食品和动物	3	20	4	8	4	7
饮料和烟草	3	2	3	1	2	2
除燃料以外的原材料	3	12	2	5	1	3
矿产燃料	3	14	8	7	6	3
化学制品及其相关产品	9	6	13	9	14	10
制成品	24	20	15	17	12	14
机械设备	43	19	41	38	48	46
杂项	9	7	13	15	12	15
全部制造业	76	46	69	70	72	75
其他	3	2	2	1	1	1

资料来源：摘自英国国民统计办公室各年《年度统计摘要》表 18.4 和表 18.3。

从表 13.7 我们能看出，自 1970 年以来英国的食品进口量和动物进口量不断减少，另外由于石油价格全线上涨，这段时间里英国对石油相关产品的进口大幅度减少。制造业进出口情况对于国际收支状况有着非常重要的影响，它在出口贸易方面占有很大的份额——1970 年制造业产品出口占 76% 而在 2000 年其出口占 72%。总之，就进口而言，过去 30 年里英国进口增幅很大。目前英国是个制造品的净进口国。如表所示，2000 年英国制造品进口的总价值为 14426500 万英镑，而制造品出口的总价值为 11905100 万英镑，关于这一点的主要原因在于各国对英国进口渗透的不断加深。表 13.8 分别给出了 1970 年、1980 年、1990 年和 1994 年英国制造业的渗透率，很明显它是呈上升趋势的。

表 13.8		英国制造业的进口渗透率 [a]（%）		
1970 年	1980 年	1990 年	1994 年	1996 年
16.6	26.2	36.7	50[b]	56

注：[a] 计算式： $\dfrac{\text{进口商品价值总额}}{\text{国内需求价值总额}} \times 100$

[b] 根据新 SIC 定义

资料来源：《年度统计摘要》1972 年、1982 年、1992 年、1996 年、1999 年皇家版权，经 HMSO 负责人和英国国民统计办公室允许转引。

汇率

一种货币的汇率就是用这种货币表示的另一种货币的相对价格。每个国家都有它们自己的货币，国际贸易要发生就需要不同国家货币进行兑换。当一个英国公民从法国购买商品时，他必须用欧元支付，那么这个英国人可能会在银行将英镑兑换成欧元，其中英镑与欧元的兑换中就会涉及他们之间的汇率问题。类似地，英镑与其他国家的货币之间的兑换也存在汇率问题。

　　基本上存在两种汇率：浮动汇率和固定汇率。 而混合汇率体系则是一种结合这两种汇率的特征于一体的汇率体系。

■ 浮 动 汇 率

　　浮动汇率是指在一个完全自由的外汇市场上，汇率水平随市场条件的变化自由波动，政府对于汇率不施加任何干预。浮动汇率的水平完全是由外汇市场的供求决定的。

　　拿英镑来说，它的需求来自出口——也就是说，当海外居民购买英国的产品和服务时，或对英国进行投资时，都需要英镑，从而也就形成了对英镑的需求。英镑的供给则是来自进口——也就是说，当英国居民购买外国商品和服务时，或对海外进行投资时都要将英镑换成外币，这就形成了英镑的供给。

　　关于英镑的市场可以运用需求和供给曲线进行分析说明。如图 13.3 所示，垂直价格轴表示用美元衡量的 1 英镑的价格，水平数量轴则表示外汇市场上英镑的交易量。英镑的均衡汇率就是英镑的需求曲线和供给曲线相交的那一点对应的汇率，即 1 英镑＝2 美元。在一个完全自由的外汇市场上，任何一个条件的变化都会导致英镑汇率的变动。英镑在外汇市场上的需求和供给，进而其汇率水平受以下因素影响：

　　1．英国国际收支状况的变化。
　　2．投资水平的变动。
　　3．外汇市场上的投机活动。

国际收支状况的变化

　　图 13.4 显示了国际收支状况的变化对汇率的影响。如图所示，初始的需求曲线是 DD，初始的供给曲线是 SS，在均衡汇率水平（1 英镑＝2 美元）上，外汇市场上英镑的需求量恰好等于英镑的供给量。换句话来说，如果英镑的需求来自出口，而它的供给来自于进口，那么，出口等于进口，英国的国际收支就达到了平衡。现在假定英国的国际收支出现了赤字，这主要是由于进口增加但出口仍保持原有水平不变。如果出口水平不变则英镑的需求曲线将保持不动。因为进口增加所以市场上英镑的供给增加；从而英镑的供给曲线向右移动至 S¹S¹。在原来的均衡汇率水平（1 英镑＝2 美元）上，英镑供给过剩。由于这是自由的外汇市场，所以在英镑价值上存在下降的压力直至再次实现新的均衡，即 1 英镑＝1 美元。在这一均衡的汇率水平上，英镑需求和供给再度相等，进出口又实

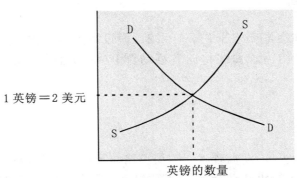

图 13.3　英镑/美元汇率的决定

现了均衡。

外汇市场是如何实现新的均衡的？英镑贬值将产生两种效应：产品进口价格上升，而产品出口价格下降。这样，进口水平下降但出口水平上升，进而国际收支中经常项目账户的赤字状况消失。为了说明这点，举个简单的数字例子：

原先汇率水平为：£1=$2

一辆美国轿车在美国的价格是$20000，但在英国的价格是£10000。

一辆英国轿车在英国的价格是£10000，但在美国的价格是$20000。

如果英镑汇率下降为：£1=$1

这辆美国轿车如今在美国的价格是$20000，但在英国的价格是£20000。

这辆英国轿车如今在英国的价格是£10000，但在美国的价格是$10000。

因此，英镑的贬值使进口商品变得更昂贵（美国轿车），出口商品变得更便宜（英国轿车）。所以英镑的贬值有助于英国的国际收支再次达到均衡状态。

当英国的国际贸易收支出现顺差时，汇率水平就会上升，从而进口品变得更昂贵、出口商品变得更便宜，国际贸易收支将再度实现均衡状态。你可以自己演示一下如果出现顺差将会发生的事情，借此检测一下你对外汇市场的作用机制的理解程度。

在自由外汇市场上，英镑价值的下降即所谓的英镑"贬值"，相反地，英镑价值的上升即所谓的英镑"升值"。

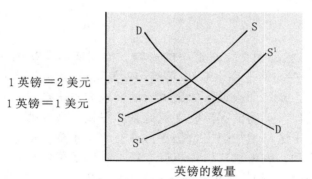

图 13.4　国际收支的变化对汇率的影响

■ 投资水平的变动

在图 13.5 中，原来的均衡汇率水平是£1=$2，假设海外对英国的投资水平增加，英镑的需求就会上升。英镑的需求曲线将向右移动至D^1D^1，从而英镑的汇率水平变为£1=$2.5。

■ 投机的影响

如果预期英镑的汇率会上升，投机者就会购买英镑，目的是在之后较高的汇率水平上出售以赚取资本利得。这种投机活动会使英镑需求量上升从而英镑汇率上升。如果预期英镑汇率会下降，投机者就会出售英镑以避免资本损失，这将使英镑的供给量增加从而汇率下降。关于投机活动对汇率的影响，读者可自己运用需求和供给图进行具体分析。

关于投机的重要的一点是它倾向于自我实现。如果很多人都认为汇率将上升，并据此行动，那么汇率实际上就会上升。

浮动汇率的主要优点就是它本身具有一个自动实现机制，该机制能自动消除国际收支中出现的贸易赤字或盈余。理论上，如果国际收支出现了赤字，汇率就会下降从而国际收支再度实现平衡。相反，如果国际收支出现贸易顺差，浮动汇率就会消除顺差，自动达到新的均衡水平。当然现实中浮动汇率的自动实现均衡的机制不可能像理论中描述的那么迅速，图 13.6 给出了浮动汇率情况下英镑贬值的作用过程。

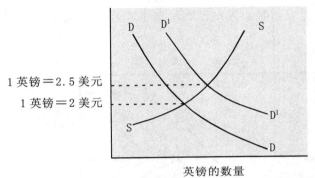

图 13.5　投资流变动对汇率的影响

实际中存在多方面的问题，它们常常妨碍了浮动汇率的自我纠错机制的正常运作。首先，如果英国进口的产品都是那些本国不能生产的必需品，即使英镑发生贬值，进口品价格上升，也不会影响到英国对这些进口品的需求。结果英国的国际贸易赤字非但没有自动消除，还产生了另一个问题，也即通货膨胀。英国会继续在更高的价格水平上购买这些产品。第二个问题在于这个等式的另一端。我们在上文假设，因为出口商品价格下降，所以，会有更多的产品出口。这样做是先假设英国有满足这一增长了的需求的能

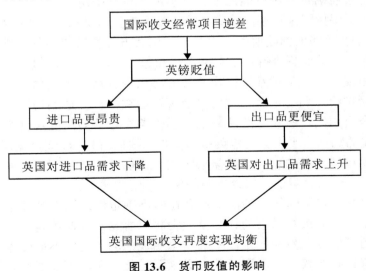

图 13.6　货币贬值的影响

力，但实际情况并不一定如此，特别是如果经济已实现充分就业，或出口行业处于亚健康状态无法生产更多产品。

这些问题就引出了所谓的"J—曲线效应"。短期内英镑汇率水平的下降可能会恶化英国的国际收支状况，除非国内的生产能力能够满足出口需求的增加，而且也能生产出可以替代进口品的产品，一旦国内的生产能力达到了这些要求，英国的国际收支状况就会有所改善，从而就产生了J—曲线效应，如图13.7所示。英镑汇率水平的下降所产生的效应是有限的，J—曲线在某一特定的时间之后将呈现出一种水平状态。英国退出 ERM 时英镑发生了贬值，但这并没有立即对英国的国际收支状况产生影响，很多人都认为这是 J—曲线效应造成的。

浮动汇率最大的一个缺点就是它使得外汇市场变得很不确定，当跨国公司进行市场规划时应该将该变量考虑进去。同时，浮动汇率机制下存在着投机活动，国际市场变得不稳定，对企业而言风险更大。

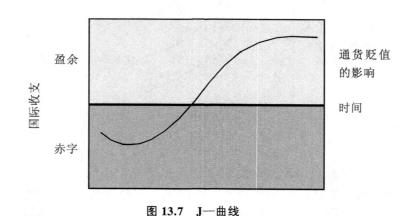

图 13.7　J—曲线

■ 固 定 汇 率

固定汇率是由政府确定并维持的汇率。固定汇率可以采用其他货币、黄金或一揽子货币加以固定。为了保持固定汇率，政府必须通过买卖货币来积极干预外汇市场。

图 13.8 给出了在英镑面临贬值的压力时，英国官方需要采取的行动措施。假如英镑的汇率固定在£1=$2，政府想维持这个汇率水平的稳定。由于进口增加而出口保持不变，英国的国际收支出现赤字，汇率水平固定不变时将出现英镑供给过剩。如果外汇市场是完全自由的，英镑供给过剩会使英镑贬值直至英镑的供需再度达到均衡。然而在固定汇率下市场不是完全自由的，政府必须从外汇市场上购买这些多余的英镑供给，以保证英镑汇率稳定在原先的均衡水平上。这样英镑的需求曲线向右移动，汇率稳定不变。相反，如果英国国际收支出现贸易顺差，英镑需求过剩，为保持英镑的固定汇率水平，英国政府必须向外汇市场上供给大量的英镑以平衡超额的英镑需求。

固定汇率的主要优点是降低了外汇市场存在的不确定性；人人都清楚一旦政府将某年的汇率固定下来，企业进行长期的计划就变得相对容易。同时固定汇率也降低了外汇市场上投机活动的可能性。然而固定汇率的一个明显的弱点是它不能像浮动汇率那样对国际收支状况具有自我纠错功能，因而政府必须要进行干预，不仅要稳定汇率水平，还要解决国际收支中出现的问题。除此之外,固定汇率在国际收支持续出现贸易赤字或顺差的情况下难以继续维持下来。如果英国的国际收支出现贸易顺差,政府必须向外汇市场供给英镑,但如果这种贸易顺差是长期的话,向外汇市场供给英镑将最终耗尽英国官方所有的储备,因而政府不得不重新估计英镑的价值(即提高英镑的汇率)。反之,当国际收支长期出现贸易赤字时,政府的储备不断增加,从而政府不得不使英镑贬值以解决这种状况。

浮动汇率和固定汇率各有利弊,因而就产生了一种混合汇率体系,它将浮动汇率和固定汇率的优点结合起来。在混合汇率体系下会确定一个中心汇率,允许汇率在这一中心汇率上下一个小范围内波动。欧盟的稳定汇率机制(ERM)就是这样的混合汇率机制。当英国加入 ERM 时,英镑的汇率被英镑固定在其他成员国货币上,但允许汇率围绕事先确定的中心汇率上下波动 6%,超出这个范围政府就会对外汇市场进行干预。

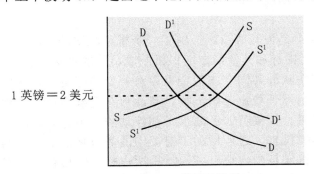

英镑的数量

图 13.8　国际收支状况变化对固定汇率的影响

过去几十年里,英国曾实行过多种汇率机制。第一次世界大战以前以及两次世界大战之间的一段时间里,英镑的汇率是固定在黄金上的——即黄金本位。从第二次世界大战到 1972 年,英镑汇率固定在美元上,因为那时英国参与了布雷顿森林体系。1972 年至 1990 年,英国采用了浮动汇率。然而,1990 年英国加入了欧盟的稳定汇率机制(ERM),再次将英镑的汇率固定下来。1992 年 9 月英国退出了稳定汇率机制,从而汇率再次浮动。

■ 汇 率 机 制

1990 年 10 月英国加入稳定汇率机制(ERM),ERM 是一种固定汇率体系。ERM 中的各国货币固定在欧洲货币单位(ECU)上,因而一国货币也是固定在另一种货币上的。ECU 是欧盟成员国货币的加权平均值,设计它的目的是以它为计量单位并最终使它成为一种国际货币。当英镑加入 ERM 时,英国政府允许英镑汇率围绕中心汇率上下波动 6%,而大多数国家则是允许本国货币的汇率围绕中心汇率上下波动 2.25%。为此英国也做出了调整,将其汇率上下波动的范围设为 2.25%,这样欧洲货币的汇率水平彼此固定下来。表13.9 给出了在英国加入稳定汇率机制(ERM)时,英镑对其他欧洲货币的中心汇率。

表 13.9	英镑对其他 ERM 货币的中心汇率（1990 年 10 月）
	汇率
比利时法郎	60.85
丹麦克朗	11.25
法国法郎	9.89
德国马克	2.95
爱尔兰 punt	1.10
意大利里拉	2207.25
卢森堡法郎	60.85
荷兰盾	3.32
西班牙比赛塔	191.75

注：英镑对德国马克的有效估计：2.77~3.13德国马克。

稳定汇率机制（EMR）实质上是为其成员国提供了一个稳定汇率的方法。假如英镑偏离中心汇率的程度较大，英格兰银行和其他稳定汇率机制成员国的中央银行就会买卖英镑，以稳定英镑汇率。成员国都在欧洲共同合作基金里存有一定的储备，从而保证了国家间能相互拆借，同时这些基金也用于稳定各国汇率。帮助那些境况不佳的货币的另一种方法是改变该国国内的利率水平。如果英镑汇率水平朝浮动的下限方向运动，利率水平上升能吸引更多的投资者来英国投资，进而增加了对英镑的需求量。如果这两种方法都不奏效，那么就会在稳定汇率机制范围内调整各国货币所占权数。这种调整时有发生，它有悖于固定汇率的精神，所以在尽可能的情况下，各成员国都会尽量避免进行调整。

1990 年英国加入稳定汇率机制（ERM）的原因在于：

■ 分享固定汇率的好处，尤其是降低不确定性并减少投机行为。

■ 作为政府反通胀措施的一部分，因为稳定汇率机制（ERM）的相关原则规定了英国的通胀率必须保持在欧洲的平均通胀水平（比英国的低）上。

■ 作为英国加入欧盟的一种承诺，马约和得洛尔计划要求欧盟各成员国之间建立经济和货币联盟。

图 13.9 显示了英国自从加入稳定汇率机制（ERM）以来英镑汇率的波动情况。英国加入稳定汇率机制（ERM）使英镑的汇率变得更加稳定，但 1992 年对英镑的投机行为使英镑汇率发生波动，虽然英格兰银行实行了干预，但这种干预并没有阻止英镑贬值。英国刚宣布提高利率，但鉴于政治方面的巨大压力以及当时经济正处于衰退，这种提高利率的做法将对英国国内行业产生不良影响，于是很快取消了提高利率的决定。最终英国退出了稳定汇率机制（ERM），因而英镑的汇率可以自由浮动，自此以后英镑迅速贬值。

自从 1996 年中期以来，英镑对德国马克的汇率出现大幅度提升，英镑急剧升值。就这一点有两个主要原因：

■ 成立欧洲经济和货币联盟的不断逼近以及欧元的引入增加了市场的不确定性因素，由于英镑的相对稳定性以及它是一种通用货币，因而英镑的需求增加。

■ 英国的短期利率水平比其他国家高，从而外国资本不断流入。

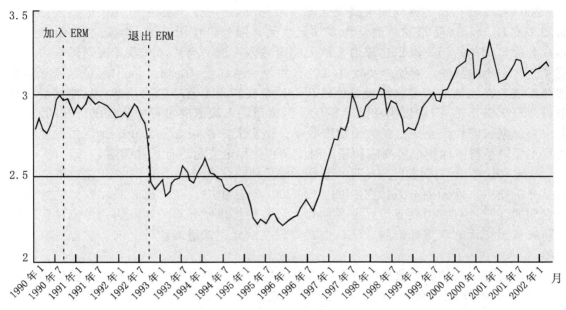

图 13.9 英镑对德国马克的汇率

资料来源：摘自 www.statistics.gov.uk/statbase/tsdataset.asp？vlink=210&more=Y.

 查询汇率的更多信息可登录 **www.bankofendland.co.uk**

欧洲单一货币

　　欧洲单一货币——欧元——于 1999 年 1 月 1 日正式启动。为了成为欧洲单一货币的成员国，欧盟成员国必须严格执行相关标准，符合欧盟委员会规定的各项要求，如通货膨胀率、预算赤字和利率都要达到规定的水平等。由于很高的通货膨胀率。希腊最终未能加入欧洲单一货币，而英国、丹麦、瑞典则决定暂不加入欧洲单一市场，进而最终加入欧洲单一货币的成员国为 11 个。希腊后来加入了欧洲单一货币。欧洲单一货币成员国的本国货币按一特定比例固定在欧元上，但是成员国的货币不再是独立的货币，而是欧元的子单位。

　　起初欧元仅仅只是一张纸或是一种电子货币，那时只有在进行金融和政府交易时才用这种新货币，实际流通中使用的货币仍然是各成员国本国的货币。虽然英国是否加入欧洲单一货币尚待确定，但它已允许设立欧元银行账户，英国银行以房屋协会也提供欧元储蓄账户和抵押贷款。欧元纸币和硬币于 2002 年 1 月 1 日正式流通，与此并行流通的货币还有各成员国本国货币，这一多货币并行流通的状况持续到 2002 年的 2 月 28 日，从那时起各国的本国货币将终止流通。欧元的分币面值有 1 分、2 分、10 分、20 分以及 50 分五种，此外还有 1 欧元和 2 欧元的硬币，而欧元的纸币面值分别为 5 欧元、10 欧元、20 欧元、50 欧元、100 欧元、200 欧元和 500 欧元七种。

2002年1月1日的欧元的正式流通非常顺利，当时投入流通的欧元中纸票的总面值为1320亿欧元，而硬币的总面值为375亿欧元。银行仅使用欧元，商店也仅用欧元找零，各成员国的货币逐渐退出流通，欧元完全进入流通。当然，在欧元流通过程中也出现了一些小小的故障，例如，2002年3月在格伦坎纳利亚（Gran Canaria)地区欧元的零钱严重缺乏，当地的很多旅游设施像硬币遥控电视和六个落球带的撞球台只能接受比赛塔（西班牙银币）。有些组织在欧元替代各国货币进入流通的过程中收到了可观的利润，但没有证据表明他们企图要扩大通货膨胀率。事实上，在Gran Canaria地区的欧元零钱的严重短缺使得当地的很多商店和超市对支票和信用卡支付进行折扣优惠。

欧元取代各成员国货币正式进入流通十分顺利，这主要归功于2002年之前在三年时间里分阶段引入欧元的努力。在1999年到2002年三年中，企业已开始以欧元的方式公布它们的账户，有时用欧元进行贸易结算，股票价格以欧元报价，商店中的商品采取欧元和成员国货币的双重标价的方法。也就是说在欧元正式进入流通之前，它已经存在了三年。

虽然英国没有参加欧洲单一货币，但英国境内的很多企业都做出积极调整以适应欧元流通引起的环境变化。很多大型企业正式开设欧元账户——国际零售商 Marks & Spencer 公司已做好充分的准备来接受欧元。即使没有加入欧洲单一货币，然而实际情况使得积极准备显得非常有必要，譬如说许多大型企业已开始用欧元进行支付并出具相关发票——计算机系统也必须进行调整以适应上述变化。英国银行对于将英镑兑换成欧元的业务收取很高的佣金，这样英国企业的成本就提高了，尤其是对于小用户来说更是如此。对企业而言，做好准备是一个战略性问题。首先，欧洲经济和货币联盟(EMU)使英国企业面临更激烈的竞争，因为消费者能更清楚地识别出产品间的价格差异，同时在将本国货币兑换成欧元的过程中英国企业的成本也相应增加了。其次，欧洲经济和货币联盟(EMU)也引起了欧洲范围内企业并购活动的增加，这将对行业结构产生巨大的影响。

英国国内对于英国是否应该加入欧洲单一货币的争论仍在继续着。支持英国加入单一货币的人认为，如果英国不参加欧洲单一货币的话，它将越来越处在欧洲的边缘。他们还认为欧洲单一货币能给成员国带来了较大的收益——譬如货币兑换成本的降低，汇率变动引起的不确定性降低，利率水平的下降以及英国的货币金融中心地位得以维持等等。但持反对意见的人则认为，加入欧洲单一货币是以牺牲国家主权为代价的——英国不能改变它们的汇率水平，从而难以保证提高本国产品的竞争力水平。除此之外他们还认为，英镑对欧元的高比价也是必须要考虑的问题，2002年3月1欧元等于0.62英镑，这相对于1999年1月而言欧元贬值了13%。因而有评论员宣称，以英国目前的汇率水平加入欧洲单一货币，将会给英国带来一个巨大的灾难，除非英镑贬值时英国加入单一货币才值得考虑。

自从欧元诞生以来，其表现并不让人十分满意。图13.10给出了自从1999年以来欧元对英镑的比价，其中1999年的比价是1欧元等于0.7英镑。欧元的贬值主要是因为继欧洲经济低迷之后，全球经济整体运行不佳。此外还有人认为欧洲央行(ECB)在采取利率变动的相关决策时存在很多令人迷惑的决定。

欧洲正在酝酿着很多问题。首先，许多经济评论家认为在欧洲范围内强制实施单一利率本身就存在着问题——例如爱尔兰经济发展水平不断上升，能够承受相当高的利率水平，但德国经济不断萎缩，无法支撑高利率。其次，各成员国的预算赤字如果超出了

GDP 的 3%，他们就必须采取措施降低预算赤字的规模，当本国经济处于繁荣时期时他们可能会接受这种要求，但在经济低迷时期这种降低赤字规模的要求就很难实施，法国、德国、意大利和葡萄牙这些国家将来在政策上最可能出现问题。第三，更多国家加入欧盟（见案例研究）可能会对欧洲货币联盟产生难以预见的影响。

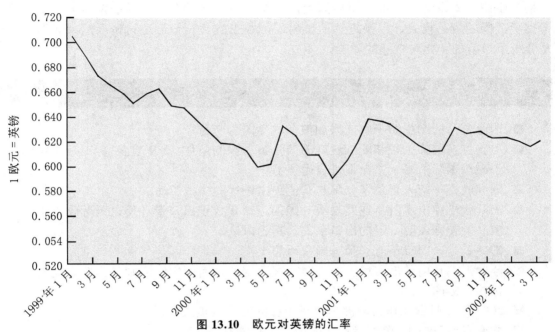

图 13.10 欧元对英镑的汇率

资料来源：www.bankofengland.co.uk/Links/setframe.html.

汇率和企业

汇率的波动会从几个方面影响企业的行为，具体如下：

■ 出口变得更容易或更难（因为价格变化了）；

■ 外国竞争厂商进入国内市场变得更容易或更困难（仍然是价格变动产生的影响）；

■ 给贸易和投资带来了不确定性；

■ 增加或减少了进口原料或零部件的成本。

除此之外，汇率降低会产生通货膨胀压力，这又可能增加企业的生产成本（如通过提高工人工资），并促使政府积极引进反通货膨胀政策，而这些反通胀政策将会压抑国内市场上的需求。

对于经常从事货币交易和跨国活动的企业而言，变动的货币价值可能会使得它们或遭受损失或获得额外利润。例如，壳牌（Shell）石油和联合利昂（Allied Lyons）两家公司在 20 世纪 90 年代早期货币投机中各损失了 100 多万英镑，因为那时两种通货之间的汇率事先是不固定的。相比之下，联合利华公司在 1992～1993 财年的盈利中包含了大量的海外盈利，其中很多是由于英镑的贬值带来的利润，反过来这又意味着将它们兑换成英镑时返还的利润增加。显然单一货币的实行将会对企业的利润状况产生影响。

纲　要

本章我们考察了国际市场的相关内容，尤其考察了国际贸易的收益。自由贸易面临着很多阻碍，本章考察了部分阻碍因素，介绍了旨在促进自由贸易的发展的组织。接着考察了英国的贸易模式，以及近期的英国国际收支变化。最后还讨论了汇率问题，主要是分析了币值的变化对企业的影响。

重点总结

- 国际贸易的产生源于它能增加整个世界的总产量。
- 尽管存在着像关税和配额这样的国际贸易限制条件（贸易壁垒），国际组织仍致力于减少国际贸易壁垒，促进自由贸易。
- 国际收支平衡表记录了一国与其他国家进行的交易活动。
- 国际收支中出现贸易逆差表明一国的进口量大于出口量；反之国际收支中出现的贸易顺差则表明一国的出口量大于其进口量。
- 汇率就是一国货币对于另一国货币的价格。
- 浮动汇率是由外汇市场上的供需状况决定的，而固定汇率则是由政府或其他权威机构决定的。
- 2002 年 1 月欧元作为欧洲单一货币在欧元区内正式流通。
- 欧盟目前正与 13 个可能加入的国家进行谈判。

案例研究　欧盟的扩大

欧盟经过四次扩大，从 1957 年的 6 个创始国发展到 1999 年的 15 个成员国。关于欧盟的建立我们在本章已阐述过，此外还提供了欧盟扩大的理由。1989 年东欧共产主义崩溃后，欧盟宣布愿意接受这些东欧国家加入欧盟——以此来扩大和平、促进繁荣和保持稳定，看起来欧盟的承诺正不断得到实现。

1997 年欧洲委员会指出，他们将于 1998 年初开始与第一批希望加入欧盟的国家进行谈判。根据申请加入欧盟的资格审核结果，他们将申请加入欧盟的国家分为两类。"先期加入国"共为 10 个——塞浦路斯、捷克共和国、爱沙尼亚、匈牙利、拉脱维亚、立陶宛、马耳他、波兰、斯洛伐克和斯洛文尼亚；而"后期加入国"包括了保加利亚、罗马尼亚和土耳其，他们在加入欧盟的资格条件上仍然有待进一步审核。尽管土耳其已被承认为申请国，但由于对其人权记录的担忧，欧盟还与它进行正式谈判。1998 年 3 月欧盟开始与这些国家进行谈判，原先预计在 2002 年第一批国家将会正式成为欧盟成员国。但从目前的谈判情况来看，这个日期可能要推迟到 2004 年。

欧盟不断扩大将带来的益处包括：

1. 政治稳定。欧盟的扩大为欧洲领导者创造了保证欧洲政局稳定的机会，也使他们有机会结束导致 20 世纪两次世界大战的分裂局面。欧盟成员国的身份也将使在前共产主义国家新建起来的国家民主得到加强。

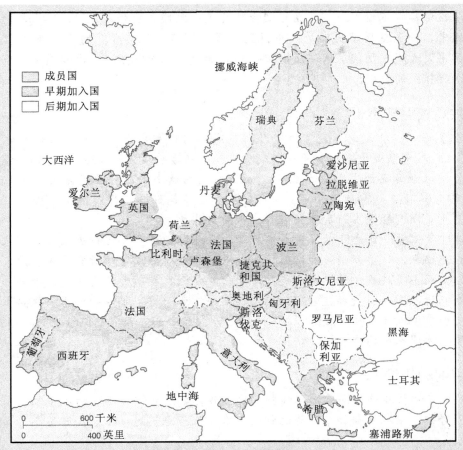

图 13.11　欧洲地图

　　2. 经济收益。第一批加入欧盟的 10 国使欧盟境内的人口数增加了 30%。这将提高欧盟作为世界主要贸易集团的地位和作用。

　　随着更多的国家的加入，欧盟将发生根本性的变化。图 13.12 显示了申请加入欧盟的国家的人均 GDP 和现存欧盟成员国的人均 GDP。

　　很明显，申请加入欧盟的各国的人均 GDP 水平低于欧盟的平均水平，据估计新加入欧盟的 10 国仅能使欧盟的 GDP 总量增长 5%，却使得欧盟的以购买力表示的平均 GDP 下降近 16%。随着更多的国家加入，欧盟在区域和农业援助计划上的分布也将发生明显的变化。新加入欧盟的国家没有现存欧盟成员国富裕，而且还保有很大的农业部门，其财政上的意义可想而知。

区域援助的分布

　　这对富国和穷国都有影响。根据欧盟目前的规定，所有新加入的东欧成员国都可以享受到欧盟的地区性援助。这也意味着要么欧盟的预算将有大幅度的增加，要么在现存预算下对区域性援助进行重新分配，将现存的对西部贫穷地区的援助转移到东欧。对像德国和英国这样的欧盟预算净贡献国来说，这意味着不断增加它们对欧盟的支付，而对像西班牙和葡萄牙这样的原净受益国来说，这意味着从区域援助计划中得到的收益份额将不断下降，甚至它们会转变成欧盟预算的净贡献国。鉴于此，欧盟执委会规定，一国从区域援助计划中得到的资金不能超过其 GDP 的 4%。对东欧国家来说，这将大大减少他们从区域援助中得到的资金，从而也保证了西欧国家的贫困地区仍能获得相关的援助。

共同农业政策

欧盟的不断扩大也导致了欧盟内部农业部门日渐庞大、低效——例如在波兰有20%的人口从事农业生产。鉴于这种现象，欧盟执委会决定于 2002 年开始将提供给现存成员国农业方面的补贴降至 25%，但 10 年之内这个农业补贴还会上升到 100%。人们希望随着 2006 年的新预算的公布和实施，这些问题都将得到解决。但可以想像的是，并不是所有的潜在新加入国家都会接受这些要求。

这些变化被看作是降低进入成本的必要措施，但许多潜在新进入国家却认为这些变化很不公平。这些新进入的国家认为，欧盟的精神要求它对所有的成员国采用统一的原则，而不是歧视对待潜在新进入国家。此外还存在着其他的问题，诸如如何使这些潜在新进入国家引进和监督它们的法律实施，进而符合欧盟的总体法律要求，还有它们是否应该或什么时间让他们加入欧元区，最后是如何确定它们与俄罗斯的关系（这对波罗的海国家尤为重要）。

目前的争论

欧盟正积极与这些国家进行谈判，除土耳其之外。许多潜在的欧盟加入国也做出了很多努力，争取符合加入欧盟的相关标准，但差距仍然存在。就拿马耳他和爱沙尼

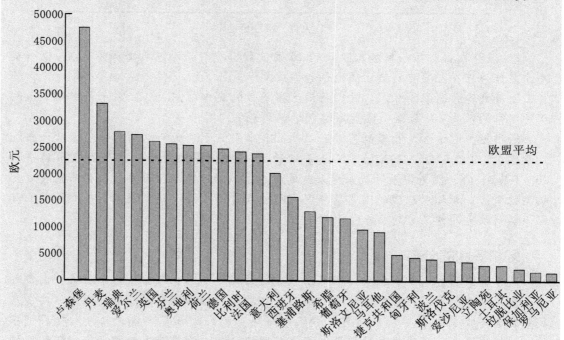

图 13.12 2000 年各国的人均 GDP（单位：欧元）

资料来源：摘自 www.oecd.ord/EN/document/O,EN-document-O-nodirectorate-no-1-9066-o,oo.html#title1.

亚两个国家来说，他们在与欧盟的谈判中进行得很好，但两国都存在质疑欧洲的人口。尽管波兰是个比较大且重要的申请国，但它的农业部门十分庞大，而且农民对欧盟农业援助方面的政策改变相当不满。此外，欧盟与塞浦路斯的谈判因为领土的分割而被迫中止——承认属于希腊的一半，而不承认属于土耳其的一半显然是不可能的，这将与土耳其产生冲突。尽管如此，希望加入欧盟的国家与欧盟的谈判仍在继续进行，只是加入欧盟的日期还不确定，如果 10 个"先期加入国"都加入欧盟，这将使欧盟的成员国的数目有大幅度增加。这个日期可能是 2004 年，也可能是 2005 年。

案例研究问题

1. 欧盟扩大将会给现存的欧盟成员国带来什么经济收益？
2. 加入欧盟将会给这些申请国带来什么经济收益？

 查找欧盟扩大的更多信息请登录 http://europa.eu.int/comm/enlarge-ment/index.htm

复习和讨论题

1. 如果一家企业要向欧洲扩张，它应该采取什么扩张方式？
2. 使用需求和供给图，分析下列因素的变动对外汇市场产生的影响：
   （a）进口水平降低；
   （b）利率下降；
   （c）国际收支贸易出现顺差。
3. 对于某一成员国货币的持续的投机活动，将对固定汇率体系产生怎样的影响？
4. 分析为什么企业宁愿选择固定汇率而不愿选择浮动汇率？
5. 美国政府将如何使本国的钢行业脱离困境，而不是通过贸易制裁方式？

作业

1. 你在一家当地的商会工作，你需要对商会成员就英国是否加入单一货币的利弊做一演示，听众可能在英国加入欧洲单一货币的问题上存在很大的分歧。准备一份报告，估计听众可能会问的问题并回答这些问题。
2. 你在针织行业内的一个行业公会工作，你所在的行业公会非常强烈地支持使用进口管制来保护本行业中的工人免于竞争，因为其他国家的工人工资相对较低。你将出席一个由地方保守党下议员主持的一个会议，这个参议员是个自由贸易的忠实支持者，因此你应该准备一系列的观点以能反驳对方的观点。

第十四章　政府和市场

本章中我们将再次来对政府在经济中和市场中所发挥的基本作用加以考察。非常奇怪的是，政府的许多干预政策越来越倾向于消除现存的对自由市场运营的障碍，从而加强市场竞争程度和扩大市场选择机会。有些情况下，政府战略常常会使国家与经济运行处于相分离的状态，如在"私有化"情况下。另有一些情况下，政府政策改变和政府立法是一种正确的行为过程——正如政府在实施竞争性政策和带动劳动力市场正常运营时所采用的方法。

目标
■ 分析政府干预市场的手段的潜在理论基础。
■ 分析英国的私有化政策，并举例说明其他国家的私有化。
■ 考察英国竞争政策的变化的实质，包括这些竞争政策运营于其中的立法的和机构的框架。
■ 考察英国政府有关劳动力市场的方案，尤其是关于就业和行业公会力量的措施。

关键词

1998 年竞争法案	凯恩斯主义	公平交易办公室
竞争委员会	劳动力市场弹性	私有化
竞争政策	学习和技能委员会	第三条道路
公平交易办公室总干事	货币主义	培训和企业委员会
经济效率	新政	

引　言

对竞争美德以及发展竞争性市场的必要性的信仰仍然是资本主义国家中政府经济政策的中心信条。这一信仰的核心在于一个广为接纳的观点：竞争是提高经济效率和鼓励创造社会财富的最佳办法，对这一看法表示认同的人认为竞争：
■ 通过价格体系的运作，确保资源在不同的竞争性用途间得到有效配置。
■ 对企业进行施压，使它们的运作更具效率。
■ 提供了一种对变化进行弹性调节的机制，不论是在消费还是在供给方面都弹性机制。
■ 通过提供替代性购买资源，进而保护消费者免受企业的潜在剥削。

他们认为，不论是在要素市场还是在产品市场上缺乏竞争，对总体经济的健康都是无益的，因而政府有责任保证市场自由运营，将他们对市场的干预程度降到最低水平。

这种观点的哲学思想基础要追溯到"货币主义"，上世纪最后 20 年它曾经在英国的官方思想中以及其他国家占支配地位。大致说来，货币主义认为经济中的产出和就业水平是由供给决定的，而不是"凯恩斯主义"所认为的需求是经济状况最主要的决定因素。

相应地，供给方面的政策常试图改进经济中的产出反应，集中在市场运作，特别是消除阻碍市场有效运行的障碍上。

供给方面的措施对经济管理的影响在很多领域都能反映出来，尤其是英国政府的私有化政策以及 20 世纪 80 年代进行的劳动力市场的改革。政府对待垄断和并购时采取的方法也突出地反映了他们对竞争以及市场权力的滥用的关注。英国政府对市场的干预主要从以下三个方面入手——私有化、竞争性政策和劳动力市场改革——我们将在后面的内容中分开考察，并说明政府干预将会给单个企业组织造成的关键性影响，既包括投入方面也包括产出方面。

私有化政策

■ 关于私有化

广义上，"私有化"包括将资产，以及不同形式的经济活动从公共部门转向私人部门。在英国，这样的转移发生在 20 世纪 80 年代和 90 年代不同的保守党政府执政期间。虽然目前执政的劳工党政府也在一定程度上继续着这种私有化过程(例如英国国家航空交通服务公司的部分私有化)，但英国境内的国有资产私有化的高峰期已经过去了。政府现在主要讨论将公共／私人合作关系作为一种增加私人对公共部门的投资的机制——其中的一部分就是英国政治中所谓的"第三条道路"。

在实践中，"私有化"术语运用的领域非常广泛，包括政府退出经济活动的措施。典型的内容包括：

- 国有资产的出售，尤其是国有工业(例如英国电信、英国天然气)或那些国家持有相当比重股份的行业(例如英国石油公司)。
- 将通常由公共部门提供的服务(例如学校膳食、医院清洁等)外包出去。
- 对原先国家严加管制的行业解除管制或实行自由化 (例如对公交路线和邮政服务解除管制)。
- 向传统上由公共部门提供资金的部门注入私人资金(例如公路运输系统)。
- 将地方当局的资产出售给私人个体或组织(例如议会的房屋、学校的田径运动场)。
- 政府机构的私有化(例如皇家大学)。

在这些内容中，国有资产的出售——尤其是公共企业和国有工业——已经成为英国私有化政策的主要表现形式，同时也引起了大多数公众和媒体的关注。也正是这个原因，我们将在以后的内容里着重考察这方面的私有化进程。

表 14.1 给出了在 1976～1996 年英国政府出售的国有资产所涉及的领域。在第一阶段，即 1979～1983 年，国有资产出售价值总额小于后面阶段，开始逐渐出售企业中的国有股权，例如英国宇航公司、英国石油勘探公司、英国石油公司、ICL 公司、费朗蒂公司等。1983～1988 年英国政府将很多最大的工商业国有资产加以出售，这其中包括英国电信、英国天然气、英国航空公司、劳斯莱斯和捷豹公司等。随后英国政府又出售了英国钢铁、陆虎 (Rover)集团、英国巴士公司，尤其是 20 世纪 80 年代末 90 年代初非常引

人注目的地方水务署和电力公司的出售。最近一段时间，英国政府还出售了英国煤炭局、铁路、英国国家电网公司，而且政府也将核工业私有化。值得注意的是，英国铁路刚经历一段时间的政府监管，现在它已经转型成为非盈利性的组织。

表 14.1	主要的资产出售（1979~1996 年）	
安马西母国际公司	英国电信	英国国家电网公司
英国联合港口	英国石油勘探公司（英国格拉斯哥）	英国铁道公司
英国航空	大东电报局（公司）	劳斯莱斯
英国机场管理局	电力工业公司	陆虎集团
英国航空公司	安特普莱斯石油公司	英国皇家军械公司
英国煤炭局	弗尔瑞航空公司	英国物流（英国铁路公司）
英国能源（总公司）	弗朗蒂公司	肖特兄弟有限公司
英国天然气公司	森林委员会	尤里帕特公司（陆虎）
英国石油公司	陆虎	英国水务署
英国铁路宾馆	捷豹（英国）和兰浩东公司	沃切农田石油公司（英国天然气公司）
英国钢铁公司	英国巴士公司	
英国糖业公司	国民企业董事控股公司	

英国政府在出售国有资产时采用了多种方法，其中包括向单个购买者出售股权、成立新企业（如对陆虎（Rover）公司国有资产的出售）、向本企业的管理者和工人出售股权

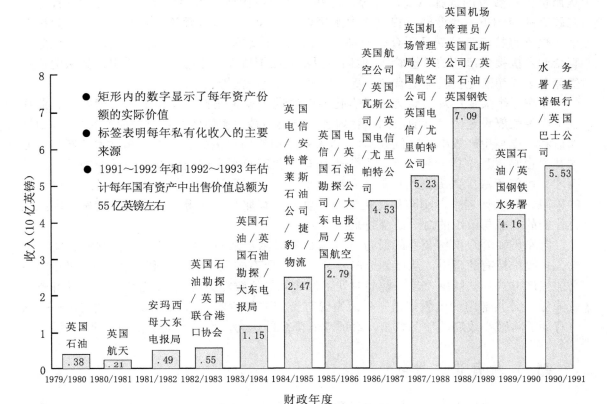

图 14.1　私有化产生的收入

资料来源：Cook，G.C.，《20 世纪 80 年代和 90 年代的私有化》，墨法考特出版，1992 年。

(如在全国货运公司私有化过程中，公司管理者集体买下公司股权)、在市场上向个人和组织公开出售股权（如英国电信在股票市场上的公开筹资活动），等等。有些情况下，私有化过程要经历几个阶段：首先将公司股权划分为一定的份额，然后分期投放到市场中，这往往需要几年的时间(如英国石油公司)；另有一些情况则是，将出售的股权一次性投放到市场中，投资者也一次性买断这些股权(如英国钢铁业)。正如图 14.1 中所显示的，1979～1991 年私有化过程中出售的国有股权价值超过 340 亿英镑，其中大部分股权收入主要集中在 20 世纪 80 年代中后期。1991～1994 年的私有化阶段中，以出售国有股权的方式取得的收入达到 250 亿～300 亿英镑。根据全国统计局的数据，1984～1996 年国有资产私有化中取得的收入相当于该阶段每年 GDP 的 1%～2%。

■ 理论基础

马格丽特·撒切尔(1970～1990 年)领导下的保守党政府认为英国经济供给不足，他们解决这一问题的企图是私有化政策的根源所在。这一时期内，英国政界普遍认为自由市场是最优的资源配置方式，政府对经济进行大幅度的干预将阻碍经济发展。"缩小国家经济运行的边界"——通过减少公共部门的规模——被认为是改进一国的国内外经济绩效的一个关键构成元素。

出售国有企业会提高他们的效率水平，改善他们的总体绩效，引入更加激烈的竞争，从而扩大消费者的选择范围，等等，这些都使得英国政府着手实施私有化。人们认为，在政府的控制下，企业缺乏提高效率水平以及积极适应消费者的偏好的动力，因为许多企业缺乏直接竞争，而且所有企业都可以向政府请求资金援助。相比之下，若让这些国有企业直接接受市场的"检验"，他们不得不满足消费者和金融市场的需求，如果他们想生存下去或想避免被其他更有效率更具竞争力的组织接管的话。

存在一个类似的观点认为，私有化能够改进一家企业管理者和工人的绩效。企业摆脱了满足政府设定的目标的限制，管理者就能集中精力实现他们自己的商业目标(例如增加盈利，提高生产效率，降低成本)，以及鼓励组织内更大的生产弹性和技术革新等。而这其中也暗含了这样一种看法，即每个私有企业都必须在相当程度上进行结构重组，从而才有可能刺激工人提高他们的工作绩效水平。人们预计更多的鼓励源自员工持股计划的采用，在该计划中，刚刚私有化的公司里的现有雇员可获得一定比例的股份，因此应将他们的利益与组织的命运结合起来。

向雇员和公众出售企业的股份可以说是私有化带来的一种益处，因为它们有助于扩大公司股份持有的范围，从而创造出一种"股份所有的民主制"，同时也增加了对资本主义的生产方式的认同感（也可能同时认可保守党的执政能力）。随即而来，出售国有资产业降低了公共部门的借款规模——因为国有资产的销售收入可以看成负公共支出——这将有助于将减少政府的债务负担，缓解政府降息的压力，增加私人部门的资金来源。

■ 对私有化的批判

反对私有化的人则将私有化的过程比喻成"买家底"——为了短期的财务利益而卖掉重要的国有资产。在私有化过程中，这些曾经是国有公共部门的资产，纷纷转入私人和企业组织之手，他们通常愿意且能够购买国有资产股权，这其中也包括海外投资者，他们最终有可能控制英国产业的重要部分，除非政府行动（例如，通过一种"黄金股权"）阻止他们这样做。除此之外，一些评论家认为这些宝贵的资产是用很多年的公共资金购买的，但在私有化过程中却以很低廉的价格卖出，私人投资者因此而受益，很明显这种受益是以牺牲公众的利益为代价的。那些仍由公共部门管理的国有资产往往是一些对股市无吸引力的行业，这就意味着纳税人仍然要为支持这些资产的继续存在埋单。

　　进一步的批判包括：出售正在盈利的国有企业导致政府远期收入的减损，此外即便实现了商业目标，这也不能代替原先国有企业的更广的经济目标的实现（例如私有化的过程终止了公益性质的乡村电话亭和铁路线的建设计划）。实际上这些对私有化持反对意见的人们真正担心的是，一旦国有企业真的脱离了政府管制，这些私有化了的企业就会放弃原先亏损的"公共服务"的生产行为，转而完全为追求最大盈利的商业目标而生产产品和提供服务。从这个角度来看，有些消费者也是私有化过程的受益者，而私有化过程中产生的成本可能是由那些市场影响力有限的购买者来承担的，在有些情况下，他们没有可替代的产品可以选择。

　　这个缺少选择的问题表现最激烈的领域是那些对国家垄断的私有化导致私人垄断的领域，正如最初发生在公用事业私有化过程中的情况。"规制者"一方面能监督刚刚私有化的企业的运营状况（见表14.2）；另一方面也担当了完全竞争情况下的一种代理人，尽管如此私有化的反对者仍然认为在当前的这种规制安排下，消费者的利益不能得到完全的保护。此外他们还认为，目前状况下企业通过提价剥削消费者以及滥用市场影响力的行为是不可避免的。根据前垄断和并购委员会（见下文）以及规制权威机构的调查，这种观点不是没有根据的。这一证据还使政府有理由对私有化的公用事业的利润征收重税，作为扩大财政收入的一种方法。

 管制机构网站包括了 www.oftel.gov.uk,www.ofwat.gov.uk,www.ofgem.gov.uk

表14.2 几家私有化公用事业的关键性规制实体

名称	创立时间	主要活动
电信局	1984	英国电信行业的规制实体，其职类是促进消费者利益，保护有效竞争，并且确保向各种合理的需求提供服务。
水务署	1989	对国内外供水及排水公司进行管制、控制提价行为。
天然气和电力市场规制办公室	2000	对英格兰、苏格兰和威尔士境内的天然气和电力行业实行管制，发布通过促进行业竞争和限制垄断来扩大消费者的选择范围和价值。

■ 国外的私有化

　　在对英国的私有化进行评价之前，我们需要强调的一点是，世界上绝大多数国家也都经历过类似的私有化过程，以便实现经济自由化，尽管这些国家在规模、思想意识、经济发展水平上有所不同。到20世纪80年代末，全世界范围内出售给私人部门的国有资产价值总额估计超过250亿美元或者140亿英镑，而且这个数字伴随着东欧和世界其他国家的私有化进程仍在不断上升。根据经济学家(1996 年 11 月 23 日)，在 1985～1995 年这段时间里法国、德国、意大利、荷兰和西班牙这些国家的政府通过私有化而取得的收入总和超过 700 亿英镑，其中法国通过私有化取得的收入最多，约合 340 亿英镑。同样地，在这段时间里英国从私有化过程中取得的收入达 850 亿英镑，它是 OECD 中的通过私有化过程最为显著的国家。

正如下面的国外私有化的例子所表明的，不同政治面貌的政府出售了大量的各部门国有资产，经常涉及外国投资者的显著参与：

- 1989～1997 年葡萄牙的主要私有化项目包括银行业、保险公司、公用事业以及生产水泥、石油、纸制品、烟草和啤酒的企业。
- 荷兰私有化涉及的行业有荷兰国家航空公司(KLM)和水力、天然气、电力等公用事业。
- 巴西政府将部分国家铁路网售出；牙买加的私有化过程包括了全国商业银行和加勒比水泥制品公司。
- 法国的私有化范围从化学、石油到保险、银行和汽车制造业。
- 在印度，剥离相当大比例的公共部门企业的计划进展顺利，其中主要涉及钢铁业、锌制品和石油化工业的企业出售。

目前东欧国家的私有化进程中的举措最为激烈，尤其是那些正从计划经济体制到私人企业的经济转型国家。而在刚刚完成统一大业的德国，联邦政府建立了一个专门的私有化机构（托管局 Treuhand），以监督和协助前东德国家的国有行业和企业大规模的私有化过程。其他国家的政府（包括匈牙利、捷克共和国和波兰）同样也在实施这种私有化过程，并通过法律和机构改革来加速这个过程。受经济和政治方面（如在俄联邦）不稳定因素的影响，各个国家的私有化进度是不尽相同的，共产主义对国有资产的大规模出售有望继续上升。目前各国的私有化历程都表明了一点，即与市场经济国家（在本章末的进一步阅读中 Nick Potts 的文章）相比，在那些经济变迁的国家中实施私有化所承受的压力更大，遭受的打击更多。

小案例　波兰和葡萄牙的电力私有化

电力公用事业的私有化在世界范围内非常盛行。继英国成功地出售其电力行业各个企业的国有资产后，许多国家也纷纷行动起来。例如在波兰，政府认为有必要将能源供给和输送系统现代化，因而他们在 1996 年 3 月的政府白皮书中计划将国家的电力供给和输送部门资产加以出售。它主要是模仿了英国电力部门的私有化做法，政府的白皮书中明确指出对地方小型的发电企业实行合并，从而形成了 5 个或 10 个电力生产集团公司并对他们实行私有化，这些电力生产集团总公司将电出售给区域输送企业，然后在将全国乡村的高压输电网实行私有化的框架下将电力直接卖给大型客户。

同样地，葡萄牙也积极对本国的电力企业实施私有化。根据政府制定的方案，将葡萄牙电力集团的资产在全球范围内进行招标出售，这家企业是一家控股公司，掌管着葡萄牙的发电和电力配送。政府原先打算仅出售该企业资产的 10%～20%，而实际情况是到 1998 年底政府出售了该企业将近一半的资产，实施私有化——超出了计划中的私有化进程——的目的是为政府筹集 10 亿多埃斯库多（葡萄牙货币），进而减轻政府的公共债务负担。

　　波兰电力行业私有化过程中对于潜在的投资者来说风险较大，但在葡萄牙的电力行业私有化过程中对潜在的投资者来说风险相对比较小，更加有利可图。这家企业的营业额很高、利润可观、同时企业内部的机制也比较健全，是一个不错的投资对象。随着更多的商品可以在市场上进行自由的贸易交换，不论它是录影机还是一国的电力供给，人们对它们的支付价格的愿望和能力将最终决定这种商品的所有权(归属)。

■ 评价

　　按照英国政府设定的官方目标来衡量的话，英国的私有化似乎是比较成功的，它使得资产所有权从公共部门转移到私人部门，这些转移的资产价值相当于英国 GDP 的 7%。鉴于英国私有化带来的种种好处，世界各国纷纷仿效英国的这种做法——私有化，他们把私有化看成是提高经济供给能力的一种重要组成部分，尤其是 1979 年以后这种趋势更加明显。此外 20 多年以来英国以及其他各国政府一直都是把私有化看成是促进自由市场方法中的一个关键性元素，英国公众对私有化的支持态度明显反映出这一点(尽管一些民意调查也显示英国公众对私有化的支持率下降了)。例如，1979 年仅有 7%的人持有私有化了的公共企业的股票，但在 20 世纪 90 年代早期这一数据上升到 25%，共计 1100 万名股民，而其中相当一部分股民是在 20 世纪 80 年代的大型公用事业企业私有化时购买的股票。

　　普通股民人数急剧上升的原因是多方面的。首先是伴随着股票市场的不断波动的同时，各企业为提高公众知晓度以及吸引投资商争相投入巨资加大广告宣传力度(例如英国天然气公司的"Tell Sid"广告战)，其次，对于公用事业的投资者来说，他们在购买公共部门的股票时会受到一些常规服务方面的特别刺激 (例如降低电话交易费用)，或者给他们一个既得利益好处。然而最重要的一点可能就是，有些股票可能是以低于市价的水平出售的，一旦这些股票的价格水平上升，持股人就会售出股票，进而能保证获得市场价和购买价两者的差价产生的利润，在这种情况下股市波动则是由于人们过多购买股票造成的——关于这一点招致了很多的批评意见，即私有化导致了股票贬值。

　　那些想获得长期资本收益的股民常常也能从股票发行低价中获利，有时他们会得到免费的配股赠送，有时他们也获取其他好处(包括每年的股利分红)。根据 Gray Cook 对私有化公司股票绩效的分析，早期私有化的一些公司已经产生了非常可观的长期利润，尽管有些企业的股票业绩表现不佳。举例说明，大东电报局(Cable & Wireless)在 20 世纪 80 年代初的股票初始发行价格是每股 50 便士，但到了 1991 年 6 月则是以每股 588 便士的价格成交。类似地，1984～1985 年英国电信公司(BT)股票的初始发行价格是每股 130 便士，而到了 1987 年股价上升到每股 391 便士，上升幅度达 3 倍之多，尽管 1978 年发生了股票市场危机。

　　不管英国股民人数增长的原因是什么，但有一点是很明确的，即私有化以及议会房屋的出售有助于政府宣称它鼓励了"财产所有的民主"的发展，在这种民主中，越来越多的人在经济的成功进而在私人部门的绩效中拥有一定的利益。也就是说，目前状况下那些从事于高薪行业或管理层的个体股民拥有公共部门的大多数股份，同时事实上过去的 30 年里英国个体股民持有的国有股份比重急剧下降，相比之下机构投资者 (如保险公司和养老基金)持有的股份则明显上升——这一事实不仅意味着他们显著影响着许多公共部门公司的未来,而且还暗示着在对待更广泛的所有权请求时需要一定程度的谨慎。

尽管存在着上述问题,但它还是相对成功地出售了国有资产,这一点有助于初步实现它的另一个目标——降低 PSBR 的规模。自 20 世纪 80 年代初期至今,公共支出占 GDP 的比重大幅度下降——部分地由于私有化过程中政府获得的财政收入——到 20 世纪 80 年代后几年英国的政府财政出现盈余(或者说公共部门的债务得到清偿),财政收入大于财政支出,但是这种显性收益需置于一定的背景中进一步加以分析。首先,这段时期公共财政的改善大多是政府缩减公共支出的结果,而不是私有化的效果,尽管出售国有资产的收入明显有助于平衡政府的财政收支。其次,到 20 世纪 90 年代早期经济萧条占上风,公共支出迅速超出了政府的财政收入,使政府的外债规模急剧增加,尽管拥有十余年的私有化收入。可以理解的是,一些评论开始质疑将高价值的国有资产加以出售是否是徒然的,分散了政府的注意力,使它没有着手解决一些根本的结构性弱势问题。

关于私有化刺激了企业组织的运行效率和业绩,对于这方面的评估存在很多问题。部分困难源于将国家和私有化企业进行直接比较通常是不可能的,因为有些商品和服务并非是由公共和私人部门同时提供的(如铁路)。另外,即使在同时提供的情况下(如医疗服务),公共部门通常不得不追求大量的由政客们制定的非商业目标,这使得直接比较有失公允,特别是只以获利能力作为绩效评估指标时。

为解决这种评估方法上的困难,我们可以对私有化前后的企业的行为业绩加以比较——诸如相对利润率、生产率或服务水平。尽管如此,有些方法论上的重大困难都会使评估的结论有失偏颇。例如,像英国天然气公司和英国电信公司等行业一直处于盈利状态,而且私有化过程之后他们的利润水平呈上升趋势,但这可以说是源于私有化带来的效率的提高,也可以说是垄断价格上升产生的收益。与之相反的是,曾经国有的英国钢铁行业的业绩不断下滑,我们可以解释为私有化下效率和／或绩效的下降但实际上这种境况主要是因为世界钢铁企业已经处于产能过剩状态,另外整个经济恰好正处于萧条时期。

生产率的比较也可能误导他人,因为这种方法并没有将私有化过程中耗费的经济成本(如大规模裁员)考虑进来。为了吸引更多的投资者,许多国有行业在浮出水面之前就已经着手进行大规模的结构重组,结果是工作岗位大大减少——不可避免地以纳税人的利益为代价——这有助于很多私有化企业在刚刚开始年份就能获取大量的生产率收益。但非常滑稽的是,1984～1991 年这段时间中生产率提高幅度最大的竟然是那些国有化了的企业——如英国煤炭公司和英国铁路公司——根据英国财政部相关统计数据,大规模的裁员计划使得他们的生产率提高了 3 倍之多,远远超出整个制造行业的生产率水平。在这种情况下,我们很容易——尽管可能不合理——下结论说,尽管私有化对生产率有益,但不如不私有化那么有益。

这种评估方法存在的另一个困难是,将一个始终在垄断市场结构下运营的私有化企业与另一个长期在完全竞争市场结构下运营的私有化企业进行比较,这显然是行不通的 1993 年 3 月 3 日,Victor Keegan 在《卫报》的一篇文章中指出,像英国钢铁和劳斯莱斯这样的公司,他们的命运在很大程度上受强烈的经济周期波动干扰的影响,这种经济周期的波动最初促使他们国有化,但如今也影响了他们对私人投资者的吸引力。相比之下,那些处于有效竞争较小的市场结构中的企业(如大东电报局和英国航空公司),还有那些处于没有竞争的市场结构中的企业（如英国水务署和英国天然气公司）的股票业绩都表现得非常良好；虽然这种成功的代价常常是由顾客（以价格上涨的形式）和雇员（以裁员的形式）来支付的。

　　在这篇报道中，Keegan's 的结论是刺激企业效率提高的是竞争而不是所有权，这种观点也得到了广泛认可，因而政府和规制机构试图努力降低私有化了的公用事业的市场垄断力。这种观点认为，在一个更具市场竞争力的市场结构下，市场上的商业压力常常迫使管理者通过多种方法来提高组织的效率和业绩，从而解决那种难以满足消费者和投资者的需求的发展境况。如果离开了政府的规制机制，这些大型的公用事业就不可能自愿进行这些"试验"，这种方法有望得到股民的支持，因为他们在最大化企业收入方面拥有既定利益。比较荒谬的是，为了改善消费者的处境，政府可能不得不以更积极、更富想像力的方式干预市场，以促进更强的竞争，增加消费者的选择范围。按现行竞争政策，这种干预很容易占据有利地位。

竞 争 政 策

　　尽管私有化主要是为了平衡整个经济中公共部门供给和私人部门供给间的关系，但英国政府的竞争政策的重点是围绕规制市场行为，尤其是防止一家企业单独或几家企业勾结起来滥用市场权力。为了实现这些目标，英国历届政府主要依靠立法途径来实现，此外也采取自动调节和规劝等方法措施，总体上对市场结构采取一种比较自由化的观点，比美国更加自由，因为美国在近一个世纪以来都认为垄断是违法行为。下文将讨论这一规制市场活动的立法框架，以及支持该框架的机构安排。

关于英国竞争政策的相关网站有很多，最好的网站是公平交易办公室网站（OFT）：www.oft.gov.uk。你也可以登录英国竞争委员会网站 www.competition-commision.org.uk 和英国贸工部网站 www.dti.gov.uk

■　演 进 中 的 立 法 框 架

　　英国官方试图通过立法途径来达到控制市场行为的目的，这种方法要追溯到 1948 年通过的垄断和限制惯例法案。该法案主张成立垄断委员会（也即后来的垄断和兼并委员会），并赋予该委员会进行行业状况调查的权力，被调查的行业常常是单个企业（一个行业垄断厂商）或一组企业，他们至少控制整个市场的 1/3，因而在一定程度上限制了整个行业的竞争。在完成了行业调查之后，垄断委员会就会拟出一份陈述性的或建议性的报告，之后，是否应该采取以及决定采取何种措施以消除背离公共利益的行为则是有关政府部门的责任了。到最后，委员会的大部分建议都遭到忽视，虽然委员会在突出英国战后初期的垄断程度方面取得了一些成功。

　　1956 年随着限制性交易惯例法案的颁布实施，垄断委员会将对一个行业垄断商的调查与对那些由一组企业实施的限制性交易惯例的调查分开进行。根据该法案的规定，制造商们联合起来推行他们的产品的零售价这一广泛存在的习俗是不合法的，法案还要求企业应该向限制性惯例登记机关注册登记它们正在执行的任何形式的限制性约定（例如有关价格、销售和生产）。限制性惯例登记机关有责任将此类约定提交给限制性惯例法庭进行审议，这些约定自动成为"背离公共利益"的约定，除非它们能在很多方面据理力争（如有利于消费者，就业或出口）。1968 年初对法案的扩充（涉及了"信息方面的协议"）和 1973 年的扩充（涉及服务方面的协议）最终在 1976 年限制性交易法案中得到进一步的巩固。按照新法案，刚成立的公平交易办公室的总干事负有将限制性惯例承交给法庭进行审议（见文）的责任。

立法限制的进一步扩充就是颁布并实施了 1965 年垄断和兼并法案。该法案授予垄断委员会对实际发生的或被提议的并购案进行调查的权力，主要针对那些可能增强垄断力量和涉及价值超过 500 万英镑的资产接管的并购活动。该法案的目标是提供一种方法以调节那些威胁到公共利益的活动，由政府确定哪种并购应该禁止，哪种并购应该鼓励继续实施，如果必要的话，在什么条件下继续。进一步的立法限制还表现在 1973 年公平交易法案和 1980 年竞争法案，我们将法案的主要条款总结如下：

1. 如果一家买方或卖方至少控制了一个市场上 25%的份额，那么这个市场就存在垄断；这适用于当地市场的销售，也适用于全国市场的销售，也包括由于国有化而造成的垄断。

2. 如果两个关联公司（如母公司和子公司）控制了一个市场上 25%的份额，或者两个相互独立的企业能限制竞争，即使他们没有签订正式协议（如暗地勾结），政府都会对他们进行调查。

3. 对总资产超过 7000 万英镑或者占据超过 25%的市场份额的合并应该进行调查。

4. 公平交易办公室总干事（DGFT）的职责在于对消费者事务以及竞争政策实行监督。公平交易办公室总干事（DGFT）有权提及更名后的垄断和兼并委员会（MMC），并向政府大臣提出建议，指出是否应该由垄断和兼并委员会（MMC）对并购方案进行调查。

关于后半部分内容，有必要指出的是，尽管企业没有法律义务向公平交易办公室（OFT）通报他们的并购方案，但 1989 年公司法案的实施引进了一个正式的程序，由此企业就能够事先向公平交易办公室总干事（DGFT）通报他们的并购方案，从而期望通过这种事先通报程序为快速扫除企业并购行为创造良好的条件。

尽管市场份额仍然是影响官方对于合并或接管所持态度的一个重要因素，但很明显的是，近些年来政府越来越关注反竞争性惯例，而根据 1980 年竞争法案，由个人或企业实行的此类惯例——与整个市场是相对的——可由垄断和兼并委员会（MMC）进行调查。该法案不仅授权垄断和兼并委员会（MMC）监管一定的公共部门机构，考察它们提供服务时的效率和成本，及其滥用垄断市场权力的任何可能性；还规定该委员会对于公用事业的私有化过程中的任何违规行为都拥有类似的权力（如 1984 年电信法案、1986 年天然气法案和 1991 年水务行业法案）。

欧盟对于企业间跨国界活动实施监督也是一种立法限制的表现形式，《罗马条约》第 81 条（以前的第 85 条）禁止企业之间试图通过达成某种协议在某种程度上限制和扭曲欧盟境内的市场竞争（如价格固定、市场分配）。第 82 条（以前的第 86 条）禁止主导性企业或企业集团滥用他们所具有的市场影响力来剥削消费者；还有一些条款明确规定了如果政府发放的补助扭曲了或可能扭曲行业或个体企业间的竞争，那么这种政府补助就是不允许的。

另外，按照 1990 年 9 月正式生效的规则 4064/89，拥有"社区尺度"的集中或兼并已经成为欧洲委员会的专属管辖权的主题。广义地说，如果兼并涉及的几家企业在世界范围内的营业额之和超过 50 亿欧元，那么欧洲委员会就会对其实行控制，但前提是任何一家企业在欧盟范围内的营业额超过 25000 万欧元，同时任何一家企业在一个或同一个欧盟成员国范围内的营业额未超过其在欧盟范围内的总营业额的 2/3。不符合规则中规定的兼并行为仍将受到本国竞争性法律的限制。目前这一规则仍在审议中。

本书前几版出版之际，英国政府已经着手使本国的竞争政策与欧盟的法律一致。根据 1998 年竞争法案——2000 年 3 月 1 日正式生效——引入了两个基本的禁令，具体内容如下：

1. 依据《罗马条约》第 85 条（现为第 81 条）的规定，禁止企业间达成反竞争性协议。

2. 依据《罗马条约》第 86 条（现为第 82 条）的规定，禁止企业滥用其市场主导地位来控制市场。

这些禁令取代了很多其他的立法（如 1976 年限制性交易惯例法案；1976 年转售价格法案；1980 年竞争法案的大部分条款），它们主要是由公平交易办公室总干事（DGFT）执行的，当然公用事业调节者也有权在他们自身运营范围内执行这些禁令。违反了其中任何一个禁令的企业都会受到罚款处理，或是对其反竞争性行为给第三方造成的损失实施经济补偿。

小案例　日益加剧的冰激凌之战

反竞争性惯例的形式多种多样，因而我们很难发现和阻止它们。由于信息传递和解释方面存在的问题，官方在减少或消除这些反竞争性惯例方面的努力会部分地受到破坏。

1994 年垄断和兼并委员会（MMC）对英国有包装的冰激凌（购买后立即吃掉）市场进行了专门调查，其结论是，联合利华的一个子公司 Walls（一家冰激凌生产厂家）没有滥用它在市场中的主导地位以控制整个市场。它的竞争厂商如 Mars 和雀巢公司仍然抱怨它正将自己的冷藏库借给零售商使用，但前提却是他们只能使用冷藏库储存自己的冰激凌，从而构成了进入壁垒。尽管垄断和兼并委员会（MMC）承认"冷藏排他性"的存在，但却认为这种行为没有背离公众利益，这一结论是在得到 Walls 公司的保证后做出的，他保证过允许零售商能从任何一家供货商采购冰激凌（即不存在"批发商排他性"）。

由于对企业"批发商排外性"主张的准确性抱有怀疑态度，1995 年公平交易办公室（OFT）也发起了一项调查。经过 9 个月的调查，公平交易办公室（OFT）最终断言这是一个未进行深入调查的案件，20 世纪 90 年代初 Walls 公司经理故意误导垄断和兼并委员会（MMC）（见 1996 年 1 月的《经济学家》）。公平交易办公室（OFT）这个结论一部分是基于书面证明文件，这些书面证明文件断言零售商面临着只能从受让人那里采购订货的压力，诸多事实都表明了人们已经开始怀疑垄断和兼并委员会（MMC）就英国冰激凌市场展开的调查的严格性。

关于 Walls 公司的问题至今还没完全解决，它正在接受官方的详细审查。继 1996 年对冰激凌市场的调查之后，相关部门责成企业在 1999 年 3 月之前对自身的分销渠道安排进行大量的调整。尽管企业承诺遵守垄断和兼并委员会(MMC)的相关规定,但最近他们还是受到控告,指责他们破坏了相关规定。许多独立批发商声称供应商常常向很多零售商提供优惠,这些优惠是从批发商处进货的购买者无法享受的(见1999年3月4日的《卫报》)。这一控诉发生时,垄断和兼并委员会 (MMC) 正在进行另一项主导供应商之间的竞争的调查——这是5年内发生在该行业中的第3起调查——这一调查最终导致冰激凌市场的变革,目的是防止进一步的垄断滥用 (见www.competition-commission.org.uk/ reports/436ice)。

随着2001年英国竞争白皮书(生产力和企业:世界级的竞争体制)的问世,英国政府已经表明他们改革兼并和垄断体制的意图。随即要进行的改革——已在2002年的企业法案中宣布——包括将决策权转移给独立竞争权威机构,赋予公平交易办公室(OFT)新的职责,即促进竞争,以及对那些涉及卡特尔的企业进行刑事处罚。事实上,这一理念使现存体系现代化,并为竞争性权威机构积极地鼓励竞争而不是被动地对反竞争性惯例做出反应提供了一个坚实的法律基础。

■ 机构框架

英国竞争政策的形成和执行牵涉到很多机构,包括贸工部、公平交易办公室、垄断和兼并委员会和合并小组。但我们要特别注意的是垄断和兼并委员会(MMC)(现在为竞争委员会)和公平交易办公室(OFT)这两个机构。

从1948年创立到1999年更名这段期间里,垄断和兼并委员会一直都是一个法定机构,它在调查及其以后的报告分析中都是独立于英国政府的。由贸工部(DTI)提供资金支持,垄断和兼并委员会(MMC)拥有1名全职主席和35名其他兼职成员,其中有3名副主席,这35名成员由贸工部部长任命。这种任命有效期为3年,被任命的人员主要是些商业、工会和大学中的退休人员,此外该委员会还有80名工作人员,其中2/3是直接雇佣的,而其余的工作人员则是从政府部门(尤其是从英国贸工部)和私人部门借用过来的。

要强调的一点是,该委员会没有发起市场调查的法定权力;事实上,其行动的参考——让执行特别调查的要求——要么来自贸工部部长或公平交易办公室处长,要么来自私有化行业中合适的调节者和广播媒体。当考虑一个可能的兼并参考时,初始的评估由一组公务员 (合并小组)执行,并由这些人决定是否应该将兼并意见提交给垄断和兼并委员会(MMC)作进一步的审议。贸工部部长在听取公平交易办公室总干事的意见之后,最终决定是应该对这项兼并参考意见继续进行调查还是应该允许这项兼并活动继续下去。

根据法律规定,提供给委员会的参考可以基于多种理由。正如上面所指出的,这些参考不仅包括垄断和兼并方面的内容,而且也涉及公共部门实体和私有化行业的行为业绩,以及单个企业的反竞争性行为惯例(即竞争参考)。除此之外委员会还有权对以下方面加以考察:常规参考(涉及行业惯例),限制性劳动市场惯例和1990年广播法案下涉及的参考,以及被建议的报业兼并,此时就要运用特别条款。

一旦接到参考,委员会主席就会立刻任命一组成员展开调查,并就相关企业是否正在——或预期会——背离公共利益进行报道。在一组官员支持下,有时还包括专家小组

（如报纸、电信、水利和电力等行业）的一些成员的支持，调查团便能将各当事人以及其他关注调查结果的人员的意见收集汇总起来，不论这些意见是书面的还是口头上的。从意见汇总到决策这一过程常常要几个月或更长的时间，自始至终调查团都必须将"公共利益"放在首位。按 1973 年公平交易法案第 84 部分的定义，保证公共利益也就是强调竞争的重要性，保护消费者的利益，考虑有关就业、贸易和总体行业结构的必要性。尽管在大部分参考中，有关竞争的议题是首要的关注因素，但委员会能考虑到更广泛的公共利益并在这些基础上支持某一建议，即使这一措施看上去是反竞争的。

委员会展开调查的最终目的是向贸工部部长提交一份调查报告，随即由国会审议这份报告，在此基础上形成国会议案。例如对一项有关垄断的参考，委员会经过调查后认为它背离了公共利益，贸工部部长——听取了公平交易办公室总干事（DGFT）的意见之后——就会选择恰当的行动方案，根据这项规定来阻止或弥补委员会确定的不利影响。又如一项有关兼并的参考，如果委员会认为该兼并合法，这其中的相关程序仍是相似的。贸工部部长并不一定必须要接受委员会的建议；同样地他或她也不能对委员会已做出的决定妄加否决，并自行加以定论——如某项兼并背离了公共利益，那么它就不可行或不应该进行等。

需要强调的一点是，在委员会展开调查的各个阶段中，各方利益相关者会纷纷进行游说，试图影响调查结果以及其后的行动过程。而且，即使是在做出是否向垄断和兼并委员会(MMC)提出参考这一决策之前也会面临着各种压力。近来的很多案例表明，进行游说以反对一项参考是支持一个建议性兼并的关键步骤。同样地，对于想抵制恶意接管的企业来说，进行游说以支持一项参考则是一种非常有用的手段，尤其当公共利益显得至高无上时。

根据 1998 年竞争法案的相关内容，垄断和兼并委员会(MMC)（1999 年 4 月 1 日）由竞争委员会代替，这家公共机构仍然执行垄断和兼并委员会(MMC)以前的报告职能。此外，如果根据新的竞争法案的禁止性条款做出的决策遭受很多方面的质疑，竞争委员会也负责听取这些反对意见。在公开竞争后，委员会主席（全职）和其余成员（兼职）由贸工部部长任命——与垄断和兼并委员会(MMC)相同——成员来自于不同的职业背景，任期为 3年。委员会内形成各个小组，工作人员大约总计为 90 人，这包括行政人员、专家以及从事各项支持服务的个人，他们中大多是直接雇佣的，其余人员则是从政府部门借用过来的。

公平交易办公室(Office of Fair Trading)是一家非部级的政府部门，由贸工部部长任命该办公室处长，以领导该部门执行相关活动。根据 1973 年公平交易法案，公平交易办公室总干事(DGFT)负责监督有关消费者事宜和竞争性政策，这包括执行各种消费者法案，如 1974 年消费者信用法案和 1979 年房地产经纪人法案。在执行他们的职责的同时，总干事能够得到一个由行政、法律、经济和会计人员组成的团队的支持，同时还设有秘书处以协调办公室日常工作。

关于竞争政策方面，公平交易办公室(OFT)的责任主要由公平交易法案和 1980 年竞争法案规定；除此之外，根据 1976 年限制性交易惯例法案，公平交易办公室总干事负责把限制性交易案例提交给限制性惯例法庭进行审议。根据 1998 年竞争法案的有关规定，新的禁令体制将由公平交易办公室总干事(DGFT)来贯彻执行，而公平交易办公室(OFT)在根除卡特尔和限制性行为方面被赋予了额外的资源。这些立法赋予了公平交易办公室总干事相当大的权力，能够就两个禁令是否遭受破坏展开调查。在特定条件下公平交易办公室总干事有权批准企业免受两项禁令的限制，但可能被要求在竞争委员会面前为自己的决定辩护。正如上面提及的，目前公平交易办公室(OFT)的角色正经历着变革，相信该机构的作用在不久的将来会有所加强。

■ 近期的一些案例

垄断和兼并委员会(MMC)/竞争委员会自1948年成立以来，总结的报告无数，这些报告覆盖了多方面的主题，进而影响着不同市场上各种规模的企业。开始时大部分调查与垄断有关——反映了垄断委员会的最初角色。近些年来，竞争委员会的工作范围不仅涉及到兼并，还包括国有化行业和目前正着手的大型私有化了的公用事业的工作，而兼并似乎是其工作的重中之重。图14.2反映了这些变化情况，列出了从20世纪50年代到90年代中期竞争委员会的工作分布情况。

为了更好地理解委员会在竞争性政策上的作用以及它与公平交易办公室的关系，我们将在下面的内容通过举例加以说明。若有关学生想了解某个案例的详细情况，可查询委员会的相关报告，伦敦委员会图书馆提供了这些报告的详细目录，也可以登录相关网站进行查询(www.competition-commission.org.uk)。

雀巢，1991年

这与一项投诉有关，该投诉认为，瑞士食品集团——雀巢公司利用其在英国速溶咖啡供给市场上的垄断地位使得速溶咖啡价格偏高，同时由于原料咖啡豆价格的下降，考虑到这家公司以非常慢的速度将原料价格下降带来的益处传递给消费者，公平交易办公室总干事(DGFT)要求垄断和兼并委员会(MMC)对英国的速溶咖啡市场进行调查。经过9个月的调查，垄断和兼并委员会(MMC)认为，虽然这家企业对于英国速溶咖啡市场的供给量超过47%（根据销量），但速溶咖啡市场上仍然存在有效的竞争，而且消费者的选择范围仍旧很多，市场上有200多种速溶咖啡品牌（1989年），主要超市出售的速溶咖啡品牌数量平均为30种。尽管雀巢咖啡的利润率比其他竞争厂商都要高，而且当原料价格降低时品牌咖啡比使用自己品牌的咖啡反应速度慢，垄断和兼并委员会(MMC)仍然认为雀巢供给方面的垄断地位没有背离公共利益。但公平交易办公室总干事(DGFT)则认为应该对英国的速溶咖啡市场进行监督，进而确保该市场是竞争性的。

英国天然气，1992年

经济部同业公会主席（根据公平交易法案相关条款）和天然气供给处总干事（根据1986年天然气法案）同时向垄断和兼并委员会(MMC)提交了他们的参考。前者要求垄断和兼并委员会(MMC)对向非关税和关税消费者进行的管道天然气供给展开调查，而后者则要求垄断和兼并委员会(MMC)对天然气输送及其储存设备的供给展开调查。公平交易办公室认为，由于英国境内有170万家庭消费者只能使用天然气，而且英国天然气公司（BG)控制了天然气的储存和运输设备从而限制了这一行业的竞争，因而天然气行业存在程度很小的竞争，尽管理论上消费者可以从其他厂商处购买天然气。在1993年8月发布的报告中，垄断和兼并委员会(MMC)要求英国天然气公司最迟在2002年之前放弃它在国内天然气供给上的垄断地位，并将其私有化公用事业分割成两家所有权独立的公司。

米德兰银行，1992 年

这涉及对米德兰银行的两个投标——LIoyds 银行与汇丰集团公司的投标，这一案例说明了英国和欧盟的权限区分问题。LIoyds 银行的投标由英国管辖，被送至垄断和兼并委员会（MMC）（因为存在潜在的竞争问题）——这一行动导致 LIoyds 银行放弃他们的建议性兼并。相比之下，汇丰银行（HSBC）的投标竞价则受到较广泛的关注，被送到布鲁塞尔的竞争性权威机构。清除了在欧盟市场上的障碍之后汇丰银行的投标仍继续进行，并获得了米德兰银行的股东的认可。

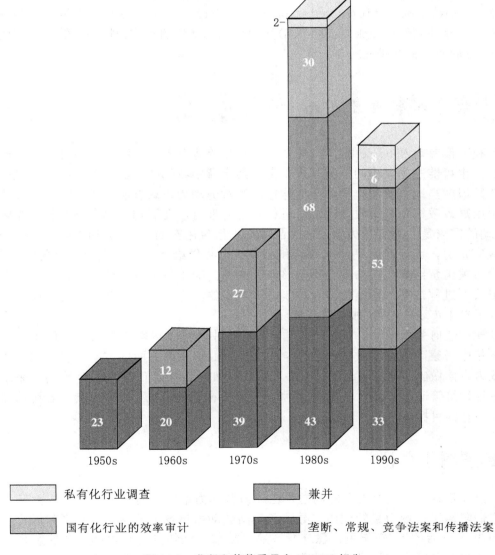

图 14.2　垄断和兼并委员会（MMC）报告

资料来源：垄断和兼并委员会。

计算机游戏，1995 年

日本两家公司支配着英国的计算机游戏市场，这两家公司分别为任天堂公司和 Sega 有限公司。竞争委员会调查到这一市场上存在垄断，从而影响市场价格并对企业构成进入壁垒。它要求这两家供应商放弃许可证控制，从而避免了向消费者收取额外的价格，并打破了计算机游戏租赁方面的限制。

英国轿车的价格，1999~2002 年

一直以来人们普遍认为英国的轿车价格比欧洲其他国家的平均水平要高，鉴于此，公平交易办公室(OFT)要求对轿车生产商和经销商之间的关系进行全面的垄断调查。在最近的报告中，竞争委员会认为现存体系的运营背离了公共利益，尤其是价格、选择和创新方面(见 www.competitiom-commission.org.uk/reports/439cars)。委员会还强调了欧盟境内群体除外制度(Block Exemption)所允许的选择性的和排他性的分销系统产生的不利影响(见后面的案例研究)。

政府和劳动力市场

政府干预劳动力市场的方式多种多样，其对劳动力市场环境的影响可能是直接的或间接的，也可能发生在不同的空间水平上。第十章中我们提及的许多政府方案是谋求改善一个区域或当地的就业前景，因而这些政策对劳动力市场有明显的影响。类似地，政府在运用财政政策和货币政策对经济进行综合管理时，会影响劳动市场的整体需求状况(对劳动的需求是从对劳动力生产的产品的需求衍生出来的)。对劳动力的需求有一些是来自政府本身，因为政府是某些商品和服务的中心供给者，由此成为一个关键的雇主，而政府有关工资结算上的态度会影响整个公共部门的工资水平。这又会影响到私人部门的工资谈判过程，有时甚至会涉及控制工资增长的法定或自愿限制条例的使用，而这难免干预了自由市场的运行(如收入政策)。

尽管在任何关于劳动力市场政策的详细分析中上述的内容都需考虑，但下文的简要讨论将集中考察政府关于改善就业前景和增加就业机会两方面的方案，以及政府在遏制工会权力方面做出的努力。这两种方法与对政府如何寻求改善市场效率(作为其采用供给方法进行经济管理的一部分)的讨论特别相关——在这种情况下，政府会综合运用政策和立法实现它的目标。

■ 遏制工会权力

工会代表着成千上万工人的利益，已成为劳动力市场上的一个主要影响力量，人们认为它们阻碍了市场力量的运作，导致了英国劳动力市场上的高工资水平和低生产率水平。1979 年以后的近 20 年里，保守党政府寻求通过法律途径来遏制工会的影响，他们相信应该加强劳动力市场弹性，这将使那些努力响应市场竞争和环境变化的企业受益匪浅。为了推进这一目标，政府——得到行业的普遍支持——还取消了工资委员会(设立初

衷是保护低薪工人的利益)并拒绝加入马约的社会篇(其中包括了工作委员会条款和男女同工同酬的原则)。

在 1980～1993 年通过的立法措施中,我们能看出政府在减少工会的影响力时采用的渐进式途径。具体如下:

1980 年就业法案

该法案对于二级纠察和其他类型的二级行动给雇主造成的损失进行补偿。该项法案还规定,所有新建的"只雇佣某一工会会员的工厂"应该得到整个市场劳动力的 4/5 的核准,并主张政府提供公共资金以鼓励工会举行邮寄投票。

1982 年就业法案

该法案进一步加强了对"只雇佣某一工会会员的工厂"的法律控制,并宣布工会—劳动—单独合同无效。如果工会鼓动不合法的行业行为(如"二次"行动),它们就要对"政治"罢工负责并就罢工造成的损失对雇主进行补偿。

1984 年工会法案

该法案旨在加强工会内部的民主政治。根据该法案为能保证获得政府提供的专项资金援助,工会必须每隔 10 年进行一次匿名投票选举,同时还必须每隔 5 年对工会主要执行人员进行一次匿名投票选举。此外,工会若要避免因罢工造成损失而可能引起的民事诉讼,就必须在罢工前举行投票选举。

1988 年就业法案

该法案加强了单个工会成员的权利。根据该法案,明令禁止工会强迫那些反对罢工运动的成员改变初衷;所有高级的工会官员必须是通过匿名投票选举出来的;工人也可以通过法庭指令命令工会对没有进行匿名投票的劳工行动加以批判。对为保护"只雇佣某一工会会员的工厂"而进行的罢工活动,该法案不提供任何法律保护。

1990 年就业法案

该法案认为,如果没有进行适当的投票,工会应该对由工人代表发起的"盲目"罢工运动负法律责任。明令禁止"只雇佣某一工会会员的工厂"的提前入会规定,从而某家工厂不能因为工人不属于工厂所在的工会而拒绝雇佣他。

1992 年工会和劳工关系(汇编)法案

该法案是对以前的劳资关系方面的立法的汇编。

1993 年工会改革和就业权利法案

本质上该法案存在两个主要目的:首先,对工会及工会活动施加进一步的限制;其次是根据欧盟的指令和判例法来制定相关的就业权利。例如该法案第十三章指出,雇主可以刺激雇员不参与工会的集体讨价还价,或退出工会组织,尽管第十七章中规定劳工行动投票应该完全通过邮寄的方式来实现的。

毫无疑问这些立法法案改变了雇主和雇员之间的权力均衡,而且也弱化了工会的权力,当然这只是这些法案的一个方面的影响,也不是最重要的方面。同时在过去 10 年里工会成员人数不断下降,工会的财务状况不断恶化,以致难以维持劳工行动,除此之外工会还必须在受经济周期影响的市场中运营。政府运用财政政策和货币政策来实现其充分就业目标的日子已经一去不复返了,在当前非充分就业的经济形势下,有组织的劳动力对经济的影响作用逐渐下降,在一定程度上已被个人的利己主义追求取代。

需要强调的一点是,自 1997 年劳工党执政以来工会呈恢复之势,同时政府试图将就业权利写入法律条文中。因而继 1996 年的就业权利法案颁布之后,其他一些法案也纷纷出台,如 1998 年就业权利(冲突降低)法案、1998 年国民最低工资水平法案、1998 年工作日调整法案、1998 年人权法案以及劳资关系法案。如果学生要对英国的这些立法做详细的了解,访问就业研究机构网站(www.ier.org.uk/tu_law)是最佳的起点。

■ 就 业 政 策

就业政策主要针对失业问题,它包括能帮助个人就业和再就业的许多措施。其中很多方案计划是帮助工人增加工作经验和／或增加技能培训,近年来有关技能短缺问题和劳动力供需吻合这两个方面越来越受到重视。除此之外,如下面的例子所示,政府正积极在失业人员中宣传"自助"观念,鼓励自我就业的增长,以期小规模企业部门创造大量的工作岗位,从而能替代那些中等规模和大规模的企业部门来发挥解决就业问题的重大作用。

- 重新启动——1986 年引入。主张对于一个已经享受超过 6 个月的失业补贴好处的个体,应该要求他们向专家寻求帮助以寻找再就业的可行性办法。
- 青年培训(YT)——1990 年取代了青年培训方案。根据这项方案,任何 18 岁以下的失业人员都能保证获得青年培训的(但也有例外,如学生)。该方案将培训和教育合二为一,允许个人获取全国性的资格认证(像 NVQs)。
- 就业培训(ET)——1988 年引入,主要针对长期失业人员和有特殊需要的人员,包括那些返回劳动力市场的人员。就业培训的目的是帮助个人获取为得到工作和职业认证所必须具备的技能。
- 就业行动(EA)——1991 年引入,主要是帮助失业人群保持他们的技能并找到工作,此外还向个人提供在社区工作的机会以及结构化的工作搜索支持。
- 上岗培训(TfW)——始于 1993 年,代替了 ET 和 EA,结合了两个方案的共同特征。
- 试用——为长期失业人员提供一个向雇主证明自己的机会,这些人员在试用的基础上工作并获得收益。

1997 年的政府变革时期也正是引入新政的时期,这是一个旗舰方案,主要是帮助个人获得失业的福利并重新工作。起先这项方案是面向 18～24 岁人员,但现在它已扩展到面向更多类型的人员(如年龄在 25 岁以上和 50 岁以上的人员、单亲父母、残疾人及其配偶),而且进一步的改革也在实施过程中。新政的资金来自向私有化的公用事业公司征收的大笔税收,是一种减少对政府资金的依赖的尝试,也试图使工作对那些经常被排除在劳动力队伍之外的人群更具吸引力。像其他措施一样(比如,夫妻双方均工作的家庭所享有的税收抵免以及在扩大享受继续教育和较高级教育人群的数字方面的努力),新政是政府改进经济供给方面的状况的措施的一部分。

地方计划

地方计划的形式多种多样，包括向想组建一家地方企业的个人提供的无息贷款（如莱斯特的托马斯·怀特的慈善团体），旨在激发地方雇主或个人兴趣的地方培训奖（如 Bedfordshire TEC）、针对需要特别培训的群体（如重返工作岗位的女性）的项目（如 Calderdale 和 Kirklees TEC）以及与地方企业合作向新的培训方案提供部分资金援助（如伯明翰的 TEC 技能投资方案）。做为最后的评语，强调一点，即政府的国民培训方案起初是在地方的培训和企业委员会（TECs）系统下运行的，委员会有责任为失业和辍学者提供培训机会，也有责任对不同的企业方案进行管理。在中央财政的支持下，并由从各个行业中选拔的人员组成的董事会领导，培训和企业委员会（TECs）（在苏格兰被称作地方企业议会）控制着现存的培训方案的培训资金，并在鼓励培训事业和促进企业发展方面获得了更大的权责，包括支持旨在促进地方经济发展的方案。为实现这一目的，人们期望 TECs 与地方私企或国企的雇主密切合作，通过确定地方社区中轻重缓急的事项和需求提高他们地方培训计划的质量和效果。2001 年 4 月学习与技能委员会（LSC）代替了培训和企业委员会（TECs），LSC 对 16 岁以上人员的教育和培训负有责任，但这并不包括高等教育。LSC 通过一个地方 LSCs 的网状系统运行，网状系统在地方层次上传达国家优先考虑的事项（注：苏格兰的 LECs 仍然存在）。

纲　要

在市场经济中，政府对市场的结构和功能施加大量的影响，这些影响不仅通过政府经济行为来实现，而且也通过立法和政策偏好来实现。私有化政策试图通过出售国有资产减少国家在经济运行中的作用，认为这样做能提高自由市场的运行效率。竞争政策主要使用法律和机构变化来遏制垄断权力的增长，引导市场行为按有助公共利益的方式发展。

在这两个领域，政府的注意力实际上都集中在经济的供给方面，这与其对劳动力市场的运行采取的措施是一致的。通过各种各样的立法和行政变化，政府试图建设一个更具"弹性"市场，主要措施是引入培训和就业方案以及通过法律途径控制工会的势力。

重点总结

- 竞争性市场存在很多优势，尤其是能创造社会福利、提高经济效率和增加消费者选择。
- 政府可以通过相关政策和立法提高经济和市场中的竞争程度。
- 私有化在全球范围内已相当普遍，反映了官方圈子中的一个信念：竞争性的、私人的市场是一种有效的资源配置方式。
- 实际上私有化是有利有弊的。
- 竞争政策主要关注管制市场行为，并限制企业滥用市场影响力。
- 英国及其他国家的政府使用立法和规章制度来促进竞争，并设立相关机构执行和

　　监控他们选择的政策。

■ 作为欧盟成员国，英国必然要受到欧盟范围内的竞争法律的影响。

■ 政府对市场进行干预的其他形式包括改善劳动力市场运行，尤其是提高劳动力市场的弹性的各项措施。

■ 英国在劳动力市场领域的关键方法包括运用立法来控制工会的权力，以及采用旨在增加就业机会和从总体上改进经济中的供给方面的指标就业政策。

案例研究　消除群体除外制度吗？

　　正如在我们已看到的，政府相信竞争能非常显著地使消费者乃至整个经济受益，因而频频运用法律和规章制度来促进市场竞争。政府对市场的干预不仅发生在本国范围内，而且也发生在各国政府相互间的互惠合作中，例如欧盟委员会在欧盟成员国之间建立"单一市场"的企图。

　　尽管竞争性市场存在很多优势，但现实生活中的政治条件常常限制了国家内部以及国家间的市场竞争程度的提高，欧盟当局允许在欧盟轿车市场中采用集团豁免（即免受常规的竞争规则的限制）的决策恰好说明了这一点。在这一体系下，在欧盟范围内运营的汽车制造商可以在整个欧盟境内建立一个选择性和排他性的经销网络，也能从事一些特定的市场行为，这些市场行为在常规情况下是不合法的。欧盟认为，选择性和排他性的分销系统（SDE）通过向消费者提供一种从摇篮坟墓的服务而使消费者受益，同时也可以在轿车品牌繁多的全球轿车市场中占据有高度竞争力的供给地位。

　　集团豁免制于1995年首次引进并不断扩展直到2002年9月底，该项规定对整个欧洲轿车市场的运行产生了较大影响，近年来人们对此项规定批评不断。继2000年4月英国竞争当局出台的一份批评性报告之后，欧盟出版了一则（在2000年11月）关于现行轿车分销和保养安排的运行情况的评论，突出了这一制度对消费者和零售商产生的不利影响，并传出要求变革的呼声。尽管欧洲委员会面临着大轿车制造商和一些政府的强烈的游说，要求维持现有规则的大部分内容，它仍然宣布了其将在9月份集团豁免规定期满时不再展期的意图，当然，这最终还要受到利益集团的限制。

　　本质上欧洲委员会建议的主要目的是给轿车经销商更多的独立性，而不过分地依赖轿车制造商，为了实现这一目标，委员会允许轿车经销商在欧盟境内任何地方开展业务，并可以在任何地方开设轿车陈列室；轿车经销商也可以在同一地点销售不同制造商生产的轿车。此外委员会计划通过切断轿车销售和轿车保养的链接纽带积极开拓轿车售后服务市场。它预计未来时间里独立轿车修理商必将逐步进入备用零部件及其相关技术市场，从而鼓励企业以较低的初始投资成本进入这一市场。

　　尽管代表消费者利益的组织（如英国的消费者协会）非常支持委员会的这些建议，一些市场观察员认为计划的改革力度不够大，因而不会削弱轿车制造商的市场力（见2002年1月11日《金融时报》社论）。例如，尽管轿车制造商有能力向超市和其他新成立的经销商供货，但法律并未要求他们这样做，这意味着在可预见未来完全自由的市场是不可能存在的（见第一章中的"不再搁置的汽车"）。同样地，委员会的计划也很难保护轿车经销商在与制造商发生争执时可以免受制造商突然终止特许经营权的威胁。

提议的新规定能在多大程度上改善消费者的命运(如更低的价格和 / 或更好的选择机会)仍有待观察,但我们能合理地推断出轿车游说者比较成功地限制了其对目前状况造成的损害。一位欧盟发言人在 2002 年 2 月 6 日的《卫报》中认为,将这些计划看作是对同现状的维持或是对轿车分销安排的大规模的改革,并想像着马上就能实现向超市和网络销售的转变的观点是错误的,因为欧盟并不认为轿车是可以像酸奶那样出售的商品。简言之,委员会的建议代表了一种妥协,这种妥协正是我们期望从布鲁塞尔的官僚和政客那儿得到的东西。

后记

在本书即将付梓之际,2002 年 3 月 22 日《卫报》中的一篇报道中指出,由于德国汽车行业的大量说客的游说的影响,欧洲委员会已表明会推迟某些建议的改革。根据这一报道,允许轿车经销商自由开展业务,并能在欧盟境内任何地方开设轿车陈列室的计划惊醒了欧洲轿车行业强大的游说集团,也令德国总理施罗德惶恐不安,因为他要参加当年迟些时候的竞选活动,不希望发生令大众和宝马两家企业的执行官不安的事情。尽管还不清楚最终的结果会是什么样子,有一点是可以看出,就是委员会在引进新体系时倾向于比最初表明的态度更具弹性。对英国消费者而言,轿车价格将会在近期内下降的希望暂时是不可能的事了。

案例研究问题

1. 考虑到集团豁免有悖于欧洲 "单一市场" 的建议,你能举出欧洲委员会最初允许集团豁免的理由吗?

2. 为什么计划的改革可能使得欧洲消费者面临的轿车价格会下降?

复习和讨论题

1. 关于政府必须干预经济从而使得市场自由运行的悖论,解释一下。政府干预采取哪些形式?

2. 为什么在大多数的公共事业中私有化能促进效率的提高?你如何来度量这一效率"收益"?

3. 在哪些方面政府的私有化政策与其竞争性政策是相关的?

4. 说明前任政府试图改革劳动力市场的理论依据;你认为这一改革在多大程度上是成功的?

作业

1. 起草一篇评论，代表政府解释为什么他们支持将 Railtrack 公司转变成非营利性企业。同时还要说明为什么不可能将这家企业再次国有化？

2. 你在一家职业游说团体任职，他们受代表欧洲消费者利益的组织的委托对欧洲委员会进行游说，试图让欧洲委员会改革欧洲轿车市场。列举一个合理的案件以扩展欧洲委员会有关集团豁免终止的建议。

第十五章　技术环境：电子经济

到目前为止，因特网的发展以及电子市场和电子网络的出现非但没有替代现行的行业价值体系和市场结构，反而对它们进行了补充。也就是说，技术使一些企业的运行方式发生了根本性变化，一些新的商业模型因此而诞生。毫无疑问，电子企业的出现将会对以后10～20年的全球经济产生重大影响。

目　标
- ■ 确认、描述和定义电子企业及其子类别。
- ■ 考察新兴的商业模型，如企业对企业（B2B）和企业对消费者（B2C）。
- ■ 突出电子企业在企业、消费者和社会诸多方面所具有的重大理论收益、机会及其局限性。
- ■ 考察技术对行业价值体系以及市场结构所造成的影响。

关键词

企业对企业商务（B2B）	电子数据互换（EDI）	大规模定制
企业对消费者商务（B2C）	电子资金转账（EFT）	一对一数据库营销
买方市场	电子市场（e-markets）	卖方市场
需求链管理（DCM）	电子销售终端（EPOS）	智能卡
电子经济（e-business）	外域网	供给链管理（SCM）
电子商务（e-commerce）	先动优势	价值体系
电子客户关系管理（eCRM）	因特网	内部网
	知识管理体系	

引　言

我们正处于变革的边缘，该变革的复杂性如同工业革命所引起的经济方面的变革一样。在将来，通过电子网络人们能跨越时间和空间的一切阻碍，充分利用全球市场，其所带来的商业机会是目前人们所无法想像的，它将展现给人们的是一幅经济潜力巨大和经济进步不断的新世界。（美国副总统，1998年7月）

随着新兴企业术语和观念（诸如电子市场 e-markets、电子经济 e-business、电子商务 e-commerce）的出现，考虑技术环境的发展是令人激动的时刻。在所谓的"新经济"中，数字网络和通讯基础设施提供了一个全球化的平台，通过这一平台企业和人之间相互作用、合作、交流和搜寻信息。

世界范围内电子经济的增长具有巨大的潜力。许多补充性数字化技术发展迅速，包括数字化通讯网络（因特网、内部网、外域网）、计算机软硬件及其他相关网络、数据库和信息系统、分销和供给链、知识的管理和获取，它们融合成一个强大的组合，以万维网（www）为驱动力推动企业变革。1995 年电子经济刚刚起步，但到了 1997 年电子经济总额达 260 亿美元，预计到 2002 年这一数字将达 3300 亿美元，到 2005 年达到 10000 亿美元。预测电子经济的未来增长困难重重，但是，考虑到它有潜力提供一种低成本的、普遍的、互动的以及全球化的媒介，而这一媒介为即时进行信息交换提供了简单安全的方法，电子经济的未来是引人注目的。

除此之外，以互联网为基础的社会也将在人们工作场所之外的其他生活方面产生重大变化。例如，新的远程教育方法和材料不断涌现，人们生活的很多方面也不断受到技术发展的影响。

但是，我们也应该记住，尽管电子经济和电子商务等术语相对比较新，但它们是 30 年前开始出现的技术演化过程的一部分。电子经济的概念实际上融合了种种独立的技术，比如电子数据互换（EDI）、电子资金转账（EFT）、电子销售终端（EPOS）和智能卡，在过去的时间里它们都是孤军奋战去赢得人们的广泛接受。

实际上，关于"电子经济"和"电子企业"这两个术语并没有公认的通用的定义，人们常常把这两个概念混淆使用。但是，为了加强读者对本书的理解，我们将在这里对这两个概念作具体的区分。

广义上说，电子经济（e-business）是指通过因特网进行经济中的任一元素，不仅包括购买商品、服务和信息，还包括客户服务以及企业间的合作等活动。也就是说，电子经济是通过电子网络进行的产品、服务和信息的交换，不论这些交易付款与否，它可以在包括供给链、价值链和分销链（见图 15.1）在内的价值体系中的任何一个阶段上进行。在广义术语"电子经济"中有大量的潜在子集。

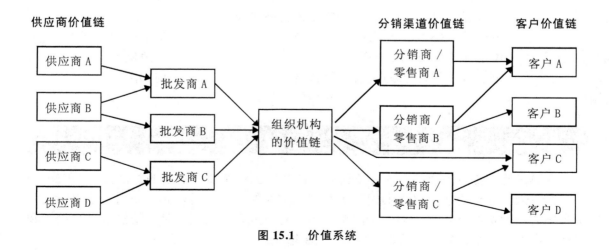

图 15.1　价值系统

电子商务(e-commerce)涉及的范围比电子经济窄，特指买卖双方在交换产品、服务和信息时涉及的电子交易程序。像亚马逊(Amazon)等电子零售商的活动就在这一范畴内。

 你可登录亚马逊公司(Amazon)网站 : www.amazon.com

在一个企业组织内部，有许多活动（如信息和知识管理、资源协调等)可通过内部网的使用更有效率地进行。表15.1给出了按交易本质对电子商务所作的一种常规分类。为了分析简便的需要，我们将企业组织划分为私人部门(B)、公共部门(G)和第三部门(T)，此外还包括了消费者一栏(C)。

从表15.1我们能看出，电子经济包含了一个范围极广的潜在的外部商业和信息交换及应用，其核心部分是企业—企业商务模式(B2B)和企业—消费者商务模式(B2C)的分类，迄今为止它们最受关注，其发展也最为显著。下面我们将详细考察这些内容。

表 15.1　　　　电子经济应用的广泛领域

	企业部门(B)	公共部门(G)	第三部门(T)	消费者(C)
企业部门(B)	电子商务(戴尔)，企业交易场所	采购合伙	采购合伙	电子商务(戴尔、亚马逊)，消费者交易场所
公共部门(G)	信息	协调	信息	信息
第三部门(T)	合伙采购	合伙采购	协调	服务信息
消费者(C)	消费者竞标	税收服从	信息	折卖模型，消费者评论

资料来源:摘自 OECD (2000年)。

商业上的运用 1 : 企业—企业 (B2B) 商务模式

■ B2B 的特点

从价值角度来看，企业—企业(B2B)交易占因特网交易的80%，交易双方都是企业组织。企业—企业(B2B)商务在技术和法律方面要比企业—消费者(B2C)商务复杂，它常常需要复杂的软件。其交易安排是通过企业组织之间的系统(IOS)或电子市场实现的。

企业—企业(B2B)商务具有很多特征，许多特征使其有别于企业—消费者(B2C)商务。托宾(Turban)及其同事们给出了B2B的一些鲜明特征，具体如下：

- 一个自动的交易过程；
- 商品交易数量大；
- 商品交易净价值高；
- 允许多种形式的电子支付和资金转账，但在企业—消费者(B2C)商务中则局限在使用信用卡和智能卡；
- 信息交易水平高，包括了交易各当事人之间共享的数据库，这常常要用到企业外部互联网；

- 企业合作方之间的预先协议或合同要求一个更高水平的书面记录；
- 不同类型的法律和税收体制，这些又取决于交易双方所在地，以及交易的产品或服务的类型；
- 在采购上有多种层次的授权，每一层次都规定了相应的支出限制和交易商品的种类限制。

■ B2B 的优点

B2B 商务存在许多潜在益处和驱动力。首先，它促使企业采用因特网电子数据互换（EDI）系统，从而提高了商业过程的效率。英国贸工部（DTI）认为，电子数据互换（EDI）就是"计算机和计算机之间的结构化数据的交换，这种数据交换是在没有任何手工操作的情况下，通过完全自动化的方式进行的，而这又常常是由专业性质的电子数据互换（EDI）网络来执行的"。

企业运用电子数据互换（EDI）实行流水线型作业，从中得到的收益显而易见，具体包括：

- 一个安全、稳定和可核实的电子环境，该环境允许制造商或零售商将存货数据库与供应商的数据库直接连接起来。这可减少填写订单和处理订单的时间，从而减少了从发出订单到收到货物所经历的时间。
- 降低生产、加工、分销、存储、检索和破坏纸张形式的信息（paper-based information）方面的成本；减少数据输入错误；加强库存控制，以及减少参与该过程的员工的时间。
- 改进了仓库物流，以及货物发送中组织间的紧密协调，从而保证了在规定的时间将正确数量的货物送到适当的地方。
- 在支持性功能（如人力资源、存货控制、订货处理、会计和支付处理）之间实现更好和更有效率的一体化。
- 与供应商、客户和竞争对手之间建立更有效的战略联盟。例如，在汽车行业中，主导企业如通用、福特和克莱斯勒已经与其供应商建起了联合的外域网。

早在 20 世纪 60 年代电子数据互换（EDI）就产生了，但在出现一种综合性的因特网电子数据互换系统之前，这种电子数据互换技术有很多缺点，从而在一定程度上削弱了该系统带来的一些收益。特别需要注意的是下面两点：

- 它需要交易合作双方建立起一种昂贵的私人专用网络连接：根据 Forrester 的调查（www.forrester.research.com），美国拥有 10 人或更多人数的企业已经达到 200 万家，但其中仅有 100000 家企业选择使用传统电子数据互换（EDI），其他企业则普遍认为电子数据互换成本过高，又缺乏足够的互动性，从而使他们难以与其供应商或其他合作方进行沟通和协商。
- 文档格式没有统一的国际标准意味着早期的电子数据互换（EDI）是在像增值网路（VANs）这样的专利技术的基础上产生的。每个电子数据互换系统似乎都是专为一个购买者和供应商建立的，结果导致企业组织越来越陷入到组织内部的信息技术系统之中。这阻碍了企业内部的变化，使得改变供应商成为一件困难且成本高昂的事，因为企业很难一下子将现存数据库系统转换到新的供应商。这也意味着企业如果想使他们的供应系统多元化，就必须为每个供应商单独建立一个电子数据互换系统(EDI)。但是，基于因特网的电子数据互换(EDI)克服了早期电子数据互换(EDI)的绝大多数缺点。这一系统不再使用专利技术(VANs)而改用公共的因特网技术。与传统的电子数据互换(EDI)不同，基于因特网的电子数据互换(EDI)具有普遍性、全球性、低廉和使用方便，以及企业内(intranet)外(extranet)都能方便介入等一系列优点。

除此之外，基于因特网的电子数据互换标准越来越与扩张性审定语言(XML)兼容。XML早期已经成为传递结构性数据的一个重要的国际标准，受到国际社会的广泛认可，像微软公司、网景公司、Sun计算机公司以及万维网财团也都纷纷支持这一标准。XML的广泛使用意味着大多数企业已能使用基于因特网的电子数据互换(EDI)进行方便快捷的文件交流。根据世界数据公司(IDC)的估计，在1999~2003年这段时间里，基于因特网的电子数据互换的收入占EDI总收入比重将会从12%上升到41%，而且这一上升趋势仍将继续。

B2B商务的一个进一步的潜在收益和驱动力是，企业可以将本地或国家市场扩展为全球性的电子市场 (e-market)。通过一个相对低的资本支出，企业可以与更多的供应商(更好的或成本更低的)进行接触与合作，并能接触一个更大的潜在客户基础。

就B2B商务的活动内容来看，不同企业、不同行业甚至全球化的电子市场都是各不相同。但我们要强调的一点是，在全球化的电子市场中买卖双方为进行电子商务而汇聚到一起，其他普通市场则包括一个卖方市场 (一家企业进行所有的销售活动)和一个买方市场(一家企业进行所有的购买活动)。

以下是B2B商务带来的其他方面的收益和驱动力：
- 创造了一个全年全天向其他企业营销、销售和配送产品和服务的机会，也即所谓的"马提尼效应"。
- 它在有些时候能显著减少固定成本，也许是通过在房屋建筑物方面的节约实现的，因为一个网站实际上已成为企业的展示厅。
- 它具有改进拉动型供给链管理的潜力，如基于一体化的和完全自动的供应链管理以及需求链管理系统的适时制造和送货。
- 它促使企业尽快采取一种更强调以客户为中心的方法，这一方法要求企业追踪客户偏好，进行自我调整以最快的速度适应并满足客户需求的变化；同时它还要求企业发展一种大规模定制(mass customization)的商务模式，正如戴尔公司目前正采用的商务模式，关于这一点我们将在下面的案例中集中说明。
- 它也推动了一体化的电子客户关系管理(eCRM)的发展，这种电子客户关系管理是建立在搜集客户信息、数据储备和其他市场情报的基础上的。
- 它使企业内部的知识管理系统得到进一步完善，因为雇员通过企业内部互联网就能了解企业的技术秘诀。

戴尔公司的案例研究能说明(B2B)商务的很多潜在优势，为了帮助读者更好地理解本章的主题思想，我们运用了一个扩展的案例研究而不是两个小案例，同时还在案例末尾列出了一些问题供读者自己研究。

 网页链接　戴尔公司的网站：**www.dell.com**

案例研究　戴尔电脑公司

20世纪80年代初迈克尔·戴尔创办了戴尔电脑公司，1990年戴尔公司开始组装自有品牌的个人电脑，销售额突破5亿美元，在笔记本电脑和台式电脑方面建立了一定的声誉。公司的销售集中在直接销售给商业客户上，包括教育机构和政府机构。

20世纪90年代初迈克尔·戴尔成立了一个专门小组来开发使用因特网作为与客户交流的方式，同时还开展在线销售。这个专门小组越来越坚信，因特网是公司产品的一个理想销售渠道。其原因具体如下：

- 1996年因特网用户达2000万人数，预计以后每一年份因特网用户人数都会成倍增长。
- 戴尔公司的主要客户——商业客户——已经入了因特网，他们不仅使用因特网，还发展了自己组织内部的互联网。

1996年7月戴尔电脑公司开辟了自己的网站，通过自己的网页直接向客户销售它们的电脑，这一时期公司销售额达到78亿美元，其中营业收入超过了71000万美元。6个月后公司在线销售额平均每天实现100万美元，到1999年秋天在线销售额占总销售额的比重达27%，平均每天实现销售额1500万美元。

在世界个人电脑的销售量排名中，戴尔公司高居榜首，于2001年7月超过了康柏电脑公司，在世界市场中的市场份额达13%，预计不久的将来戴尔公司在线销售额占总销售额的比重会上升到50%。戴尔公司通过因特网来扩大销售额是非常成功的，但这一成功的背后有哪些因素起到关键性的作用？为什么戴尔公司的竞争对手总是试图模仿其商务运行模式呢？

第一，目前戴尔公司在线销售其生产的全部产品：台式电脑、工作站、笔记本电脑、网络服务器、存储设备、软件及附件（如zip软盘、打印机等）。当然这些产品也能以电话、传真和邮件方式进行销售，同时还有一个呼叫中心服务作为在线销售的补充。人们可以通过登录戴尔公司主页获取有关公司提供的服务、支持和公司简介等信息。

第二，戴尔公司矢志不渝地坚持自己的商业运行模式，使得其生产成本在行业中最低，进而其产品价格就具有很高的竞争优势。例如，公司销售代表只需使用很少的电话就能完成来自因特网的销售，同时也实现了超出行业平均水平的销售额。此外，因特网也提高了企业处理订单的效率。平均每季度大约就有200000人次点击进入公司网站来查证订单情况，还有500000人次的技术服务访问和400000次的图书下载。如果公司是通过电话来销售产品的，那么每次交易的成本大约在5~15美元之间。此外，人们可以从公司网站获取技术指南手册，这样公司就不必再将它们印刷成册并邮寄出去。

第三，戴尔公司是第一家在线销售电脑的企业，从而在直接营销方面积累了很多经验。有评论员指出，公司在这方面积累的经验使得它相对于其竞争对手来说有一个先动优势。

第四，戴尔公司是一家相对年轻的公司，是建立在基于直接的电话营销的商务模式上的，因而它完全没有必要改变自己的商业战略来适应网络商业的发展。因特网只不过是另一种互动地连接远程客户的手段而已。但是，其他竞争企业并不是这样的。对他们而言，从根本上改变企业战略非常困难，成本高昂，且要耗费大量的时间。戴尔公司与同行业中的其他企业不同，它仅仅是一家单一产品企业。

第五，戴尔公司为了提供一个完整统一的价值网络，已经对目前最先进的技术进行了投资，使终端消费者可通过各种方式返回供给链。它于1999年对i2技术软件进行了投资，该软件有助于戴尔公司全天实现对各个方面的监控。戴尔公司也在高效彻底地使用因特网。公司允许企业买方下载公司主要网页，使客户能设定其雇员可以浏览的信息，甚至能设定哪些雇员可以浏览该信息。

第六，戴尔公司首创了"大规模定制"（mass customisation）这一概念，它是一种适应性的按订单生产（build-to-order fashion）的制造系统。为保持其价格竞争优势同时不延长送货时间，从供应商处高效地采购小批量的零部件、实行弹性制造系统以及对客户实行经济型配送是非常必要的。戴尔公司能在收到订单后的4分钟内组装好计算机，还要有90分钟用于装载软件。公司平均能在收到订单后3天内发货。

第七，通过使用因特网，戴尔公司能够有效地管理和提高它与供应商以及客户之间的关系。公司有一个完整的供给链管理系统，因而它的供应商比较少，全球范围内戴尔公司的供应商总数少于200家。而它的很多竞争对手则拥有至少2000家供应商。

第八，戴尔公司与其客户之间的直接联系使得一对一的数据库营销运作更加有效，它通过监控客户如何使用网站了解他们，同时通过分析不同时间新的按订单生产的说明书的变化预测市场呈现的新趋势。

第九，戴尔公司作为单个连接点在全球范围内提供全球触及和增值的服务。目前它已将自己的电脑产品销往170多个国家。在全球范围内戴尔公司已经拥有10000多家服务商，他们提供的服务包括技术设计和购买、系统配置、网络和产品维护。而因特网为这些服务提供了一个高效的单一连接点，每个销售企业都必须对本企业销售出去的产品和服务担负一定的责任。此外，因特网也使服务更便捷，降低了客户的交易成本。由于客户利用自己的时间从因特网上享受相关服务，避免了以前需要呼叫中心的代理人员的局面，戴尔公司自己也大大降低了成本。

第十，戴尔公司已经努力在产品质量和可靠性方面建立良好的声誉。例如，戴尔公司的OptiPlex和Dell Dimension台式计算机已经因绩效、可靠性和服务而获得了174个行业奖赏。对于因特网用户来说，除非是信誉良好的产品，否则他们不会不加尝试就定购价格高昂以及技术复杂的产品。

案例研究问题

1. 找出戴尔公司成功商业模型的所有关键因素，并用1~5的数字标明每个因素的重要性（其中"1"表示最重要），以此编制一个表格。

2. 列出你认为促使戴尔公司成功的四个最主要因素，并解释你的理由。

3. 在你看来，其他企业（并不一定是计算机行业的企业，可以是任何行业中的企业）能在多大程度上模仿戴尔公司的商务模式？举出恰当的例子说明你的答案。

■ B2B 的潜在问题和限制因素

我们在前面已经阐述过，世界范围内的 B2B 商务的广泛运用显示了很多优势，但也应该指出的是，一些潜在的限制性因素或障碍阻碍了 B2B 商务的发展，具体如下：

■ 因特网技术持续发展，鼓励企业推迟了短期投资；

■ 技术上的限制因素的存在，诸如系统安全性、可靠性以及相关协定的缺乏——目前在电信带宽和速度上存在的问题比较多；

■ 将现存的(遗留的)信息技术的应用和数据库与因特网和相关软件整合到一起存在的困难和高成本；

■ 在形成情报资料的电子交换方面的统一的国际标准问题上，进展非常缓慢；

■ 很多法律、税收和管制问题仍未解决。

商业上的运用 2：企业—消费者(B2C)商务模式

■ 重要特征

企业—消费者(B2C)商务模式是最早通过因特网成长起来的商务模式，目前正受到人们的普遍关注。它是指企业和消费者之间的简单的单一式零售交易。近 1/5 的电子商务活动发生在企业和消费者之间。电子零售商亚马逊（Amazon.com）就是成功运用企业—消费者(B2C)商务模式的一个典型例子，我们将在以后的内容中做详细的考察。

据估计到 2001 年大约有 7500 万个体因特网用户加入到在线购物的行列中，世界范围内的 B2C 引起的总销售额由于变数较大而引起的争议也比较大，但实际上我们能够预计 2004 年 B2C 带来的销售收入将超过 5000 亿英镑。

B2C 商务具有以下重要特征：

■ 通过因特网可直接买卖商品和服务；这些商品和服务包括数据化产品，如音乐、机票和计算机软件，它们都可以直接从因特网上获得，此外还包括实物产品如书籍、鲜花和杂货等，它们则必须通过邮寄或快件的方式送货。

■ 交易便捷，且买卖双方都具有较强的互动性。

■ 不存在事先确定好的商业协议。

■ 安全性主要是买方的问题，而不是卖方。

■ 个体买卖方之间的商品交易量小，交易标的大多都是些价格低廉的商品和/或像杂货这样的经常性交易品。

■ 众人皆知的包装好的产品，同时还附有标准的说明文件。

■ 交易的商品常常具有安全保证和/或很高的品牌认可度。企业和消费者之间的空间距离感意味着企业必须享有良好的声誉以增强消费者的信心。

■ 交易商品的运行程序可以通过生动画面或录像加以详细说明。

■ 能提供一个具有吸引力并方便人们使用的网站是必要的。

■ 新兴的 B2C 和电子零售商务模式

对新出现的各种 B2C 商务模式的分类方法有多种:

- 产品直接营销网站——产品制造商通过他们的因特网商店进行广告宣传,将产品分销到客户手中,绕过了中介机构。具体例子有戴尔公司、耐克、思科、Gap 和索尼。
- 纯粹电子零售商(e-retailers):没有实物存货,完全是在网络支持下运营的,如亚马逊(Amazon.com)。
- 有自己的网站的传统零售商——有时称为股份实业 + 网络性(brick-and-click)组织——此时因特网为现在企业提供了一个额外的分销渠道,具体实例有沃尔玛、德士古股份有限公司(Tesco)、美国的巴诺连锁书店。
- 最佳价格搜寻机构——中介机构,如 BestBuyBooks.com 和 Buy.com,他们使用特殊软件在因特网上搜寻最低的价格。
- 买方定价——消费者根据自己的购买意愿为产品和服务确定一个价格,然后中介机构根据这一价格搜寻有交易意愿的卖方,如 Priceline.com。
- 在线拍卖——主持人网站,如易贝网站(E-bay)充当经纪人提供相关网站服务,这样卖方拍卖商品,买方进行投标竞价。

■ B2C 商务的优势

使用 B2C 商务能带来很多收益和驱动力,下面我们就列举其中的重点部分:

1. 对现存企业来说,B2C 和 B2B 两种商务模式带来的益处有很多共同之处,即 B2C 商务模式可以进一步开拓市场、降低成本费用、完善管理支持系统、加速企业内部交流和知识共享等。它也使得企业能更有效地集中精力发展客户关系。但是,它可能也会增加竞争程度。

2. 对新生企业来说,因特网的使用降低了企业的进入壁垒,他们能更容易地进入新市场。如亚马逊(Amazon.com)成功地进入书籍零售业之中,避免了建设街头书店的成本费用。

3. 对顾客来说,B2C 为他们提供了更快、更完全的信息、更广泛地选择以及更廉价的产品和服务,同时也加强了客户之间的互动性。

4. 从更广泛的社区来看,B2C 商务的发展也影响了就业模式,尤其他可能会引起家庭办公形式的增加。

■ 可能的限制性因素

尽管 B2C 商务给交易双方带来了很多收益,但也存在着许多潜在的限制性因素遏制了其未来的发展,这些因素包括:

- 信用缺乏和消费者抵制;
- 尚未解决的安全、法律和隐私方面的问题;

■ 在线买卖方人数不足;

■ 存在技术性问题,诸如可靠性、电信带宽和速度等;

■ 更替迅速的软硬件工具;

■ 正积极建立自己的品牌认可度的新生在线企业,仍面临着很高的非网络营销成本;

■ 较低的进入壁垒增加了竞争强度,同时也提高了(而不是降低了)消费者搜寻和选择的成本,从而可能使得整个行业利润降低;

■ 在销售实物商品时仍然涉及大量的分销和储存成本;

■ 现存的实体商业(bricks-and-mortar)不会消失,他们仍将为维持现有的市场份额努力竞争。

下面的亚马逊公司(Amazon.com)案例研究显示了 B2C 商务的许多优劣势,如同前面的案例研究,我们也在案例末尾为读者准备了一些问题。

纲 要

在企业运营的各个领域技术都发挥着重要的作用,它为企业和客户、供应商之间的相互作用提供了越来越多的机会。随着因特网的不断发展,企业的交易方式发生了根本性变化,并在传统商务交易模式基础上不断发展 B2B 和 B2C 商务模式。我们甚至看到了一些新型企业,它们仅仅只是以一个电子化的状态出现的。电子商务中发生的各种关系受到很多因素的限制,同时在其发展过程中也产生了不少的问题,但它作为企业环境的一个领域,可能在不久的将来会有重大的发展。

重点总结

■ 技术发展使全球市场发生了根本性变化,由此也产生了一些新名词如电子经济。

■ 电子经济涵盖了通过因特网进行的商务活动的各个方面,涉及的内容广泛,包括通过电子网络进行产品、服务和信息交易。

■ 电子商务指的是产品买卖双方之间的电子交易过程,它涵盖的内容比电子经济要少。

■ B2B 和 B2C 构成了电子商务的核心部分,它们给交易各方当事人带来了很多潜在收益。

■ B2B 和 B2C 都有其自身的局限性,而这些局限性阻碍了这两种商务模式的发展。

■ 在零售业领域,B2C 商务模式不断涌现。

■ 电子商务领域的发展对市场上需求和供给两个方面都有影响。

■ 技术进步是一个不会结束的过程,它持续地改变着商业环境。

案例研究　亚马逊公司（Amazon.com）

目前已经发展起来的网上售书是一种最复杂也是最成功的 B2C 电子商务模式之一，预计到 2002 年全球网上图书销售额将超过 11 亿美元。

亚马逊公司作为全球知名网站之一，占有全球网络图书市场 50% 的份额，于 1995 年 7 月正式投入运营，直到 1998 年实现的营业额共计 6 亿美元，平均每月营业额增长达到 34%。

作为一个行业先锋，亚马逊公司（Amazon）具有很大的先动优势，享有很高的知名度，它已经在销售电子图书方面建起了属于自己的品牌名称。其公司创始人 Jeff Bezos 坚信消费者将会喜欢在网络中浏览阅读图书的感觉，阅读某本书的评论和节选，并在几天后收到该书。他还认为，从长期来看，亚马逊公司获取的利润应该比传统的零售商要高，其理由是我们没有房地产，但我们有技术，技术总是贬值而房地产则是升值。

当作为一家网上图书超市的声誉不断扩大后，亚马逊公司（Amazon）逐步将自己的销售领域扩大到音乐、录像、礼品和拍卖等领域。但是，尽管亚马逊公司拥有一个引人注目的客户基础，不断扩大的销售量，现金收入突破 10 亿美元，公司仍未盈利。到目前为止它已经在股票市场上集资超过 20 亿美元，它也差不多花了这么多了。

实际上，亚马逊公司（Amazon）认识到自己也正面临着传统零售商存在的很多问题。例如，它也必须为容纳不断增加的存货而创建一个庞大的仓储基础设施和配送中心，也必须为吸引新客户而投入巨资进行非网络营销。

随着越来越多的企业的进入，网上图书行业中的竞争变得愈加激烈，1997 年巴诺连锁商店（Barnes&Noble）开始做出反击，很快就占据了网络图书市场份额的 15%；此外由于一些像 BestBuyBooks.com 和 Buy.com 这样的软件机构打出了最低价格，也对亚马逊公司构成了竞争威胁。

尽管如此，亚马逊公司（Amazon）的支持者仍很多。他们认为，目前该公司没有利润主要是因为他们正在为取得整个电子企业的支配地位而挣扎，三位数的增长率加上新产品线的扩张势必会引起销售额增加进而产生利润。他们还认为，公司的在线零售商都缺乏规模优势，例如，亚马逊公司的劲敌，巴诺连锁商店（Barnes&Noble）在一个月仅仅将该公司特有的 1400 万访问者中的 1/3 吸引过去了。

亚马逊公司（Amazon）在技术革新和产品多样化方面具有很强的能力。它引进了大量新观念诸如允许客户在线预览图书，并根据每本书的销量来确定它们在表格中排名情况。现在，这些观念在其他网站也司空见惯了。

亚马逊公司（Amazon）也成功地申请了他们在协会程序方面的专利，这项程序允许在线批发商通过其他网站销售产品，但要支付客户介绍（customer referrals）佣金。例如，如果你经营一家网站来销售稀有古币，那么你也可以建立一个提供关于稀有古币的最好书籍。当访客登录这家网站时点击相关标题（一次点击），他们就可以直接链接上亚马逊公司网站，如果访客要购买书籍，亚马逊公司就要向这些网站支付一定的佣金。据估计亚马逊公司每年将通过会员体系增加 10 亿美元的销售收入（目前的销售额总计 34 亿美元)。

为了吸引客户,亚马逊公司(Amazon)也提供一些特别服务,像免费运送或进一步的折扣优惠,尽管有人批评说目前公司没有盈利,这样做在财务上是不健康的。

首先,亚马逊公司(Amazon)在产品多样化和进一步扩张方面确实存在大量的机会。例如,它已经与 Toy"R"US 公司、Borders Group 建立了合作关系,因为这些公司发现自己很难单独进行在线操作,他们想利用亚马逊公司(Amazon)的送货方面专家优势。Bezos 认为,一家传统零售商的分销中心虽然很擅长集中将成吨的货物运送到各个商店,但他们却不能有效地将单件产品运送给客户,因为这一过程需要不同于传统的特殊的能力,而亚马逊公司(Amazon)则在这一能力方面具有专业优势。

其次,它在扩大在线销售额外的高价产品方面也有很多机会。目前它能在线供给25000 种电子产品,而一个大的电子商店可能只有 5000 种电子产品。虽然与图书比较,电子产品的毛利率相对较小,仅为 10%~15%,但就一个价值 300 美元的数码相机和一本书来说,两者的库存、包装和运送成本是相同的,因而数码相机这类的价格较高的产品通过在线销售带来的利润实际上更高。

案例研究问题

1. 分别访问亚马逊公司(Amazon)(www.amazon.com 或 www.amazon.co.uk)及其劲敌巴诺公司(Barnes&Noble)(www.bn.com)的网站,比较两家公司的运营内容的区别和他们网站的结构区别。

2. 对 Amazon.com 进行 SWOT 分析,使用 1~5 五个数字来对这些因素进行评分(其中数字 1 代表最重要的因素),并作一表格。

3. 根据你的看法,确定每种分类(优势、弱点、机会和威胁)中的最重要(最高排序的)的影响因素,并解释你的理由。

4. 登录万维网 WWW,使用"书商"作为关键字运用 Google 和雅虎(Yahoo)进行搜索,看看你能得到多少条相关记录,这一结果说明了什么问题?

5. 根据问题 4,使用波特的五种力量模型来考察 Amazon.com 对整个售书行业产生的影响。

6. 分析亚马逊公司(Amazon)(仅仅依靠网络空间支持)以及巴诺公司(Barnes & Noble)(传统的实体商业并结合网络空间)各自的战略,从长期看哪家公司的战略更加成功,并解释原因。

复习和讨论题

1. 你预计未来时间里 B2B 和 B2C 商务模式将会有更快的发展吗?解释你的答案。

2. 商品和服务,哪种产品通过网络销售会更好?你从未考虑过通过网络购买哪种类型的产品,为什么?

3. 电子客户关系管理(eCRM)是什么?为什么它对在线企业非常重要?

4. 电子数据互换(EDI)指什么?大规模企业比小规模企业使用更多的 EDI,你认为原因何在?

5. 一家股份实业＋网络性(brick-and-click)企业指的是什么？他们与实体商业(bricks-and-mortar)相比存在优势还是劣势，请具体说明；一家仅仅基于网络空间技术支持的企业存在优势还是劣势，请加以具体说明。

作业

1. 你被任命去鉴别一种新型的 B2B 商务模型，写一份报告解释这种商务模型如何产生收入。

2. 许多网络企业都失败了，从网站中搜集这种企业的相关情况。做一个 10 分钟的幻灯片演示报告，介绍这些企业失败的情况以及背后的原因。在你的结论中，考虑一下在未来电子商务环境不断发展的情况下，同样的企业概念能否行得通。

第十六章 公司责任和环境

越来越多的人认为企业不能只追求组织内福利水平的提高，还应该履行更多更广泛的公司社会责任，尤其是在维护自然环境方面责任重大。本章将考察这种观点背后的原因以及考虑如何鼓励企业将环境政策纳入他们的战略管理方法中。

目 标
- 调查企业与社会其他要素的关联。
- 区分一家企业的主要的和次要的利益相关者。
- 定义企业的社会责任的含义，并确定企业在履行社会责任时需要采取的行动。
- 估计企业从实行公司社会责任战略中获得的收益。

关键词

商业文化	竞争优势	企业形象
公司社会责任	成本收益分析	生态标签
生态管理与审计方案(EMAS)	环境管理体系	转基因食品
投资评估	学习效应曲线	生命周期分析
细分的市场	"污染者付费"原则	自我管制社会成本和收益
可持续发展	下行分析法	

引 言

公司社会责任意味着一家企业应该对其影响了个人、社区以及整个环境的任何行为负责。我们应该找出那些对人们和社会产生负效应的企业部门，并及时对它们的行为活动进行纠正。需要强调的一点是，公司责任并不是意味着企业不该盈利，当然也并不意味着那些负责的企业不如那些不负责的企业有利可图。这一观念要求企业应该平衡他们取得的收益和实现这些收益的成本。一家负责任的企业需要妥协，并考虑企业行为的间接影响，即企业活动的外部效应。企业负有的社会责任与两个方面直接相关，其一是企业组织对于社会应尽的基本职责，其二是企业的社会活动对个人生活产生的影响。"公司社会责任"包含了很多方面的内容，如商业伦理、公司治理、企业和环境、企业公民或社区企业(参见第十章)。

关于公司责任的话题早已提到管理议事日程上来了；人们越来越对合乎道德标准的企业行为的隐性假设表示怀疑。人们认为，企业现行的运作方式还不能表示他们已经本能地知道怎样去"做正确的事"。企业界也逐步接受了这种认识，很多企业领导人现在都能认识到管理者应该更广泛地征集意见，而企业决策过程则应该是公开透明的，要接受来自政府、市民、股东、客户和雇员等多方面的监督。因此，企业应解决的不仅是财务业绩，还包括社会的、道德的和环境方面的治理，由哈瑞斯研究(Harris Research)(1997年)开展的一项欧洲企业调查支持了这一观点，调查结果表明：在接受调查的企业中，70%的公司认为公司责任非常重要；88%的公司认为企业声誉能够对企业价值产生很大的影响；25%的公司认为企业的声誉管理日渐重要的原因是公众对企业的社会责任的期望值不断提高。

 公司社会责任论坛的网站是 www.csrforum.com ，要查找有关 CSR 和企业成功案例的论文可登录 www.ebbf.org 以及企业的社会责任论坛的网站 www.bsr.org

历史上发生的导致公司社会责任改进的活动往往被认为具有偏离企业追求利润最大化和股东价值增值这一传统目标的潜力。前面所提及的那项调查同样显示，越来越多的企业认识到，社会价值的改变意味着公司责任行为与他们实现传统目标的能力是一体的。但是，企业政策应该在多大程度上追求公司责任才是最合适的？关于这一点存在着争议，主要围绕企业宗旨以及企业管理者拥有的知识／能力。如果说企业惟一的责任是向提供资本的人负责，那么它所拥有的所有资源统统都应该用来创造利润，而任何偏离这一点的管理者行为必然是有背于企业目标的。再进一步，我们还可以说，负责企业运行的个人无权决定什么样的活动才具有负责任的本质，那么他们应该在经选举产生的人民代表制定的规则的指导下简单地进行商业活动。当然并非人人都赞同这种看法。尽管大多数评论员表示并不是所有的企业都能出于利他主义而自觉地履行公司社会责任，但也承认只要企业是朝着公司责任方向努力的，他们一定会有所收益。

不论是企业家还是工业家，他们都逐步认识到改变企业文化是一个比较成功的企业战略。美体小铺连锁店的安妮塔·罗迪克，卢卡斯工业集团的凯瑞，以及其他人可能是这一趋势的发起者，而目前这一趋势已进入主流行业。例如在英国电信（BT）的出版物"改变价值"（1998 年)中，Ian Vallance 指出"追求可持续发展不是一种选择……它仅仅是经济生存的必需品"。这为人们理解企业的环境责任开辟了一个新视角，从此企业通过做出与利润相对立的社会责任方面的道德选择进而做出贡献。安妮塔·罗迪克声称美体小铺相信化妆品行业会有苏醒的那一天，同时也认为美体小铺面临的潜在威胁与优良企业面临的威胁都不是来自经济方面的。美体小铺以及其他一些企业都反映了企业应该如何运营的一种全新观点，而且越来越多的人也都接受了这种观点，更有意思的是，英国企业董事协会（IoD）也正着手确定个人和企业的标准，他们最近制定了自己的行业道德规则，并希望 54000 名机构成员都能坚持这一规则。该规则比现行的任何一种专业行为规则都要完善，其主要围绕个人对雇员、客户、供应商和更广泛的社区等的责任问题。

 目前大多数企业都会在其年度报告或其他文件中提及公司责任，查询有关案例可参见其他企业网站如福特（www.ford.com）、壳牌公司（www.shell.com）、英国石油公司（www.bp.com）英国合作银行（Co-operative bank）（www.co-operative·bank.co.uk）、美体小铺（www.bodyshop.com）

总之，企业应该如何与其周围环境相互作用，以及他们在制定政策时应如何有效地将环境因素考虑进去，对于这两方面的问题存在诸多不同的看法。如果多数企业不能认识到企业文化方面的突变是保证企业长足发展的必要条件，那么外部影响必须能保证维护更广泛的利益。当然也存在这样一种看法，它认为这种控制是经选举产生的代表们的一种特权表现，而企业独立开发社会责任方案发展的企图势必会削弱民主过程。

本质上，在商业活动和商业惯例的环境管理方面的组织发展的促进因素，取决于下述两方面的一些连续统一性：一方面是在法律可接受的范围内运行的必要性；另一方面是创立可持续发展的企业的愿望。

利益相关者理论

在第七章中我们已经指出，利益相关者是指所有受企业的决策、政策和运营状况影响的群体。在确定经营目标时，管理人员必须考虑的利益相关者的数目以及他们各自不同的利益，将使企业的决策过程更复杂。影响程度的大小取决于每组利益相关者所掌握的权力的大小，而这将随时间不同而不同。

利益相关者理论认为当企业在追求既定的目标时，企业必须对大量的团体负责。传统上认为，这些团体指的就是股东、客户以及企业雇员。——一个非常狭隘的定义，只关注那些与企业直接相关的群体。这一定义存在很多问题，近来的一些事件如壳牌公司（"Brent spar"钻井平台或者尼日利亚业务），或毕雷矿泉水，亦或更近的孟山都（Monsanto）科技公司（引进转基因食品）都表明了广泛的社会对商业活动的影响。也有人认为企业和组织只是一种工具，通过他们向社会提供满足社会需求的产品和服务，这个观点主要是将企业看成整个社会的公仆，而不仅仅是那些与企业有着直接关联的团体的公仆。这代表了一种重要的区别。企业组织越来越深入到人们生活的各个领域。如果企业愿意履行环境义务的责任，它就必须将企业的"环境观点"与公司政策的形成和执行综合起来，这样才能使观念认识真正地转变成实际行动。相应地，利益相关者也扩展到那些与企业并没有直接关联的团体中，从而导致了更具有公司责任特征的企业文化的产生。

为了更清楚地表明这一点，例如 1998 年英国合作银行（Co-operative Bank）在公布年报的同时也公布了一份"合作关系报告"——实际上是稽查企业活动对社会、环境以及企业合作者或"利益相关者"产生的影响。英国合作社银行认为他们与客户、成员及其家庭、供应商、更广泛的社区以及它惟一的股东——英国批发合作协会是有着关联的，基于这一认识它公布了合作关系报告。总体上看，企业已经越来越清楚地意识到对组织的声誉进行管理的必要性，而且许多企业领导人也认为应该给予利益相关者相应的重视，这种容纳性的方法是建立企业声誉度的最佳方法。这一观点使得那些间接的利益相关者具有更大的权力从而能控制企业行为。

企业应该在多大程度上从道德角度进行运作？对此人们深感不安，这种不安导致了企业组织的决策更加民主化以及期望的标准和态度进一步法律化。1987 年英国大型企业中仅有 17% 拥有自己的行业道德规范，但到了 1997 年这一数字上升到 57%。伦敦商业道德研究中心（The Institute of Business Ethics）1998 年的报告显示，在英国 500 强企业中，已有 271 家有了自己的行业规范。正如前面所指出的，英国企业董事协会（IoD）已经制定了他们自己的行业规范，并期望其成员能够自觉遵守。

环境管理：公司责任的一个话题

关于企业对公司责任的态度存在很多争议，企业应就企业运营对空气、土地和水造成的影响负责只是其中的一个方面。但是，这是政府、社区和企业应该加强联系，深入了解公司责任话题并解决现存问题的领域；尤其要协调好两个方面的关系：即经济发展和环境保护尤其是降低生态环境的恶化程度。

在历史上，通过企业活动达到经济增长和发展被描绘成有利于社会福利的改善，同时也是影响市民的生活质量的重要因素。相应地，那些旨在增加生产和消费的组织实践和程度受到广泛的鼓励和欢迎，即使人们已经认识到它们对自然环境的破坏作用。

尽管经济增长仍是政府的一个目标，但它对环境产生的影响已经成为政治议事日程的一部分，不论是在国内水平上还是在国际水平上都是如此，其中有三个方面倍受关注：首先是生态环境的恶化程度，再者就是有限资源正在以多大的比率逐渐消耗掉，最后就是商业惯例引发事故的频率和规模。悲观主义者认为在追求经济增长的过程中，许多国家可能已经超出其资源使用程度的界限水平及其本国所能承受的污染限度，从而使得子孙后代的生活呈现出一片黯淡的景象。而相对乐观的观点则认为个人和集体的行为能促进经济可持续发展，即当前需求的满足并不一定是建立在损害后人的基础上实现的。稀缺性和选择的概念并不是新生的，它们只是一种方法，即通过这种方法来满足人类当前的需要，而又不牺牲将来利益，这对整个社会以及所有的企业都是一个实际的挑战。

很多人认为可持续发展是世界经济的必经之路。环境恶化问题与经济发展紧密相关，各个行业乃至整个社会都应该平衡环境保护和经济发展的关系，而寻求这两者间的平衡点有很大的困难，这不仅在于必须要协调好各方的利益冲突，而且还在于信息的相对匮乏，主要是经济发展与其对自然环境的长期影响间的关系的信息相对缺乏。

生存形势日益严峻，环境方面的损失日渐惨重，这些都表明了需要进行一场环境革命，这场革命要求既是消费者又是生产者的社会和行业在行为活动上进行重大的改变。同时将更加重视实施政治方案，以此来证实人们已经普遍认为环境政策应该正规化，并在国际范围内进行协调，只有这样才能有效处理环境突出问题。"下行法（top-down approaches）"只是整个解决方案的一部分，在很大程度上取决于个人和企业在市场上的行为，以及他们对自己的行为及其后果担负责任的意愿。简言之，应通过各方面行为人的行为活动体现对环境问题的关注，而要实现环境责任革命的成功则必须将之渗透到社会各个层次。

企业对环境问题的反应

公司负责任的行动和／或支出有一个权衡性成本：如果货币、资源、时间和精力不是用于实现社会目标，那么它们就可用于其他用途。正如前面已经指出的，这就是所谓的"机会成本"。这一概念是指在一个资源有限的社会中，不论企业选择做什么，必然是以牺牲其他事物为代价的，即丧失了机会。因而回报的时间分布在决策过程中就是一个关键性因素，但是，对担负更大的环境责任的投资的回报具有长期性的特征，这可能会给企业尤其是小企业带来压力，小企业为了生存而挣扎因而需要短期投资收益。这样，尽管企业可能想提供一种更加关注环境的政策——尤其是在其利益相关者不断敦促企业关注商业惯例和操作过程的时候——只有当他们认为这些政策能最大程度地代表自身利益时，才有可能执行这些政策，也就是说，在资源得到最优利用，能够向企业的各个层次的利益相关者提供充足的回报的情况下。

当前，企业文化仍然在很大程度上受到短期利润的驱动，对企业最具影响力的利益相关者常常是那些金融资本的提供者、股东或者企业的所有者。为了进一步提高企业的环境意识，有必要将间接利益相关者的意见进行优劣排序，进而保证可持续发展问题被提上议事日程。企业由于自身原因而承担公司责任的愿望和／或能力非常小，如果说存在这种情况，那么它在商业惯例中也是少有前例的；企业政策特别依赖于其运营所处的环境。按照定义，企业的所有行为活动都会对环境造成一些破坏，企业最好是能够进行自我整顿，积极寻找办法以减少对环境的破坏。

因此，认为企业环境类型不会对企业的责任水平产生影响，这是不可能的。环境变化程度、竞争激烈程度以及复杂统一体的规模是制定政策过程中必须要考虑的因素，不管该政策是增加市场份额，还是降低废气的排放量。

如果企业将提供一个更高水平的公司责任，那么是社会必须求助于法律的使用和政府调节，还是企业察觉到社会期望的变化并自愿担负起对总体环境的责任？答案可能是这两个方面的折中，但是，立法对企业的影响水平和组织察觉到的其对环境的影响导致环境管理系统的实施的可能性存在紧密的联系。关于这一点，Sethi 提出了一个三重类型学（a threefold typology）：

1．社会义务。在这种情况下，组织常常运用法律的和经济的标准来限制企业行为。因此，这一战略是被动的，取决于市场和立法方面的变化。组织采取一种剥削型的战略，只在能获得直接利益时向环境问题让步。在这种类型的组织中的主要利益相关者是股东，对利润的追求是基本目标。

2．社会责任。这种类型的组织早已超越了法律规定的要求，积极追求遵循社会的当前价值和准则。因此，组织会履行义务以解决环境方面的问题，并将努力维持社会环境和物质环境两个方面的标准。为了实现这些目标，企业必须对很多的利益相关者负责，并承认利润是企业的主要动机，但不是惟一的动机。

3．社会响应。这种组织常常采取一个主动的先发制人的战略，积极追踪未来社会的变化。组织的政策具有很大热情，在促进公司责任观方面企业努力寻求着领导地位。组织的政策和程序接受公众评估，并通过公司责任行为来维持原有的鲜明姿态进而影响利润。

有人认为企业应该是纯粹地对社会负责任的，这种观点可能是从道德立场出发的，在英国经济中我们很难想象出这一观点，比较接近的例子是美体小铺。但是，企业也可能会遵循一种社会责任方法，因为这样做可能会给企业组织带来益处。总之，所有的认识都是基于这样一个假设，即社会越进步，就越能为企业创造出良好的运行环境。而且，这经常会引起投资适度增加、市场份额扩大、节省能源和原料以此降低成本、最终提高了"企业形象"，因此，负责任的行为最终会为企业带来财务收益。促使环境管理系统实施的另一个动力可能来自于政治方面，而不是经济方面。简言之，若企业组织发展自己的环境政策和／或规则，那么外部规制机构给企业构成的威胁将会下降，同时减少了外部机构对公司惯例和程序的检查，进而改善公司形象。

 美体小铺网址 www.bodyshop.com

　　实际上，我们得出的结论强调了这样一个事实，即企业组织在发展环境责任政策中通常不会只追求先发优势角色。当投资回报的回收期比较长的时候，初始的短期成本会抑制企业的行为。这就需要对参与决策制定的人员进行再教育，使他们理解长期观点的益处，并制定出能在长期内提供可持续发展的竞争优势的政策。所有的战略都应该这样，因而对环境政策的执行也是适用的。

小案例　小企业部门的环境绩效

　　在英国大约有 97% 的企业的雇员少于 50 人。这些企业吸收的就业人数占总就业人数的 50%，产生的 GDP 占全国 GDP 总量的近 1/3。自从 1979 年以来这一部门的经济重要性不断上升，因而这一部门对环境产生的影响也变得日益重要。

　　但是，这些小型企业在环境意识上没有达到全国企业的平均水平，他们在很多方面都落后于其他企业，如环境稽查的使用、环境立法知识以及环境报告的印制等。

　　人们认为，小企业的环境意识不足的原因主要有：

　　1. 成本。小企业的资源有限，一般察觉不到执行环境政策所产生的经济利得。

　　2. 专家的匮乏。小企业缺乏开发完善的环境实践的人力和物力，除此之外，他们还对从外面邀请专家去调查其现行实践表示怀疑。

　　3. 忽视立法。小企业的数目太多，这限制了任何一个机构监督整个部门的能力，导致很多小企业认为"他们不知道的东西不会伤害他们"。他们对自身环境责任的"无知"是出了名的，并且在一定程度上依赖于监督机构所面临的问题的规模。

　　4. 规模优势。小企业实施环境方案会招致一定成本，但由于他们的产出少，因而他们无法将这些成本在一个较大的产量上进行平摊。此外，通过实施良好的环保行动而改善的公共关系，并没有使这些小企业有太大的收获。

　　这些因素可能导致在发展企业内部环境责任的过程中，市场呈现出不完全竞争特性，从而需要制定新的和充满幻想的方案为小企业创造更大的利益，进而改进他们的环保实践。

企 业 和 社 会 的 相 互 作 用

　　由于认定企业应该更多关注他们对环境产生的影响，整个社会正在表达他们对企业现行表现的不满。团体或个人得出这一结论的方法可能是非常主观的，一般是基于价值判断和经验的。苏格兰特许会计师公会（The Institute of chartered Accountants of Scotland）在一份报告中指出，尽管越来越多的证据显示了环境问题对财务报表中的数字有潜在影响，但英国的财务报表很少涉及此类问题。该报告还显示一小簇领导型企业把对环境发展的监控作为自己的一种政策，积极追求在预期的环境变化之前做出反应。在这些前沿领导型企业中，会计人员极富能动性，注重对企业风险和负债的正式评估，并在会计账户中确认环境成本以及积极提取准备金。包括特许公认会计师公会（ACCA）在内的很多组织都建议在企业的年度报告及其账目中，应该包含一个"环境回顾部分"，通过这部分详细阐述他们的环境政策、总结他们对法律的遵守状况并回顾其实际的环保表现。若要对环境方面的争论进行更深入的考察，我们必须使用一个科学的行为度量方法，这种度量方法是以某个标准为基础而不是仅仅只是用货币来度量的。

成本收益分析就是一种这样的方法，它能对一项活动的社会成本和收益进行测定和评价。成本收益分析和通常情况下的投资评估方法存在着根本的区别，主要是成本收益分析方法强调的是社会成本和社会收益，但这种分析方法在具体操作中又存在很多困难。两个特定的困难是：

1. 实物单位的度量，比如生活质量的改善或其他变化。

2. 为了在一定程度上进行比较而在一些共同单位的账户登记减少同样的成本和收益，这项工作非常复杂。由于账户使用的单位大多是货币，这就意味着环境恶化、资源利用以及甚至人类生活状况都必须和价值相联系。

对环境方面的改善和恶化进行货币评估非常重要，主要原因在于它提供了一种度量社会偏好的方法。对环境恶化程度进行价值评估实际上就是在两种偏好之间进行排序，它们分别是拥有产品和服务的意愿以及保护环境并尽量避免使用稀有资源的愿望。因此，运用货币度量对变化前后的情况进行比较是非常直观的。成本收益分析就是对所有相关的成本和收益进行逐条记录，剔除不相关的转移支付，并对成本和收益进行合理量化，从而能对各种行动方案作具体的分析比较。也就是说，这种分析方法为企业决策奠定了一个比较可靠的基础，更重要的是它能对那些特殊的非货币性的收益和成本作一个大概的货币估算，目的是为一个具体的行动方案正名。因此，可以将成本收益分析方法看作是向决策者提供最全面的信息的一种方法。

鼓励企业关注环境的方法

目前经济学家认为环境现状及其改善是一种公共产品，它具有非排他性：很多消费者能够同时消费这种产品，而不需要负担额外的成本，同样地，任何人去消费这种公共产品都不会减少其数量和质量。

公共产品的非排他性也产生了"搭便车者"问题，因为总存在一群人认为其他一群人已经为消费这些公共产品付费：在这里即改善环境质量时引起的额外成本。从历史上看，公共产品通常都是由政府提供的（如火灾和警方服务或街灯的提供），从而避免了市场供给引起的公共产品供给不足或过剩，确保它们的正常供给。然而近年来的情况表明公共产品并不一定要由政府干预，尤其是那种市场完全可以提供的公共产品。

■ 政府干预

政府对企业部门的直接干预并没有提高他们的环保责任心。国有化企业并不是生态环境的堡垒，在很多情况下（如"tall stacks"政策）英国的国有企业甚至忽视了他们引起的环境恶化问题。政府通过调节或立法进行间接干预可能相对有效，但它与"自由放任"(laissez-faire)的一般政策不一致，这些政策是 20 世纪 80 至 90 年代英国保守党制定并执行的，1997 年工党执政以来至今仍继续沿用。

此外，如果政府仅仅以调节系统作为自己的控制手段，就会面临很多危险。法律是被动的，法律条文和法律精神之间可能会有重大的差别。如果某个行业垄断了一项专门技术，那么，在这种情况下的政府调节就是完全无效的。最后，国际问题（如核电站核燃料泄漏、全球变暖和酸雨）多种多样、错综复杂，通过调节难以解决这些问题。但这并不是说立法体系总是无效的，这只能说明立法体系不是一个精确的控制手段，经常让别有用心的人钻了空子。

事实上，调节逐渐成为一种很复杂的商业行为的工具，商业全球化意味着企业组织必须处理不同国家的不同的法律控制及要求，大多数情况下企业不断变换它们在不同国家的政策，以期能满足该国的最低标准要求。在印度博帕尔（Bhopal）发生的中毒惨剧表明，联碳公司（Union Carbide）在第三世界的工厂的安全标准比他们在美国的国内工厂的安全标准低。它追求的政策只是满足单个东道国的法律或规章制度框架。同样地，这一观点也适合于航运公司，他们通过悬挂不同国家国旗来降低航运成本。

从另一方面来看，想要在所有的市场上销售产品可能必须要达到一个最高的通用标准。并不是所有的国家都执行同样的环境标准，尽管欧盟试图使一些立法标准化，但实际上不同国家的环保机构执行的法律仍存在差别。因此遵循特定市场上的严格的要求对于提高该企业在其他市场上的竞争性地位可能有很大帮助。

提议的或可能的调节也可能说服企业组织考虑自己的行为造成的影响，尤其今后日趋严格的法律越来越显示出政府将会接受污染者支付原则，要求污染者对其造成的环境损失进行赔偿。根据近年来美国的经验可见，政府可以对企业执行追溯行为，也即企业应该就其以前的决策引起的环境破坏接受惩罚。

对于有些企业来说，遵守法律就是目的，但对于其他企业来说，政府调节了企业行为的最低标准。企业文化（带有明显的成本限制）决定了法律限制之外的行为水平。而对于履行法定责任和义务的企业来说，这可能会给他们带来额外的收益。对于那些率先发展环境敏感性程序和体系的企业来说，他们必然比那些后来才采取环保措施的企业更富有经验，后者会发现自己已落后于新立法的发展速率。同样地，那些率先制定环保方案的企业与同行业其他企业相比，就存在了一种竞争优势，这主要是因为这些企业能够充分利用由经验和学习曲线效应带来的收益。然而，如果企业把运用环境管理工具看成是一劳永逸的办法，这显然是非常危险的，像任何一项企业计划一样，为了将企业在这一方面增加的知识及企业不断改变的需求考虑进来，企业应该对这种程序进行经常性检查。

总而言之，立法和调节在提高企业总体的环保表现上发挥了重要的作用；当政府已经搜集到商业措施和方法方面的相关信息时，这种作用最明显。然而，多数情况是企业拥有了必要的信息，如果政府想获得相关知识就必须承担一定的资源成本；这意味着有必要采取其他控制措施将所要求的公司责任渗透到企业中。可以强烈要求企业向消费者提供更多的产品方面的信息，从而使消费者有机会对所消费的产品做出更精明的决定，这样就减少了政府介入水平，并有助于个体消费者认识到他们在环境危害中发挥的作用。

■ 市场机制

人们环保意识水平的不断提高——由于信息很容易搜集——已经使得与企业相互作用的各个利益相关人的选择愈加精明。客户、供应商、雇员和投资者越来越能意识到他们对环境所负的责任，他们的决策通过各种途径影响企业的总体目标，并确保企业会为其行为负责。越来越多的精明消费者已经成为企业发展的强大的动力提供者，尽管缺乏完全信息但产品转换已经在发生着，企业若想维持现有的市场份额，或寻求新的发展机会就应该关注这些变化。同时，目前已经制定出的多种"生态标签"方案，在很大程度上使得消费者能识别出那些对环境影响最小的产品。

1993 年欧盟发起了一项生态标签计划，而实际上欧盟成员国对这一计划的响应非常缓慢，只有约 200 种产品成功地纳入了这一计划。1998 年英国环保、运输和地域部（DETR）决定不再继续实施该项计划，并敦促欧盟成员国积极推行"整合的产品政策（integrated product policy）"。

标注了生态友好标签的产品在欧洲范围内倍受欢迎，因为欧洲各国越来越推崇更加广义的自然观，而不只是集中于某些特殊的问题，诸如动物权利或已确定的森林方案。这使得政府调节更加有效，同时关于鼓励生产和标注生态友好标签的产品方案也得到进一步的宣传。例如，9 个国家的"生态标签"正在欧盟 7 个成员国中通行（荷兰和西班牙分别拥有两个"生态标签"产品），欧盟的"生态标签"计划已经受到广泛好评，它们由独立机构执行并颁发相关产品合格证证明。

1978 年德国首先创立了这些"生态标签"的原始形式（前身），俗称"蓝色天使"，它广泛用于 4300 多种产品和 90 多种产品组合；据称，大多数家庭在选择环境友好产品时会寻找"蓝色天使"标记。其他国家拥有的类似标签有：芬兰的 stichting milieukeur；法国的 NF 环境；荷兰、挪威和瑞典的北欧白天鹅。最重要的是，企业若想在他们生产的产品中使用这些标签，就必须提供从其供应商直到自己的环保表现的相关证明。这实际上是运用生命周期分析方法来评价一种产品对环境造成的影响。

许多环境管理体系（EMS）标准的引入也使人们对环境更加重视。英国发展了第一个 EMS 标准（英国标准 7750），但是随即 ISO14001 就代替了这个 EMS 标准，以引进一个国际通用的 EMS 标准。然而，欧盟有一个自己的标准，即所谓的欧盟生态管理与稽查方案（EMAS），它是一种公认的最严格的 EMS 标准。EMS 标准与质量标准遵循着同一基本方法，人们期望这些 EMS 标准能和质量标准（BS5750/ISO9001）一样成功。美体小铺的行动突出了这一主题：它与皮特·林公司（Peter Lane）达成协议，让这家公司负责运送它们的存货，但前提必须是皮特·林公司（Peter Lane）需要通过一项环境审核。B&Q 公司的举措进一步证明了这一点，B&Q 是英国的一家硬件经营连锁店，它对自己及其供应商生产的产品都进行环境标准审核，这些审核工作是实施"环境"政策的前奏，一家大型的泥炭制造公司拒绝从那些专门的科学利益基地（Sites of Special Scientific Interest）购货，公司就将它从其供应商名单中删除。应该说，在不久的将来，更多精明的客户日渐增多（或是个体或是企业），从而导致新的需求不断涌现，这就使得企业将面临更大的压力。

有趣的是，随着企业行为活动给环境造成的破坏越来越大，企业向保险公司支付的保费越来越多，也即这两者是一致的。如果人们能够证明家庭的安全措施已经有所加强，他们支付的保费就会降低，相应地，如果企业能够提供它们实施环保措施的相关证明，它们也就能获取类似奖赏。更严重的是，不能提供参加环境管理系统相关证明的个人或企业，可能无法进行投保。而且，信用机构也不愿和这些"弱环保"的企业组织发生任何关系。根据美国的进一步立法规定，如果信用机构已经向一家工厂发放抵押贷款，一旦这家工厂的活动引起了环境恶化，这家信用机构就要对该工厂的环境破坏行为负责。从而政府严格控制了资金流向污染行业，包括废品处理商、危险废料处理企业、纸浆厂和造纸厂以及加油站等。同样的趋势也出现在英国，银行对向那些可能会引发环境恶化问题的小企业提供的货款采取非常慎重的态度。因而，本就有限的资金正进一步削减，这并不是因为企业的生存能力问题而是因为他们所担负的环境责任。因此，尽管目前英国还没有这种类型的立法，银行及其他信用机构已经认识到他们的环境责任，而这越来越体现在他们的信用政策上。

■ 外部压力

企业面临的来自外界团体的压力非常多；这些团体既包括当地社区的集团组织也包括像绿色和平组织这样的国际机构。尽管这些团体的大小和范围有所不同，但他们的目标却极为相似：都是运用自身所具有的权力去影响决策过程，其中不乏成功的例子。但是，对很多团体来说，他们对决策过程的影响力还远远不够，因而要求决策过程民主化的呼声越来越强烈，尤为表现在更多的利益相关者团体参加到要求决策民主的行动中。

高效的民主化使更多的利益相关者都能参与进来，导致参与者的结构和文化背景发生了变化；他们的参与程度以及变化的大小主要取决于民主化的发展程度。参与型民主可能是一种最有效的形式，尽管这一观点在很多方面都没有得到证实；要使这种方法成功，不仅需要将其运用于决策过程中，还要求获取相关信息和专门知识，为能产生有效的权力和影响奠定基础。更有意义的一点是，在英国大多数企业只是从文化上接受了该方法。

最后，可能存在这样的危险：企业不愿意正视他们所面临的问题，寄希望于"新环境主义"只不过是最新的管理时尚。但是，对于那些在环境敏感性政策方面发展比较缓慢的企业来说，反应迟缓而引发的成本、法律诉讼可能带来的潜在威胁以及惩罚性罚款是非常重要的。企业必须认识到风险是非常大的，而估算失误（如一个严重的事故引起的环境恶化）引起的成本是非常大的，该成本表现在企业形象、罚款、减产、滞销、保险费和客户忠诚度等方面。

■ 自我调节

如前所述，有效果有效率地实施调节所需要的信息和技术经常掌握在企业手中。政府在实施调节过程中需要这些信息，而这可能是一个成本比较高的过程。然而，如果企业实施自我调节并采用环保措施，而不是坐等政府来调节，那么就能避免这种信息搜集过程。这种方法存在很多明显的缺陷，明茨伯格早已指出，通常情况下企业进行自我调节主要是为了抵消即将来临的政府调节。这给企业部门带来了两个积极效果。首先，它使社会相信，作为一个部门，在企业运行过程中它始终牢记环境利益。其次，在外界团体认为企业行为可疑时，它为企业提供了一个极为便利的障眼法。因此，自我调节本质上是承认了企业组织能够满足社会其余部分的环境要求。

公众对环境问题的关注不断提高以及政府对企业行为的后期调节都表明社会不允许企业在没有限制以及不考虑对环境的影响的条件下运行。认为企业组织会遵守制度和规范的假设是一种错位。如果社会要相信企业管理者，那么就必须询问他们管理企业所依据的社会规则。越来越多的年度环境报告显现出他们正积极朝这方面努力；在财富全球100强企业中，将近1/4的企业都单独发行自己的"绿色"报告，在报告中就企业对环境的影响进行详细阐述。美体小铺则更加前进了一步，已经印刷了自己的"价值"报告（见小案例），在该报告中对企业内部的环境、动物保护和人事关系进行了翔实的记录，并对这些记录进行全面以及单独的审核。但是，大部分报告很少对仍然非常敏感的信息进行详细的说明和披露，而且，由于没有任何规定或标准，它们缺少一致性。因此，政府被迫继续监控自我调节系统，并保留实施环境目标的权力。

小案例　美体小铺的价值报告

1996年美体小铺引入了"价值"报告。该企业表示，它对企业内部有关环境、动物保护和人事关系进行了详细的记录，这份报告主要是对这些记录的独立审计。这一报告涉及很多方面的问题，其目的是测量"绩效并与政策、内部管理体系、规划和目标、股东期望以及外部基准进行对比"。

公司道德审计部门（ethical audit department）的总经理D. Wheeler在一份声明中说明了环境审计的多样性："在人们整天谈论利益相关者经济时，这是一种确定一家公司如何按照它的利益相关者的意愿办事——我们能够影响的或能影响到我们的任何人——并利用该信息促进企业发展的方法。"

公司活动涉及的当事人很多，有客户、供应商、雇员、经销商和股东等，公司首先就他们对公司活动的态度进行了大量调查，在此基础上产生了这种"价值"报告。这些调查是由审计委员会（audit commission）执行的，目的是对企业既定目标的实现程度进行独立的评估。美体小铺的目标是将调查结果用于改进自己的企划，并/或向它的供应商提供更多的交流和支持。这些目标的实施情况将在以后的报告中加以评估。

这种价值报告可能已将环境审计的概念推进到更高的阶段，而大多数公司可能并不想这样做。然而，它也表明了大多数企业开始对商业的次生效应给予更多的关注。据估计，20世纪90年代中期英国的大企业中，2/3的企业都在他们的年度报告中包括了某一类型的环境评价，而FTSE100家企业大约有1/4已经公布了独立的绿色（环保）报告。这些都证明了在企业的决策过程中利益相关者这一观念越来越深入人心。

执行环境政策带给企业的利益

我们在前面的分析中已经说明了很多行业被激励着越来越重视发展更加友好的环境政策；其含义是如果环境主义的驱动力是反方向的，那么企业组织就会转向以前的环境政策。然而这一假设没能考虑到公司责任政策的执行已经给公司带来的效益，公司责任在一股强大动力的驱使下，正从北美向全世界扩散：在北美，人们越来越期望企业正制定他们自己的满足环境义务的计划，并对获取有关自身业绩的知识给予高度重视。北美的企业战略家已经表示在接下来的几年里环境主义将处于社会改革的边缘，因而是企业必须关注的一个领域。然而，企业在这方面的承诺总是脱节，在英国更是如此。为了改善企业的环保业绩，有必要搜集更多的信息并开展培训活动，不只要涉及环境恶化状况，还要说明企业从采纳更大的公司责任中获取的效益。

■ 投 入 要 素 的 效 率

企业战略家以及企业组织已经提出了很多支持环保的行话（pro-environmental jargon）；PPP（防治污染是有益的），WOW（清除废物）和 WRAP（减少废物是有益的）都是一些很常见的缩写词。一个明显的信息是，对原料和能源的更有效的利用将降低成本，对企业的账目产生积极作用，并改善企业的"利润"。例如 3M 宣称它在 1986 年节省了将近20000 万英镑，主要是因为实施 PPP 政策降低了能源和原料成本。英国巴克莱银行自从1979 年就开始对企业实施能源效率审计，据估计在这段期间里银行因此而节省了数百万英镑。美体小铺也进行了一项能源审计，很快就产生了收益：通过"小投资"每年可节省 23000 英镑，同时在未来的进一步投资中，还有每年节省 28700 英镑的潜力。目前呈现在企业面前的信息表明，更多情况下他们是以牺牲原料和能源成本为代价对劳动力和资本成本给予特别关注的，而这也正是新环境管理系统所强调的问题。

网页链接　**3M 网站 www.3m.com**
Monsanto （见下文）的主要网站为 www.monsanto.com

■ 改 进 的 市 场 形 象

企业组织的社会形象变得愈加重要，这主要是因为快捷信息流的发展。企业要建立他们自己的市场形象要耗费较大的成本，一但发生不慎的行动或评论，企业投入其中的资源就会白白浪费。关于这一点的最好例子就是 Monsanto 公司向欧洲市场引进转基因（GM）食品采用的进攻性市场营销运动。在这场运动中，这家公司没有考虑到欧洲市场的具体状况，以及消费者对食品的敏锐程度。结果这场营销战非但没有改善公司的销售状况，反而使得它们的销售状况恶化。类似地，一名英国石油公司的代表在一次谈论中无意地评价了它们在设得兰群岛上的"布莱尔"号油轮的原油泄漏（见案例研究）事件，之后绿色和平组织利用这一点大做广告宣传，以此指责大公司缺乏责任感。为此英国石油公司耗费巨资实施和促进绿色战略，目的是在人们心目中树立良好的组织形象，但可想而知绿色和平组织的这一广告宣传大大减损了英国石油公司的努力成效。

考虑到当前的舆论环境，企业若正采取措施以提高他们的公司责任水平，而且他也能将这一信息传达给消费者，那么他就能扩大自己的市场份额并提高其客户的忠诚度（如瓦尔塔（Varta）电池公司在降低消费用电池的重金属含量方面的技术进步）。公司的市场形象也影响到他们能获取的人力资源的质量水平，因为人们在未来就业选择方面越来越重视一家企业的公司责任状况。但是，企业的声明必须有相应的行动作为基础，而且这些行动已经传递给消费者并为他们所理解。诸如生态标签和 ISO14001/EMAS 的方案将有助于提供清晰的意图声明：企业将为精明的购买选择提供更好的信息。

■ 提供新的细分市场

来自市场的明确消息是，越来越多的消费者更加关注他们购买的产品的类型，同时也更关心他们的购买对环境所产生的影响。因而当消费者愿意为一种环保产品支付额外的费用时，很多细分市场随之产生，它们对于企业是非常具有吸引力的。在很多情况下这也意味着利润会增加，这是一种与当前市场趋势相反的因素。

除此之外也存在着其他市场机会，这些市场机会源于存在为提高企业环境责任水平而采取行动的需要。如果企业向市场提供环保产品或服务，那么它们在环境方面的支出就会相应增加，显然这方面额外的支出必然会给企业带来相应的额外收入。例如，有很多重大的市场机会，包括污染减少、能源节省、废料控制技术等，如果人们能预期可持续发展的趋势将继续，那么，企业在产品和过程设计领域也将会有更多的机会。

■ 积极的立法遵守

企业运行于其中的立法框架包括很多的规制机构。正如前面章节中阐述的一样，欧盟官方指令的权力常常超出英国政府制定的法律，同时若一家企业组织想在单一市场上顺利运营，如果期望竞争，它们必须显示自己是完全守法的。那些曾经只对产品和过程有效的规章制度如今总是经常延伸到企业决策方式中，而关于公司治理的 Cardbury 报告似乎启动了一轮增加决策过程民主化的进程，这一民主化过程也是企业无法遏制的。过去，企业在环境问题上的表现还未涉及信心和信任，而且试图通过纯粹的措辞使人们对责任的更强烈的呼声平息下来是不可能的事。在未来人们似乎越来越需要那种响应社会的企业组织，这种企业机构能够接受全民对其行为的评价，并对所有的利益团体负责；简言之，这种企业机构在发展公司责任中具有先动优势，并在实践和原则上始终坚持可持续发展。

没有干预的公司责任？

当前的现象似乎是，只有在企业慢慢意识到公司责任于己有益的时候，这些企业才会接受公司责任的挑战——也就是为了避免调节、增加市场份额和／或降低成本。纯粹地说，企业支持公司责任主要是通过这种方式能够显示它们行为的崇高，企业的这种姿态是与一种企业的社会响应观紧密相联的。由于这一方法与企业的关键性目标——也即利润最大化——是相互冲突的，因而，问题就是这两个冲突是否是完全排斥的，或者说能否找到一种方法将利润最大化和企业公司责任相结合。很多观察员认为如果在这样一种企业环境下，其中没有政府干预，企业自由运行，那么就不可能产生公司责任组织。同样地，法律本身是不可能监督到企业的每个方面的，其中也包括了企业活动对自然环境的影响。

　　我们所需要的就是通过立法以及社会准则和价值观设定一种基调，也就是向企业传递清晰的信号；由企业解释这些信号并在此基础上形成自己的政策，从而服务于社会，同时也能满足社会的立法要求。这样看来，公司责任对提高企业竞争优势是非常必要的，同时它也是企业战略管理的一个不可缺少的部分。简言之，坚持可持续发展可以在没有过多干预下自然渗透到企业的商业实践中去，因为过多干预常常会侵犯到企业家的才能。但企业仍然要执行各自的职责。

纲　要

　　20 世纪末期人们对企业政策的研究涉及很多方面，其中最重要的一个方面就是组织变化，各地企业对日渐动态的和复杂的市场反应多是非常失败的，尤其在英国最为明显，这也是英国行业业绩不断恶化和经济增长势头低迷的一个原因。近几年来产生最重要变化的领域要算是，社会越来越呼唤那种履行社会责任方式的企业出现，因而履行社会责任也已经成为很多企业组织战略决策过程的重要部分。公司社会责任是指一家企业在追求经济收益的同时也有义务追求其行为的社会效益，这一义务可能是在外界压力施加基础上产生的，也可能是由组织内部决策规定的，不管怎样，履行这一义务的企业将会发现收益最终会超过成本。

重点总结

- ■ 公司社会责任(CSR)是指企业应该对其行为给他人、社区和环境造成的影响负责。
- ■ CSR 是现代企业必须考虑的一个重要事项，当然他们还应该关心传统的利润和增长情况。
- ■ 企业履行社会责任并不是要排除他们的盈利性。
- ■ 企业组织更应该考虑其利益相关者对于社会责任问题所持的看法。
- ■ 企业的行为和决策会对自然环境产生影响，这一领域的研究意义非常重大。
- ■ 不同企业反应的方式各不相同，有被动性的反应，也有超出遵循调节需求的更积极的环保措施。
- ■ 公司环境响应的重要"驱动力"包括政府干预、市场力、外部压力以及组织的自我调节。
- ■ 执行环境政策的企业将会有所收益，这主要来自资源使用效率的提高、市场形象的改善、新的市场机会、新增的竞争优势以及预期的反映。

案例研究　　**Braer 号油船泄漏事故**

内容提要

　　Braer 号是长崎的 Oshima 造船公司于 1975 年制造的。它是单个发动机启动船，船身长 241.5 米，固定负载量为 89730 吨。1985 年该船注册于挪威船级社(the

Norweigan classification society Det Norske Veritas)(DNV)名下，并根据这个专门机构的规定对其执行一项例外记录。按规定每五年都要对该船作严格的技术测定(survey)，且每年都必须对该船作必要的检查；1989 年 7 月对该船进行了最后一次定期技术测定，而1992 年 5 月则是对该船作最后一次年度检查的日子。根据记录显示检查没有发现任何在海上值得关注的问题，因而 DNV 认为 Braer 号一直运行良好。同时这艘船一直没有任何意外事故的记录，因而斯库尔德（Skuld）保赔协会——该船的保险商——认为此船在一家负责的公司管理下一直是运行良好的。

　　泄油事件大约发生在 1993 年凌晨的 5:30，当时该船正装运着 85000 吨轻原油从挪威到魁北克的途中，当经过设得兰群岛和费尔群岛之间的一个 22 米宽的裂缝时，燃料水槽灌进了海水，到了 6:00 Braer 号就停火了，只能侧身漂向设得兰群岛。距离事故现场30 米远的莱维克港大约在 7:30 才派遣了第一艘拖船，而这大约是在 Braer 号发动机停火至少 90 分钟之后了，这是一种非常严重的耽搁。尽管救援人员竭尽全力进行补救工作，这艘船还是在 11:30 撞到暗礁上；到下午 3:00 就有报道称大量轻原油泄漏出来，对该水域的野生动植物造成很大威胁。

漏油事件的后果

　　在设得兰群岛的 Sumburgh Head 附近失事的 Braer 号油轮给环境造成巨大影响，世界自然生态基金会(World Wide Fund)把它描述成是"潜力无穷的灾难"。出事地点是在一个悬崖地区，附近有很多小峡谷，有大量的野生动植物生存在那里，而且欧洲共同体鸟类指示文件当时已经把 Sumburgh Head 列入特别保护区。泄漏事故之后，潮间带中的植物和鱼类赖以生存的巨石上都覆盖了一层原油，在食物链机制的作用下，大量的海鸟中毒而死，进而威胁到这个地区的主要动物——海獭和海豹的数量。英国野生鸟类和湿地基金会(the Wildfowl and Wetland Trust)的一名发言人表示他们非常担忧此起漏油事件，因为此前在 1979 年同样的事故中 Esso Bernicia 在 Sullem Voe 泄漏了 1174 公吨的燃油，那起燃油泄漏事故曾给当地的野鸭造成致命的打击，当即鸭群总数下降了 25% ~ 30%。

　　设得兰群岛的当地居民也非常担忧这起原油污染事件对当地的鸟类和海洋生物带来的危害，其中主要的还是给当地捕鱼和养鱼业带来的经济威胁。尽管有丰富的石油储备，设得兰群岛主要还是依靠渔业来生存，岛上 10000 名壮劳力中有 1/3 从事于渔业，包括渔夫、鱼类加工、大马哈鱼养殖。设得兰群岛渔业联合会的一名发言人指出"设得兰群岛对于渔业的依赖远远超出 EC 的其他部分"。一旦渔业遭受重大冲击，这个群岛的经济将会呈现出一片黯淡景象，因为整个设得兰群岛的渔业营业额为 8000万英镑，然而仅设得兰群岛上的大马哈鱼养殖业的价值就约 3500 万英镑。失事船体对鱼类危害不大，因为油层主要是浮在海水的表面，但是当使用的化学分散剂以分解泄漏的原油时，便会产生一种油状乳剂，这种物质一旦沉到海底就会杀死鱼群。我们都知道分散剂和原油的混合物会比单一的原油更具毒副作用。

历史上的先例

　　Braer 号油轮漏油事件给海洋造成了严重的危害，同样地，1967 年失事的 Torrey

Canyon 在 Cornwall 附近长达 35 英里的狭缝内，造成了 30000 吨原油的泄漏，这在英国油轮失事的历史上是最大也是最早的一次原油泄漏事故，当时英国一名高级政府官员声称此次漏油事故产生了"一个空前巨大的污染问题"。下面列举了自从 1967 年油轮失事以来的其他一些漏油事件，包括：

1970 年	太平洋荣誉号，3500 吨原油泄漏
1978 年	Eleni V 号，5000 吨原油泄漏
	美国石油公司的 Cadiz 号，223000 吨原油泄漏
1979 年	大西洋 Empress 和爱琴海船长号，120 万吨原油泄漏
1987 年	埃克森的 Valdez 号，240000 桶原油泄漏
1990 年	美国商船，7600 桶原油泄漏
1992 年	爱琴海，2400 万加仑原油泄漏

从 1993 年 7 月开始，根据国际海事组织(IMO)制定的反污染规定，要求所有新建油轮都必须是双层船体外壳，而且自 1995 年也要求现存的油轮满足多项严格的标准。实际上，这些标准也就意味着要淘汰掉很多旧的油轮，因为对它们进行改造要花费高额成本，是非常不划算的。与此同时，国际海事组织（IMO）的一位发言人指出，建于 20 世纪 70 年代的油轮在技术上显然是过时的，但为了满足全球原油运输的需求，我们仍然要继续使用这些油轮，延长它们的生命周期，这一油轮改革措施涉及 136 个国家、2900 只油轮，因而它不可能会在一夜之间就能完成。

公司责任议题

航运课程

Braer 号船长在出现险情时决定将船靠近设得兰群岛海岸线，就船长的这一决定，环境专家很是疑惑。因为国际海事组织（IMO)把设得兰群岛附近的海域确定为"一个回避区域"，而且国际规碰规则也规定，为了避免原油污染造成的危害、降低对设得兰群岛的环境破坏和经济冲击程度，有必要性形成一个 10 英里宽的保护地带。此外该规则还规定超过 5000 吨的轮船禁止在此地通行，但 Braer 号却出现在这一地区，这主要是当时的恶劣气候状况所导致的，Braer 号船长考虑的更多的是船员的生命安全而不是对环境可能造成的后果。再来分析天气预报这一方面的原因，大多数船员主要获取的是 3 天的预报信息而不是更长的 10 天预报信息，事实上，主要依赖短期天气预报信息恰恰表明船员本意上是打算在船离港后尽可能快地返回。海运航线(Oceanroutes)一名代表 Paul Roberts 认为轮船运输也应该根据天气情况来设定它们的交易航线，他还表明油轮没有标准的航线："从挪威出发的油轮很自然地经过英国的北部海岸，如果天气情况非常糟糕的话，我们则建议油轮另辟航线，但开辟另外一条航线也就意味着要花费更多的时间和更高的成本。"

安全标准和方便旗

近些年来，越来越多的商船所有者通过将自己的商船注册为海外"方便旗"从而降低了运营成本。在整个世界经济萧条时期，有些商船所有者不堪破旧船只带来的重负，纷纷采用某些国家的低安全油轮标准，这些国家分别为塞浦路斯、巴拿马、利比利亚，Braer号在这些国家都进行了注册从而能悬挂这些国家的国旗。商船队官员运输联盟（The Merchant Navy Officer's union）曾提醒英国政府要警惕潜在的危险，因为这些所谓的棺材船只正在英国海岸线运输危险产品。1991年在英国港口接受检查的外国船中有60%被发现存在问题，该联盟的总秘书长John Newman指出，考虑到越来越多的危险货物由"安全记录比英国的船只差100倍"的船只运输，灾难是难免的。

船体结构

在埃克森的Valdez号油轮失事以后，美国立法便开始加强引进双层船体油轮，单层船体油轮逐渐被淘汰。之后的国际法提出要使用双层船体技术建造新的油轮，然而各家油轮的船东的反应非常迟缓，这其中隐藏着很多问题。首先，法律并没有规定对1993年以前建造的船只应如何处理，而它们仍然在广泛使用之中。其次，国际油轮船东防污联盟（the International Tanker Owner'Pollution）的技术经理Joe Nichols认为双层船体并不一定能防止Braer和埃克森Valdez号这样的油轮事件的发生，而且双层船体设计本身可能会因为内建气体和新的所谓中间夹板设计而产生问题。换句话说，立法缺乏足够的弹性以容纳所有的安全需要。

全体乘务人员接受的培训的水平和质量

强调油轮的技术和安全需要可能就会忽略掉一个重要方面。原油泄漏事件中约80%是人为造成的，从这一方面来看，迫切需要协同整个航海业培训课程。虽然油轮船员都必须接受国际认证资格培训，但困难就在于发证实体(awarding bodies)内难以形成统一标准，而且船员们大可从远东市场上买到这些证书。国际航运联合会的一名董事曾说道，"有迹象表明全球航运人员培训标准已经消失了"。

租用轮船的成本降低

培训问题也反映出油轮租用费用很低，其中的原因在于轮船运输业中存在大量的过剩产能。一家企业若投资建造了一艘拥有必要的环保控制措施的先进的油轮，需要收取每天大约60000美元的租用费。这与谈判力很强的石油公司每天15000英镑的报价形成鲜明对比。实际上，油轮租赁公司不准备为高质量的油轮掏腰包，可以说他们间接地导致了低标准航运的继续。

拖延的援助请求

从Braer号和美国石油公司的Amoco Cadiz号（1978年）两起漏油事件的比较来看，假如Braer号油轮船长对油轮正处在极度危险中，并且急需LIyd's的"散式"援助这些问题早点清楚的话，情况就会大不相同。当发动机不能工作而油轮正在群岛间缓慢漂流的时候，Braer号油轮船长可能还没感到危险将至，他甚至可能认为油轮还是有可能相当安全地通过这一水域的。现在回想起来，在那种情景下一个人是很难在成本收益分析后做出一个明智的决定的，因为生态和环境破坏的无形成本以及失去的收入和生活质量下降的次效应在当时是无法量化的。

结论

Braer 号油轮建于 1975 年，为纽约 B&H 船运管理所有，该公司执行的环境污染保护与其他在航运事业中有利益的企业是一致的：B&H 参加了奥斯陆的斯库尔德 (Skuld) 保赔联盟管辖下的"保赔"俱乐部。该俱乐部由意见相同的油轮船东组成，于 20 世纪末最终形成，旨在弥补传统政策未涉及的承保范围。那些承载量在 2000 公吨以上(包括 2000 公吨)或者从英国港口出发的油轮都被包括在保险范围内。如果这还不够，则由国际原油污染赔偿基金对船只提供每公吨不超过 662 英镑的赔偿金额，该基金在国际海事组织(IMO)的管辖下，并得到各国政府的资金支持。根据估算在 Braer 号失事中，这项保险金额应该是 5463 万英镑，所有这些方案都是依据英国法律实施的。实际上，油轮船东对漏油造成的损失担负完全责任，包括除污成本以及除污措施造成的任何破坏。斯库尔德(Skuld)保赔联盟则提供 50000 万美元的标准赔偿金额，实际上一旦确定了灾难的全部范围，这一赔偿金额明显是不够的，因而有人呼吁提高原油泄漏事件的最低保险赔偿金额水平。但这些要求受到油轮所有者的一致反对，因为他们面临增长的保费和其他成本。很明显的是，目前的保险赔偿水平太低，而且得到保险偿付的时期非常漫长。

案例研究问题

1. 在 Braer 号油轮失事事件中，有哪些利益相关者，他们的利益是什么？为了避免像油轮泄漏这样的环境事故再次发生，他们可能会如何影响未来的决定？

2. 环境组织在降低环境事故发生的概率中发挥了什么样的作用？

复习和讨论题

1. 政府应该在多大程度上负责为企业运营创立参数？一家企业能够自由确定自己的公司责任水平吗？

2. 想一个企业决策过程更加民主化的例子。在多大程度上企业执行 Cardbury 报告中的建议是可行的？

3. 根据一些作者的看法，在政府确立的边界范围内，企业惟一的目标是追求利润最大化。你同意这一观点吗？

作业

1. 组成一个小组，选一个环境议题(如企业或自然特征)并写一份报告，这份报告要递交给地方压力组织的领导，其中要详细评价这一问题造成的环境影响。这份报告应清楚地参照：

    (a) 成本收益分析，由小组执行对突出因素的分析；

    (b) 任何与此相关的立法 / 规定；

（c）做一个利益相关者图表，其中阐述哪些是利益相关者，他们对该问题处理的重要性以及他们影响未来决策的能力。

2. 你是一名刚上任的培训部门经理，你被要求对企业进行一次重新审视，特别是要参考环境系统的执行。你的顶头上司要求你写一份报告，为此你应该：

（a）查阅可获取的资料并确定那些所形成一个环境管理系统所必要的过程和程序；

（b）表明组织内部需要进行处理的领域；

（c）解释企业内部应该如何执行这一政策。

第十七章 监控变化

企业组织运营的环境是不断变化的，并且存在很多不确定性因素。在追求组织目标时，为确保他们的资源得到有效的利用，企业需要考察外界的影响，并尽可能预测环境变化的特性和程度。对战略管理和决策制定的理论研究和实践已经提供了很多有用方法，同时也为分析企业环境提供了各种各样的技术方法。这些技术方法需要大量数据和信息，它们多半是为公众所支配着。随着计算机技术的发展，获取这些数据和信息变得更加容易，人们可以将这些从国内外搜集来的数据和信息进行分类整理。

目 标
- 阐述监控变化着的企业环境的必要性。
- 考察广义的环境分析方法。
- 分析企业组织用来协助决策的各种定性和定量方法。
- 对那些来自国内外的对学生和从事企业活动的人都有用的信息和数据进行全面的回顾。

关键词

头脑风暴法	交叉影响矩阵	环境分析
环境扫描	PESTLE 分析	波特的五种力量竞争模型
情景构建（scenario writing）		战略协调性
战略管理	SWOT（或 TWOS）分析	得尔斐法
趋势线外推（法）	趋势影响分析	

引 言

很少有公司像美国国际通用机器公司（IBM）那样受到全世界的普遍赞誉——根据产品包装的颜色，人们都称该公司为"蓝色巨人"。在 20 世纪后半个世纪里，IBM 公司在整个计算机行业完全处于支配地位，他占据着大型计算机市场的主导地位，同时也形成了广为人们接受的行业技术标准。同时 IBM 还投入巨资进行研发活动，目前它已经成为美国和欧洲规模最大的尖端科技公司，在日本它也是一家尖端科技公司巨头之一，为全球公司企业树立了榜样。公司享有保护利益相关者利益的良好声誉——包括自己的雇员，公司提供给他们终生的就业保障以及受教育和培训的机会——这一声誉是神话式的，提高了公司在企业界甚至更广社区范围内的声誉，因为 IBM 常常是体育和文化事业的重要赞助商。

在追求卓越表现的过程中，IBM 公司始终都有着自己的一个营销和销售定位，从根本上说，它是一个客户驱动型企业，这也成为该公司成功的一个关键性因素。在 20 世纪 80 年代中期，IBM 在世界范围内拥有 400000 名员工，实现营业利润 100 多亿美元。在世界经济全面繁荣的推动下，加之世界市场上对公司产品包括个人电脑在内的巨大需求，

IBM 公司实现的收入创历史最高记录，公司股价也随即上升到前所未有的水平。与此同时，公司高级执行官信心十足地预测 1990 年公司销售额将达到 1000 亿美元，1994 年会达到 1850 亿美元——行业内外很少有企业能挑战这些数据，只要 IBM 公司业绩持续下去，而且仍保持自己的优势地位。

不幸的是，事实已经证明公司的这些预测非常不精确。1992 年 IBM 公司税前亏损达 90 亿美元（折合为 58.4 亿英镑）——是美国企业历史上最严重的亏损——而在之前一年的净亏损额则为 30 亿美元，它是公司历史上出现的第一次亏损，也是自 1946 年以来首次的销售额下降。到 1993 年 1 月中旬，IBM 公司的股票市场价值仅为 270 亿美元，这都不到它在 1987 年公司股价最高时的市场价值的 1/3。从就业的角度来看，公司 1993 年裁员 25000 人，这是继 1992 年裁员最高峰（40000 人）的又一次大幅裁员，公司雇员下降到 30000 人，裁员举措产生了巨大重组成本，进一步恶化了公司的赤字境况。公司主席 John Akers 曾宣布 IBM 公司可能要放弃两个重要的原则——没有强制性裁员(no compulsory redundancies)和没有股利削减(no dividend cuts)——仅仅是有助于说明在这么短的时间内公司业绩下滑的程度。

到底出什么问题了？简单来说，就是 IBM 公司没有对企业运行环境中的技术和商业趋势给予足够的重视。"芯片"技术的提高使得个人电脑更有竞争力、更具弹性，而 IBM 公司着手进入个人电脑市场的决定使得这种产品合法化了。但不幸的是，芯片技术的提高也引起很多公司不断进入，他们利用同样的技术，生产可以运营相同软件的标准个人电脑产品，但价格仅仅是 IBM 公司要价的一部分。起初这对 IBM 公司的大型计算机几乎没有影响，因而公司对其"现金奶牛"充满信心。但是，随着技术水平的不断提高，公司大型计算机也越来越面临着众多强势台式计算机的威胁，这些台式计算机就是所谓的"工作站"，他们可以通过网络连接在一起，也可以按照客户的规定要求以很高的竞争性价格来进行专门设计。

对于 IBM 公司的高级执行官来说，他们最先可能忽视的常常是技术变革和严峻的竞争形势两个方面对公司造成的威胁，因为他们总是认为公司成功与否是与能否将大量的硬件卖给那些商业客户相关的。技术进步以及廉价复制商们的进攻性行为引起市场环境急剧变化，世界经济低迷加剧了这一变化，这两个方面都促使该公司重新审视他们的市场地位并着手对企业机构以及其他方面进行变化调整，以克服企业面临的各种困难。尽管这些变化调整——包括更换执行官、机构重组、裁员以及资源转移如从大型计算机生产转向计算机零部件市场——受到了投资者的欢迎，但它们清晰地显示了此类企业所面临的问题，这类企业在处理企业环境变化时常常是采取被动的方法而非积极能动方法，而且直到危机发生时它们才会开始正式审视市场和竞争者。

 IBM 公司网站是 www.ibm.com

监控变化的必要性

通过对 IBM 公司发展过程的分析，旨在强调企业组织有必要考察他们运营的环境，并在可能的情况下预测那些影响他们市场地位的变化。在理想状态下，一家公司的管理当局应该对外界环境进行监控，目的是识别出企业的潜在威胁和机会，进而形成公司决策。前面章节已显示，环境不仅包括那些直接受企业基本运行影响的团体／组织和个人，如客户、竞争对手以及其他利益相关者，此外还包括企业运行其中的更广泛的社会环境。

从事某种形式的环境分析或扫描(见下文)必然需要人力和财力，关于这一点有些企业不能或不愿意考虑，尤其是当关于机会获得或风险规避的收益难以量化计算时更是如此。关于这一点认识，运营相对稳定的小规模企业（如承办者 undertaker）可能更是深有体会，但这可能是一种误导，其基本原因在于两个方面：首先前面提及的人力和财力成本不一定是必需的，因为企业可以从很多组织和公众那儿免费或付费很少就能获取大量信息和数据。其次，不是投资于环境扫描的代价可能非常高，从机会损失到组织的最终破产或独立企业的消失。

环境方面的复杂性、不确定性以及外生变量的复杂庞大等都会抑制组织机构对企业环境中的实际或潜在变化进行监控，这同样也说明了为什么很多企业总是采用"什么都不做"或被动方法。换句话说，由于企业环境方面存在很多问题，企业管理者可能就会以此为借口把注意力集中到日常事务，并认为环境影响与企业的生产过程不相关或只是外围的。短期内这一观点还是能维持住的，但将它作为战略方法则是高风险的，尤其是在竞争对手是以更加开通的姿态出现的时候。此外它还表明了企业在一些方面理解得不够深刻，如企业内外部环境在多大程度上是相互依赖的，管理过程必须要在环境需求和组织提供两个方面之间实现"战略协调性"的必要性，以及明确企业需要什么而环境能提供什么等。

分析企业环境：广义的方法

　　环境分析或环境扫描是战略管理过程的一部分，是企业战略形成和执行的先决条件(见图 17.1)。它包括了对企业内外部信息进行监控和评估，然后将信息发布给企业内部的关键性人物，这主要是因为企业自身优劣势及其外部机会和威胁对他们的决策是至关重要的。正如上面所述的，对企业环境变化的准确预测一方面降低了环境突发事件给企业造成的危害，另一方面则增加了企业的行业竞争优势，尤其当其竞争对手很少采取积极行为时更是如此。

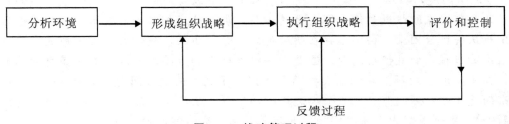

图 17.1　战略管理过程

环境扫描过程常常是由个体进行的非正式行为，而且信息来源是多方面的，涉及供应商、客户、咨询公司、金融机构、压力集团、地方组织（如商会）和政府。规模稍大一点的企业组织可能认为有必要对这些方法加以补充，为此他们采用了一种更正式的信息搜集和分析系统，并使用各种方法和技巧——其中有些我们将在下文描述。

广义上说，这些更加成熟完善的环境扫描方法主要集中研究企业的社会和任务环境（societal and task environments）。我们在第一章中已经指出，PESTLE 或 PEST 分析方法主要考察政治、经济、社会文化和技术因素的可能的变化，预测这些变化发生的程度及其对组织可能产生的后果（例如在美国更多的女性返回工作岗位，因而雅芳公司把化妆品销售地点从家转向午餐时间的办公室）。相比之下，基于行业的方法则主要关注生产同样或类似产品的企业，以及这些企业的竞争环境的关键特征，如买方和卖方相对的市场影响力以及竞争对手引起的实际的或潜在的威胁。

在这种情况下，波特的五种力量竞争模型为企业提供了一个非常有用的分析框架（见第十二章）。实际上，波特认为一个企业的环境主要是由行业内部或行业之间的竞争强度界定的，这对竞争性规则和企业潜在的战略都会产生关键性的影响。五种竞争性力量决定了竞争——前面已经指出——这五种力量的汇总决定了行业的最终利润潜力，而这常常用长期投资收益度量。

毫无疑问，很多短期因素也能影响到企业的盈利能力（如罢工、需求的突然增长），波特则认为只有对行业中经济和技术方面的基本特征加以确认之后，在这一基础上展开的结构分析才是有意义的，而且这些基本特征对每一种竞争力的强度都是至关重要的。其中最重要的基本特征是对新企业的进入壁垒、现存竞争对手的竞争强度、来自替代产品的压力、买卖方相对的讨价还价力量以及政府在影响竞争中的重要性。

小案例　跨国投资引入：一个 PESTLE 分析

在竞争日趋激烈的市场中，企业必须始终对各种挑战保持高度警惕性，同时应努力获得某些竞争优势以优于其主要的竞争对手。对于有些企业来说，这可能意味着要扩大企业在他国的生产和／或服务设备的投资，或是通过降低成本（如使用更廉价的劳动力资源），或是通过实施扩大需求的战略（如开拓新市场）。考虑到很多企业是所谓"自由自在的"（即在厂房选址方面相对比较自由），那么企业决策者面临的一个重要问题就是选择投资地点：相对于另一国而言，该国的优势是什么？回答这个问题的一种方法就是运用 PESTLE 分析法，分析有关宏观环境的信息，进而形成最终的决策。

为说明问题，在这个小案例中我们采用了一个假设的例子。如果一家主要的轿车生产商打算在东欧投资建设一家全新的工厂，那么让我们来看看它如何在厂房选址决策中确认关键性因素。由于不存在明确定义的分析框架，我们在这里采用的方法旨在突出决策过程中的关键性问题，这是那些投资地点的最终决定人员应该慎重考虑的问题。为了有助于理解，我们以表格的形式列出了这些关键性问题（见表 17.1），应该指出的是这些问题的分类是个个人选择的问题（如政府税收法案是法律问题还是经济问题？）；关键是提出了哪些问题，而不是如何划分这些问题。

表 17.1	一家轿车工厂的选址：一个 **PESTLE** 分析	
政治	*经济*
■ 政府在目前和未来的稳定性如何？	■ 目前的经济框架对于企业是有利的吗？
■ 政治体制有利于外国投资吗？	■ 长期来看，经济能否保持平稳运行状态？
■ 该国现在或不久会加入欧盟吗？	■ 存在一个有利的商业基础设施吗？
社会	*技术*
■ 人口结构将会如何影响产品需求和／或劳动力供给？	■ 目前的技术进步状态是什么？
■ 现有经济条件能提供更多的市场机会吗？	■ 技术转移可行吗？
■ 劳动人口具备什么技能？	■ 学前（或未来）的基础设施是促进还是妨碍投资过程的进展？
■ 福利和教育系统有助于投资计划的实施吗？	■ 技术培训方面有哪些便利设施？
法律	*道德*
■ 现有的法律框架是推动还是阻碍了企业运行？	■ 工厂备选地的道德标准对企业运行和／或树立公司形象是有利的还是不利的？
■ 现有的（或计划中的）劳动就业法对企业有利或不利？	■ 目前（或计划之中）的环境标准和规则如何影响企业组织？
■ 现行税法对企业组织有利吗？	

　　正如表 17.1 所示，PESTLE 分析法对厂房选址决策中的潜在风险和不确定性作了重要的分析，同时它也促使了决策者去考察分析每个厂房选址方案的当前和将来环境。如果企业在决策过程中使用这种分析方法，应首先对各个影响因素的相对重要性进行权衡分析，并就各种风险发生的程度给予关注，得到的分析结果会非常全面周到，所以我们说这种分析方法非常有用。当然也可以通过这种分析方法来进行逆向排除（即排除某些选址方案），也就是说，如果针对一个不是很好的选址点和另一个相对较好的选址点，企业不一定就会舍弃前者。例如，企业在进行最终选址决策时还必须要慎重考虑到其他方面的因素，因而 PESTLE 分析更多是影响了企业投资的水平和性质（如合资企业可能更看重资金的直接承诺）而不是在哪儿投资的问题。

技　术

　　为了协助环境分析，企业组织还应该使用一些技术方法，从定量测度和预测到定性方法如判定和意见商讨。实际上，选用何种（些）技术方法取决于多方面的因素，包括所要求的信息类型、所获得的数据数量及其准确程度、时间因素、资源约束以及组织决策过程中对预报重要性的意识程度。

 要查找各种技术方法的更详尽的内容（如 SWOT、交叉影响矩阵、得尔斐法）可在进入雅虎主页后键入这些词，有关这些技术方法的更多参考内容可登录 www.icehouse.net 和 www.mindtools.com 等。

■ 趋势线外推(法)

顾名思义,趋势线外推(法)实际上就是一种建立在过去分析基础上以预测未来的方法。其中暗含的假设就是,至少从短期来看大多数因素都会保持不变,同时关键性变量的突发性变化也不可能发生。通过分析当前的发展趋势来预测未来的这一方法非常有用,因此希望采用一种相对简单而且便宜的预测方法的企业组织经常使用这一技术方法。

在最简单的情况下,趋势分析常常用于预测变化过程(如对一种产品的将来可能的需求),如果所掌握的历史数据非常充足,同时也充分考虑了季节波动和周期波动问题,那么这个过程的预测结果相对来说就会比较精确。类似地,我们也常常会使用这一技术方法来检验一个因素(比如说销售量)和另一个因素(比如说可支配收入的水平)间的既定关系,进而用它来分析多种因素同时对一个目标因素的影响情况(例如使用多元回归分析方法)。最后,这种方法也常常用于对包含很多时间序列的随机或解释变量进行考察(例如统计建模技术方法),也可以考察各种因素变动对已经预测出的趋势结果产生的影响,实际上分析员会认为这些因素可能是存在的而且对预测结果有影响。其中后一种分析方法即是所谓的"趋势—影响分析",大型公司通常将这种方法与其他方法结合使用,像得尔斐法、意见探究法(opinion canvassing)(见下文)。

使用趋势分析法作为预测工具的根本缺陷就是它不能保证历史反映的趋势会持续下去;突然的间断——例如英国突然决定退出 ERM——动摇了暗含的假设条件,也即使得能够预测未来趋势的假设条件有所削弱。大多数情况下,趋势是建立在一系列模型之上或各种变量之间的关系上的,其中任何一个环节或变量的变化都可能会改变未来的趋势发展情况,但我们很难识别出这些变量,进而也难以全面理解这些变量之间的相互作用关系。因而,只是简单地认为一个原因只引起一个结果的想法低估了企业环境的复杂性。

■ 情景构建(Scenario writing)

情景构建实际上就是构造一幅未来蓝图;它是对一个环境中和/或一个行业内的未来可能发展状况进行现实性的描述,进而考察他们对组织产生的可能性影响。这种技术方法——常常包括"最佳情形","最糟情形","最可能情形"三种预测结果——能够帮助组织决策人预测环境中的潜在变化,并对此做出相应的对策;它也常常用于企业内部的风险分析和偶然事件的应急处理。

实际生活中情景构建的组织方法可能有很大的差别。有些情况下,这种技术——如果用的话——只是基于企业高级管理者的非正式讨论对未来做出一般性预测时采用的一种方法,而且会受到有关个体主观判断以及他们的影响力的制约。其他情况下,组织常常会使用相对复杂的技术方法,这可能包括从组织外部与组织无利益关系的个人那里搜寻意见(见下文)。

小案例　壳牌石油公司的情景预测（Scenario forecasting）

　　为了对企业环境方面的变化进行有效的预测，组织可以运用多种技术分析方法，情景预测就是其中的一种，这种方法总是受到大公司的青睐，大公司能够通过采用这种方法更好地促进长期计划的形成和自身战略的发展。

　　跨国石油巨头——壳牌公司是使用情景预测方法的领导性企业之一。传统上，公司的计划者都是根据当前石油需求状况推测未来石油市场行情。但是，20世纪70年代初该公司决定构建一系列的未来的可能情景，管理者以此为基点计划不同环境下的决策。20世纪80年代中期这种情景预测方法被证明非常有效，那时油价下跌，进而冲击了整个世界石油市场。幸运的是公司计划者预见到了这一可能性，管理者考虑到了一旦假定情景真正发生他们应该做出的反应，因而公司在这场石油市场冲击中受到的影响非常小，而它的一些竞争对手则经历了一场厄运。

　　壳牌公司在近几年仍然继续采用情景方法协助计划编制，它帮助公司克服了海湾战争期间石油供给中断造成的困难。目前公司采用的情景预测方法比20世纪70年代更加现代化了，公司可以使用相对简单的技术方法设定情景。通过这种方法，公司计划人员就能将大量的预期转化成两种可能的情景，从而为战略规划和决策奠定基础。但要强调的一点是，情景预测仅仅只是一种方法而不是最终目的。它对于建立积极的公司战略是一种非常有用的方法。组织可以利用情景方法来检查和阐述他们长期内将要面对的威胁和机遇。正如壳牌公司的经历中反映的那样，能够对未来的形势有清醒的认识非常重要，一方面有助于组织面对变化的市场环境能够做出积极反应；另一方面也有助于他们利用市场变化带来的机遇。

　　尽管各种不同类型、不同规模以及处于各个发展阶段的组织都适宜采用情景建构方法，波特却指出这种方法对新兴行业特别有用，因为在这种行业中存在着相当大的不确定性因素，惟一能确定的是变化将不断发生。波特指出，如果对新兴行业进行一个结构性分析，也即对产品／技术、市场和竞争方面存在的可能发展及其后果进行分析，那么它就会明确自己所处的市场地位，而且一旦某个或其他预期的情景真的发生了，他们知道应该如何实施战略行为。对于有些企业来说，这种分析方法也使他们能识别出一些重要事件，从而得知企业的某个或另一个假定情景是否正在发生。而对另一些企业来说，他们通常是具备充足的资源，这种方法可以促使他们竭尽全力朝最有利的情景努力，这样也就强化了企业在行业中的最终地位。

■ 专家意见：得尔斐法

　　为了预测未来发展或构建可能的情景，一些组织转而寻求专家们的帮助，也即企业常常聘请他们作为自己的顾问。专家经常组成团体进行工作，他们向管理者提供一份通过"头脑风暴法"分析得出的报告。换句话说，组织可能喜欢向一个匿名的专家小组征集意见，而这其中就是用了"得尔斐法"，它最初是由美国Rank Corporation在预测可能发生的军事行动时开发出来的。

实际上得尔斐法就是汇集专家组的意见，专家组中各专家的运作是相互独立、匿名而且也都不知道对方的存在，这样也就避免了他们之间的相互影响，保证了意见的客观性。这种方法首先搜集并确认每个专家的最初意见，由一个中立调查人汇总提炼专家的意见并绘制成表格，再将这些表格发给每位专家，专家进行回复后再进行新一轮修改，当然这些修改过的意见必须含有最初的信息，实际上这个过程可能要重复几个轮回，直到专家小组基本上达成一致意见为止，也即对未来发展状况已经达成共识。得尔斐法对于企业来说成本高、还需要投入大量时间，但其并不能保证一定会达成统一意见。尽管如此我们仍使用这种方法来对企业环境的任何一个部分进行考察，确定预测到的变化可能产生的影响及其原因，而且得尔斐法提供的信息也可能会包含在其他定量和定性的环境分析结果中。

■ 交叉影响矩阵

与前面介绍的方法相比，交叉影响矩阵是一种更为复杂的评估和预测环境变化的方法。通过这种方法，分析员能识别出一些预计在特定时间可能发生的事件，并详细分析每个事件的发生时间及其发生的概率。将这些事件分别按照字母顺序进行排序，并列入矩阵（见图 17.2）的行和列中，旨在对各事件间的相互影响进行分析，尤其是说明一个事件在多大程度上影响另一个事件的发生与否以及发生的时间。

作为预测未来事件间相互关系的一种方法，交叉矩阵分析至少有两个方面的目的。第一，它能用于检查矩阵中各项预测的一致性——例如事件的预测以及他们间的关系——假如分析结果明显不一致。第二，它提供了一种方法，凭借这种方法就能够确定那些对今后的发展影响最大的事件和趋势，并考察他们是处于环境的单个部分还是交叉部分，如在经济、技术、社会和政治方面的因素相互作用的情况下。

概率与时间	事件 1	事件 2	事件 3	事件 4	事件 5
事件 1 （概率 / 时间）					
事件 2 （概率 / 时间）					
事件 3 （概率 / 时间）					
事件 4 （概率 / 时间）					
事件 5 （概率 / 时间）					

图 17.2　一个简单的交叉影响矩阵

■ "SWOT"（或 "TOWS" 分析法）

人们普遍认为公司的业绩受到内外因素的综合影响，我们可以将这些影响因素归结为：组织的内部"优势"和"劣势"以及组织外部的"机遇"和"威胁"。人们熟知的一种形势分析方法是对有助于企业战略决策的各种因素进行系统分析，我们称这一方法为"SWOT"（或"TOWS"）。

SWOT 分析的起点是审视组织内部的优劣势，这可能是由组织管理者或组织外的咨询者（他们提供的想法更为客观）执行的。然后对确认的因素按重要性进行打分，越重要的因素得分越高。同样的过程也可用于对组织外的机遇和风险加以识别，进而突出那些可能发生并对企业组织的未来市场地位产生影响的外部因素。最终的 SWOT 格子主要用于关注企业组织所面临的关键性的环境影响，并考察当前战略在多大程度上与企业环境发生的变化有关。

值得一提的是组织外部机遇和威胁的分析并不是绝对的，虽然原先是组织的机遇，一旦它与组织资源或文化或利益相关者的期望相违背时，它就不再是机遇了。而且 SWOT 分析法的真正价值不在于它列出了各种影响状况，而在于它促进了正确的组织战略的形成，为此我们可制作一个 SWOT（TOWS）矩阵，主要包括企业的机遇和威胁及其内在优劣势（见图 17.3），结果存在四种可能的战略——称为 SO, ST, WO, WT 战略——包括抓住机遇的积极的优势开发战略，还有避免弱势和预期威胁的防御性战略。

内在方案 外在方案	优势（S） 列出主要企业组织的优势（如高质产品）	劣势（W） 列出主要企业组织的劣势（如低效动作的物流）
机遇（O） 列出主要组织机构：机遇（如新市场）	SO 战略	WO 战略
威胁（T） 列出主要企业威胁（如竞争）	ST 战略	WT 战略

图 17.3　一个 SWOT 矩阵

环境分析的限制性因素

我们前面阐述过的方法代表了企业对环境变化进行考察的一些方法，考察的目的是理解哪些变化可能会发生，这些变化又是如何影响企业的以及在这种状况下组织应该做出怎样的反应。简言之，这些分析的价值不仅在于其为组织所提供的信息，还在于信息搜集和评估的过程以及它在战略管理中的运用。

尽管它作为决策工具具有潜在价值，环境分析也受到很多因素的限制，因此我们必须对这些限制因素加以考虑。首先，分析企业的环境并不是一项精确的科学，也不能为组织消除不确定性，比如由未预测到的不遵循常规模式的事件引起的不确定性。其次，管理者也不应将它作为预测未来的一种方法，不然的话，一旦预测出现问题，战略计划者和决策者就会将此归咎于没能使用一个特殊技术方法或所提供的数据不精确等。

除此之外，环境分析本身绝不能保证组织的效益，有时它所提供的信息可能让那些经验丰富的管理者产生质疑，因而决策过程会变得更加复杂化。采用这些环境分析方法的危险就在于企业组织常常以为它们就是结果，从而使来自其他方面的信息和数据变得模糊。相应地，战略思考和战略决策就不能充分发挥作用，这常常表明组织机会遭受损失和资源的低效和无效使用。

信息源

面对着大量的信息和统计数据，研究企业环境可能是一个非常单调乏味的工作，我们在本章最后一个部分列出了一些国内外的信息源，它们都是些对于学生和企业来说能方便搜索的信息源。这些并没有穷尽所有的信息源，它只是说明研究工作者能够得到很广泛的信息协助，也反映出政府和非政府机构出于不同目的将这些信息以不同格式呈现出来。很多情况下，信息是以电子形式和印刷形式出现的，而后一种形式对于商学院的学生来说是一个非常好的起点，当然因特网也提供了一种非常重要的搜寻平台。

■ 统 计 资 料

统计信息是企业研究的一个重要组成部分，学生需要知道他们能获得什么信息，尤其是有些数据会出现在最意想不到的地方。这里我们给出查找统计信息的三个关键指南，具体如下：

1. 国家统计局 (National Statistics)——英国官方统计网站，英国官方编制的统计数据的入口。有些信息可以在线获取，但有时你必须寻求印刷品，包括了下面网址中列出的很多内容(http://www.statistics.gov.uk)。

2. 英国非官方统计数据源 (Sources of UnofficialUK Statistics)。提供了各种组织编制的大量非官方统计出版物(如压力集团、工会和行业协会)。

3. 非官方统计源全球目录 (World Directory of Non-Official Statistical

Sources)。由欧洲监督委员会编制并对西欧以外入选国家编制的非官方统计材料提供了重要指导，他们编制的统计材料也收编到非官方统计源欧洲目录中。这一目录特别搜集了有关消费品、消费趋势、关键行业以及国民经济和商业趋势的统计材料。它包含目标索引和地理索引，也能在全球市场信息资料库(GMID)网页服务上获取。

下面我们要讨论一些主要的统计材料，按照他们的字母排列顺序加以说明，具体如下：

4. *年度统计摘要*(Annual Abstract of Statistics)。由英国国家统计局(ONS)编制的一种官方权威统计报告，分为各个方面报告，即人口、生产、能源、运输、贸易和公共服务等。通常10年为一个报告期并编制表格形式的报告，报告末尾有一个详细的字母分类索引。

5. *欧洲消费者* (Consumer Europe)。欧洲监督委员会编制，能以光盘和在线方式获得。它是一种泛欧洲营销统计数据材料，重点强调消费品和消费趋势。通过使用这些信息可以检查主要的产品生产集团并预测未来的消费水平。

6. *数据流*(Datastream)。一种金融和经济方面的在线数据库，由 Primark 国际汇编，主要搜集包括全球公共企业、股价以及股市市场指数在内的数据。经济数据库涵盖了古今各种国际经济数据序列，包括150个国家的货币供给、通货膨胀和利率方面的记录。它的数据来源是多方面的，包括 OECD、英国政府、中央银行和其他非官方数据材料。

7. *欧洲经济调查报告*(Economic Survey of Europe)。每年由联合国汇编，这一调查报告包括欧洲范围内单个国家以及地域集团的相关数据，涉及农业、工业、投资和贸易等方面，数据多是以表格和图表的形式编制出来的。

8. *经济趋势*(Economic Trends)。由英国国家统计局(ONS)每月发行的数据刊物，主要涉及重要的经济指标如价格、失业、贸易、利率和汇率。数据跨度有几年的，也有最新的月或季度数据，并附大量的表格和图表。1993年3月将每季度的国际收支平衡表和国民生产核算数据作为季度增刊的内容。

9. Economist Intelligence Unit country reports。回顾各国企业环境，并将世界划分成六大区域。其季度报告总结重大事件、议题和趋势并提供相关重要数据。可通过报纸、光盘和在线获取。

10. *欧洲就业报告* (Employment in Europe)。很好地概括了欧洲就业问题，由欧洲执委会每年汇编，每期的中心议题都不同。

11. *Europa 世界年鉴*(Europa world year book)。由伦敦的 Europa 出版，它将所有国家按照 A-Z 排列，每个国家条目包含了对一国政治和历史的概括，以及有关领导性组织、政党、媒体和外交代表等方面的关键性统计数据、合同细则和基本事实。

12. *欧洲数据*(Europe in figures)。欧洲概览，附有大量图片和表格。它仅仅只是个简单介绍，不是定期发行。

13. *欧洲经济*。由欧洲执委会汇编，关注经济形势和其他方面的发展。该期刊包括经济趋势和商业指标，并对欧洲范围内长期宏观经济指标提供了一个统计数据索引。每年发行两期，另有三份报告。

14. *欧洲营销数据和统计*。每年由欧洲监督委员会编制，提供西欧和东欧等国的统计信息，这些统计信息涵盖市场很多方面——包括人口统计趋势、经济指标、消费支出、零售业——通常以21年为一个周期显示其趋势，它主要以传单(spreadsheet)的形式公布，同时也提供了字母目录索引。

15．*家庭支出调查*。对家庭数据进行了全面的明细分类，包括收入、支出和其他方面的资金。这一调查报告附有大量详细的表格和图表——尤其是近几年的报告——也提供一些区域分析。由英国皇家出版局印制。

16．*金融统计*。由英国国家统计局(ONS)印制的每月发行的刊物，涵盖了大量的金融方面的数据，包括一个公共账户和经济中非公共部门的数据。所搜集的数据力求最新，当然也有以前年份的数据。人们可以从英国国家统计局(ONS)购买光盘来获取相关数据。也可参见 www.statistics.gov.uk/statbase/mainmenu.asp。

17．*一般家庭调查*(General Household survey)。由英国国家统计局(ONS)主持的连续抽样调查，在一般财政年度的总人口基础上进行。这一调查包括了与家庭有关的非常广泛的方面——包括住宅、健康、教育和就业——常常为中央政府资源配置方面的决策提供基础信息。自1994年改名为"英国生活：一般家庭调查结果"。

18．*国际营销数据和统计*(IMDAS)。每年由欧洲监督委员会编制的对美洲、亚洲、非洲和大洋洲的统计信息概略，统计信息涵盖了人口统计、经济趋势、金融、贸易、消费者以及其他领域，通常以21年为一期提供趋势分析，同时提供字母目录索引。可获取提供有关统计信息的光盘——"世界市场数据与统计"。也可登录 www.euromonitor.com/Imdas.html。

19．*劳动市场趋势*。其前身是就业公报，由英国国家统计局(ONS)每月出版发行，包括劳动市场数据和大量人物报道。

20．*劳动市场季度报告*。由英国教育／劳动部门（DfEE）编制，覆盖了劳动力市场和其他类似培训问题的信息和数据。

21．*营销手册*。每年由NTC调查公司出版社编制，是最基本的统计和信息源，其姊妹刊物有欧洲营销手册和零售手册。

22．*每月统计摘要*。提供一国国民收入、产出和支出、人口、就业、贸易、价格和其他领域的重要信息，同时也给出了以前的信息，由英国国家统计局(ONS)编制发行。

23．*新收入调查*。由英国国家统计局（ONS）编制发行，每年一期。这包括了按照行业、职业、区域、国家和年龄划分的收入数据信息，可以通过NOMIS在线获得。

24．*国民收入和支出*。也即现在的"英国国民账户"（或蓝皮书），每年由英国国家统计局（ONS）编制发行，包括国内和国民产出、收入和支出数据，还包括部门之间的分析数据。统计数据时间跨越十年之久，附有字母目录索引，可通过光盘和在线获得。

25．*OECD 经济展望*。对 OECD 成员国和非成员国在经济、政策和前景方面进行周期性评价，一年出版两期，它刊登论文以及数字、表格、图表和短期方案，还在国家基础上考察发展进程。可以通过网上订阅(www.oecd.org/eco/out/eo.htm)。

26．*OECD 经济调查*。每年由 OECD 编制发行，提供有关各个发达工业经济国家的报告，非常有用，通过光盘形式发行。

27．*欧洲共同体对外贸易统计*。每季度由英国皇家出版局(TSO)编制发行，包括了与非欧盟国家间的贸易统计，可登录网站 www.tso-online.co.uk。

28．*欧盟行业概论*。由欧洲共同体官方出版发行办公室负责编制发行，介绍了欧洲的行业概况，并附有统计数据、分析和企业信息等。

29．*经济探索*(Quest Economics)。从多方搜集的宏观经济和国家风险的数据，可通过在线、因特网或光盘获得。

30．*区域趋势*。英国国家统计局(ONS)的一个年度发行刊物，提供了英国标准计划区域的社会、人口统计和经济方面的信息，以及子区域的和欧盟的一些数据。该指南也包含了一个主题索引，想获取可通过因特网登录 www. ons. gov. uk。

31．*社会趋势*。英国国家统计局(ONS)的另一个年度发行刊物，它考察了英国社会的不同方面，包括人口、教育、环境、住房、休闲和运输。它还对数据进行详细的分析进而汇编成年度统计摘要，并附有大量的图表。信息时间跨度常常是 15～20 年，也附有字母顺序的主体索引，可登录因特网查找 www. ons. gov. uk。

32．*英国国际收支平衡表*。也即所谓的红皮书，它是英国外贸业绩的综合指南，包括大量的数据，时间跨度为 10 年，可在因特网上获得(见社会趋势)。

33．*联合国统计年鉴*。有英文和法文两种版本，对联合国成员国间的情况进行了详细的对比，数据种类繁多，包括国际金融、通讯、人口、贸易和工资等，同时在年鉴开头部分包括一个世界统计总结。

34．*世界经济展望*。由 IMF 用不同语言汇编，每年两次。它分析中短期的全球经济发展，简要说明世界经济和当前的全球性问题。

■ 其他有用的统计资源

1. 很多政府部门在自己的网站上公布数据，这些部门包括了：
   (a) 教育和技能部门——统计。是对终生学习、教育和培训进行统计的好起点(见 http://www.dfes.gov.uk/statistics/)。
   (b) 英国教育/劳动部门数据库(DFEE Datasphere)。是英国劳动/教育部门管辖下的一个数据库，它提供了英国劳动力市场上的信息连接，包括统计、国民和区域趋势预测(见 http://www.dfes.gov.uk/datasphere/)。
   (c) 英格兰银行，涉及信息、新闻和全文发布 (见 http://www.bankofengland.co.uk/)。
   (d) 你可能希望看到的是：运输部门、地方政府以及区域地方政府金融、规划、运输和住房统计(http://www.dtlr.gov.uk/statistics.index.htm)；贸工部——包括 SME 统计和区域竞争性指标 (见 http://www.dti.gov.uk/statistics/index.htm)；电子大使办公室——电子商务和因特网准入(access)统计(http://www.e-envoy.gov.uk/)。

2. *Europa*。欧盟关于统计数据和发行刊物的在线链接，包括欧盟统计局(Eurostat)的网站(见 http://europa.eu.int/index_en.htm)。

3. 英国数据档案。数据档案(埃塞克斯大学)——是国家专业资源库，藏有最大的计算机可读数据，涉及英国社会科学和人文科学。用户必须首先注册；数据传输可能要收取少量费用。学术工作者可以通过曼彻斯特信息联合服务机构(MIMAS)免费获得大部分在线调查数据(见 http://www.data-archive.ac.uk)。

4. 曼彻斯特信息联合服务机构 (MIMAS)。在曼彻斯特大学基础上建立起来的，它也是一个数据中心，该中心提供了在线人口普查信息、国际数据和大规模调查信息 (如 OECD, IMF)。

5. *进一步的信息源*。如果选准了一个切入点，你可能会发现很快就能找到所需要的信息源，其速度远远快于使用 Google 搜索信息。

(a) 因特网上的企业信息。Karen Blakeman 的一个门户，从这能链接上企业的大部分信息（见 http://www.rba。couk/sources.index.htm）。

(b) 格拉斯哥大学图书馆，一个有用的英国统计网站，其统计分析非常详尽 （见 http://www.lib.gla.ac.uk/Depts/MOPS/Stats/useful.html）。

(c) 沃里克郡统计主题指南。虽然该栏也包括了很多专家数据库 （可能需要付费才能使用），但它仍然非常清晰全面 （见 http://www.warwick.ac.uk/services/library/subjects/officialpublicationsofficialpublications_stats_er.html）。

■ 信息资源

我们能在很多资料中查询到有关企业环境各个方面的信息，这些资料包括书籍、报纸和期刊，其中提供了大量同年数据及其相关批注，这些批注非常简单浅显，多数情况下使用能促进科研的专业数据库。人们通过互联网获得越来越多的信息，但最快同时也是最可靠的搜索方法还是通过报纸和杂志，它们常常也有电子版的（这种方法尤其受到图书管理员的青睐！）。在过去的几年中，越来越多的数据库概要转移成网页，目前它们也已经提供整篇论文内容，因而大大缩减了科研时间。ProQuest Direct（见下文）是一种追索信息的方法，当然也有其他的方法（如 Lexis 和 Nexis）。在一个具体的图书馆中，商业数据库覆盖着大量的最流行的标题，但应该记住的是，常规变化引起了形势改变，以致它到目前为止仍然持续着。我们讨论了一些关键的资源，具体如下：

1. *商情产业数据库*。包括了全世界范围内的贸易和商业方面的新闻标题，可通过在线定购相关的网页数据库。

2. *商业资源先锋*。包括 2500 篇全文标题和有关商业、经济和管理方面的文章摘要。

3. *苜蓿(clover)报纸索引*。即现在人们熟知的报纸索引，双周出版，包括所有的优质日报和周报。论文栏是根据主体的首位字母进行排序，能方便快捷地搜索到当前最新的话题。见 www.cloverweb，co.uk。

4. *绿宝石 (Emerald)*。由 MCB 大学出版社发行，是一个包含所有期刊的因特网译本；包含了一些关键性书目如欧洲营销期刊，而且在其以前目录部分包括了其他类期刊的摘要。

5. *FT McCarthy*。以光盘、在线或网页的方式呈现，它包括一些商业和管理类论文，这些文章主要选自英国、欧洲或者其他地区的 50 多种报纸和贸易类出版物。由于其中有些相关的关键性案例，因而对于任何一项研究来说都是一个很好的起点。

6. *商业信息全文数据库 (General Businessfile International)*。以一个数据库呈现（在 Infotrac General Businessfile 的挂名下），覆盖了广泛的学术和贸易期刊。

7. *国际惯例学院数据库 （IMID/MICWeb）*。在管理类书籍和期刊的文献数据库的基础上产生的，构成了欧洲最大管理类资源的一部分，主要阐述管理理论和实践的各个方面。MICWeb 每个月更新一次，也就是 IMID CD-ROM 每个月更新一次。商学院学生能够进入管理研究所并享有其图书馆的服务。

8. *商情与工业新闻简报 (PROMT)*。又一个数据库，可以通过在线、网站和光盘的形式获得，涉及世界范围内的贸易和商业新闻。

9. *ProQuest Direct*（也就是著名的商学数据库 ABI/Inform）。一个最大的商业数据库，它涵盖各种摘要以及信息反馈，内容广、质量优，目前企业能够获得很多的论文全文及其总结。

10. *Scimp*。选自管理类期刊的合作性索引（因而是'scimp'），一年出版 10 次，是一种搜集欧洲出版物涉及管理问题的有用的信息资源。

11. *The Times*。该报纸的文章，以光盘、网站和专业数据库的形式呈现。

■ 其他有用的信息资源

1. *英格兰银行季度公告*。主要对英国以及世界其他范围内的经济发展进行评估，包括论文、讲演稿和经济撰稿，可在英格兰银行网站上获取。

2. *银行评论*。季刊，由一些银行巨头印制发行，也可以申请免费获得。它包括了巴克莱经济评论和 Lioyds 银行经济公告。

3. *最新商业研究*。由 Hidcote 出版社每年出版一次，它提供了一个关于同时期商业问题研究的非常有用的资料来源。

4. *CBI 行业趋势调查*。一种季刊，是英国制造业部门的指导手册，主要是通过对企业进行问卷调查形成的。由此能对商业前景进行敏锐的分析而且也提供了一个衡量未来变化的有用的指标。

5. *公司年度报告*。几乎所有的国有公司和部分私有企业每年都进行年度报告，有些也可以从公司的网站或其他网站上获得，具体如下：

    (a) 世界公司巨头年度报告。对世界范围内的公司巨头的年度报告提供相关链接（见 http://www.areport.com）。

    (b) carol world。提供了关于世界范围内的公司的免费资料来源，质量很好（见 http://carol.co.uk/reports/europe/index/html）。

    (c) 公司情报。提供了获取世界范围内公司情报的入口，这些情报涉及工业部门概况、经济数据以及国家和区域特别研究（见 http://www.corporateinformation.com/ukcorp.html）。

    (d) 英国公司研究。只涉及英国公司情报。有商会目录因而对于区域情报非常有用，此外还包括行业概况以及公司网站链接（见 http://www.ukcompanyresearcher.com）。

    (e) Vrisko。该网站包括一个可搜索的数据库，能够链接到英国所有的上市公司的主页（见 http://www.vrisko.com）。

    (f) 莱特研究中心。涵盖了 50 个国家 18000 家公司的情报信息，很多情况下它也包含了 10 年的金融数据（见 http://profiles.wisi.com/profiles/Comsrch.htm）。

6. *欧洲消费品*。代替了欧洲营销，由零售业公司情报每月出版发行，包括了对欧洲几个发达国家的消费者市场的具体研究内容。

7. *最新经济*。由 Hidcote 出版社发行的又一个年度出版物，旨在对同时期经济学院和商学院学生的问题提供评论和讨论。

8. *安永华明国际商务系列*。标题为"在……做生意"，涵盖了不同国家关于商业环境的大量信息，是个非常有用的参考资料。定期更新。普华永道会计事务所

(PriceWaterhouse Cooper)也有一个与之不相上下的出版物。

9．*欧洲商业评论*。由 MCB 大学出版社印刷的一种泛欧洲期刊，它包括论文、评论、最新报道以及近期出版物评论，同时还有新欧洲，说明一点的是该期刊主要是研究欧洲范围内的文化、政治和环境方面的进一步发展状况。该评论可以光盘和在线形式获得。

10．*欧洲营销*。MCB 大学出版社的又一种出版物，尤其是针对国际营销专业学生的，其中包括了法语、德语和西班牙三种语言摘要，并开展在线服务项目。

11．*欧洲季度政策分析*。欧洲趋势的前身，由欧盟委员会出版发行，主要对欧洲范围内的商业发展和一些关键性问题进行季度评论。

12．*收入数据服务*。就劳动报酬和其他劳动力问题（如团队工作、儿童照顾和冗员等）进行的一种常规研究和报告分析，包含了最新的有价值的信息以及一些统计分析。查找相关信息可登录 www.incomesdata.org。

13．*营销杂志*。季刊，由美国营销协会出版发行，主要是包括了营销类书籍的评论文章。见 www.ama.org。

14．*凯利商业目录*。包含了大量的英国企业的详细地址及其产品介绍，可以从网站 www.kellys.co.uk 或购买光盘的形式获得。

15．*英国重点企业*。一种摘自于 Dun 和 Bradstreet（给出了英国 500 强企业的详细情况）的企业纲要，以公司名称的字母进行排序，当然也有以贸易、产品和地理位置编制的目录索引，可登录 www.dunandbrad.co.uk，也可以购买光盘。

16．*英国制造业及服务业名录（Kompass UK）*。一种与 CBI 相关的大容量目录索引，对英国公司进行了详细的介绍，包括公司名称、地址、产品及其雇员人数，等等。也有其他国家的公司目录索引，可登录 www.reedbusiness.com，也可购买光盘。

17．*LIoyds 银行经济公告*。双月刊，以一种简易的形式分析近期的利息问题，其网站正在筹建之中。

18．*管理决策*。由 MCB 大学出版社每年发行 10 次，主要关注管理战略及其相关问题，可购买光盘或在线获得。

19．*营销*。周刊，包括营销各方面的实例和论文，以期刊的形式呈现出来。想获取可登录 www.marketing.haynet.com。

20．*营销情报*。和 Mintel 营销情报一样非常著名，也是一种重要的产品信息及其统计数据资源。报告中涉及市场因素、市场份额、供给结构、消费者特征，此外还常常包含前景预测。可在线获得 www.mintel.co.uk。

21．*零售价格指数——通胀率*。德文郡委员会（Devon County council）管辖下的一个网站，给出的是一张 RPI（通胀率）表格，逐条记录了过去 30 年里每月的零售价格指数。可登录 www.devon.gov.uk/dris/economic/retprice。

22．*销售商品和服务目录*。一种非常有用的目录，其中列出不同行业部门的产品和服务，以及公司的详细内容和交易名称。有两个刊号，也可以购买光盘。

23．*经济学家*。一种标准参考资料，每周印刷一次，主要是对世界范围内的经济政治事件进行分析，它对于商学院学生非常有用，通常情况下都包含了关于具体的商业主题的特写，此外它还能对经济指标进行更新。关于它可以通过 www.economist.co.uk 或 www.economist.com 获得。

24．*The Times 1000*。实际上是一张列有英国前几百强公司的综合表格，主要分析公司的利润率、所获得的资本以及其他事宜。此外还包括货币部门以及其他国家公司巨头提供的信息。每年发行一次，也可购买光盘。

25．英国在线。在线提供所有英国官方信息，可登录 www.ukonline.gov.uk。

26．*WARC 广告和营销知识*。世界广告研究中心的广告和营销数据库，它收集了来自权威机构的大量的案例研究和相关论文，覆盖了广告、营销和媒体行为活动等各个领域。此外数据还包括了很多国家的人口统计信息，可登录 www.warc.com。

27．*Who Owns Whom*。年度出版物，确定了母公司和子公司，是一种非常有用的信息资源，可检测英国公司的所有制模式。姊妹卷介绍的则是其他国家的情况。

■ 最终评价

当你正研究一个商业主题时，建议你使用图书馆分类网站，尤其是英国图书分类（BLPC）和英国大学联合图书目录（COPAC），后者是将全英国主要的学术图书馆综合分类而成的。你可能会想到在网上书店查找参考文献，比如网上书店 Heffers（www.heffers.co.uk），因特网书店（www.bookshop.co.uk），Book Place（www.bookplace.co.uk），还有 Amazon.co.uk（大部分人都对它有所了解）。

纲　要

IBM 的经验表明，企业有必要对其运行于其中的环境进行监控，并尽可能地对影响到企业的环境变化进行预测。企业不能将环境分析看成是一种额外的选择，而应该将它们作为战略管理的不可缺少的一部分，进而为其决策过程提供相应的信息。目前国内外已经存在大量的各种形式的出版刊物和电子材料，我们也已经完全可以采用多种技术方法对这些数据进行分析，这些技术方法正是经过了多年来的企业和学术机构的不断完善成长起来的。

重点总结

- 一家企业的商业环境是随时间推移而发生变化的。
- 企业应该从总体上考察和预测潜在的运营环境方面的变化，从而能充分利用机遇并／或使可能的威胁最小化。
- 环境分析应该是企业战略管理过程的一个重要组成部分；它也为企业决策行为奠定了基础。
- 这种分析既可以是社会水平上的分析（如通过 PESTLE 分析法），也可以是任务水平上的分析（如通过行业基础分析），但这两者都必须使用大量的技术方法。
- 重要的技术方法包括趋势线外推法、情景构建（Scenario writing）、得尔斐法、交叉影响矩阵以及 SWOT 分析法。
- 在研究企业环境的过程中，学生和实践者应该使用大量的信息材料，这些信息材料大多付费很少而且很容易得到。
- 随着信息技术尤其是因特网的发展，获得信息变得更加容易了。

案例研究　扫描环境：英国东部内陆电力公司

在英国电力行业的私有化过程中，形成了很多私有企业，他们负责电力生产和输送。就电力输送来说，12 家区域售电公司（RECs）完全控制着英国国内的电力输送，原来公共所有制下的电力董事会是他们的前身。在英国东部内陆地区——覆盖了整个莱斯特郡、沃里克郡、部分的贝德福德郡、白金汉郡、剑桥郡、南约克郡、牛津郡和斯坦福德郡——主要是由英国东部内陆电力公司（EME）负责向商业、工业和国内用户输送电力，其总部位于诺丁汉。像其他 RECs 一样，EME 也保留通过自己的商店零售电力设备的权力，并向各类客户提供电力外包服务。

正如其他的私有公司一样，EME 很快就意识到应该搜集有关环境变化的信息，进而实现"成为英国最好的电力企业"的目标。它还制定了一个营销计划，通过这个计划来检查电力部门的市场运营环境。当然公司实施这一计划时是循序渐进的，首先从公司的整体目标出发，再通过对影响公司来年业绩的内外因素进行审核，进而形成初步计划，最后加以评估和总结（见图 17.4）。通过执行该计划来实现对公司的营销和销售团队的指导。

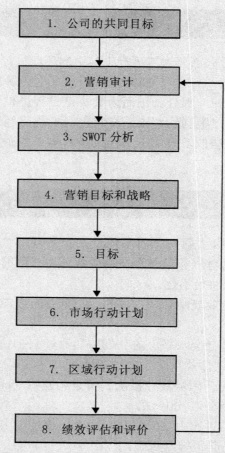

图 17.4　EME 的营销计划，1992/3 年

这一过程中最关键的一步就是使用 SWOT 方法，也即对在市场稽核过程中所搜集的信息和数据进行分析。正如图 17.5 所示，公司主要集中分析内外两方面的因素，并将这些分析结果纳入公司营销目标和战略中，也就说分析的主要目的一方面是找出公司的优势或能力，进一步扩大市场机会；另一方面是明确自身弱点以降低风险。我们从案例中已经明显看出，组织没有能力完全控制这些分析出的因素，他们可能倾向于关注某个或某些因素，尽管如此，这些对组织的决策仍然很有价值，能够帮助企业在私有化以后加强对市场定位的理解。

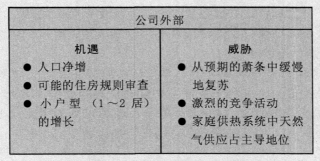

公司内部	
优势	**劣势**
● 价目表的开发	● 某些定价的低盈利性
● 新产品的开发	● 已察觉的电力高成本
● 能干的销售队伍	● 客户意识到了单一燃料来源的脆弱性
● 资本成本优势	

公司外部	
机遇	**威胁**
● 人口净增	● 从预期的萧条中缓慢地复苏
● 可能的住房规则审查	● 激烈的竞争活动
● 小户型（1～2 居）的增长	● 家庭供热系统中天然气供应占主导地位

图 17.5　对国内电力市场的一个 SWOT 分析 1992/3 年

案例研究问题

1. 对像英国东部内陆电力公司这样的组织，"私有化"过程使环境扫描变得更为重要了吗？

2. 你能想出 EME 采用上述分析后其环境发生变化的方式吗？

网页链接　英国东部内陆电力公司网站 **www.eme.co.uk**。

复习和讨论题

1. 对监控和分析变化的外部环境这一系统的引入进行成本—收益分析。

2. 只有大公司应该或能够运用各种环境分析技术方法，对于这一看法你作何评论？

3. 任选一家企业或组织，运用 SWOT 分析。比如说你能对自己工作或学习的组织进行 SWOT 分析吗？

4. 使用本章中介绍的信息源或者其他熟悉的信息源，对欧洲至少排名前八位的公司进行比较分析（包括东欧）。

作业

1. 你在一家中等规模的英国私有时尚企业（它可能是一家生产商，也可能是一家零售商）工作。作为常务董事的个人助理，你的主要任务就是提供公司运营各个方面的建议和意见，目前你正对公司缺乏监控企业环境变化的系统这一问题非常关注，并打算向董事会提出相关报告。在这份报告中，你应该对企业采用环境扫描体系的成本和收益进行详细分析。

2. 你是一名大学图书馆管理员，有责任对商学院学生进行帮助和指导，很多情况下都要求你指导他们如何查找一个特定公司的信息和数据。为此选一家著名公司，制作一份图表指南（如流程图），其中标明每一个步骤，从而学生能根据这些步骤查找到所需信息，当然每一步中都应指出他们能获得哪些类型的信息，以及怎样和从哪里获取这些信息。

术语表

超额利润：超出正常利润的那部分利润。

加速器效应：产出或销售量的变化而导致的投资支出的增加。

承诺：根据合同法规定，在法律上同意所做出的要约。

年龄结构：一定人口中不同年龄段人数的比例。

人口老龄化：一定人口的平均年龄的增长。

代理：经另一方当事人或组织授权代表他们行为的一方当事人或组织。

总货币需求：一个经济中对产品和服务的总需求。

公司章程：一种规制公司内部管理工作的文件，它包括的内容有：股东权利，董事资格以及公司运作规则，等等。

受援地区：根据政府区域政策，有资格享受政府援助的地区。

专制主义：由权威机构执行规章制度和命令，从而解决矛盾冲突的战略部署。

平均生产成本：单位产出的成本。

后座议员：普通的国会成员，他们在国会会议中的席位在后排，或者不担任政府职务。

国际收支平衡表：对于一国与他国的交易活动的记录。

贸易余额：进出口商品的结算余额。

进入壁垒：任何能阻止企业进入一个行业或市场的障碍。

退出壁垒：任何能阻止企业退出一个行业或市场的障碍。

黑市经济：在税收当局监控之外的非官方经济活动。

头脑风暴法：为找出解决问题的办法而采取的一种漫无目的的行为。

官僚机构：一种组织形式，其中等级分明，还有严格的规章制度体系。

官僚：政府部门中官方且长期的建议人员，他们向决策制定者提供意见和建议。如公务员。

商务天使：企业组织尤其是小型企业的非正式投资者。

企业文化：企业组织潜在的态度和价值观，这影响着企业的决策和运行。

企业对企业（B2B）商务模式：企业组织之间发生的完全电子商务模式，涉及供给管理、采购和购买、销售行为、支付以及服务和支持等。

企业对消费者（B2C）商务模式：完全的电子商务模式，其中企业向消费者出售产品和服务。

买方市场：一个存在产品过剩的市场。这使买方具有较大的市场权力。

内阁：英国中央政府的核心决策实体，主要由首相和各部门部长构成，负责制定政府政策以及监督政策执行。

计算机辅助设计（CAD）：使用计算机进行产品和加工过程的设计。

缔约能力（Capacity）：根据合同法规定，是指要约当事人能够依法缔结合同的能力。

资本：能生产商品与服务的人造资产。

资本账户：关于以投资为目的的国际货币流动的记载。

资本市场：长期可贷资金的市场。

资本主义经济：建立在私人财产以及通过企业家行为追逐私人利益基础之上的一种政治经济学系统。

卡特尔：像一个生产者那样实施市场权力的集体行动的企业群体。

判例法：由先前司法判例而组成的法律，即司法先例。

中央银行：一个国家的政府银行或国家银行，通常负责控制国家的货币系统。

中央计划经济：主要由政府决定资源配置的经济形式。

商会：代表特定地点的小型企业利益的主体。

相互制衡机制：在民主体系中以约束政府权力为目标的社会、经济以及政治安排的存在形式。

循环收入流模型 (Circular flow of income model)：一个将经济行为描述为家庭与企业间的循环的收入流与支出流的简单的经济模型。

都市行动组：从政府、自愿者组织、地方社区团体以及商业团体中抽调的人员组成的解决内部问题的小组。

都市挑战方案：为通过在面临城市化问题的地区以建立跨部门合作团体来竞标项目资金以实现资源集中而设计的方案。

城市补贴：一个补助体系，为支持城市地区的私人部门资本项目而设计。

公务员：政府的永久官员，主要负责向政府大臣提议以及执行政府决定，也就是所谓的官僚。

古典组织理论：将组织视为在一定经营指导下为实现特定目标而建立的正式结构的理论。

联合政府：由选取的或者由未能产生获得绝对多数席位的政党的选举所确定的两个或更多的代表性政党所组成的政府。

行为准则：指导行为的准则，通常是专业协会或行业公会自愿制定的，期望其成员遵守的行为准则。

勾结：以协调行为为目的的独立企业间的合作。

共同农业政策：由欧盟建立的扶持欧洲农业部门的政策。

一致对外关税：从非欧盟成员国进入欧盟国家的货物所要支付的关税。

共同市场：在贸易中像一个国家那样行动的国家群体——在成员之间没有贸易壁垒，并对非成员国征收相同的关税。

公司：由法律承认并被法律视为具有独立于其成员（即股东）的法律人格的合作性组织。

公司董事：由公司股东指定或选出的管理公司运行并代表股东利益的个人。

1998 竞争法案：英国竞争政策的一个主要部分，为使英国在反竞争协议以及滥用市场主导地位事项上的法律与欧盟相关法律相一致而设计。

竞争委员会：取代英国垄断与竞争委员会的负责竞争政策相关领域的公共部门。

竞争政策：通过调整市场行为控制企业独自或集体滥用市场势力的行为的政府政策，其目的在于促进竞争。

比较优势：某组织具备出众的绩效的源泉。

互补品：当一种商品价格上升使另一种商品的需求下降时，这两种商品就是互补品。例如 CD 播放机与 CD。

集中度：对某行业或市场竞争程度的一种度量。集中度可以通过销售量或雇佣人数来度量。

集中率：计算最大的企业所控制的市场百分比的比例指标。

英国工业联合会：为增进英国产业利益并试图通过影响政府决策而代表英国产业自身立场的组织。

多行业合并：不同的、不相关的行业的企业间的兼并或接管。

对价（Consideration）：在合同法中，某些权利、利益或利润来自于某一个当事人的损害、损失、负有义务的给付、痛苦，或者是由其他当事人来承担给付。

公司财团：以通过聚集资源与／或者专家而实施大型商业活动为目的的协会或商业辛迪加。

消费者协会（consumer societies）：为其成员服务的"自助"式组织。

消费者主权：供给以及经济资源的配置由消费者决定的概念。

可竞争市场：没有进入或退出壁垒的市场。

不确定性研究方法：组织学中的一种思想，认为组织设计与经营需要适应组织面临的实际状况。

公司形象：主要是指某组织的顾客以及其他利益相关团体是如何评价该组织的。

公司社会责任：认为组织要为自身行为对社会造成的影响负责的一种思想。

成本—收益分析：力图评估某投资项目的社会成本与收益以帮助决策的一种技术手段。

委员会（Council）：地方政府中由中央选举形成的决策体。

刑法：部门法之一，调整因违反公共责任而受到代表社会的国家处罚的违法行为。

交叉价格弹性：某产品的需求量对其他商品价格变动的反应。

交叉补贴：某市场中的利润可以被用于维持另一个市场的低价的情形——在跨国公司中很常见。

交叉影响矩阵：基于判断可能发生的事件，并简要说明它们发生的顺序及可能性基础之上而评价外部环境变化影响的一种技术手段。

挤出：一种理论，该理论认为政府为公共支出而使用资金的情况会阻止私人部门为经营性行为获取该资金。

经常账户（国际支付平衡）：货物与服务交易中的国际货币流动的记录。

经常项目收支（国际支付平衡）：现金账户的支付平衡。

风俗习惯：在特定社会中，已经成为社会规范的特别的行为方式。

关税同盟：组成一个单一海关区域的国家联盟（参见上文中的共同市场）。

循环失业：由贸易循环的下降趋势造成的失业。

公司债券：为公司提供的需要偿付利息的长期债券或贷款。

赤字（国际收支）：进口大于出口而使货币流出的情形。

限制工业化（De-industrialisation）：制造业在经济中的重要性的下降。

委任立法：由人们制定的授予国会有限立法权的法律。

需求：在每一可观察的价格水平上消费者愿意并能够购买的产品量。

需求链管理（DCM）：对与组织的顾客、分销渠道以及市场相关的组织行为的管理。

需求曲线：显示产品价格与该产品需求量的关系的图形。

民主：字面上理解是人民执政。在实际中，民主是关于在全民的、正式的、自由的与公正的选举基础上建立政府的一种思想。

人口定时炸弹（Demographic Time bomb）：由于 16 年前的低生育率所造成的年轻劳动力的短缺。

引致需求：并非由自身原因，而是由于被用于生产其他产品而形成的对某产品的需求。

贬值：有目的的降低汇率的行为。

差异化：生产使消费者觉得有差异的产品——这些差异可以是现实的，也可以是消费者主观想像中的。

数字产品（服务）：转变为能够以数字方式表达的信息的产品。音乐、电脑软件以及电影都是可以被数字化并以电子方式传输给消费者的产品。

直接控制：针对特殊经济问题，例如对进口以及工资上涨的控制而制定的经济政策。

直接民主：通常通过公民投票而使政府的决定基于公众所表达的偏好之上的一种情形。

直接税：对收入或财富征收的税。

公平贸易办公室总干事：在英国代表政府负责消费者事务与竞争政策的人。

规模不经济：当组织大小（或规模）扩大时，平均产品成本增加。这通常来自于对大型组织进行管理的困难。

多样化：通过开发新产品或进入与目前所在行业无关的行业而将产品扩展至新的领域。

股利：公司利润中分配给股东的那一部分。

部门结构：与将组织分割为一系列独立的获取利润的单位或部门这样一种事务相关的组织形式。

精简规模：企业规模的下降，通常是通过减少冗余以及／或者减少延迟来实现。

生态标签（Eco-label）：为标明那些降低了对环境影响的商品而贴标签的一种制度。

生态管理与审计方案（EMAS）：一个欧盟的自愿性的标准，用于衡量参与企业在环境管理上的水平。

经济效率：使用和配置资源中的效率。

经济增长：随时间变化而实现的一国国民收入（国民产出）的增长。

经济稀缺性：一种没有足够资源满足现实的以及潜在的需求的情况。

规模经济：当组织大小（或规模）扩大时，平均产品成本下降。这可以来自于技术、市场以及财务资源的多样性。

受教育劳动力：具备现代经济中必要的教育与训练程度的劳动力。

需求弹性：一种产品的需求量对其价格变动的反应。

供给弹性：一种产品的供给量对其价格变动的反应。

选举体系：选举国家或地区权威的体系。

电子经济（E 经济）：在价值体系（包括供应链、价值链以及分销链）中无论已支付或未支付的，均通过电子网络进行的产品、服务或信息的交易。它包括例如为消费者提供服务以及与合作伙伴进行合作等一系列活动。

电子商务(E 商务)：它比电子经济包含的范围要窄。它仅指买者与卖者之间的产品、服务与信息交换的电子交易。

电子顾客关系管理（eCRM）：为从订货到运输与售后服务等方面为消费者提供服务而设计的软件及管理条例。

电子数据互换(EDI)：电脑与电脑间的结构数据的交换，通过输入一个允许自动操作而不需要人工干预的表格来实现。这通常通过专门的 EDI 网来进行。

电子企业(E 企业)：通过因特网或万维网来实现一些主要的或全部商业活动的企业。

电子资金转账：通过私人通讯网络电子化地交换账户信息的过程。

电子市场 （E 市场）：以网络为基础而非以物理地区为基础的商业交易所在的商务中心。它有时涉及商业空间（market space）。买者、卖者以及中间商位于不同的地区。电子市场处理各种必需的交易，包括支付的转账。

英格兰策略联盟 （English Partnerships）：一个政府组建的组织，负责出于经济目的回收工业用地的事务。

企业：商业单位或组织的总称。

企业家才能：通常被视为第四种投入要素。它是在生产产品或服务中将土地、劳动与资本结合起来的行为。

环境分析：监控并评价商业环境变化的实质与方向的过程。

环境变化：对商业环境经历变化而非保持稳定的一种论断。

环境管理系统：为指导企业如何控制其对环境的影响而设计的一系列正规的制度。

环境扫描：参见环境分析。

均衡价格：需求与供给相等时的价格。它是市场出清价格。

资产净值：公司的原始资本。

商业分支机构 （Establishment）：企业的一部分或分支。大型的企业，如超市，通常有许多分支机构和连锁商店。

欧洲委员会：欧盟的主要官方机构，负责执行欧盟的决议，制定政策与法规以及保证这些条款的执行。

欧洲经济区：一个由欧盟成员国以及欧洲自由贸易联盟成员国组成的组织。

欧洲货币体系：关于欧盟成员国间的固定汇率制的体系。

欧洲议会：欧盟选举产生的决策机构。

超额需求：市场价格低于均衡价格而导致的需求超过供给的情形。

超额供给：市场价格高于均衡价格而导致的供给超过需求的情形。

外汇管制：对可以购买的货币量的限制。

汇率：一种货币与另一种货币进行交换的价格。

汇率机制：一种固定汇率体系。

执行董事：在组织内部负责一个部门或功能性区域的公司董事。

出口补贴：对出口产品与服务的生产者的一种支付。

外部环境：组织生存与运行的外部境况。

外部性增长：通过兼并或接管而实现的企业规模的扩大。

外部性：经济活动所产生的由于超过私人损失与收益而发生的外溢效应。

外部互联网：连接组织网络与其商业伙伴、特选的消费者以及供应商的网络。

要素市场：生产要素买卖的市场。

生产要素：经济中用于生产产品与服务的资源——包括土地、劳动力、资本与企业家才能。

出厂价：字面意义上理解即商品离开某个组织时的价格，它可以用来反映经济在未来的通货膨胀压力。

政府联邦体系：一种政府体系，在该体系中中央政府（例如联邦）与次国家（sub-national）政府分享决策权力。

金融账户（国际收支平衡表）：对金融资产中由于贸易而带来的国际间流动的记录。

金融中介：金融系统中联系借方与贷方的个人或机构。

先动优势：电子商务中的一个概念与假设，即网络的发展将提高调整成本并带来很强的网络效应，这一效应可以赋予先行者比较优势和稳定的获利能力。

得票最多获胜（First-past-the-post-system）：一种选举制度。

财政政策：与税收以及政府支出决策相关的政府政策。

五种力量模型（five forces model）：描述产业和市场的一个经济模型。该模型认为产业与市场的形成来自于影响它们的五种力量——当前的竞争、潜在的竞争、买方势力、卖方势力及供应商势力。

固定资本：企业内对固定物理资产的投资——例如建筑物、场地及机器。

固定汇率：由政府或其他权威决定的汇率。

柔性企业：具有一种特征的企业，即区分核心行为与外围行为以降低成本。

浮动汇率：由自由市场决定的汇率。

正式结构：组织中设想的或官方的结构。这种结构体现了实现它们功能意图的方式。

特许权：两个当事人之间的协议，在该协议中，依据协商的形式或在一定的契约条件下一方允许另一方经销其所有物。

自由市场经济：由市场力量决定资源配制的经济体系。

充分就业：所有的或最终所有的劳动力都得到付酬就业机会的情形。

职能组织：在由于共同目标或功能而聚集的个体的基础上形成的组织。

职能专业化：在该专业化中，组织内部的个人专门从事与某明确功能相关的特定任务，例如市场营销或生产。

西方七国集团：由美国、日本、英国、法国、德国、加拿大和意大利这七个最主要的工业化国家组成的集团。八国集团包含俄国。

资本组合（Gearing）：企业的债务资本与其净资产资本之间的比例关系。

总体（或背景）**环境**：组织存在与运行的宽泛的外部境况。

转基因食品：进行过某些基因改良的食品。它由 PESTLE 因素组成。

地理非流动性（Geographical immobility）：不能在地理区域间流动。

全球化：产品与市场的国际化。

黄金份额（golden share）：国有企业私有化时由政府持有的特别保留的股票份额，它使政府能够对企业未来的发展施加某些控制。

政府：在一个给定范围内形成法律并使法律生效的结构和过程。

政府部门：在职权范围内对于形成和实施政府政策起着关键作用的大的政府行政机关。

政府支出：政府在购买公共产品和服务时的支出。也称作公共支出或公共开支。

国内生产总值：在一段特定的时间内一个经济的全部经济活动的价值。

总投资：被厂商购买的所有资本货物的总量。

显著通货膨胀：英国的通货膨胀率，包括了抵押贷款利率报酬的效果。即所谓 RPI。

控股公司：持有一个或多个其他公司的多数股权因而对这些公司有控股权的公司。

同质产品：那些被消费者认为具有相同品质并因此具有完全替代性质的产品。

横向联合：在同一产品生产阶段上的竞争厂商之间的一种合并或者兼并。

众议院：在大不列颠及北爱尔兰联合王国的议会中的较低一级的议院，对由政府提议的法律负有主要的讨论和决定的责任。

上议院：在大不列颠及北爱尔兰联合王国的议会中的较高一级的议院，目前其只具有有限的权力。

人际关系方法：一种用来研究组织和管理的方法，其强调社会的和心理的因素在工作地点的重要性。

人力资源管理：在一个组织内对人的管理，包括选举过程，招募新人，表现评价，奖励和补偿，培训和发展。

即时(运营)环境：更加侧重于及时性以及外部性，从客户、竞争者、供应商和其他利益集团方面对组织造成的影响。

劳动力的固定性 (immobility of labour)：不能在不同的地理位置、工作岗位或职务上移动的劳动力。

进口管制：对进口到一国的货物和服务实施的一种控制。这可以表现为配额、关税、或外汇的控制等形式。

收入弹性：需求的数量对家庭收入变化所做出的反应。

收入流：作为经济活动的一种结果，在经济体的要素之间的收入或支出的流动。

间接税：对消费或支出征收的税收。

产业集中：某一产业中大公司占主导的比例。

产业政策：简单来说是为了提升一国的产业绩效所设计的政府政策。

产业结构：在一个经济体内产业和部门的结合。

劣质品：那些当收入增加需求反而下降的商品。

通货膨胀：结果表现为货币贬值的，在一个经济体内总体物价水平的上涨（即一个给定数量的名义货币的购买力下降）。

信息技术：以计算机系统来储存、查询和交流信息。

基础设施：对一个发达的经济来说是必需的服务，比如电力、交通系统。

注入：在收入循环流模型中，能在经济中增加收入水平的超过和高于消费的支出的主要的增加。如出口支出、投资支出、政府支出。

内城地区任务大军：那些为了促进城市内部经济发展而建立起来的公务员小组。

创新：新主意，新方法或新手段的运用。

投入：那些为了生产出产品而投入到生产过程中的资源。

缔约意图：在合同法中，指订立法律承认的并受法律约束的合同的意图。

互相依赖：在寡头垄断市场中，厂商行为互为关联的概念。

利息率：借钱的价格。

内在增长：发生在公司内部的增长。

互联网：为了交流使用共同协议(TCP/IP)的计算机网络的全球网络。

企业内部互联网：在一个单一组织内部运用互联网技术，比如网页搜索器和电子邮件，来获取公司信息的互联网。

投资：公司在购买资本品上的支出，主要指物质的生产设备。

投资评估：对可能的新的投资项目的成本收益分析，目的是确定在其上投入的资源的可行性。

无形贸易：服务的进口和出口。

J 曲线效应：一种用来描述随时间变化货币贬值对国际收支差额的影响的曲线。

合资企业：包含几个组织的企业，它们之间相互联合又独立经营。

司法先例/判决先例：见案例法。

司法部：在一国之内负责制定和解释法律的法律机构。

凯恩斯主义：广义的来讲就是经济活动主要靠需求来制约的观点。

知识管理基础设施：一种能以一个框架使得内在所需要的知识提供给一个组织的基础设施。

劳动力：人力资源。

劳动力市场：由劳动力的供给和需求决定工资水平的市场。

劳动力市场弹性：个人在劳动力市场中能对变化的市场需求起反应的程度。

土地：自然资源；不是人为创造的资源，包括土壤，空气，海洋，矿产等。

需求法则：当产品价格上涨时，需求量通常会下降。

供给法则：当产品价格上涨时，供给量一般会增加。

漏出：在收入的循环流模型中，那些潜在的导致对国内生产的产品的支出和因此在这个经济体内收入流的减少的活动(比如税收，进口支出，储蓄)。

学习曲线效应：在实施一个过程或行动时积累的经验能使工作绩效得到改进的理念。

学习和技能委员会：一个在英国新成立的负责对年满 16 岁的人给予资助和规划其教育和培训的实体。

立法法：由选举出来的决策者制定的法律。在英国也被称作宪法和国会法案。

立法机构：一个国家的法律制定实体。

许可权：一种非权益的条约形式，在此条约内一个团体(比如一个公司)授予另一个团体或多个团体(比如另一个公司)使用其知识产权(比如专利，商标)的权利以此获得一定的报酬(比如特许权使用费)。

生命周期分析：一种测评环境对一种产品的整个生命周期的影响的技术。有时被称作"从摇篮到坟墓"的分析。

说客：积极寻求影响决策者的个体组织。

地方企业社：被担保限制的公司，专门设立的私人企业和当地政府间的合伙企业，以向客户提供商业支持服务。

宏观经济分析：把经济内部各项活动作为一个整体进行考虑的经济分析。

宏观环境：广阔的经济影响，是企业存在和运作的外部环境的一部分。

管理：在指导一个组织以达到它的目标时所涉及的结构和过程。

管理董事(managing director)：在一个公司内部的主要行政或执行官员，其主要职责是确保领导层的决定能得到有效实施而且他也是在经理层和高级行政管理队伍之间重要的纽带。

声明： 当寻求政府选举时用以表明一个政党观点和政策倾向的文件。

制造业部门： 那些在经济体中生产制成品的部门。

市场： 一个买者和卖者都汇集的地方。

市场失灵： 自由市场有时给出的方案并不总是具有社会的或经济上的满意的概念。

市场机制： 需求和供给的交互作用。

市场空缺： 在一个市场内部的缝隙，通过一个厂商来满足目前未被满足的需要来利用它。

市场结构： 在一个市场中存在于生产者之间的众多竞争。

市场营销： 主要是涉及找出顾客是哪些并且用一种对这个组织可盈利的方式供应给他们产品的过程。

市场营销概念： 一种靠采用顾客为中心导向的寻求满足顾客需求的理念。

营销组合： 一个厂商可用来试图影响消费者反应的可控制变量的集合。

市场空间： 对应于一个实际世界的市场的数字上的等价物。

大规模定制： 在保持范围经济和大规模的营销和生产能力的前提下，向单个消费者由类似的消费者组成的团体提供定制产品和服务。

矩阵结构： 建立在既是功能专业化又是围绕产品、项目和程序结构的一种组织形式。

章程备忘录： 一份文件，列出了一个公司的名称、法律地位，注册的办公地址，经营目标以及其名义股份资本总量和公司运营的其他方面内容。

欧洲议会议员（MEPs）： 欧洲议会中被直接选举出来的成员。

合并： 由两个或者更多的独立的公司自愿组成一个公司。

殊价财产： 政府认为能给社区提供益处的，因此经常得到国家资助的商品和服务（比如教育）。

微观经济分析： 集中在私人和厂商经济决策上的经济学分析。

最低有效生产规模： 一个产量水平，在此水平上厂商获得了规模经济所有的益处。

最低工资： 对工资率的一个最低水平的规范。

部长： 在政府中掌握最高决策权的那些人。

货币主义： 广义来讲其观点是整个经济的产出水平和就业水平是由供给决定的。

货币加总： 用来计算货币总量的不同方法。

货币政策： 在经济体内关注于货币可获得性和／或货币价格的政府政策。

货币市场： 短期资金运营市场。

货币总量： 在一个经济体内存在的货币数量，计算时由不同的货币加总方法决定。

垄断竞争： 一种市场结构，在其中有大量的卖家生产有差别的产品。

垄断： 只有一个占主导地位的生产者的市场结构。

买方垄断： 一个只有单一买主的市场结构。

跨国公司： 一个在多个国家都经营的企业，并且在其母国之外具有提供产品和服务的能力。

乘数效应： 货币总需求中的部分变化对总体国民收入的影响。

国债： 由过去和现在的政府通过借钱积累下来的债务。

国有产业：国家拥有并控制的产业。

自然垄断：一种产业其生产条件(比如大的规模经济)意味着最经济的市场结构是垄断。

自然资源：那些不是人造的资源(见上面的土地)。

商定环境：在一个民主国家，政策的制定以涉及个人、集团和政府共同制定决策的谈判过程为特征的环境。

净投资：把重置投资去除后剩下来的投资水平，它代表了资本存量的净增长。

网络：存在于组织间和组织内部个人间的关系。

新政：英国政府针对解决社会排外问题的计划。

非执行董事：在一个公司内(通常是兼职)没有实际操作职能的董事。

非价格竞争：应用非价格因素出售产品，比如广告、商标或者特价。

不可再生资源：那些在利用后不能再度补充的资源，比如石油和煤。

正常品：那些随着收入上升需求相应下降的商品。

正常利润：为了能保持生产企业所需的最小利润。

职业不流动性(occupational immobility)：工人在不同职位间的不可移动性。

职业结构：在不同的职业群体中的劳动力的比例。

要约(offer)：在合同法中，由要约人发出的，旨在当要约受到承诺时要约人即在法律上受要约的条款约束的声明。

公平贸易办公室：在英国负责消费者事务的非部长级政府部门。

寡头竞争：一种市场结构，其中有少量大型生产商和大量的互相依赖的决策制定。

一对一营销：一种特别的发生于一个组织和单个的消费者间的直接对话。

开放的系统：与外部环境有着互相交互行为的系统。

机会成本：当做出一项选择时，另一个被牺牲的行动所具有的价值。

普通股：或"权益"，是一个公司中不具有固定股利的股份。支付的股利取决于公司的业绩。

产品决定型机构：一种组织形式，其中分工是由被提供的产品和服务决定的。

组织图表：一种试图描绘一个组织内部或一个组织内部部分责任和关系的图表。

产出：从生产过程中剥离出来的商品、服务或者其他结果。

议会：英国的最高立法实体。

议会制政府：基于在议会中选举政府的制度，政府的高级行政官员从议会中选出。

就业率：工作的人在总人口中的比率。

合伙企业：一种非公司制的商业组织形式，由两个或更多个体为了相互的利益在一起工作。

人：人力资源或者劳动力。

完全竞争：一种市场结构，之内有很多买家和卖家，卖家生产同样的产品并且竞争的程度非常高。

完美信息：在市场中的所有参与者对市场各个方面都具有充分的知识。

自由流动：一种不存在移动障碍的情况，它适用于厂商、消费者和工人。

PESTLE 分析：对商业环境的分析，集中在政治、经济、社会、科技、法律和宗教对厂商的影响。

全民投票：见公民投票。

政治责任：被选举出来的政客的行为和决策要对把他们选举出来的人民负责。

行政执行：对政府的政策和法案的形成和实施起决定作用的关键部分。

政党：一群有着相似观点的个体自愿组成的团体，这个团体组织他们参加竞选并寻求正式的政治上的职位。

政治主权：通过授予个人和集体合法的主权进而做出决策来影响绝大多数人。

政治：用来帮助决定冲突是如何被包容、修改、拖延和解决的过程。

污染者付费原则：谁引发的环境问题就应当由谁来解决的责任理念。

波特的五种力量模型：见"五种力量模型"。

优先股：在一个公司里能得到固定的红利的股票。

总统制政府：政府的一套系统，其中政府的首脑或者首要行政官员由人民单独选举出来并且通常不是被选举出来的司法部门的一部分。

压力集团：由想法相近的人自愿组成的群体，他们组合在一块是为了能影响政府中的政策决策者。

价格上限：一个最高的价格，产品的价格如果高过它就不再允许上涨。

价格竞争：通过对所销售的商品采取变化的价格来竞争的手段。

价格管制：对价格实行的一种管制，其阻止了市场机制的运行。

价格歧视：销售同种商品对不同的用户采用不同的价格。

需求价格弹性：一种产品的价格变化导致其需求数量的相对照的反应。

价格下限：一个最低价格，产品的价格如果低过它，就不再允许下跌。

价格领导：在一个行业中的一家厂商在制定价格中起着领导作用，其他厂商跟随其后。

价格制定者：具有足够的市场力量能影响价格的生产商。

价格接受者：在完全竞争中对价格没有影响力的生产者。

价格战：如果一个公司价格下调则其他公司会跟随它下调价格的一种情况。

第一产业部门：一个经济体中负责生产原材料的部门，包括农业和采掘业。

首相：政府的首脑同时也是英国议会多数党的领袖。

委托人：在代理法中，雇佣代理人为他们的利益而工作的自然人或者组织。

私法：规定私人间相互关系的法案。

私人有限公司：一种合营的商业组织，不公开招股。

私有化：把国有资产转化为私人机构的过程。

工序创新：在生产过程中新方法的发展。

产品创新：新产品的发展。

产品市场：进行产品买卖活动的市场。

生产率：投入和产出之间的关系，比如劳动生产率是测量每个工人的产出。

职业说客：为了某个人和组织的利益，由游说团花钱雇佣的个人或者组织。

利润：因为把生产要素整合在一起而给予企业家的报酬或者奖励。

利润中心：当一个公司分散为若干个较小的单位时，如果各单位都各自计算其投资的报酬，则这些单位便称为利润中心。

项目组：一个为了实施某个特定任务的临时的组织结构形式。

比例代表制：一种投票系统的形式，较之于其他投票系统而言选票的最终结果将更加接近候选人的投票数量。

国有公司：国家所有和控制的运营公共资产的企业。

公共产品：这种产品必须由国家提供，因为若不剥夺所有人享有他们的权利，也就不能剥夺任何一个人享有他们的权力（比如国防）。

公法：用来协调个人与国家之间关系的法律。

公众有限公司：一种商业组织的经营合作形式，能够公开发行股票和债券。

公共部门净借款：政府一个年度的购买公共物品和服务的支出超过了其从税收和其他收入渠道所得的收入的额度。

公共部门组织：在一个经济体中国有部门的组织。

特定多数投票：一种投票系统，其中投票的结果是由大多数投票者的一个合意的比例的票数决定的。

配额：对进口水平的一个物理性限制。

真实成本：见"机会成本"。

实际流：指产品和服务以及资源作为经济活动的结果在经济中的实际流量。

实际利息率：考虑通货膨胀时借钱的真实成本。

实际国民收入：考虑了通货膨胀因素的国民收入的价值。

衰退：经济活动的下滑，现在在英国定义为连续两个季度的经济负增长。

再造工程：对于经济过程的巨大的重新设计。

全民公决：直接民主的一个例子，其中个体带着多数观点将被采纳的信念进行投票以支持或反对某项提案。

区域：一个具有一定特点的地理区域，能通过划定的边界区分它及其周围的区域。

区域发展机构：近来由英国的地区建立起来的为了重新设计和推出整合的地区更新项目的机构。

区域选择性援助：根据英国的区域政策，政府对企业实施援助时采取的一种辨别性的形式。

可再生资源：那些在利用后能重新获得补充的资源，比如鱼的存量和太阳能。

重置投资：为取代那些老的和破损的资本品而发生的支出。

代议制政府：通过一套民主制度选举选出来的代表人民的政府。

研究和开发：新观念的引入和开发。

资源：在生产过程中用于生产商品和服务的稀缺投入品。

零售价格指数：用于计算通货膨胀率的"一揽子消费商品和服务"的权重指数。

重新估价：汇率的一种故意的上涨。

情景构想（scenario writing）：基于想像的商业环境的未来发展进行环境分析的技术。

科学管理：一种坚信科学的方法能被用来提高工作业绩的组织和管理的方法。

第二产业：在经济中处理原材料的行业，如制造业和建造业。

部长：在大不列颠及北爱尔兰联合王国政府中，一个主要政府部门的负责人。

自我调节：国家允许组织（比如商业）在特定的领域（比如环境绩效）约束他们自己。

卖方市场：一个需求超过产品供给的市场。这赋予了卖方更大的市场权力。

卖场：一个组织出售所有东西的市场。

权力分割：政府的三项主要权力被不同的权力机关分别掌握的情况。

人口的性别分布：人口中男人和女人的平衡。

股东：一个有限公司的拥有者（或成员）。

单一市场：一个共同的市场（见上）。经常被用于指欧盟。

单一再开发预算：政府中所有不同部门把目标统一简化起来以援助地方再生的计划。

技能短缺：某项技术（比如信息技术的技能）的短缺，它可能在一定时间内与失业并存。

小企业：一个只有少量的人或者只有少量的营业额的厂商。

智能卡：含有储存芯片的物理卡片，在读取之前要把它插入一种读卡机中。

社会资本：被集体拥有的资本，比如医院和学校。

社会成本和收益：与产出和消费决策相联系的相对于社会的成本和收益。

独资经营：由一个人拥有的非合资的商业组织形式，也被称作个人独资企业。

投机：为了从汇率的变动中取得资本利得而进行的买卖外汇的行为。

利益相关者：在一个组织中有一定利益的人，他（们）能影响这个组织的绩效也被这个组织的绩效影响。

标准行业分类（SIC）：在大不列颠及北爱尔兰联合王国里对产业的官方的分类。它基于欧洲的分类标准——NACE。

国家银行：见"中央银行"。

成文法：见"立法"。

黏性价格：通常指在寡头垄断的市场中常见的刚性价格的现象。

股票：一个商业实体的资本。

股票交易所：一个用来交易二手有价证券的市场。

战略协调性（strategic fit）：在实现组织目标的过程中协调组织的内部和外部的环境的范畴。

战略管理：通过策略性的分析、选择和执行，把一个组织作为一个整体进行管理。

结构性失业：因需求和技术条件的长期变化而导致某个特别的产业的衰落而引起的失业。

结构—行为—绩效模型：一种用来描述产业和市场特征的经济模型。它是说市场的结构决定行为，而此行为又决定绩效。

转包：将生产过程的一部分外包给厂商。

替代品：那些互相关联的商品，当某一商品价格上涨时，其他商品的需求就会上涨，比如不同品牌的汽油。

子系统：一个系统的组成部分。

供给：在任意一个可能的价格水平上卖方愿意而且能够销售的产品的数量。

供应链管理：与供应商和供应渠道相关的组织活动的管理。

供给曲线：一个显示了供给产品的价格和数量之间关系的图。

最高法院：按照成文的宪法能够解释法律的最终审判机构。

顺差（国际收支）：出口的价值大于进口的价值的情况，因而有货币向这个国家流入。

可持续发展：一种经济增长和发展的方法，它考虑了对社会和环境造成的影响。

SWOT 分析：分析一个厂商的内部力量和弱点以及外部的机会和威胁的技术。

系统方法：一种将组织描绘为与外部环境互相作用的组织分析的方法。

接管：一个公司收购另一个公司。

关税：对进口产品征收的税收。

技术变化：运用在生产上的技术的变化——自动化和计算机化就是例子。

技术性失业：由于技术(如机器人)替换劳动力而导致的失业。

技术：生产产品和服务时的方法和手段的知识的总量。

第三产业：经济中用以产出服务的那部分。

得尔斐(Delphi)法：由专家经过几次反复观察得出商业环境分析的技术。也被称作专家观点。

X 和 Y 理论：管理者认为在工作场所中的个人要么是天生懒惰的人，要么是全身心投入工作并寻求责任的人。

Z 理论：一种通过给个人提供大量可识别的好处而引导个人对组织有积极作用的管理方法。

第三条道路：广义地讲是在政治上基于传统而应用于现代世界的社会民主的新的革新论的一个范畴。

下行分析法(top-down approaches)：由处于正式的权力机关位置的人来做决定的趋势。

侵权：一个市民危害了另一方或损害另一方利益，而不仅仅违背了合同或者违背了信任；是一个由法律规定而适用于每一个人的义务。

贸易联合会：用来保护和帮助同一个行业成员的实体。

工会：工人的组织，其功能是谈判和保护他们在雇主权力之下的利益。

培训和企业委员会：由英国政府建立的旨在运行国家培训计划的系统。现在被学习和技能委员会代替。

转移定价：在大型组织里分支机构之间转移产品（比如原材料）时的内部定价。

转换系统：一种通过它使得输入变为产出的系统。

跨国公司：没有一个国家为基地的国际性的组织。

趋势线外推法：一种基于对过去的分析而预测未来的技术。

趋势影响分析：用来检测一些变量的未来趋势影响的环境分析技术。

信托：一种公平的实施于一个或多个人的处理财产的义务，他们不具备对其财产的控制权，只是为了其他人的利益而实施这一义务。

信用控制协议/国际互联网协议：在互联网上传送文件包的标准。

潜在通货膨胀：排除了抵押贷款利息支出影响的膨胀率。在英国称作 RPIX。

单一制政府：一种政府制度，其君主的权力是既定的在一个单一的中央集权国家中。

无限个人责任：在合伙企业中，这个企业的所有者对这个企业的所有债务负有的法律责任。

都市开发公司：独立的政府发展机构，建立的目的是为了在指定的地区指导城市内部的再发展。

价值体系：在组织内部或组织之间过程和活动的一个互相连接，这些组织为中间消费者和最终消费者创造好处。

垂直联合：处于相同生产过程不同生产阶段的公司之间的合并。

虚拟组织：广义来讲是一个松散的自由职业的个体的网络，他们组织在一起共同创造一个特别的消费产品。也是一个组织，其核心运作公司把它的大部分工序转给其他公司组成的网络运作。

实物贸易：商品的进口和出口。

工资率：一小时挣的钱或者一个标准工作周所挣的钱，除去那些加班所得的报酬。

工资：对人们提供的劳动力服务给予的报酬。

工资/价格通货膨胀螺旋：一种工资上涨引发通货膨胀，通货膨胀又导致工资上涨、需求增加，接着又是通货膨胀，等等。

撤出：见"漏出"。

工人合作社：一种由人们共同拥有和控制的企业形式，这些人同时在里面工作并且为了共同的利益而合作。

劳动力：有能力、有意愿参加工作的人数。

运营资本：在一个企业中用于日常运作的投资，比如原材料；经常称作流动资本。

工作周：每周在工作上花费的小时数。